U0665324

本书是四川省软科学研究计划项目“四川省全面创新改革试验区比较评价与政策研究”（编号：2017ZR0003）和成都市软科学研究项目“成都全面创新改革政策系统性研究”（编号：2016-RK00-00302-ZF）的研究成果。

RESEARCH ON COMPREHENSIVE INNOVATION, REFORM AND DEVELOPMENT OF SICHUAN PROVINCE

四川省全面创新改革发展研究

张志强　熊永兰　等◎著

目　　录

评价篇

展望篇

前　言

近二十年来，国际科技发展呈现出加速和叠加式发展态势。随着新一轮科技革命和产业变革孕育发展，世界已经进入以创新为主题、为主导的发展新时代。这样的科技创新发展时代，是真正的"知识经济时代"，本质上是"科技经济时代"。在科技经济时代，科技的创新发展就成为国家综合竞争力的核心要素，科技竞争力成为国家竞争力的关键组成部分。在科技经济时代，科技创新应用驱动经济社会发展的能力和成效，也决定着一个区域综合经济实力的强弱和发展竞争力的高低。

从全球来看，科技创新能力成为国家综合国力和竞争力的集中体现，全球各国创新竞争快速进入"战国"时代。科技发达国家间的科技创新竞争更是日趋激烈，各国竞相制定创新战略规划，加紧前沿控制性科技领域布局，全力抢占前沿科技领域战略制高点，以期全面赢得国家竞争优势。从全国来看，自党的十八大提出实施创新驱动发展战略以来，从创新型国家建设、跻身创新型国家前列，到世界科技强国建设战略的不断完善和明确；从推进创新型省份建设，到开展全面创新改革试验区建设；从国家研究中心、国家技术创新中心、国家实验室建设，到具有全国、全球影响力的国家科技创新中心及国家综合性科学中心建设等，国家创新驱动发展战略的顶层设计不断强化完善和系统化，科技创新已经成为我国引领发展的第一动力，系统推进全面创新改革成为破解创新驱动发展瓶颈的关键。

自 2015 年 8 月被确定为国家系统推进全面创新改革试验区以来，四川省便以全面创新改革为契机，将全面创新改革列为四川省的"一号工程"，凝心聚力、大胆探索、攻坚克难，开展了系统性、整体性、协同性创新改革试验，加快推动四川省转型发展，国家创新驱动发展先行省建设取得积极成效，为四川省高质量发展提供了有力支撑。为深入分析国家创新驱动发展战略实施环境、四川省全面创新改革试验成效，更好地推动区域创新发展、经济高质量发展，四川省新型智库“现代产业与创新发展研究智库”在四川省软科学研究计划重点项目“四川全面创新改革试验区比较评价与政策研究”等的支持下，宽视野地分析了全球创新发展态势与特点，深入分析了创新驱动战略背景下我国区域发展战略体系和创新发展的竞争态势。在此基础上，比较研究了四川省与发达省份的发展现状和基础，对全面创新改革试验区的发展成效进行了评价和比较分析，提出了未来四川省创新驱动发展的战略、推进高质量发展的产业体系建设思路以及解决创新改革发展中若干问题的对策建议。

本书分背景、现状、评价、展望 4 篇，共 13 章。

背景篇，包括第一、第二章。第一章全面分析了全球创新发展态势与国际创新发展趋势，全球创新发展的特点和我国在全球创新发展竞争中的特点。第二章深入分析了我国创新驱动发展战略实施背景下区域发展战略体系和创新发展的竞争态势，解读了全面创新改革试验区及其他创新发展战略政策对国家和区域发展的意义和影响，分析了四川省全面创新改革试验区建设的背景与发展形势。

现状篇，包括第三、第四、第五章。第三章从经济发展水平、政策和亮点出发，对四川省与广东省、江苏省、山东省、浙江省、河南省、湖北省、河北省、湖南省、福建省等发达省份进行了比较研究，得出四川省“两多五少三弱”的发展特点。第四章比较研究了创新强国的产业形态特点，对四川省与发达省份产业形态进行了比较分析，梳理了四川省产业形态的特点。第五章从人才政策特点、人才政策内容两方面对四川省与发达省份进行了比较研究，总结出四川省人才政策的优势与不足。

评价篇，包括第六、第七、第八、第九章。第六章根据国家对全面创新改革试验区确定的目标任务要求，结合试验区实际情况，参考相关前沿研究，构建全面创新改革试验区发展评价指标体系，对全面创新改革试验区的发展成效进行评价。第七章从基础条件、战略目标、主要任务、创新成效、亮点工作等方面对省级全面创新改革试验区进行了比较分析。第八章对四川省全面创新改革成效进行评价分析，梳理其有益经验，并针对创新改革发展的不足提出了对策建议。第九章对成都市全面创新改革的战略定位、发展重点及政策体系的系统性进行了研究。

展望篇，包括第十、第十一、第十二、第十三章。第十章基于四川省创新驱动发展的基础条件和新时代创新发展的新使命和新任务，提出了未来四川省创新驱动发展的战略目标和路径。第十一章对四川省推进高质量发展的产业形态进行了研究，并提出四川省推进高质量发展的产业体系建设思路及战略目标。第十二章针对四川省创新改革发展中的县域经济、高新区、区域协调发展等若干重大问题，提出相应的对策建议。第十三章展望在成渝双城经济圈建设的国家新战略下，成渝双城经济圈建设的一系列重大战略问题，以及四川省在成渝双城经济圈建设国家战略下全面创新改革发展的新的战略选择。

本书是四川省科技计划项目"四川全面创新改革试验区比较评价与政策研究"（编号:2017ZR0003）和成都市科技计划项目"成都全面创新改革政策系统性研究报告"（编号:2016-RK00-00302-ZF）的研究成果，由项目负责人张志强研究员组织课题组成员分工研究完成，成员包括熊永兰、肖国华、王恺乐、杨润丹、唐蘅、韩文艳、刘昊、周飞等。全书由张志强、熊永兰负责统稿和审定。

全面创新改革发展是关于区域创新发展的一项战略性、政策性、动态性、实践性很强的区域经济社会发展系统工程，涉及战略规划、政府治理、政策体系、科技支撑、经济社会发展等方方面面的工作，并且在发展过程中充满了各种不确定因素，因此，精准提炼总结创新改革发展的成效和经验具有一定难度。由于分析国内外创新发展战略、政策及全面创新改革试验区的资料详略程度不一，加之工作时间紧迫和编著者水平所限，研究和分析中难免存在错谬和不足之处，敬请读者批评指正。

张志强

2020 年 1 月

背 景 篇

第一章　全球创新发展新态势与竞争新格局*

新一轮科技革命和产业变革正孕育来临，世界已经进入以创新为主题和主导的发展新时代。[①] 过去三次科技与产业革命，本质上是信息革命和能源革命。信息革命加快了知识传播与扩散速度，促进人类文明进程加速；能源革命为产业革命提供动力，使之成为可能和效率更高。当前新一轮科技革命和产业变革则呈现出信息革命、能源革命、生命科学革命、材料革命等众多科技领域创新并发、科技突破群发涌现和汇聚融合等发展特点，创新活动表现出冲破前三次科技与产业革命的传统有限地域范围，而向全球多地域化与多点多极化遍布发展的新特点。新一轮科技革命的汹涌大潮，已经预示着在信息与计算科学、生命科学、物质科学、材料科学、空间科学等科学领域，以及数字与信息技术（传感技术、通信技术、计算技术等）、生物技术、能源技术、材料制造技术、深空探测技术等技术领域可能孕育重大突破。同时，多领域突破性技术的高度集成可能在人工智能、类人机器人等领域孕育重大的颠覆性技术发展和应用，将助推产业向高端、智能、绿色、服务方向加速发展，数字经济正成为全球产业变革和经济增长的重要驱动力。科学技术的发展不仅呈现出了前所未有的突破性发展态势，而且各种颠覆性技术的发展和应用正在全面塑造着新的发展业态、改变着社会思潮、引领着社会进步。

---

* 本章执笔人为张志强、熊永兰、韩文艳。

① 张志强：《聚焦科技创新发展　服务科技强国建设——〈世界科技研究与发展〉2018年卷首语》，《世界科技研究与发展》2018年第1期。

在当前及未来世界政治多极化、经济和科技全球化、国家及区域间竞争复杂化深入发展的大趋势下，科技创新能力成为国家综合国力和竞争力的集中体现，世界各国都不能不将争夺新一轮科技创新的制高点作为重大战略选择。

第一节　全球创新竞争进入“战国”时代

从全球来看，近十年来全球各国创新竞争快速进入“战国”时代。科技发达国家纷纷加紧科技前沿领域布局，抢占科技竞争制高点。全球新一轮科技革命和产业变革加速兴起，无疑将全面重塑全球发展版图和国家及区域间的竞争格局，直接决定世界地缘竞争态势。

创新驱动发展，事实上在全球已成燎原之势，世界主要国家无不重视创新，尤其是科技创新蕴含的巨大力量。

一、美国引领创新发展方向

作为科技超级大国，美国长期引领全球创新发展方向，代表着世界科技创新的趋势。近十年，为了促进科技创新、重振经济和社会发展，美国更加重视创新，分别于 2009 年、2011 年和 2015 年三次发布了国家创新战略，构成了美国面向未来的创新战略布局。《美国创新战略(2015)》共计 6 部分内容，提出政府要在培育三大创新要素方面发挥更大作用，包括激发私营部门创新活力、投资创新基础要素和培养更多创新型人才，为实现上述目标，采取三大战略举措，包括推动突破国家优先领域、创造高质量的就业岗位和实现持续经济增长、建设创新型政府。①

二、欧盟迈向创新 2.0

近年来，随着金融危机给欧洲经济社会发展带来的重大冲击，欧盟比

---

① 王子丹、袁永:《主要发达国家近期科技创新战略与政策研究》,《全球科技经济瞭望》2017 年第 9 期。

以往更加注重依靠创新来实现经济复苏和增长。① 2011 年 11 月，欧盟委员会发布欧盟未来 10 年的科研与创新战略文件“欧洲 2020 战略”。该战略提出了欧盟未来 10 年的发展重点和具体目标：发展以知识和创新为主的智能型经济；通过提高能源使用效率以提升竞争力，实现可持续发展；提高就业水平以增强社会凝聚力。同时还提出了建立“创新型联盟”等“欧洲 2020 战略”的七大旗舰计划。② 2014 年 1 月，欧盟启动了“地平线 2010”计划，全力推进知识社会建设，确立了打造卓越科学、成为全球工业领袖和成功应对社会挑战三大主题。2014 年以来的最新一届欧委会，更是把创新作为支撑其十大任务的重要基石。

三、英国致力于成为世界科技创新的领袖

作为老牌资本主义国家、工业革命的发源地之一，英国历来重视创新创业。早在 1993 年英国政府就首次公布创新白皮书《实现我们的潜能——科学、工程和技术战略》，此后，1998 年、2000 年和 2001 年的三份政府白皮书，均以创新为主题。近年来，为了在全球创新经济领域取得成功，英国持续发布创新战略引导国家科技创新发展。2010 年，英国政府发布了首份《技术与创新的未来》报告，系统提出了英国面向 2030 年的 53 项关键技术。之后分别于 2012 年和 2017 年对报告进行了更新，倡导以系统创新支持新技术的发展。2011 年 12 月，英国政府出台了《以增长为目标的创新与研究战略》，对英国未来的创新与研究发展做了全面部署，提出政府要从“发现与开发”“创新型企业”“知识和创新”“全球合作”和“政府的创新挑战”5 大方面采取措施，完善创新体系建设，发挥创新生态系统的整体效能，驱动经济发展。2014 年 12 月，英国政府又发布了《我们的增长计划：科学和创新》战略文件，以卓越、敏捷、合作、地点和开放为原则，指出优先重点、人才培养、科研设施、一流研究、刺激创新和

① 王晓松：《欧盟未来科技创新战略走向——欧盟 2015 年度创新战略评估报告解读》，《全球科技经济瞭望》2017 年第 2 期。

② 方陵生编译：《欧盟 2020 年战略创新计划（摘编）》，《世界科学》2012 年第 1 期。

国际化这6项战略要素。①

四、德国工业科技领域创新引发新一轮全球制造业变革

德国以工业科技领域创新著称。在遭受2008年全球金融危机重创之后，德国将经济动力放在了高新技术战略上，持续推出相关的创新战略。2010年，德国发布了《思想·创新·增长——德国2020高技术战略》，并在2013年4月，提出了制造业智能化战略——“工业4.0”计划。该计划包括了从技术到经济组织以及社会变革等各方面的深刻变革。2014年，德国推出了《新的高技术战略——创新为德国》，完善了创新的概念，指出创新不仅包括技术创新，还包括社会创新，提出将德国建设成为世界领先的创新国家。2016年，德国政府出台《数字化战略2025》，该战略提出2025年前德国将投入1000亿欧元用以建设覆盖全国的千兆光纤网络，这一举措将使德国在5G标准方面发挥引领作用。②

五、日本科技创新立国战略推动超智能社会建设

1995年11月，日本政府颁布的《科学技术基本法》初步奠定了日本的科技创新战略，使日本从“技术立国”战略阶段进入“科技创新立国”战略阶段。基于《科学技术基本法》制定的《科学技术基本计划》持续推动日本创新创业活动向纵深发展。2016年，日本颁布的《第五期科学技术基本计划(2016—2020年)》提出了“超智能社会5.0战略”，以虚拟空间技术与现实空间技术的高度融合为基础，建设经济发展与社会问题解决相协调的社会形态。2007年，日本政府发布《日本创新战略2025》，提出医疗与健康、环境与能源、生活与产业、拓展领域(机器人登月等)、社会环境五个方面的技术创新计划。2009年，日本推出《数字日本创新计划》，提出九大重点任务，包括创造新的数字化产业、创建云计算系统、推进无所不在的城镇理念、构建先进的数字网络、培育和强化创意产业、加

---

① 田恬:《国外科技创新政策概览》,《科技导报》2016年第4期。

② 王子丹、袁永:《主要发达国家近期科技创新战略与政策研究》,《全球科技经济瞭望》2017年第9期。

强信息通信技术(ICT)产业国际竞争力、开发绿色信息通信技术、培养高技能信息通信技术人才、创建安全可靠的网络。从2013年6月开始,日本政府每年推出《科学技术创新综合战略》,谋求经济复苏。

六、新兴经济体积极谋划部署,抢占新一轮科技竞争制高点

韩国政府选择了“科技兴国”经济发展道路,多年来对提高科技创新能力十分重视。早在1999年,韩国政府就颁布了《科技发展长远规划2025年构想》,提出到2025年拥有与七国集团国家媲美的科技竞争力。2008年,韩国政府实施《政府科学技术基本计划》,重点培育七大技术领域;2013年又制定《创造型经济落实计划——营造创造型经济生态系统的方案》,旨在将国民创意与科技信息通信技术相结合,创造新产业和新市场,鼓励国民创业,提供优质就业机会;同年12月公布的《第六次产业技术创新计划(2014—2018年)》,旨在打造良性产业技术生态系统,引领韩国迈入产业强国行列。

俄罗斯政府在2008年全球金融危机之后开始考虑利用创新驱动,摆脱资源依赖型的经济发展模式,实现经济现代化。2011年12月,俄罗斯政府正式通过《俄罗斯联邦2020年创新发展战略》,统领未来一段时期国家的创新发展。2012年12月,俄罗斯政府通过《2013—2020年国家科技发展计划》,主要目标是增强俄罗斯的科技竞争力,确保科技在现代化建设中的主导作用。2014年12月,“国家技术创新计划”成为俄罗斯国家创新政策优先发展方向。2015年10月,俄罗斯总理公布了国家技术发展规划及实施路线图,遴选了未来20—25年具有市场发展潜力的9个主导产业。2016年12月,俄罗斯政府批准了《2017—2019年俄罗斯联邦科学技术发展战略》以保障俄罗斯在全球新一轮科技革命中的竞争力。

印度政府在2007年提出“世界办公室迈向创新型国家”的发展思路之后,实施了一系列强化创新的重大举措:2008年出台公布《国家创新法(草案)》;2010年宣布2010—2020年为印度“创新十年”;2010年推出“印度十年创新路线图(2010—2020年)”;2013年颁布印度第四套科技

政策《科学技术和创新政策》,提出雄心勃勃的目标:2017 年要跻身全球科技六强,2020 年要跻身全球科技五强;2016 年推出“印度创业·印度崛起”计划,掀起了区域技术创新和产业发展的新一轮高潮。①

第二节　创新大国产业形态比较研究

产业结构优化调整是当今世界各国发展经济的重要课题,也是推动高质量发展的重要抓手。在经济全球化和科技全球化深入发展的新时代,世界产业结构正经历新一轮的深刻调整,科技创新驱动的产业结构优化升级使发达国家,尤其是创新型国家和科技强国的技术优势和竞争优势不断增强,增长方式进一步优化。

一、美国

美国作为第二次工业革命最先开始的国家之一,发明了电动机,加上爱迪生、福特、莱特、贝尔等人的众多发明使美国在电力、交通运输(汽车、飞机)、远程通信等领域领先世界。第二次世界大战后美国在全球建立霸权,引领第三次工业革命,以其强大的科技创新支撑,突破了原子能的应用,发明了电子计算机,创造了信息技术、金融服务、石油化工、高科技军事工业、文化等产业。

技术创新、人力资本、产业政策和金融支持是驱动美国产业转型升级的重要因素。美国在基础性创新与高技术创新的长期积累之上,立法规范技术转移,运用高技术改造传统产业(主要包括服装业、纺织业、建筑业、汽车业、钢铁业、化工业等资本密集型产业),依托大学形成高新技术产业集群推动“官产学研”合作,充分引进和培养创新型人才,在以技术创新为核心的产业政策的鼓励下完成了高附加值产品持续创造的产业转型升级。

服务业发展迅速,经济贡献率高。美国政府以技术创新为核心的产

① 盛明科:《印度区域创新体系经验及启示》,《中国社会科学报》2016 年第 1067 期。

业政策的实施，促使美国服务业迅速发展，图 1-1(a) 显示了 2003—2016 年美国三次产业增加值占 GDP 比重，其中服务业增加值比重遥遥领先于工业和农业增加值比重，占比高达 80% 左右，且这个比重在不断增大，2016 年相较于 2003 年上涨了两个百分点，清晰地反映了服务业在整个经济增长中举足轻重的地位。

产业转型升级，高技术产业迅速发展。伴随着传统制造业的复苏，美国高技术产业也迅速发展，以电子工业、生物技术工业、"自动化生产体系"工业、航空工业以及核能工业等为核心的高技术产业成为新的经济增长点。美国政府通过"再工业化"战略寻找能够支撑美国制造业领先地位的高新技术以及能够支撑美国未来经济增长的主导产业，通过产业结构调整实现美国经济的可持续发展，重塑制造业竞争优势。图 1-2(a) 显示了 2000—2015 年美国制造业占 GDP 的比重呈先下降后上升的趋势，2010 年为重要转折点，其后呈缓慢上升状态，反映了美国制造业的"回流"与崛起。

信息产业全面崛起，迎来信息经济时代。美国高科技产业处于世界领先地位，诞生了一批诸如 IBM、微软等高科技企业，拥有其他发达国家不可比拟的基础研发设施和科技创新潜力等方面的雄厚实力，在微电子研发、新材料技术、生物技术、新能源开发和宇宙航天等重要领域始终保持着领先地位。最具有代表的诸如计算机、通信设备、工业电子等信息产业。① 图 1-2(a) 显示了 2000—2015 年美国运输、仓储和通信业占 GDP 比重呈波动上升状态，其中信息和通信业占据重要地位。

由图 1-2(a) 可知，美国的批发、零售贸易、旅馆和饭店业占 GDP 比重呈波动上升状态，说明其旅游、贸易业等发展较好；建筑业，采掘、电、煤气和水供应业以及农业占 GDP 比重趋于稳定，可见该类产业发展已趋于成熟；2000—2015 年间，主要包括金融和保险、科学和技术，人体健康和社会工作，教育、艺术和文娱等产业的其他服务业占 GDP 比重超过了

① 李长胜、蔡敏：《产业政策与经济转型：美国 20 世纪 80 年代以来的经验与启示》，《改革与战略》2018 年第 7 期。

50%,呈先上升后下降态势,说明美国正在对其服务业内部结构进行优化。

二、德国

德国作为引领第二次工业革命的国家之一,经济科技迅速崛起,先是发明了内燃机、发电机,工业重心由轻纺工业转为重工业,创造了装备制造、电气、石油化工等新产业。第三次工业革命,德国开始推动其装备制造业(汽车和汽车配件、机械设备)向精细化方向发展,发展新兴能源(生物质能、热能、风能)、电子电气等产业。①

德国的发展壮大,不仅得益于德国独特的社会市场经济模式、开放的贸易体系、欧洲经济一体化的建立,更在于其积极的产业结构政策调整及人才战略等核心竞争力。德国产业结构一直朝着农业比重不断下降,工业比重也有下降,服务业比重不断上升的方向发展变化。② 20 世纪 90 年代以后,德国开始了以发展新经济产业为核心的世纪产业结构的调整,但是 2009 年以后第二产业比重略有上升,第三产业比重略有下降[见图 1-1(b)]。

从《德国高科技战略(2006—2009 年)》到《国家高科技战略 2020》再到“工业 4. 0”计划,德国开始了新一轮产业结构调整,包括交通和基础设施建设、能源转型、数字革命、安全及保健五大领域,具体涉及生命工学、纳米技术、材料、能源、信息通信等核心技术,尤其是结合制造业和 ICT 系统,实施“工业 4. 0”计划。新一轮产业结构的调整不是对制造业的简单调整回归,而是向高新技术产业、高附加值及新兴产业转移,其中最重要的是新兴能源及生物技术行业。2003 年,德国三大产业比重分别为 0. 78%、26. 42%和 72. 80%,2016 年则分别为 0. 55%、27. 47%和 71. 98%[见图 1-1(b)],工业比重尤其是高端制造业比重在提高,服务业有所下降,其中制造业占 GDP 比重由 2005 年的 22. 45%上升至 2015 年的

---

① 韩文艳、熊永兰、张志强等:《科技强国产业结构演变特点及对中国的启示》,《世界科技研究与发展》2019 年第 2 期。

② 刘永焕:《德国产业结构调整及其经验借鉴》,《对外经贸实务》2014 年第 1 期。

22.81%[见图 1-2(b)]。德国新一轮产业结构调整具有以下特点。

“熊彼特式”创新驱动德国产业结构升级。熊彼特创新理论认为,创新是经济发展的重要原因。德国于 2010 年启动创新性集群产业发展计划,于 2015 年投资 264.5 亿欧元保持对创新性项目如基础设施建设、能源转型及数字革命等关键领域的支持力度,意在向高新技术产业、高附加值及新兴产业转移。图 1-2(b)显示了 2000—2015 年德国运输、仓储和通信业占 GDP 比重呈上升趋势,该类产业是新一轮产业结构调整的重要领域,创新活动也起了重要作用。

服务业呈现就业“黏性”。研究发现德国产业结构在促进经济增长与带动就业方面具有不一致性,主要由于:一是劳动市场结构更加倾向于服务化,对就业环境要求的提高及形成的路径依赖正增大服务业劳动市场的优势。二是新一轮产业结构调整更倾向于高端制造业及新兴市场的开发,对工业投入力度的加大主要增加高技术人才的就业,对于劳动力市场就业不具有普遍性。因此,相比工业、制造业而言,服务业在提供就业及社会保障方面具有更重要的价值,但是德国在发展过程中并没有效仿美国以及其他的欧盟成员国,而是不断地巩固和发展本国的制造业,成了制造业强国。

图 1-2(b)显示了 2000—2015 年间,德国的批发、零售贸易、旅馆和饭店业占 GDP 比重呈波动上升状态,说明其旅游、贸易业等服务业发展较好;建筑业,采掘、电、煤气和水供应业以及农业占 GDP 比重趋于稳定,可见该类产业发展已趋于成熟;主要包括金融和保险,科学和技术,人体健康和社会工作,教育、艺术和文娱等产业的其他服务业占 GDP 比重为 48%左右,呈缓慢上升状态,显然,服务业在德国国民经济发展中具有重要地位。

三、英国

18 世纪 60 年代工业革命开始于英国,首先从棉纺织业开始,纺纱机与蒸汽机的发明和使用,创造了机器生产取代工场手工业的新时代。英国在第二、第三次工业革命中逐渐被美国、德国赶超,但是其生物制药、航空和国防、电子和光学设备、人造纤维和化工产品、金融服务等产业的市场竞争力依旧很强。①

“去工业化”“产业空心化”及服务业的快速发展导致英国产业结构日益“软化”。2008 年以来，为提振本国经济，实现产业结构的“再平衡”，英国展开了以“回归制造业”为主的产业结构调整。2013 年，英国政府发布了《英国工业 2050 战略》，并制定了一系列重振制造业的规划，不仅在于加速制造业的回流，更在于提升科技和数字技术，通过科技和信息技术，将产品、生产网络与技术进行融合，通过不断创新拓宽英国消费市场及提高制造业竞争力。② 2017 年 11 月 27 日，英国政府发布《产业战略：建设适应未来的英国》白皮书，提出产业发展新战略以促进经济发展，列举了影响未来的四大挑战（人工智能、清洁增长、交通运输技术、老龄化社会）和支撑经济发展的五大支柱（创意、人才、基础设施、商业环境、地方合作）。英国新一轮产业结构调整措施如下。

加速制造业回流，并加大对生产性工业的投入。英国先后制定了《制造业未来》的系列发展报告，不仅对英国制造业发展作出全面评估，更对英国未来产业及制造业发展趋势作出指导。同时，英国政府也加大了相关产业的投入力度，如政府投资用于改进新的装配技术、提高生产力和降低成本，扶持产业供应链发展，引进数字工程和安装技术。2000—2015 年英国制造业占 GDP 的比重呈先下降后略微上升的趋势，见图 1-1(c)。

努力实现技术与生产网络的融合。2015 年，英国制定《数字经济战略（2015—2018 年）》规划，旨在全力发展全球数字服务业市场，支持大数据领域的发展。该计划的实施不仅可以降低商业成本、贸易成本，还可以拓宽英国在全球的消费市场，及时洞悉消费者需求，与消费者保持及时沟通。2000—2015 年英国的运输、仓储和通信业以及批发、零售贸易、旅馆和饭店业占 GDP 比重分别呈波动上升趋势，显然，在该类产业演变过程中，英国的产业政策扮演了重要角色。

① 韩文艳、熊永兰、张志强等：《科技强国产业结构演变特点及对中国的启示》，《世界科技研究与发展》2019 年第 2 期。

② 刘媛媛：《英国产业结构调整动因及成效研究》，《现代管理科学》2017 年第 3 期。

加大新兴产业及使能技术投入。技术是改变人类生活方式和带给国家重大发展机遇的重要通道。目前英国正加速开发新兴产业和使能技术，进而在新产业中开发新产品，并拓展新的服务渠道，为商业发展带来巨大推动力。①

进一步加大对企业的扶持力度。国家的产业发展归根结底是企业的发展，对产业结构的宏观调控需要通过对企业的微观调整来实现。对企业发展而言，有效的刺激政策是提升企业生产力水平和激发企业科技创新的关键，而降低企业税收及实行财政刺激将是扶持企业发展的有效手段。

图 1-1(c)显示了 2003—2016 年间，英国三产的发展情况，其中服务业在其经济中占据重要地位，其总体呈稳定增长态势，但增长趋势有所减缓，占 GDP 比重高达 80%左右。图 1-2(c)显示了 2000—2015 年间，英国的建筑业，采掘、电、煤气和水供应业以及农业占 GDP 比重趋于稳定，可见该类产业发展已趋于成熟；主要包括金融和保险，科学和技术，人体健康和社会工作，教育、艺术和文娱等产业的其他服务业占 GDP 比重为 50%以上，但其发展略显疲软，其中占英国服务业主导地位的金融和保险业受金融危机影响，下降趋势较为明显。总之，英国服务业虽整体向好，但增速正在减缓。

四、法国

法国在第一次工业革命结束后，重工业、机器制造业发展迅速。在第二次、第三次产业革命后，法国形成了民用核电、高端制造(航空航天、汽车、高铁、机械、电子元器件)、生物医药、新能源环保、高端消费(时装、化妆品、奢侈品)等优势产业。②

法国作为世界第五大经济体，其制造业、建筑业、金融业增加值占 GDP 比重相对较低，外贸依存度也较低，因而受金融危机影响较小。由

① 刘媛媛:《英国产业结构调整动因及成效研究》,《现代管理科学》2017 年第 3 期。

② 韩文艳、熊永兰、张志强等:《科技强国产业结构演变特点及对中国的启示》,《世界科技研究与发展》2019 年第 2 期。

图 1-1(d)可知,2003—2016 年间,法国三大产业继续维持“三、二、一”的格局,2003 年,法国三大产业比重分别为 1.85%、20.19%和 77.96%,2016 年则分别为 1.45%、17.56%和 80.99%,第三产业主导地位明显增强。2017 年 11 月 20 日,法国公布《法国工业的雄心》,提出在创新驱动全球经济及数字化、能源转型、服务业飞速发展影响下,法国工业的发展应积极向创新与转型升级转变。

借助“法国制造”举措进行产业转型。将法国企业联合起来,共同打造统一的“法国制造”品牌形象,并通过经费资助、战略分析、创新支持等途径,帮助法国企业向未来产业转型。具体举措包括:(1)未来工业联盟将在地区委员会的支持下,在企业增加部署未来工业关键性技术,将为中小企业提供诊断分析、新技术应用、数字化转型、组织、环境、培训与投资等方面的方案。(2)国家投资银行将采取多种措施帮助企业进行融资与加强资产结构管理。(3)商务投资署将帮助“法国制造”开拓国际市场。图 1-2(d)显示了法国制造业占 GDP 的比重由 2011 年的 10.24%,上升至 2015 年的 11.23%。

以创新驱动增强企业实力。法国政府将支持创新项目作为优先重点,应用尖端技术生产产品、提供新型服务并满足新需求的企业在国际竞争中脱颖而出。

培养适应新工作形式的劳动力。数字化、机器人等技术带来的深刻变革造成劳动力组织形式的剧烈改变,加快职业技能培训改革以适应新形势。

人工智能发展战略。谋划法国未来人工智能的发展,使法国成为欧洲人工智能的领军者。首先,引导人工智能前沿技术研发,培育后备力量。其次,促进人工智能技术向其他经济领域转化,充分创造经济价值。最后,结合经济、社会与国家安全问题考虑人工智能发展。①

图 1-2(d)显示了 2000—2015 年间,法国的建筑业,采掘、电、煤气和

① 易东明、许祎玥:《法国互联网发展与治理研究报告(2017)》,《汕头大学学报(人文社会科学版)》2017 年第 11 期。

水供应业以及农业占 GDP 比重趋于稳定，可见该类产业发展已趋于成熟；批发、零售贸易、旅馆和饭店业占 GDP 比重呈先升后降状态，说明旅游业、消费业等行业发展放缓，超级市场和连锁店的活力有所下降；主要包括金融和保险，科学和技术，人体健康和社会工作，教育、艺术和文娱等产业的其他服务业占 GDP 比重为 50%—60%之间，但其发展放缓，这与全球消费能力有一定关系，如世界各国到法国购买高档时装、香水、化妆品以及波尔多红酒的消费者大大减少。

五、日本

第二次工业革命时，日本已经开始走上独立自主的资本主义道路，其抓住产业变革机遇，积极发展装备制造尤其是武器制造，工业、交通运输业以及金融贸易都获得了较大发展。第三次工业革命，日本逐步培育发展机电制造（一般机械、电气设备、运输设备、科学仪器）、汽车、机床等优势产业。①

日本社会存在着由于少子老龄化的加深导致生产效率难以提高等制约日本经济实现长期增长的结构性矛盾。目前日本已形成了成熟的产业结构，依次为“三、二、一”，不同产业对经济增长的贡献是不同的。2003 年，日本三大产业比重分别为 1.31%、30.42%和 68.27%，2016 年则分别为 1.15%、29.30%和 69.55%，显然，第三产业主导地位明显增强，但其发展呈放缓状态［见图 1-1(e)］。为解决少子老龄化、传统制造业恢复缓慢、第三产业生产率难以提升等矛盾，日本政府大力推动技术创新，促进新兴产业的发展、实现产业结构升级、提高国民经济潜在生产率。

经济服务化的加深与服务业生产率的提高。2014 年开始实施“服务业革新战略”相关政策，2016 年日本政府在“日本再兴战略”中提出了“服务业挑战项目”，设定了年提高劳动生产率 2%的目标。服务业成为“成长战略的支柱”，官民合作下提高服务业生产率是重振经济的重中之

① 韩文艳、熊永兰、张志强等：《科技强国产业结构演变特点及对中国的启示》，《世界科技研究与发展》2019 年第 2 期。

重。[①] 奢侈型服务(不包括零售业的面向个人服务)对 GDP 作出了积极的贡献,消费税上调短期对其发展产生影响,但之后又开始逐渐对 GDP 起重要贡献作用。由图 1-2(e)可知,2000—2015 年,日本批发、零售贸易、旅馆和饭店业以及其他服务占 GDP 比重分别呈缓慢上升趋势,分别由 2000 年的 13.58%、44.15%,上升至 2015 年的 14.33%、47.55%。

推进形成制造业与服务业融合的现代产业结构。日本的产业结构遵循了产业重心从第一产业转向第二产业,再转向第三产业的传统产业高级化规律,目前已经达到了较高水平的经济服务化。随着信息化和智能化时代的到来,出现了新的产业结构变化规律或产业发展的新模式,即工业与服务业的高度结合,称其为新的经济服务化。

发展新兴产业。在第四次产业革命中,日本将“数据”和商务上的“优势”相结合,打造国际化的商务模型,政府对其进行援助,以获得竞争优势。比如通过机器人、人工智能弥补劳动力不足以及支援老年人的生活,可能会解决当前社会性以及结构性的难题。

日本“社会 5.0”与“工业 4.0”。涵盖制造业在内的社会各领域,通过跨领域的合作,在提高劳动生产率的同时,解决各种社会问题、创造新的价值,构建超智慧社会,改变产业模式、生活方式,使所有人都能快乐舒适地生活。[②] 成立机器人革命促进委员会,依托产学研合作的创新机制,充分挖掘市场潜力,加快创新成果商业化,占据智能制造、医疗工程等新兴领域的产业化高地。由图 1-2(e)可知,2000—2015 年间,日本制造业占 GDP 比重为 18%—20%,且 2012 年后有缓慢上升趋势,占比由 18.17%上升至 2015 年的 18.62%。

六、韩国

第二次世界大战以后,以产业政策为主导,韩国积极融入第三次工业革命,在世界经济阵营中迅速崛起,通过财团集中力量的做法,已经发展

---

① 刘兵:《日本产业的基本发展状况、方向与存在的问题》,《日本研究》2018 年第 1 期。

② 方晓霞、杨丹辉、李晓华:《新科技革命与产业革命深度交互下超智慧社会构建——日本的战略演进与机制创新》,《日本问题研究》2018 年第 1 期。

出了一些世界一流水平的产业，具体有显示面板、半导体、工程机械和海洋工程装备、汽车、造船、芯片、家电等。

韩国的产业形态演化，由政府选择主导产业和扶持企业，政策倾向于所选产业和企业。目前，韩国已形成成熟的“三、二、一”产业结构，2003年，韩国三大产业比重分别为3.14%、32.74%和64.11%，2016年则分别为1.93%、35.13%和62.94%，见图1-1(f)。韩国根据第四次产业革命给各领域带来的影响和变化，从对经济增长和提高国民生活质量的贡献度、战略必要性、取得竞争优势的可能性等4个角度进行分析和遴选，最终确定了两个领域的九大国家战略项目，并实施了韩国“制造业创新3.0”。

与发掘新增长动力相关的5个项目：人工智能、虚拟现实与增强现实、无人驾驶汽车、轻质材料、智慧城市。根据预测，2026年前韩国的人工智能企业数量将增加到约1000家，培养约3600名专业人才，10年后韩国的人工智能技术水平将赶超发达国家。2019年，韩国多部门联合发布未来十年汽车产业的三大发展战略，主要包括：加速发展环境友好型汽车，到2024年全球最先构建完成无人驾驶体系及公路，逐渐转型为基于民间投资的开放型未来汽车生态系统。图1-2(f)显示了2000—2015年间，韩国运输、仓储和通信业占GDP比重呈先下降后略微上升趋势，占比由2011年的7.14%上升至2015年的7.35%。

发展与提高国民生活质量相关的4个项目：精密医疗、碳资源化、粉尘雾霾、生物新药。韩国政府计划对个人诊疗信息和遗传信息等大数据进行分析，并提供量身定制型医疗服务，研发用于治疗癌症等四大重症疾病的新药。为解决粉尘雾霾等环境问题，韩国将在2023年前开发新技术，争取将细颗粒物排放量减半，将粉尘预报准确率从目前的62%提高到2020年的75%。

韩国“制造业创新3.0”。促进制造业与信息技术相融合，从而创造出新产业。韩国作为信息科技强国，具备制造业和信息科技业融合的基础。通过实施“制造业创新3.0”战略，计划到2024年韩国制造业出口额达到1万亿美元，竞争力进入全球前4名，超越日本，仅次于中国、美国和德国。由图 1-2(f)可知,2000—2015 年间,韩国制造业占 GDP 比重遥遥领先于其他样本国家,占比高达 30%左右,但占比增长趋势略有下滑,有进入“老龄化”逐步陷入停滞状态的趋势。然而制造业在韩国国民经济发展中的地位依旧不容动摇,韩国既有一般器械、电脑、汽车、造船等发展成熟的制造业,又有半导体、信息通信(IT)等尖端技术制造业。

图 1-2(f)显示了 2000—2015 年间,韩国的建筑业,采掘、电、煤气和水供应业以及农业占 GDP 比重趋于稳定,可见该类产业发展已趋于成熟;韩国的批发、零售贸易、旅馆和饭店业占 GDP 比重略微下降,受 2008 年全球金融危机影响,旅游、消费等行业发展疲软;主要包括科学和技术,人体健康和社会工作,教育、艺术和文娱等产业的其他服务业占 GDP 比重为 40%左右,2011 年后其发展放缓。

七、瑞士

瑞士是全球创新能力最强的国家,已连续多年蝉联全球创新指数(GII)排行榜榜首,瑞士也是世界经济最发达、生活水平最高的国家之一,其经济总量和人均国民生产总值均排在世界和欧洲前列。① 在第三次工业革命中,瑞士以科技创新为驱动,创造高端精密制造产业,其钟表冠绝全球,现代生物医药、高端服务业(旅游、金融)等产业在全球市场极具竞争力。

2003—2016 年期间,瑞士三产结构趋于稳定,比重大小依次为“三、二、一”,2003 年,瑞士三大产业比重分别为 0.91%、26.11%和 72.98%,2016 年则分别为 0.65%、25.01%和 74.34%,见图 1-1(g)。经济发展离不开优势产业的支撑,瑞士的竞争力产业以工业制造和服务业为主,其优势产业有机电金属业、化工医药业、钟表制造业、银行业、保险业、旅游业。

机电金属业是瑞士制造行业中最大的生产部门,其产值占瑞士国内生产总值的 10%左右,出口额占瑞士总出口额的 40%,主要出口产品包括医疗仪器和设备、机床、机械计量、印刷机械、电力设备、模具以及涡轮

① 范鹏辉:《瑞士产业发展模式的经验与借鉴》,《中国经贸导刊》2015 年第 3 期。

和动力设备、航空航天产品等。[①] 化工医药业是仅次于机电金属业的第二大支柱产业，其产值占国内生产总值比重已经超过 4%。钟表制造业是继机电金属、化工医药之后的第三大出口工业，瑞士是世界第一大钟表出口国，其钟表产量的 95%以上用于出口，出口市场以东亚国家为主，销售额占全球的 55%。

瑞士作为全球最大的离岸金融中心，其银行业在全球范围内占有 35%的市场份额，超过伦敦、纽约和法兰克福，被公认为是国际资产管理的领导者。瑞士的保险公司以其基础牢固、实力雄厚和可靠度高而闻名全球，其保险深度和保险密度在全球范围内分别名列第三位（13%，全球平均水平为 9%）和第一位。瑞士素有"旅游业的摇篮"之称，是世界上最早发展旅游业的国家之一，其旅游业是继工业、金融业之后的第三大支柱产业，也是瑞士第四大出口创汇产业，旅游业收入约占国民生产总值的 8%，在经济总量中占有重要地位；在瑞士，每 10 个人当中就有 1 人从事旅游相关行业，旅游业为瑞士创造了巨大的社会价值和贡献。

作为一个内陆型国家，瑞士优势产业形成的深层次原因不仅包括政治、地缘、资源和市场等方面的客观因素，还与其注重创新和研发投入、重视外向型经济发展、不断完善教育和培训体系等政策密切相关。[②]

中立政策为优势产业提供政治保障。瑞士高度发达的经济水平与其在政治上执行永久中立政策有很大关系，该政策的执行为优势产业发展创造了重要的政治条件，反之，产业竞争力的不断提升也促进了永久中立政策的稳定。

避开产业发展短板，实现产业转型升级。瑞士面对产业发展中存在的资源劣势和内需较小的市场劣势，大力发展行业产品体积小、科技含量高、附加值大、品牌效应明显的高、精、尖产业，如机电金属业、化工医药业、精密制造业、手表业等价值链高端产业。此外，大力发展第三产业中

① 范鹏辉、董超、杨剑：《瑞士产业发展模式对贵州的启示与借鉴》，《中国外资》2015 年第 1 期。

② 范鹏辉、董超、杨剑：《瑞士产业发展模式对贵州的启示与借鉴》，《中国外资》2015 年第 1 期。

的银行业、保险业和旅游业，充分发挥拥有良好生态环境的优势禀赋，将农牧与旅游结合，实现第一产业与第三产业融合发展，成为全球最典型的全域旅游国家、重要的智慧旅游目的地。据 WTO 统计公报显示，瑞士年均旅游收入居世界前 20 位，接待境外游客收入占 GDP 的 3%左右。

注重科技与研发投入，推动产业创新。注重科技创新和研发为瑞士优势产业发展注入强大的智力支撑。在世界范围内，瑞士在专利申报、研发领域都名列前茅，是世界上人均科研费用最高的国家，每年研发投入约占国民生产总值的 2.7%，其中仅 1/4 来自政府和科研机构，来自企业的研发投入占研发费用总额的 80%。

重视教育和培训体系，完善人才支撑。瑞士政府高度重视教育和培训，未经培训不得就业已经成为一种制度，如旅游、金融、运输等行业均有专门的职业技术学校培养和训练专门人才，以提高从业人员的基本技能、管理经验和道德水平。瑞士每年教育开支占联邦预算支出的 10%左右，是世界上教育投入比重最高的国家之一，为其走“高、精、尖、特、贵”的产业发展道路提供了人才保障。

扶持中小企业海外扩张，拓宽产业空间。由于国内市场狭小，瑞士企业国际化程度很高，政府不仅鼓励跨国企业海外投资，也重视推动中小企业发展。瑞士联邦经济部经济事务局专门设有中小企业政策科，用以改善与中小企业相关的经贸环境；通过设立区域性的商业担保合作社、制定联邦风险资金创投公司法帮助中小企业取得创业资本；通过瑞士外交部驻外使领馆协助中小企业厂商扩展海外市场等。

创新强国产业形态演变的总体现状如下。一是产业结构演化总体方向为农业、工业比重不断下降，服务业比重不断上升，形成“三、二、一”的产业形态，其中第三产业增加值占 GDP 比重高达 60%—80%，法国最高；第二产业增加值占 GDP 比重为 20%—40%，韩国最高；第一产业增加值占 GDP 比重在 3%之内。二是金融危机后，服务业的脆弱性开始显现，服务业增长呈疲软状态，各国注重发展先进制造业等实体经济。三是建筑业，采掘、电、煤气和水供应业以及农林牧渔业等传统基础产业发展已成熟，占 GDP 比重趋于稳定。四是科技创新驱动人工智能、大数据、生物医药等新兴产业发展。五是扶持和激励中小企业发展。

八、创新大国产业形态演变的特点

产业发展过程中,产业向国外梯度转移。国际产业转移是依次将劳动、资本、技术密集型产业从相对发达的国家转移到次发达国家,再由次发达国家转移到发展中国家和地区逐层推进,具有明显的梯度性和阶段性。如轻纺等劳动密集型产业先从美国转移到日本,又从日本转移到亚洲"四小龙",接着又从亚洲"四小龙"转移到东盟四国和中国,又从中国向东南亚国家转移;消费类电子产品等技术密集型产业,先是由美国凭借技术优势占据主导地位,接着日本急起直追,成为消费类电子产品的主要供给者,之后韩国紧跟日本步伐,接替消费类电子产品的生产,然后中国消费类电子产品的生产也在世界市场上占据重要地位,而印度的电子产品发展势头亦迅猛。①

成本效益发挥作用。土地、原材料、能源、资本、劳动力、技术与知识作为重要的投入要素,其成本高低对经济活动区位选择和产业转移产生重要影响。例如,受廉价劳动力成本的驱动,美国将纺织业、服务业等劳动密集型产业转移至中国,而随着经济和人口老龄化的发展,中国劳动力成本逐步提高,又将该类产业转移至东南亚等较低成本的国家,以实现产业经济效益的最大化。

产业转移中,长期保留高端价值链产业,创造新产业取代旧产业。如在全球产业转型升级和对外转移中,瑞士始终将精密仪器制造、钟表制造等高端价值链产业保留在自己的国家,并不断发展、创新技术,其中钟表制造已具有 400 多年的历史,瑞士也成为高端产业顶端的"捕食者"。产业转移中,发达国家多用"朝阳产业"取代"夕阳产业",形成新的产业集群或基地。如韩国通过向周边国家转移次要落后的业种以实现传统产业的结构升级,发展电动和自动驾驶汽车、智能家居等新兴产业,创造、建设

---

① 原小能:《国际产业转移规律和趋势分析》,《上海经济研究》2004 年第 2 期。

未来移动社会和高速物联社会，以保持其全球竞争力，为其民众谋求经济增长的福祉。

产业转移的同时将环境污染成本转移。发达国家把高能耗、高污染的初级产业转移到国外进行生产，通过跨国合资的形式从事一些高污染、高能耗的矿产品开发，给当地的空气和水土带来极其严重的污染。如日立金属与北京中科三环高科技公司设立生产稀土磁铁的合资公司，德国斯塔克公司与中国江西稀土钨业集团签署协议建立合资企业，生产稀土磁铁和钨铁，无形中在向中国转移高能耗、高污染产业，其中每生产 1 吨钨铁所排放的二氧化碳和二氧化硫超过 300 立方米，对中国环境造成巨大破坏。再如，通过技术许可和贴牌生产的方式，美国著名的运动鞋耐克在中国青岛建立最大生产基地，意大利品牌 J. Crew 的羊绒衫由中国生产制造为成衣后运到美国和意大利等国销售，在服装和鞋类这些资源消耗型产品的生产中，排放的废水废液对当地土壤结构产生破坏，造成严重的土地、空气和水污染。

培育壮大全球品牌影响力产业，形成品牌效应。根据《财富》杂志发表的年度报告，2000—2016 年，世界 500 强企业主要分布在发达国家，尤其是科技发达国家和创新国家的 500 强企业数量位居世界前列。[①] 中国的 500 强企业数量常年保持世界第二，但是中国每千万人口拥有的世界 500 强企业数量则远远落后于创新强国，五个科技发达国家每千万人口拥有的 500 强企业数量基本维持在 4—5 个之间。其中法国的品牌优势最强，如法国的汽车、超市、洋酒、香槟、电器商、服饰、化妆品牌等。

具体各个国家产业结构的优化调整，又有各自的特点。

美国：多重因素叠加驱动产业结构演进；转移和淘汰低价值产业，创造和发展高附加值产业；重塑高端制造业竞争优势。

德国：产业政策助推高附加值产业发展；创新驱动新兴产业发展；服

---

① 韩文艳、熊永兰、张志强等：《科技强国产业结构演变特点及对中国的启示》，《世界科技研究与发展》2019 年第 2 期。

务业呈现就业"黏性"。

英国:多元化支撑经济发展;支持实体经济发展;发展新产业替代旧产业。发展数字经济等;扶持使能技术和企业的发展。

法国:产业结构外贸依存度低;打造具有全球影响力的法国品牌;依托科技创新与人才智力提升产业竞争力;推进人工智能发展战略。

日本:提高服务业生产效率;推进产业融合发展;创新驱动新兴产业发展;构筑超智慧社会。

韩国:政府选择主导产业和扶持企业;将人工智能、虚拟现实与增强现实、无人驾驶汽车、轻质材料、智慧城市、精密医疗、碳资源化、粉尘雾霾、生物新药产业确定为国家战略项目;制造业与信息技术融合发展以创造新产业。

瑞士:形成了名列世界前列的优势产业(机电金属业、化工医药业、钟表制造业、银行业、保险业、旅游业);避开产业发展的资源、市场短板,科技创新和人才支撑产业结构优化;扶持中小企业海外扩张拓宽产业空间。

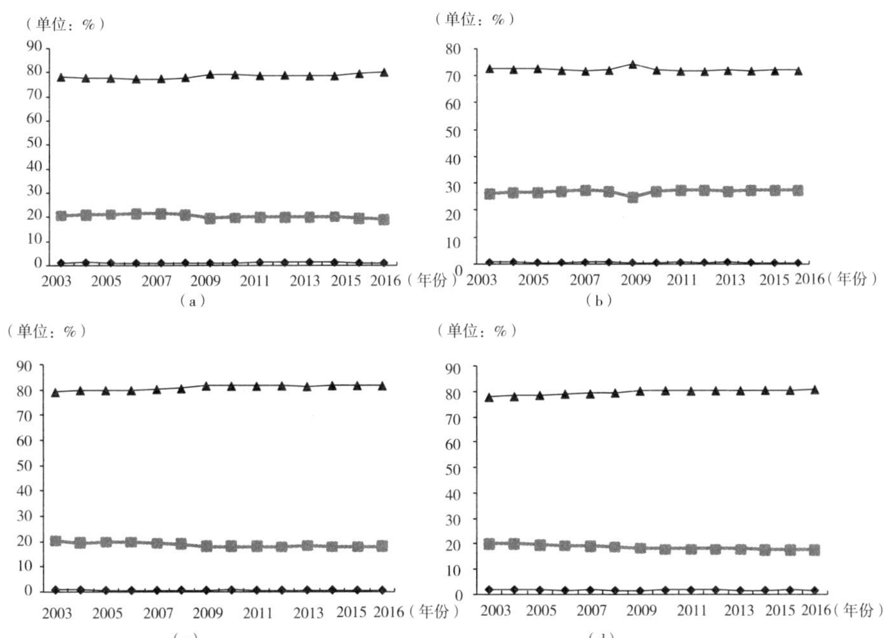

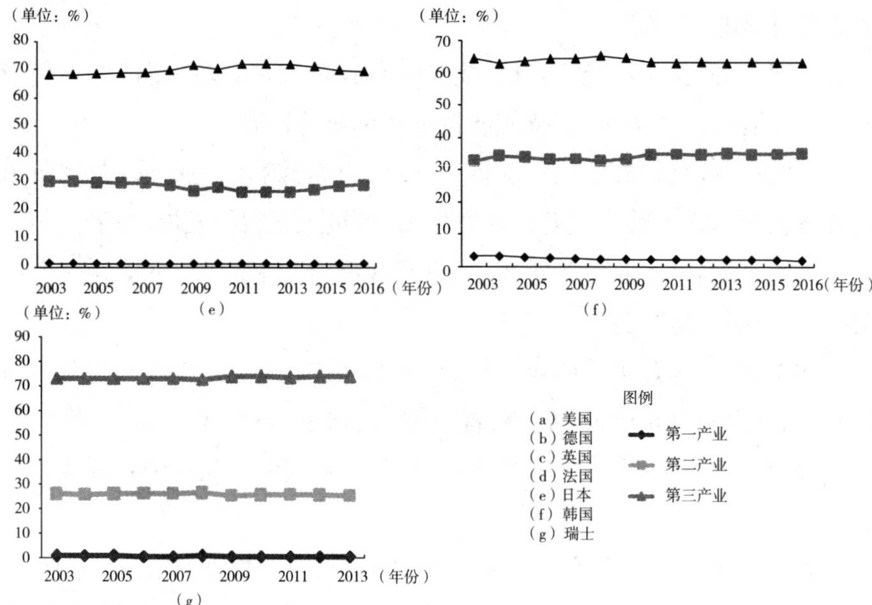

图 1-1　2003—2016 年创新强国三次产业增加值占 GDP 比重

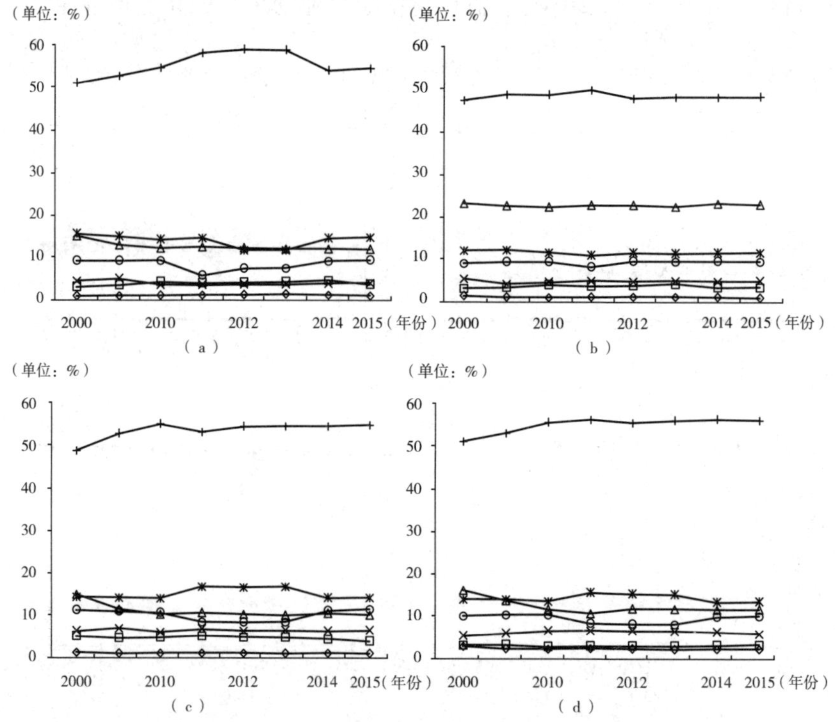

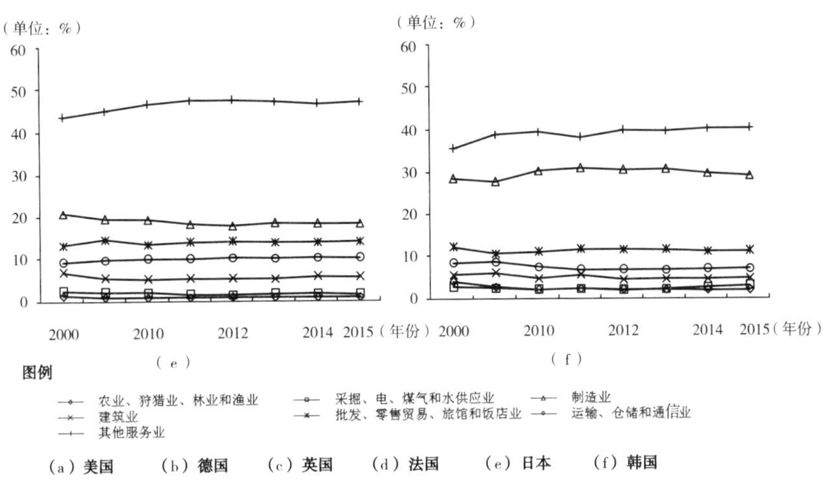

图 1-2　2000—2015 年创新强国主要产业增加值占 GDP 比重

第三节　我国与全球创新大国比较研究

选取美国、英国、德国、日本等创新大国与我国比较。瑞士、瑞典、荷兰等创新能力排在全球前列，有值得我国学习的地方，但由于其经济体量属于小国，创新成功有其独特之处，与我国不具可比性。我国国土面积大、人口众多、产业体系和产业分工完备、科研领域广泛，因此在全球创新竞争中需要对标主要的创新大国。

一、三次产业结构比较

创新能力越强、经济发展水平越高的国家，他们的三次产业结构呈现出第三产业占比高、第一产业占比低的发展特点（见图 1-3）。2016 年，英国和美国的第三产业占比超过 80%，英国是传统的创新强国，主导或深度参与了世界各次产业革命，美国是当今世界的头号强国，两国产业结构极为相似，第一产业约在 1%左右，第二产业约在 18%左右，第三产业略超过 80%。德国和日本的产业结构也极为相似，德、日的农业与英、美一样，也在 1%左右，但其第二产业占比较高，接近 30%，德国和日本是世界制造业强国，其汽车制造、高端机械制造、智能制造、先进材料制造等全球领先。我国仍然保持着相当部分的农业，占比为8.56%，第二产业占比为40.46%，中国作为制造业大国，其制造的产品流通全球，但存在大而不强的问题，我国的第三产业占比略超过50%，说明产业结构优化升级还存在较大的空间。

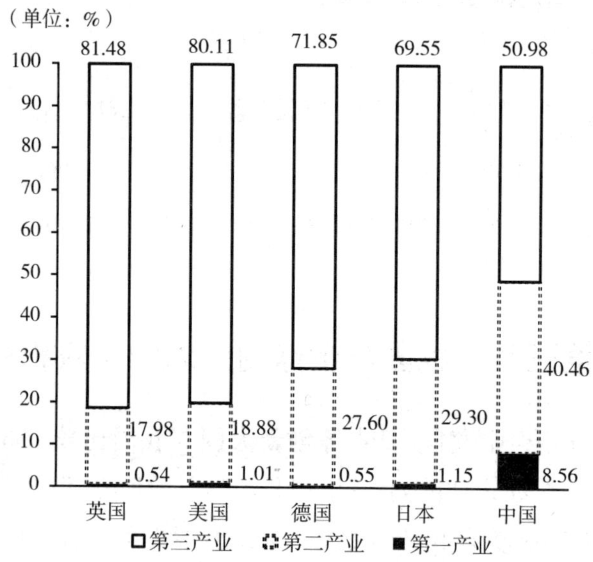

图1-3　2016年各国三次产业结构

资料来源：世界银行，见https://www.worldbank.org/。

二、人均生产总值及增速比较

人均生产总值是衡量一个国家和地区创新生产的重要指标，国家的创新水平越高，生产技术越先进，其生产效率和利润率就越高，人均GDP也就越高。2017年美国以人均GDP近6万美元排在第一位，且领先的优势明显，德国、英国和日本的差距较小，在4万美元附近，中国人均GDP为8826.99美元，排在最后，且与前面的国家差距明显，仅约为美国的15%，德国的20%，英国的22%，日本的23%。但是我国的人均GDP年增长率遥遥领先，为6.30%，其他国家均在1%—

2%之间(见图 1-4)。

目前我国人均 GDP 不断逼近 1 万美元大关,经济发展正面临着“中等收入陷阱”的挑战,实施全面创新改革发展、重视技术创新、加强制度创新,将有助于我国成功跨越“中等收入陷阱”。

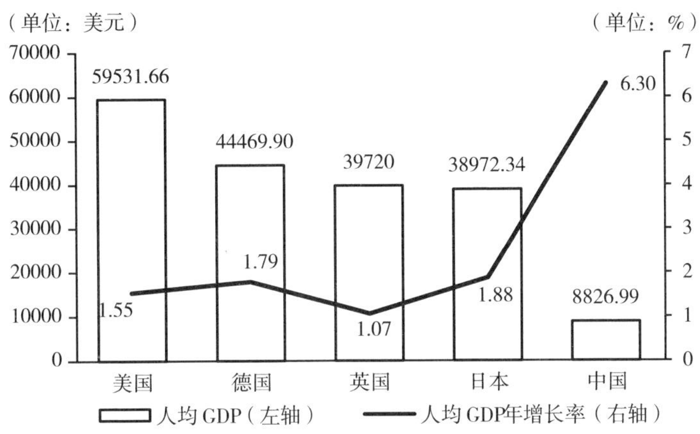

图 1-4　2017 年各国人均 GDP 及增长率

资料来源:世界银行,见 https://www.worldbank.org/。

三、高科技产品比较

国际贸易是全球各个国家产业生产同台竞技的地方,一个国家的优势产品将在国际贸易中取得优势地位,相应的全球市场份额也将会更大,因此一个国家的贸易额,尤其是出口额是衡量国家竞争力的重要指标。2016 年,我国高技术出口额及其占比均排在第一位,出口额为 4960. 07 亿美元,遥遥领先排在第二位的德国,为德国的 2. 6 倍,我国高技术出口占制成品出口的 25. 24%(见图 1-5)。加入 WTO 以后,我国进出口贸易飞速发展,成为世界最大的贸易国家,中国制造的产品物美价廉,在全球各国市场流通,随着国家创新发展战略的实施,我国产品的科技水平也在逐渐提高。

同时,我们也应看到我国在核心技术领域和发达国家仍存在不小的差距,高科技出口相当部分仅仅停留在加工和组装层面,核心产品仍然需要进口,"中兴事件"警示我们,只有自主创造,掌握核心技术,才能不受制于人。

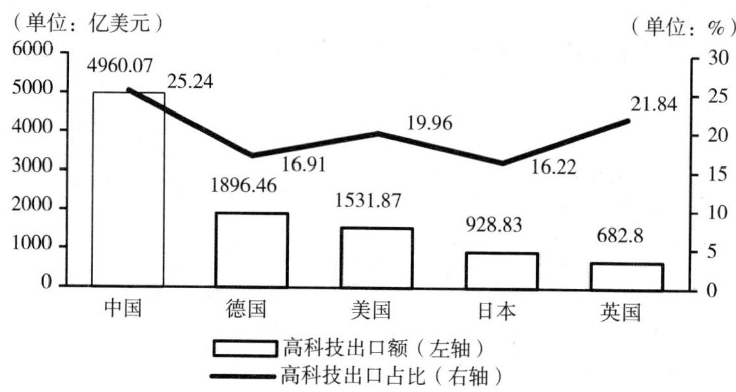

图 1-5 2016 年各国高技术出口额及占比

资料来源:世界银行,见 https://www.worldbank.org/。

四、信息和通信技术产品比较

信息和通信技术是引导当前新一轮科技革命和产业变革的核心技术力量,谁能在信息和通信技术方面掌握优势,那么在新一轮科技产业革命中也将具备竞争优势。近年来,我国大力发展信息和通信技术产业,取得了显著的成绩,诞生了华为、中兴、联想、小米等一批优秀的信息和通信企业,他们的产品销售全球。我国的信息和通信技术产品进出口量在产品进出口总量的占比均排在第一位,出口占比为 26.50%,进口占比为 23.76%,均远超其他国家(见图 1-6)。此外,我国信息和通信技术产品是贸易顺差状态,而美国、日本、德国和英国均处于贸易逆差状态。

当今世界,贸易保护主义和单边主义不断抬头,以美国为首的发达国家不断加强对我国高技术产品的出口限制。在取得成绩的同时,更应看到我国的不足,与高技术产品类似,我国的信息和通信技术产品在核心的芯片制造和设计、软件操作系统等方面仍缺乏竞争力,相关产品仍然严重依赖进口,产业生产链条处于低利润空间。

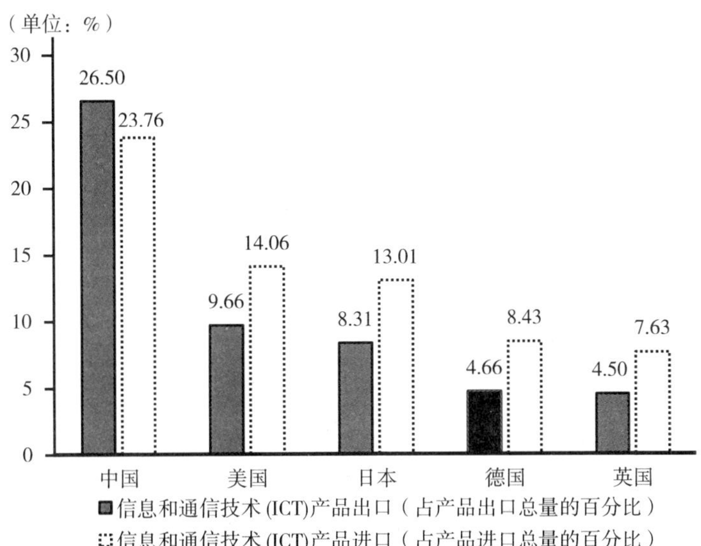

图 1-6　2016 年各国信息和通信技术（ICT）产品进出口占比

资料来源：世界银行，见 https://www.worldbank.org/。

五、保险与金融服务业比较

金融业自身不创造价值，但它能为创新发展提供资金支持、规避风险、促进资产流动等，能提高生产效率，是创新发展极为重要的催化剂，也是国际竞争中重要的服务工具。美国和英国都是金融强国，纽约、伦敦、芝加哥是全球重要的金融中心，英国的保险与金融服务出口占商业服务出口的 32. 85%，遥遥领先其他国家，进口占比 6. 97%，存在很高的贸易顺差，美国的保险与金融服务进出口相对均衡。我国保险与金融服务进出口占比很低，都略超过 3%，与制造业形成鲜明对比（见图 1-7）。

我国金融市场相对封闭，外汇流动受到严格控制，跨境投资也有相应的管制。随着“一带一路”、沪港通、深港通、沪伦通等措施持续推进，我国金融业国际化流通将不断加快。

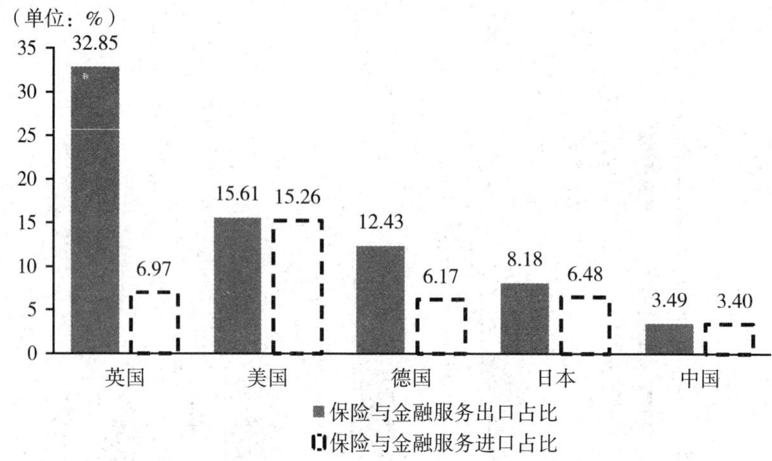

图 1-7　2016 年各国保险与金融服务进出口占商业服务进出口的比重

资料来源：世界银行，见 https://www.worldbank.org/。

六、人口结构比较

人才是创新发展的核心力量，年轻人比例高的国家，创新活力将更强，创新生产的劳动力更多。我国的抚养比最低，占劳动年龄人口的 38.55%，美国、德国、英国和日本的抚养比均超过 50%，其中日本最高为 65.29%。我国 65 岁及以上人口占比也最低，为 10.12%，其他四国均超过 15%，其中日本最高为 26.56%（见图 1-8）。日本老龄化严重，是典型的老龄化社会，大量的老年人需要社会来供养，年轻人逐渐减少，大家不愿生育小孩，严重制约着社会的创新发展。欧洲同样面临相似的困境，生育率低，老龄化不断加剧。

目前来看，我国老龄化不算严重，但是 20 世纪 60 年代那波生育高峰人口逐渐迈入老年，老年人口将逐渐增多。社会压力大，高企的房价、高昂的育儿成本和教育成本也极大拉低了年轻人的生育欲望。我国老龄化社会正加速来临，因此全面创新改革显得刻不容缓，制定更好的人才政策，培养好、留好、用好各类人才，激发创新活力，提升社会生产效率。

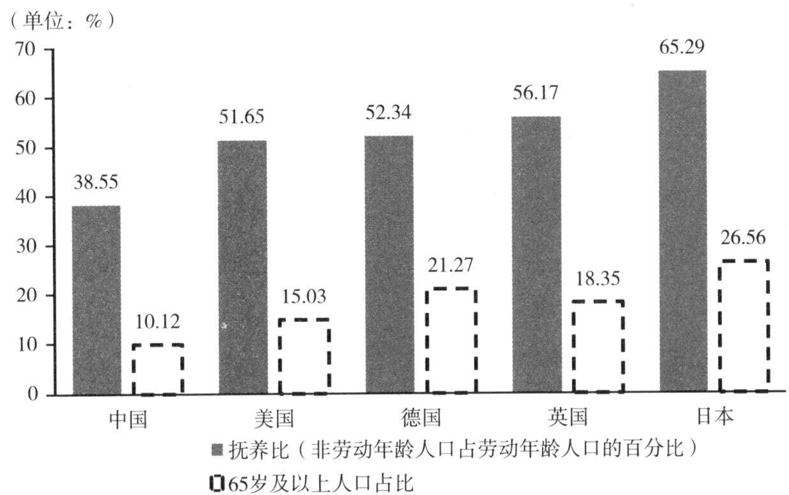

图 1-8　2016 年各国抚养比及老年人口占比

资料来源：世界银行，见 https://www.worldbank.org/。

第四节　全球创新发展竞争态势与特点

随着科技创新领域的多元化多点式突破、科技创新中心的分散化多极化发展，科技领域的创新和产业化竞争格局呈现出国家和地区的多极化趋势，一些新兴国家也快速成为国际科技与产业多极化世界中不断跃升的新兴增长极，牵动全球科技创新格局调整。

一、亚洲创新崛起，在全球创新中的地位不断上升

如今的亚洲已不仅是全球生产体系中的制造基地，也成为全球创新网络中的创新活跃区。①《2017 年全球创新指数》显示，尽管欧美发达国家如瑞士、瑞典、荷兰、美国和英国仍然是世界上最具创新力的国家，但是亚洲国家的创新能力在不断增强。从地区来看，排名前 25 位的全球经济体中有 15 个在欧洲。欧洲在人力资本和研究、基础设施、商业成熟度方

① 马名杰：《全球创新格局变化趋势及其影响》，《经济日报》2016 年 11 月 3 日。

面的优势尤为突出。而中国、日本和韩国在内的亚洲经济体,包括印度尼西亚、马来西亚、新加坡、泰国、菲律宾和越南等都在大力改进各自的创新生态系统,在教育、研发、生产率增长、高科技出口等方面的若干重要指标上排名前列。印度已跃升为亚洲新兴的创新中心。在该报告中,新加坡的创新指数已居全球第七位;韩国、中国香港、日本位列全球前 20 强。GII 指数排名前 25 位的国家中,亚洲国家的排名持续提升(中国香港除外);中国继 2016 年成为首个进入全球创新指数前 25 位的中等收入经济体后,2017 年又创新高,名次提升 3 位,攀升至第 22 位(见表 1-1)。在全球高端生产要素和创新要素加速向亚洲转移的趋势下,亚洲正向全球创新的又一核心地带发展。

表 1-1 GII 指数排名前 25 位的国家近五年变化

年份 国家	2013	2014	2015	2016	2017
瑞士	1	1	1	1	1
瑞典	2	3	3	2	2
荷兰	4	5	4	9	3
美国	5	6	5	4	4
英国	3	2	2	3	5
丹麦	9	8	10	8	6
新加坡	8	7	7	6	7
芬兰	6	4	6	5	8
德国	15	13	12	10	9
爱尔兰	10	11	8	7	10
韩国	18	16	14	11	11
卢森堡	12	9	9	12	12
冰岛	13	19	13	13	13
日本	22	21	19	16	14
以色列	14	15	22	21	17
加拿大	11	12	16	15	18
挪威	16	14	20	22	19
奥地利	23	20	18	20	20
新西兰	17	18	15	17	21

续表

年份 国家	2013	2014	2015	2016	2017
中国	35	29	29	25	22
澳大利亚	19	17	17	19	23
捷克	28	26	24	27	24
爱沙尼亚	25	24	23	24	25
比利时	21	23	25	23	27
马耳他	24	25	26	26	26

资料来源:《2017 年全球创新指数》。

二、发达国家在科技人力资源方面的优势正在不断减弱

根据美国国家科学基金会(NSF)发布的《科学与工程指标 2018》报告,全世界范围内,研究人员总数正在迅速增长,其中一些亚洲国家的增速尤快。增长速度最快的国家为韩国和中国,其中韩国在 2000—2006 年间,研究人员数量增加了近 1 倍;中国 2008 年研究人员数量是 2000 年的 2 倍,之后研究人员数量仍持续增长。美国和欧盟的研究人员数量以低速度稳定增长。日本的研究人员数量自 2000 年来基本保持不变,而俄罗斯则呈现出研究人员数量减少的趋势(见图 1-9)。

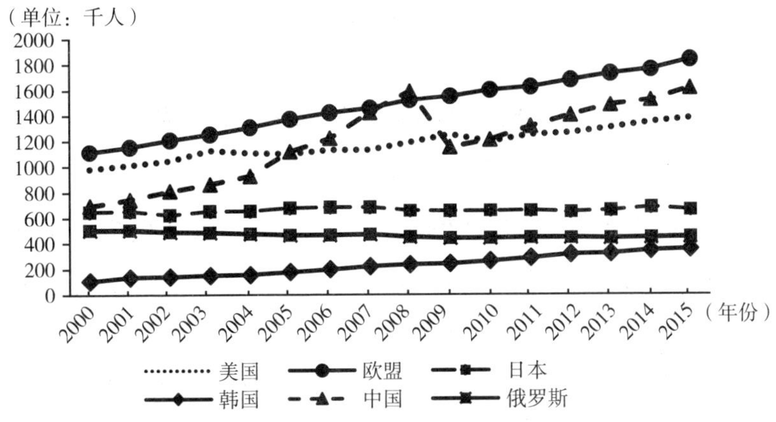

图 1-9　2000—2015 年主要国家/地区研究人员数量

资料来源:NSF 报告《科学与工程指标 2018》。

三、研发活动呈现多极化趋势

随着研究人员数量的增加和教育的不断扩大，研发支出的增长也出现了强劲而广泛的发展。全球 R&D(研究与开发)支出总额持续增长，在2000—2015 年间 R&D 支出总额增长了一倍，这表明了全球对知识和技术的投资趋势。

全球研发活动主要集中在北美洲、欧洲、东亚/东南亚和南亚地区(见图 1-10)。从国家/地区来看，美国的研发投入位居第一，其次是欧盟、中国、日本，其中中国的研发投入于 2015 年超过了欧盟(见图 1-11)。2015 年，美国、中国和日本的 R&D 投入估计占到全球总额(1.9 万亿美元)的一半以上。德国排第四位，约占全球总额的 6%；其次是韩国、法国、印度和英国，分别占全球 R&D 投入总额的 2%—4%。

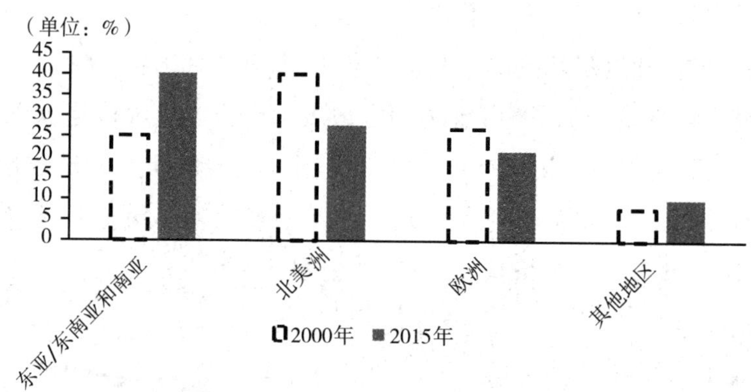

图 1-10　2000 年和 2015 年各区域研发投入占全球的比重

资料来源：NSF 报告《科学与工程指标 2018》。

从研发强度(即 R&D 占 GDP 的比重)来看，2015 年以色列和韩国的值最高，分别达到 4.3%和 4.2%。过去十年中，美国的研发强度在全球的排名呈缓慢下滑态势，2009 年排名第八位，2011 年排名第十位，2013 年和 2015 年排名第十一位，研发强度值只是在小范围内波动。欧盟的研发强度在过去十年呈缓慢增长的态势；而韩国及中国的研发强度则增长显著(见图 1-12)。

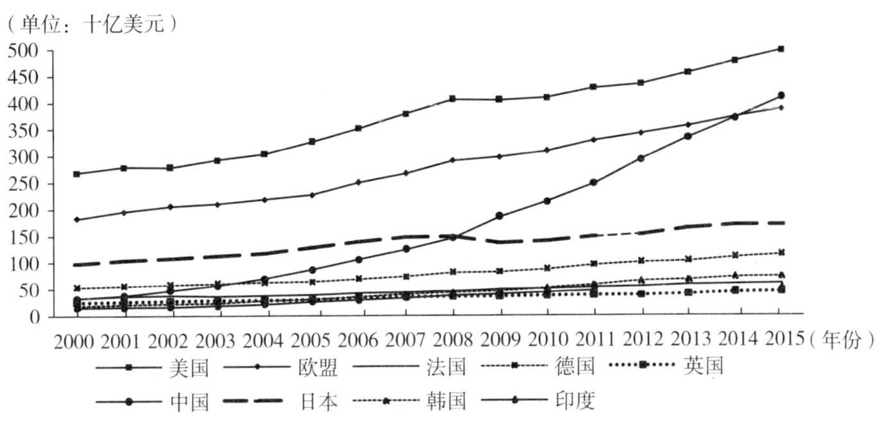

图 1-11　2000—2015 年部分国家/地区国内研发经费支出情况

资料来源：NSF 报告《科学与工程指标 2018》。

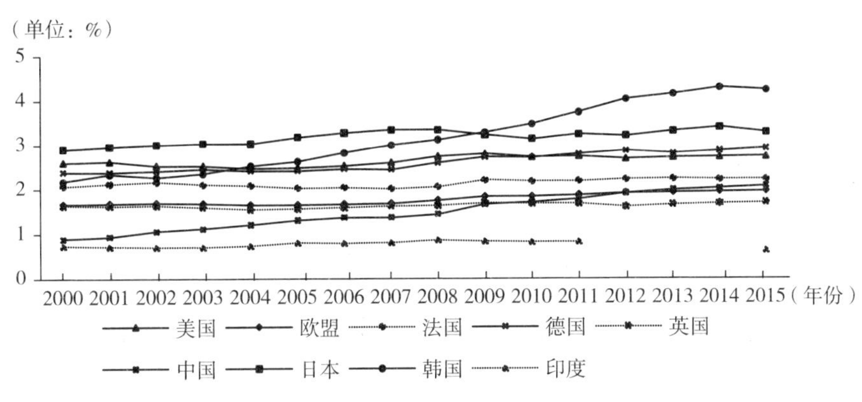

图 1-12　2000—2015 年部分国家/地区研发强度变化情况

资料来源：NSF 报告《科学与工程指标 2018》。

从论文产出来看，全球的论文大部分来自美国、欧盟等发达国家，但是近些年来，中国和其他发展中国家的论文产出呈现出快速增长的趋势。从绝对数量来看，2016 年中国的论文数量已达到 2003 年的 5 倍，与美国的论文数量相当。其他发展中国家，尤其是巴西（图 1-13 中未显示）和印度，其论文数量亦增长较快（见图 1-13）。但是，从高被引论文来看，欧美和日本等科技强国仍然占据优势。我国的高被引论文从 2010 年开始呈显著增长趋势（见图 1-14）。

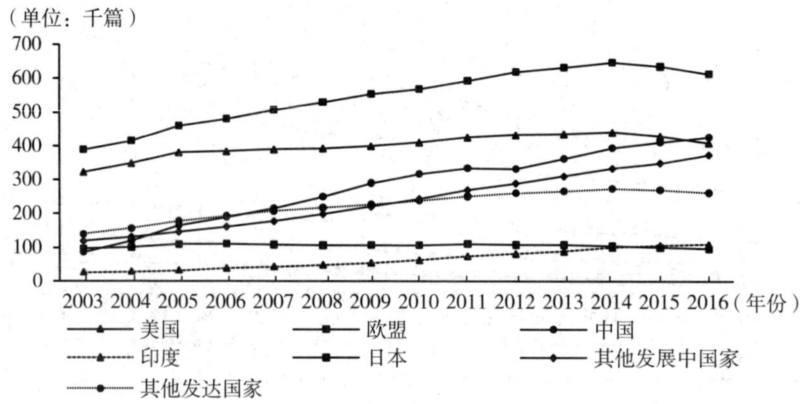

图 1-13　2003—2016 年全球论文产出情况

资料来源：NSF 报告《科学与工程指标 2018》。

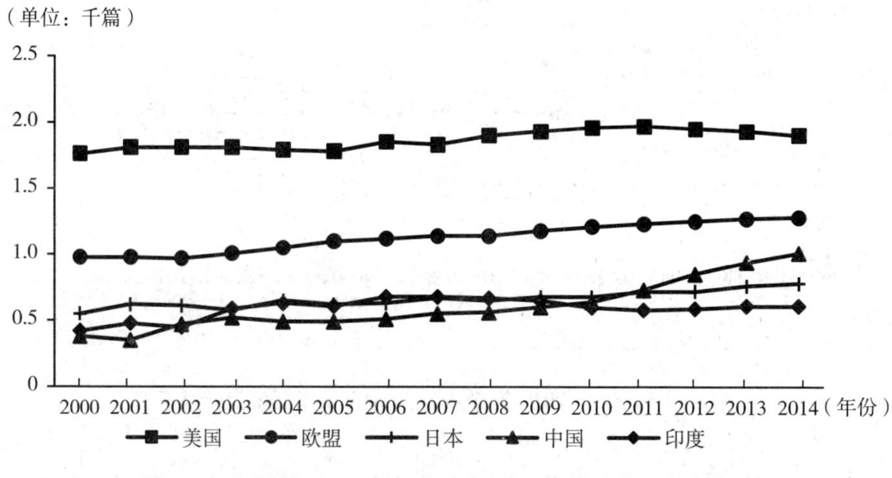

图 1-14　2000—2014 年部分国家/地区高被引论文发表情况

资料来源：NSF 报告《科学与工程指标 2018》。

在专利申请方面，根据世界知识产权组织（WIPO）公布的 2017 年全球各国申请注册国际专利数据，全球整体的申请数量同比增加 5%，达到 243500 件，刷新了历史纪录。其中来自东亚的申请数占了一半，这表明技术创新的中心正在从欧美向中日韩等东亚国家转移。中国的国际专利申请数从 2003 年起，每年以超过 10%的速度增长，去年同比增长 13%，达

48882 件，超过日本（48208 件），首次升至全球第二。排在首位的美国，申请数达到了 56624 件。

四、科技创新与应用的组织模式深刻调整变化，开放与合作创新日益普遍

受经济全球化、新兴经济体崛起、科技进步速度加快、产品生命周期缩短等多种因素影响，技术和人才等创新要素跨国流动的规模和水平不断提高，改变了国家和企业的科技创新模式。[①] 国家和企业的创新能力提升不再局限于独立的内部研发，而是在更大范围内，运用技术和资本等各种手段整合外部创新资源。创新全球化和网络化趋势已经形成，开放与合作创新日益普遍。这种创新组织模式的变化提升了全球创新的速度和效率。

（一）科学研究更加强调跨界合作模式

基础科学研究将更加趋向国际化，一些全球性重大科学问题的解决必须开展高水平的国际合作。由国家科技评估中心和科睿唯安（原汤森路透知识产权事业部）联合制定的《中国国际科技合作现状报告》显示，从 2006 年到 2015 年，全球国际科研合作网络中，美国以其无法撼动的地位始终占据着全球科学研究中心。而英国、法国、德国、中国、加拿大等国在合作网络中的地位都得到加强。目前，中国成为与美国合作规模最大的国家。中国的国际科研合作中心度由 2006 年的全球第十位提升到 2015 年的全球第七位；中国在全球科研合作的规模由位于加拿大之后的全球第六位，超越法国提升到全球第四位。

（二）研发组织模式向全球化和专业化发展

全球研发支出最多的 1000 家企业中，绝大多数企业在海外开展研发。在研发全球化过程中，研发合作不断增多并形成专业分工。企业研发外包渐成趋势，专业研发服务部门不断扩大。集成电路设计公司、消费电子独立设计企业、第三方设计公司、软件研发外包企业等研发新业态不

① 马名杰：《全球创新格局变化趋势及其影响》，《经济日报》2016 年 11 月 3 日。

断出现,从而促进了研发活动的效率提升。此外,在国家战略高技术领域,产生了公私合营(PPP)的技术研发模式,并在发达国家有了广泛的尝试。美国太空产业、医药产业以及欧洲通信产业的发展,都是公私合营模式应用的结果。这种模式同时、有效地激励了研发部门的生产性和非生产性投入水平。

(三)科技活动的开放创新模式正在兴起

大数据时代、互联网技术和科学研究的结合催生了开放创新模式,科技创新的开放性、共享性、协同性、集成性、跨学科特征将更加明显。大数据驱动的知识发现活动正在改变科学研究的方法,利用数据的相关关系来分析探索未知世界将成为人类认识世界的主流方式。[①] 基于海量数据的数学运算预测事物发生的可能性,成为新发现、新发明和新服务的可能源泉。科研设施等创新平台的开放共享、科研信息和数据的开放获取、基于网络的开放创新模式,降低了科技创新的门槛,促进了公众的科技创新活动。

五、科技领域之间的深度交叉融合推动重大创新

新一轮科技革命和产业变革的方向不会仅仅依赖于一两类学科或某种单一技术,而是多学科、多技术领域的高度交叉和深度融合。[②]

(一)不同科技领域的交叉、渗透、融合将孕育重大科技创新

学科交叉点往往就是科学新的生长点、新的前沿,最有可能产生重大突破,使科学发生革命性的变化。科技领域之间、科学和技术之间、自然科学和社会科学之间相互交叉渗透、跨界融合汇聚,学科交叉融合加速,新兴学科持续涌现,特别是信息、纳米、生命、物质和认知科学的融合促进了新兴学科的发展,推动着人类整体认识能力的飞跃发展。近年来,国内外非常重视交叉领域。美国、英国、德国等发达国家相继成立了学科交叉研究中心,为前沿学科建设开辟道路。在国内,以中国科学院为代表的科

① 张志强、范少萍:《论学科信息学的兴起与发展》,《情报学报》2015 年第 10 期。

② 牛少凤:《全球战略性新兴产业有何特点?》,《红旗文稿》2011 年第 8 期。

研机构格外重视交叉领域。例如，在中科院设置的战略性先导科技专项里，交叉类项目就受到高度重视。

（二）多维的技术融合与跨界创新正成为趋势，并催生新型经济发展业态

科技界内部、科技界与产业界之间、产业界创新主体之间的创新合作日渐成为创新发展的新常态，极大地缩短了知识和技术生产向产业应用的创新价值链。当前已经初现端倪的新一轮产业变革，其核心是现代信息技术的深度融合应用——以数字制造技术、互联网技术、新能源技术、新材料技术等重大创新与融合应用为代表，带动了整个产业形态、制造模式、运营组织方式等多方面的深刻变革，强化了产业链不同环节之间以及不同产业链之间的互动关系，从而催生出一系列新业态和新模式。比如，信息技术与各个领域交叉融合的速度正在加快，促使第一、第二产业与现代服务业更加深度融合，催生云制造、数字医疗等新业态；教育、科技、产业的融合造就了硅谷一批国际一流的高技术公司。

第五节　我国在全球创新发展竞争中的特点

一、国家加大对创新的投入引导，创新实力不断加强

2012 年，党的十八大提出实施创新驱动发展战略，“十三五”规划将“创新”作为我国新时期五大发展理念之一，在我国，创新已经成为引领发展的第一动力。国家颁布了一系列支持创新发展的政策文件，2012 年颁布了《中共中央、国务院关于深化科技体制改革加快国家创新体系建设的意见》，2013 年颁布了《国务院办公厅关于强化企业技术创新主体地位全面提升企业创新能力的意见》，2014 年颁布了《国务院关于创新重点领域投融资机制鼓励社会投资的指导意见》，2015 年颁布了《中共中央、国务院关于深化体制机制改革加快实施创新驱动发展战略的若干意见》，2016 年先后颁布了《国家创新驱动发展战略纲要》《“十三五”国家科技创新规划》等。在这些政策支持与引导下，我国的创新发展不断取

得进步，世界知识产权组织发布的《2018年全球创新指数报告》中，我国在全球的创新指数排名进一步提升，从2017年的第22位升至2018年的第17位，是唯一进入前20名的中等收入国家。

二、我国产业结构不断优化，但仍有较大调整空间

经济发展的过程必然伴随着产业结构的演进。从产业结构看，我国经济已经从过去的主要依靠工业拉动转为工业和服务业共同拉动。近年来，我国三次产业结构不断优化，2013年，服务业占GDP的比重达到46.7%，首次超过第二产业；2015年，服务业增加值占比首次突破50%；2017年，服务业主导经济增长的特征更加明显，服务业增加值占GDP比重为51.6%，对经济增长贡献率为58.8%，比第二产业高22.5个百分点，比上年提高1.3个百分点。但是与发达国家相比，我国三次产业结构还有较大的调整空间，英美的服务业增加值占比均超过80%，与我国有近30个百分点的差距，德国和日本也拉开我们近20个百分点的差距。我国还有进一步发展高端服务业和先进制造业的空间。

三、高技术生产市场份额大，但核心部件仍受制于人

中国高技术产业从20世纪80年代起步，经过三十多年的跨越式发展，经历了从无到有、从小到大的发展阶段，据国家统计局数据，2017年，高技术制造业增加值同比增长13.4%，增速高于规模以上工业6.8个百分点，占规模以上工业的比重已超过12%，主营业务收入同比增长13.2%，增速比规模以上工业高2.1个百分点，引领趋势愈发突出，带动作用更为强劲。在国际贸易中，我国高技术产品市场占有率处于领先地位。

同时，我们也应看到我国在核心技术领域和发达国家仍存在不少的差距，高科技出口相当部分仅仅停留在加工和组装层面，核心产品仍然需要进口，创新发展的不平衡不充分问题突出，多数制造业领域仍处于全球价值链中低端。有专家反映，我国大量企业技术水平仍处于美国、日本20世纪40年代的水平，关键领域核心技术水平不高的格局还没有得到

根本改善。随着我国的不断强大,欧美等发达国家对我国防范和限制措施同步加强,我国高技术企业在海外的投资和市场拓展屡受挫折,国际贸易和合作过程中受到的技术壁垒仍然严重。

四、金融创新亟待改革,国际接轨严重滞后

金融发展是社会经济创新发展必不可少的力量,2012 年和 2017 年召开的全国金融工作会议把金融服务实体经济作为推进金融改革与发展的重要目标。一方面,我国的金融改革相对滞后,人民币国际地位较低,境内外金融市场相对封闭,国际主要大宗商品定价话语权低,与我国世界第二大经济体和世界第一大贸易国的身份极不相称;另一方面,国内也出现了一些金融乱象,部分人打着金融创新的旗帜,坑蒙拐骗,严重损害老百姓利益,扰乱社会经济发展。但是不能因为一些金融风险,就动摇和停止必须进行的金融改革和金融创新,加强金融监管、治理金融乱象,防范金融风险与深化金融改革、推进金融创新并不是矛盾对立,而是辩证统一的。我国的金融创新改革要有全球视野,积极融入国际金融市场,而不是关起门来自己玩;更要有经济视野,经济的健康发展是金融改革发展的出发点和落脚点,一切金融改革与创新都应服务于经济的健康持续发展,增强支持实体经济的动力和能力。

第二章　全面创新改革试验区建设背景与发展形势*

第一节　全面创新改革试验区建设背景

从全国来看，自2012年党的十八大提出实施创新驱动发展战略以来，从创新型国家建设到世界科技强国建设，从创新型省份建设到全面创新改革试验区建设，从国家研究中心到国家实验室，再到有全球影响力的国家科技创新中心和综合性国家科学中心建设等，创新驱动发展战略的国家顶层设计不断强化和完善，区域布局体系全面成形，构建了创新驱动发展战略的宏大格局。①

2012年11月，党的十八大提出实施创新驱动发展战略，创新驱动发展上升为国家战略，国家开始全面推进创新驱动发展的体制机制改革和战略部署。

2013年9月，国务院批复成立中国（上海）自由贸易试验区，实行政府职能转变、金融制度、贸易服务、外商投资和税收政策等多项改革措施，推动上海市转口、离岸业务的发展。2015年4月扩展上海自贸区实施范围，同时批复成立广东省、天津市、福建省三个自由贸易试验区。2017年3月批复成立辽宁省、浙江省、河南省、湖北省、重庆市、四川省、陕西省七个自由贸易试验区，其中，四川省侧重于落实中央关于加大西部地区门户城市开放力度以及建设内陆开放战略支撑带的要求，打造内陆开放型经

---

* 本章执笔人为张志强、熊永兰。

① 张志强：《聚焦科技创新发展　服务科技强国建设——〈世界科技研究与发展〉2018年卷首语》，《世界科技研究与发展》2018年第1期。

济高地，实现内陆与沿海沿边沿江协同开放。

2015 年 5 月，中央批准《关于在部分区域系统推进全面创新改革试验的总体方案》，包括四川省在内的八个区域被确定为全面创新改革试验区，其中，京津冀的改革试验主要着眼于区域协同发展，上海市着眼于长三角核心区域率先创新转型，广东省珠三角着眼于深化粤港澳创新合作，安徽省合（肥）芜（湖）蚌（埠）和武汉市着眼于促进产业承东启西转移和调整，四川省成（都）德（阳）绵（阳）和西安市着眼于加速特色领域融合发展，沈阳市着眼于推进新型工业化进程。八个各具特色的全面创新改革试验区启动，为全国创新驱动发展探索可复制的有益经验。

2015 年 5 月，《中国制造 2025》印发，这是我国实施“制造强国”战略第一个十年行动纲领，力争通过“三步走”，在 2050 年左右，实现我国综合实力进入世界制造强国前列的目标，建成全球领先的技术体系和产业体系。

2015 年 8 月，《中华人民共和国促进科技成果转化法》修订发布；2016 年 2 月和 4 月，《实施〈中华人民共和国促进科技成果转化法〉若干规定》和《促进科技成果转移转化行动方案》相继印发；同年 8 月，教育部与科技部联合印发《关于加强高等学校科技成果转移转化工作的若干意见》，中科院与科技部联合印发《中国科学院关于新时期加快促进科技成果转移转化指导意见》；同年，包括四川省在内的若干省份陆续跟进落实相关措施。2017 年 9 月，《国家技术转移体系建设方案》印发。上述政策不断催化和深化我国的科技成果转化和技术转移相关工作。以制度促进科技成果快速转化为现实生产力，在全国范围形成共识。

2016 年 2 月、2017 年 1 月和 5 月，上海市张江、安徽省合肥、北京市怀柔等三个综合性国家科学中心建设方案相继获批。

2016 年 5 月，《国家创新驱动发展战略纲要》印发，确定三步走战略目标，到 2050 年建成世界科技创新强国，成为世界主要科学中心和创新高地，为实现中华民族伟大复兴的中国梦提供强大支撑。

2017 年 3 月，科技部批复同意《四川创新型省份建设方案》，四川省成为继江苏省、安徽省、陕西省、浙江省、湖北省、广东省、福建省之后全国第八个获批建设国家创新型省份的试点省份。11 月，四川省正式印发《四川创新型省份建设实施方案》，力争到 2020 年基本建成国家创新驱动发展先行省和创新型四川，科技创新能力全面提升、创新支撑经济社会发展作用显著增强、创新创业环境更加优化。

2017 年 11 月，为建设适应大科学时代基础研究特点的学科交叉型国家科技创新基地，科技部批准建设北京分子科学、武汉光电、北京凝聚态物理、北京信息科学与技术、沈阳材料科学、合肥微尺度物质科学等 6 个国家研究中心。

上述战略、政策、方案、措施等，从中央到地方、从总体到局部，层层推进、步步落实，共同构建出我国创新驱动发展战略实施的大格局。四川省在全国创新发展大格局中，争取到了全面创新改革试验区、创新型省份建设、四川（成都）自由贸易试验区等国家政策的有力支持，初步占得一定的创新发展先机。

第二节　各省（自治区、直辖市）创新发展的新态势

在国家宏观层面创新驱动发展战略与政策的顶层设计的强力指引下，作为创新驱动发展战略的具体实施对象区域，国内省域的创新驱动发展呈蓬勃之势。各省竞相出台各自的创新驱动发展战略目标和政策措施，抢占国家创新驱动发展的政策先机，构筑创新驱动发展的战略优势地位。与国际上创新竞争的“战国时代”相呼应，国内省（自治区、直辖市）的创新驱动发展竞争进入“战省时代”，各区域之间可谓进入“战区时代”。

北京市以三大科学城建设支撑具有世界影响力的科技创新中心发展，形成多点多极创新中心竞相发展的新格局。在国务院 2016 年发布的《北京加强全国科技创新中心建设总体方案》中，北京将统筹规划建设中关村科学城、怀柔科学城和未来科技城。中关村科学城主要依托中国科学院有关院所、高等学校和中央企业，集聚全球高端创新要素，实现基础前沿研究重大突破，形成一批具有世界影响力的原创成果。怀柔科学城重点建设大科学装置群，创新运行机制，搭建大型科技创新研发服务平

台。未来科技城着重集聚高水平企业研发中心,集成中央在京科技资源,引进国际创新创业人才,强化重点领域核心技术创新能力,打造大型企业集团技术创新集聚区。北京市现已基本形成“基础前沿原创突破—科学装置运行服务—科技企业集聚壮大”这一相对完备的多科学城建设格局,在国家创新驱动发展战略实施和京津冀协同发展中发挥引领示范和核心支撑作用,形成国家顶级创新中心。①

上海市系统推进全面创新改革试验,加快建设具有全球影响力的科技创新中心。上海市开展全面创新改革试验,是推进全面深化改革、破解制约创新驱动发展瓶颈的重要举措。上海市围绕率先实现创新驱动发展转型,以推动科技创新为核心,以破除体制机制障碍为主攻方向,加快向具有全球影响力的科技创新中心进军。上海市将通过打造高度集聚的重大科技基础设施群、建设有国际影响力的大学和科研机构、开展多学科交叉前沿研究、探索建立国家科学中心运行管理新机制等工作来建设上海市张江综合性国家科学中心;将在信息技术领域、生命科学领域、高端装备领域、质量技术基础领域建设开放式关键共性技术研发平台,并建设科技成果转化和产业化平台以及特色领域创新平台;将在信息技术、生物医药、高端装备、新能源及智能型新能源汽车、智能制造等领域实施引领产业发展的重大战略项目和基础工程;将推进建设张江国家自主创新示范区,加快形成“大众创业、万众创新”的局面。同时,在改革措施方面,上海市将聚焦政府管理体制不适应创新发展需要、市场导向的科技成果产业化机制不顺畅、企业为主体的科技创新投融资体制不完善、国有企事业单位创新成果收益分配和激励机制不合理、集聚国际国内一流创新人才的制度不健全等问题,重点在政府创新管理、科技成果转移转化、收益分配和股权激励、市场化投入、人才引进、开放合作等方面作出新的制度安排,着力在创新体制机制上迈出大步子,打破不合理的束缚,推动以科技创新为核心的全面创新,引领和带动长三角区域协同创新发展,形成仅次

① 张志强:《聚焦科技创新发展 服务科技强国建设——〈世界科技研究与发展〉2018年卷首语》,《世界科技研究与发展》2018年第1期。

于北京的国家顶级创新中心。

合肥市以综合性国家科学中心建设为引领，打造世界量子信息科技创新高地。合肥拥有同步辐射、全超导托卡马克和稳态强磁场 3 个大科学装置，是全国除北京之外大科学装置最密集的地区。合肥市综合性国家科学中心依托合肥地区大科学装置群，聚焦信息、能源、健康、环境四大领域，建设量子信息基地、智慧能源平台、大基因中心等，并开展多学科交叉和变革性技术研究，催生变革性技术、引领战略性新兴产业。[①] 围绕中科院量子信息与量子科技创新研究院建设国家量子信息实验室，“墨子号”所应用的量子通信技术已使我国领先世界。光量子计算机、“人造太阳”实验装置都在 2017 年创造了新的世界纪录。地方政府现已大力度投入 100 亿元筹建安徽量子基金，支持打造量子科技信息世界重镇，300 亿元产业基金助“三重一创”建设（重大新兴产业基地、重大新兴产业工程、重大新兴产业专项，创新型现代产业体系）。合肥国家综合性科学中心建设异军突起，大大出乎所有人的意料，给很多地方政府在创新驱动发展上不作为、慢作为敲响了警钟。

创新驱动“西安模式”加速成型，做产城融合典范，建设全球硬科技之都。西安市先后建成了高新区、经开区、航空、航天四个国家级开发区，聚合发展特色产业，先后打造了西安国家民用航天产业基地、西安兵器工业科技产业基地等重大平台。2017 年，首届全球硬科技创新大会在西安召开，《西安市发展硬科技产业十条措施》明确推进西安科学园建设，重点推进中科院西安科学园建设，全力争取建设国家综合性科学中心。

江苏省加快建设具有全球影响力的产业科技创新中心和具有国际竞争力的先进制造业基地。[②] 江苏省实施“太阳计划”“月亮行动”和“繁星工程”。“太阳计划”依托创新能力强、智力资源高度密集的大院大所，重点推进国家重大科技基础设施、重大科技攻关项目；“月亮行动”按照滚

① 张志强：《聚焦科技创新发展　服务科技强国建设——〈世界科技研究与发展〉2018 年卷首语》，《世界科技研究与发展》2018 年第 1 期。

② 张志强：《聚焦科技创新发展　服务科技强国建设——〈世界科技研究与发展〉2018 年卷首语》，《世界科技研究与发展》2018 年第 1 期。

动培育、整体协同、统筹布局的原则，建成一家综合性国家产业创新中心，布局创建 3 家专业领域国家产业创新中心，培育建设 5 家专业领域省级产业创新中心，培育研发投入超十亿、百亿元的研发企业，带动形成产值超百亿、千亿元的龙头企业和产值超千亿、万亿的优势行业；“繁星工程”加快建设双创平台，打造企业创新集群。[①] 制定《关于统筹优化布局打造世界级先进制造业集群的指导意见》，在江苏省布局打造 1—2 个具有地方标志、领跑全国乃至全球的产业标杆。同时将实施 200 个补短板重大项目。江苏省以未来新兴产业创新为主攻方向，致力于占领全国先进制造业创新高地的发展战略，具有鲜明的江苏优势和江苏特色。

浙江省布局建设多个科技城，打造全域创新省份。浙江省正加快形成以信息经济为主导、现代服务业为主体、先进制造业和绿色生态农业为两翼的产业新格局。打造杭州湾创新型城市群，为转型发展提供新动力，现已初步形成与上海协同一体化的发展态势。打造杭州城西科创大走廊，加快未来科技城、青山湖科技城、宁波新材料科技城、嘉兴科技城、舟山海洋科学城建设，支持温州浙南科技城、金华国际科技城加快建设，鼓励有条件的地区根据各自特色、科技发展特点，布局建设科技城，大力推进乌镇互联网创新发展试验区建设，创新平台建设加快推进。产业集聚区成为浙江省产业创新引领、转型升级和集聚示范的窗口。作为杭州湾创新型城市群龙头的杭州，已经具备决定顶级城市地位的战略性新兴产业、金融业两大发展优势。2017 年全国 120 家“独角兽”企业，杭州市就有 13 家，仅次于北京市（54 家）、上海市（28 家），还高于深圳市（10 家）和广州市（3 家）。杭州市的“独角兽”企业数量虽然只占 11%，但估值占 19%，十分醒目，杭州市已经形成了创新的生态，未来挤入“一线城市”完全可期。

广东省携手港澳全力打造国际一流粤港澳大湾区和世界级城市群，计划将珠三角建设成为国际一流创新创业示范区。广州、深圳—珠三角—粤东西北，三大圈层逐层带动辐射的发展思路已清晰可见。出台

---

① 宋晓华：《八举措推动江苏高质量发展》，《新华日报》2018 年 1 月 1 日。

《珠三角国家自主创新示范区发展规划纲要(2016—2025年)》等系列方案,明确以深圳市、广州市为龙头,连同珠海市、佛山市、惠州市、东莞市、中山市、江门市、肇庆市等7个地级市共同创建,形成"1+1+7"珠三角国家自主创新示范区建设格局,建成国际一流的创新创业中心。2017年7月,国家主席习近平亲自见证《深化粤港澳合作推进大湾区建设框架协议》的签署。党的十九大报告明确提出,要以粤港澳大湾区建设、粤港澳合作、泛珠三角区域合作等为重点,全面推进内地同中国香港、中国澳门互利合作。广东省正按照中央部署,携手港澳全力打造与纽约湾区、旧金山湾区、东京湾区匹敌的国际一流湾区和世界级城市群。粤港澳大湾区(9+2城市群)未来将重点打造成为全球科技创新中心,以及全球先进制造业中心、国际金融航运和国际贸易中心。这两年广州在创新发展上(无论是上市公司数量、市值,还是"独角兽"企业),已经被杭州和深圳超越。对此,广东省提出了"广深科技走廊"的方案,力图在"广州—东莞—深圳—中国香港"这条广深高速、107国道连通的区域,建设世界级的创新走廊。该方案对未来广州的发展具有积极的意义。

第三节　国家全面创新改革试验向纵深发展

一、我国区域创新发展新的战略态势和战略体系

党的十八大以来,我国区域发展战略发生重大升级,形成了"4+3+2+N"的区域发展战略体系。"4"是东部、中部、西部和东北部四大区域板块发展崛起、相互贯通;"3"是京津冀经济圈、长三角经济圈、珠三角经济圈协同一体化发展;"2"是"一带一路"倡议、长江经济带战略形成贯通国内、链接世界的经济发展带;"N"是建设若干科技创新中心和全面创新改革试验区。其中,最为鲜明的是长江经济带、"一带一路"倡议构成的三大经济带全面推进实施,实现区域内一体化、区域内外一体化、国际一体化发展;同时,推动建设若干区域科技创新中心和产业创新中心、全面创新改革试验区。作为西南地区重要经济省份的四川省、重庆市,拥有

“一带一路”和长江经济带两大国家战略的区位节点优势，成为建设“一带一路”西南区域发展枢纽的主要城市。可以说，四川省、重庆市面临着新的难得的历史性发展机遇，在国家新的区域发展战略布局中，可以有很好的作用发挥。特别是，成都、重庆两大城市融合发展，完全可能打造我国第四大城市经济圈和西部最大的经济圈。

二、区域创新驱动发展出现更高层次的组织形式

区域经济作为中国经济高质量发展的重要支撑，一直是各项政策和改革推进的重点。在顶层设计下，区域经济发展呈现新气象，区域发展战略加速落地，经济发展新动能加速崛起。京津冀协同发展、长三角一体化、粤港澳大湾区是我国构建现代化经济体系的重要支撑，是推进高质量发展的重要引擎。

（一）粤港澳大湾区

深入实施创新驱动发展战略，深化粤港澳创新合作，构建开放型融合发展的区域协同创新共同体，集聚国际创新资源，优化创新制度和政策环境，着力提升科技成果转化能力，建设全球科技创新高地和新兴产业重要策源地。[①] 广东省成立专责小组，广东“双”国家自主创新示范区联合深圳国家自主创新示范区，并携手港澳打造全球最大创新圈，通过系列措施加强与港澳地区创新合作。深圳和中国香港将在落马洲河套地区合作建设“港深创新及科技园”，推动其成为科技创新的高端新引擎、深港合作新的战略支点与平台，共同建设具有国际竞争力的“深港创新圈”。提高粤港澳大湾区人才配置效率，积极构建符合科技创新规律的体制机制，推动人才、资本、信息、技术等创新要素在大湾区便捷高效流动。此外，中科院正在积极参与推进粤港澳大湾区国际科技创新中心的建设，约 132 亿元资金已经或即将“集聚”到广东，建设多个大科技工程。

（二）长三角一体化

长三角一体化进程加快，逐步从集聚走向平衡。上海市、南京市、杭

① 武勇：《粤港澳大湾区建设：谱写新时代春天的故事》，2019 年 3 月 1 日，见 http://ex.cssn.cn/zx/bwyc/201903/t20190301_4840809.shtml。

州市、合肥市提出，拟联动打造我国科教资源最密集、创新能力最强、开放程度最高的城市群之一的“长三角创新圈”，长三角城市年研发投入和有效发明专利数均占全国的30%以上，拥有普通高等院校约350所，国家工程研究中心和工程实验室等创新平台近300家。其中上海市、合肥市是国家综合性国家科学中心，南京市是国家科技体制综合改革试点城市，杭州市正在打造数字经济城市。“长三角创新圈”将围绕“一圈一核三城多点”进行空间布局。[①] 其中，“一圈”即依托沪宁合，合杭高速铁路，G42、G50、G60高速公路，长江中下游航道，区间航空航线等立体交通体系，通过沿线城市创新要素交流融合、紧密合作形成的互利共赢、共同发展的创业生态圈；“一核”即上海科技创新中心和综合性科学中心的龙头核心；“三城”即南京市、杭州市、合肥市等三个区域双创中心城市的辐射联动；“多点”即圈内更多城市，打造有影响力的综合性科创中心城市群、国家自主可控产业策源地和全国区域协同创新和发展示范区。通过“长三角创新圈”建设，推动长三角创新一体化，全面推进创新驱动发展。

（三）京津冀协同发展

京津冀围绕“创新源—创新个体—创新组织—创新种群—创新群落—创新网络”这一过程，不断完善优化创新生态，通过协同创新，贯通产业链条、重组区域资源，建立健全区域创新生态体系，打造京津冀协同创新共同体。[②] 此外，高标准建设雄安新区，作为我国总体区域战略布局中的新枢纽城市，其功能不仅仅局限于疏解北京非首都功能和促进京津冀协同发展，还立足于全国范围的区域经济协调；沿着“雄安新区—京津冀都市带—京津冀协同发展—环渤海经济圈—中国北方—东北亚”的发展逻辑，承担起维持中国南北平衡、促进中国深度改革与转型发展等重大国家任务，将其打造为新时代生态和创新之都、高质量发展样本以及东西、南北协同创新发展的枢纽。

---

① 李禾：《我国形成区域创新梯次联动新格局》，《科技日报》2019年3月27日。

② 李佳钰、张贵：《天津滨海新区对接河北雄安新区高质量发展的对策研究》，《理论与现代化》2019年第1期。

三、全面创新改革助推区域发展

（一）全面、系统、深入推动全面创新改革

2017年，国务院授权的169项改革举措已经全部启动。公安部、财政部、人社部、商务部、中国人民银行、国家税务总局、食品药品监管总局、银监会、外专局等部门，围绕科技人员激励、科技金融创新、市场准入、人才引进等方面，出台了一系列指导性文件。各试验区域大胆闯、自主改，已经在某些改革任务推进上取得了重要突破，其中两批共36项改革举措已在全国或8个改革试验区域内推广。在新时期新形势下，各试验区正在高水平谋划新一轮全面创新改革试验。

（二）体制机制改革在一些方面取得重要突破

总体来看，改革试验呈现出全面播种、次第开花的良好局面，一些改革实践已经上升为制度和政策成果，一些改革中涌现出的好经验、好做法具备了可复制可推广的条件，部分改革任务取得重要突破。一是知识产权保护制度有了新突破，维权难的不利局面开始改观。二是激励成果转化有了新办法，不愿转化、不能转化的问题开始破解。三是金融服务科技创新有了新方式，解决融资难的问题更有针对性。四是外籍人才引进有了新政策，科技创新选才用才范围进一步扩大。五是协同创新军民融合、科技创新中心等特色领域创新发展。

（三）全面创新改革试验成效初步显现

全面创新改革试验启动实施短短三年时间以来，各试验区全面创新改革试验成效已初步显现，全面创新改革试验带来的“势能”突破，正加速转化为试验区高质量发展的重要“动能”支撑。以上海市为例，2017年，全社会研发经费支出占全市GDP的比例达3.8%；每万人口发明专利拥有量达41.5件，是五年前的2.4倍；战略性新兴产业制造业总产值突破1万亿元大关，占规模以上工业总产值比例达30%；战略性新兴产业增加值同比增长8.7%，增速是三年前的近一倍；2018年1—5月，全市战略性新兴产业制造业达两位数增长，增速比规模以上工业高出3.4个百分点。

四、西部区域的创新驱动发展面临更大挑战和机遇

(一)机遇

1. 国家不断健全梯次联动的区域创新布局

当前中国区域经济发展既面临不平衡问题,也有不充分问题。为了解决这些问题,国家不断健全梯次联动的区域创新布局,培育创新增长点、增长带、增长极,逐步扭转区域发展差距拉大的趋势,形成东中西部相互促进、优势互补、共同发展的新格局。但目前,国家重点支持的具有龙头带动作用的经济区主要集中在京津冀、长三角和粤港澳地区,国家要进一步优化发展格局,解决不平衡不充分的问题就必须在西部地区培育具有全国意义的城市群经济核心区。

2. 西部地区协同联动发展初见成效

随着西部大开发、"一带一路"建设、长江经济带建设等战略的深入实施,以及成渝城市群、关中平原城市群、北部湾城市群的全面发展,在一定程度上促进了西部省(自治区、直辖市)的协同联动发展。近年来,成都市、重庆市、西安市城市发展水平不断提高,城市竞争力进一步增强,使得"西三角"格局基本形成,有望与京津冀、长三角、珠三角共同构筑中国区域创新发展的"菱形"布局。这既反映了西部地区协同联动发展的初步成效,也进一步反映了在全面创新驱动发展中构建新的区域协同和一体化发展战略的迫切性。四川省和西部区域的更大发展,必须建立更大的区域发展带动极——成渝一体化经济区,将成渝一体化发展战略上升为国家战略,带动西南乃至西部区域的发展。

(二)挑战

1. 东中部地区创新要素集聚能力不断增强

东中部地区,尤其是东部地区,基于其优良的地理位置和经济发展基础,推动了创新要素在区域集聚,进一步增强了创新驱动发展能力。具体来看,人才方面,西部地区人才引进和培育力度不够,"孔雀东南飞"现象依旧存在,导致人才流失严重;企业方面,西部省(自治区、直辖市)培育的知名企业和科技型企业较少,全球知名企业主要在东部省(自治区、直

辖市）设立研发中心，而西部仅成都市、重庆市、西安市有所分布；高校科研院所方面，高校和科研院所作为产学研结合的重要支撑点，是区域实现创新发展的动力源，而目前高等教育资源主要集聚在东部地区。例如，中国共有“985”高校39所，其中东部为26所，中部为6所，西部12省区市则只有7所。“211”高校一共有112所（包括“985”在内），东部为71所，中部为17所，西部为24所。总之，西部地区由于创新发展的硬环境（创新基础设施）和软环境（政策、文化、制度、法律等）建设还需要努力营造，导致创新要素集聚能力有待加强，进一步制约了区域创新驱动发展。

2. 国家层面扶持西部地区全面发展政策欠缺

政策对于区域发展具有很好的引领和扶持作用，国家层面出台了较多关于东中部省（自治区、直辖市）的全面创新发展的政策举措，在促进东北全面振兴、中部地区崛起、东部率先发展的改革创新方面成效显著，东部地区有效辐射和带动了中部省（自治区、直辖市）发展。而西部地区由于地处内陆，受东部地区的外溢效应有限，加上国家层面的扶持相对欠缺，进一步阻碍了其全面创新发展，扩大了与东部地区的差距。以西部重要省份四川省为例，国家给予四川省的有关发展政策（全面创新改革试验区、自贸区、创新型省份等）支持，其实已经在全国同质化了（类似的政策全国很多省份都享有），导致政策潜力和政策后劲不足。

现　状　篇

第三章　四川省与其他经济大省发展比较研究*

第一节　四川省与其他经济大省经济发展比较分析

一、全国各省(自治区、直辖市)经济发展现状和态势

为开展四川省与其他经济大省的比较研究,首先对全国大陆31个省(自治区、直辖市)的经济发展状况予以总体定量分析与比较,纵览全国各省(自治区、直辖市)近5年的经济发展状况,观察四川省在全国的发展位次情况。同时,为观察各省的经济发展现状和态势,本报告选择2014年以后的时间段进行分析。

(一)经济发展主要指标分析

1. 各省(自治区、直辖市)GDP分析

2014—2018年全国31个省(自治区、直辖市)GDP总值的平均值排名情况见图3-1,排名前10位的依次为广东省、江苏省、山东省、浙江省、河南省、四川省、湖北省、河北省、湖南省、福建省。其中前3名的广东省、江苏省、山东省的GDP已超过6万亿元,处于第一方阵,与其他省(自治区、直辖市)拉开了较大差距。

从图3-2至图3-4可以看出,2016—2018年全国GDP排名前10的省份均为广东省、江苏省、山东省、浙江省、河南省、四川省、湖北省、河北省、湖南省、福建省;并且排名前7位的省份保持不变,仅河北和湖南的位次在2018年有所变化。

* 本章执笔人为张志强、肖国华、周飞、王恺乐、杨润丹、唐蘅。

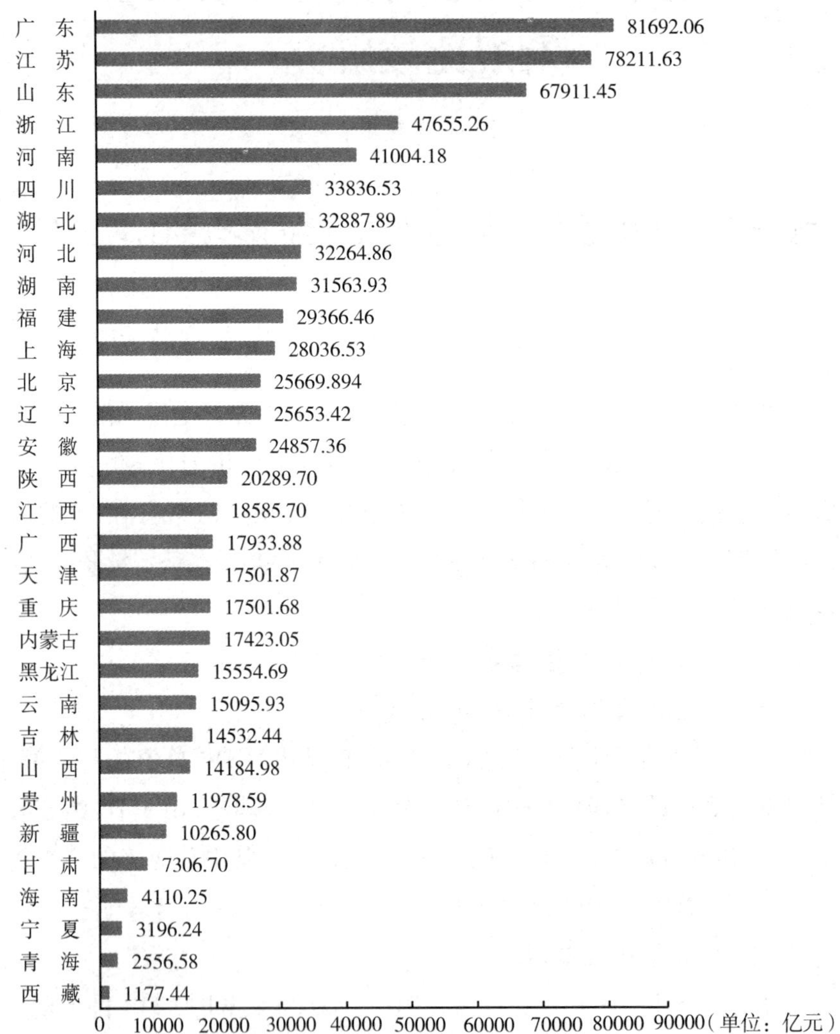

图 3-1　2014—2018 年全国 31 个省（自治区、直辖市）GDP 平均值排名

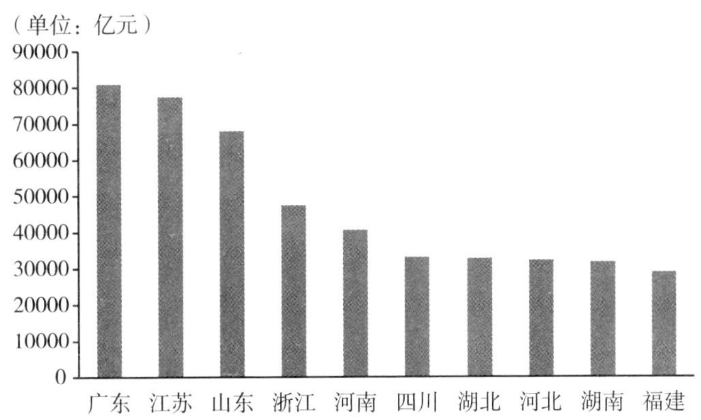

图 3-2 2016 年 GDP 排名前 10 位省份

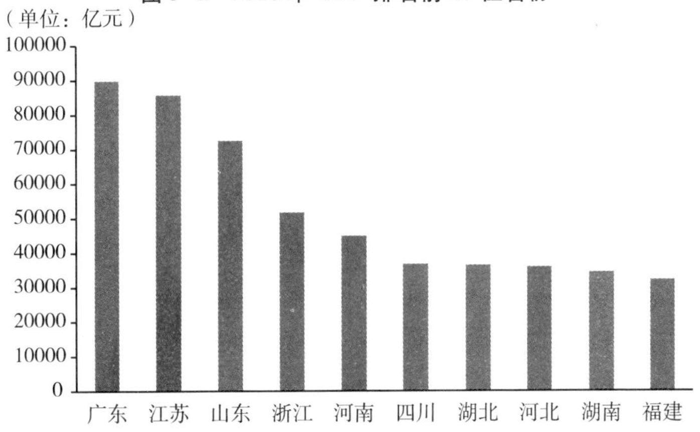

图 3-3 2017 年 GDP 排名前 10 位省份

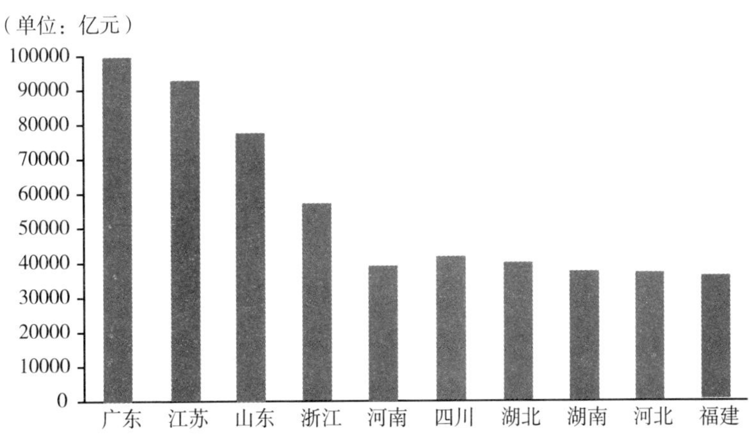

图 3-4 2018 年 GDP 排名前 10 位省份

表 3-1　2018 年各省（自治区、直辖市）GDP 排名的梯队划分

第一梯队 （GDP 大于 5 万亿元）	第二梯队 （GDP 大于 4 万亿元 小于 5 万亿元）	第三梯队 （GDP 大于 3 万亿元 小于 4 万亿元）
广东 江苏 山东 浙江	河南 四川	湖北 湖南 河北 福建 上海 北京 安徽

根据 2018 年 GDP 数据（见表 3-1），四川省与河南省同处于第二梯队，与第一梯队四个省的 GDP 差距较大，因此四川省当前的主要追赶对象是位于第二梯队的河南省；紧随四川省之后的是第三梯队的湖北省、湖南省、河北省和福建省四省，且 GDP 数值差距很小，因此湖北省、河北省、湖南省、福建省等四省是四川省最有力的竞争对象。

2014—2018 年全国 31 个省（自治区、直辖市）中地区生产总值平均值排名前 10 位和排名第 11—20 位的省（自治区、直辖市）的各年地区生产总值见图 3-5 和图 3-6。以 2014 年为基准年，广东省和江苏省每年均以超过 5000 亿元的额度增长，而在 2017 年两省的增长值约超过了 8000 亿元，而四川省每年的平均增长额度不足 3000 亿元，与广东省和江苏省存在不小差距。

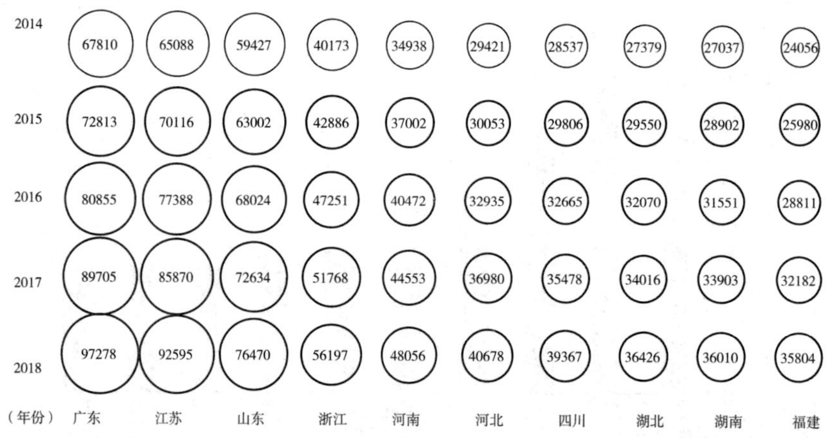

图 3-5　2014—2018 年 GDP 平均值前 10 位省份的 5 年地区生产总值（单位：亿元）

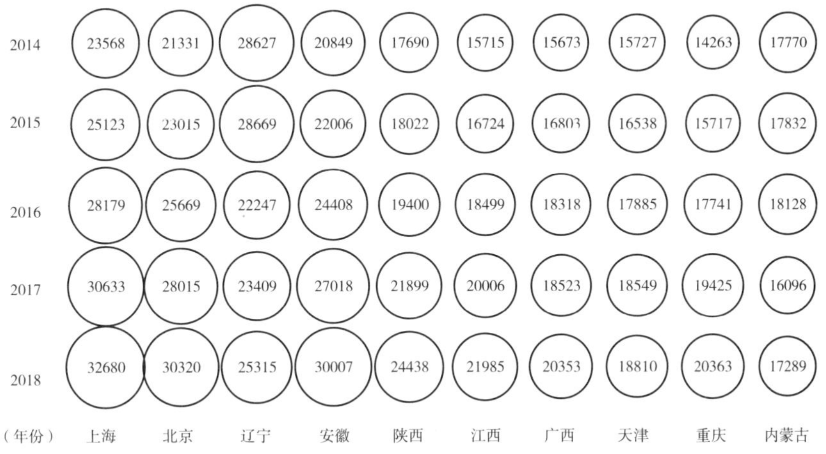

图 3-6　2014—2018 年 GDP 平均值中间 10 省份的 5 年地区生产总值(单位:亿元)

2014—2018 年,全国 31 个省(自治区、直辖市)平均的年均 GDP 增长率约为 7.31%,除新疆维吾尔自治区、广西状族自治区、山东省、青海省、河北省、甘肃省、天津市、吉林市、黑龙江省、内蒙古自治区、辽宁省外,其他省区市的平均增速都高于全国增速。

GDP 年均增长率大于 10%和增长率大于 9%小于 10%的省(自治区、直辖市)在 2015—2018 年间每年的增长率见图 3-7 和图 3-8。从图 3-7 中可见,各地 GDP 增长率近年基本均呈波动变化态势。图 3-8 中排名在前的省(自治区、直辖市)的年平均增速甚至超过 11%;而图 3-9 中各地年平均增速相差不大。2015—2018 年四川省的 GDP 平均增速为 9.3%,排名第八位。

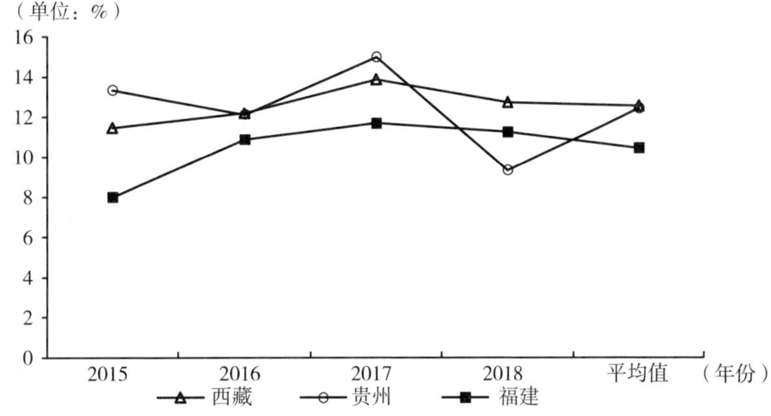

图 3-7　2015--2018 年 GDP 年均增长率大于 10%的省(自治区、直辖市)的每年增长率

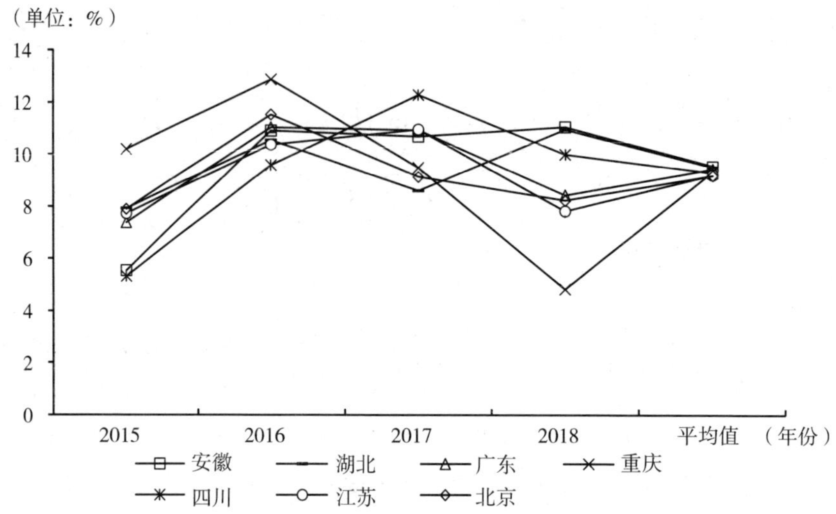

图 3-8 2015—2018 年 GDP 年均增长率介于 9%—10%的省(自治区、直辖市)的每年增长率

注:本小节 GDP 和 GDP 增长率数据来源于《中国统计年鉴》。

2. 各省(自治区、直辖市)产业结构分析

2014—2018 年全国各省(自治区、直辖市)三次产业年平均值见图 3-9。其中,第三产业 5 年均值排名前 10 位的依次为:上海市、广东省、江苏省、山东省、浙江省、北京市、河南省、四川省、湖南省、湖北省。排名前 3 位的广东省、江苏省和山东省的第三产业总值年平均值分别为 57343.15 亿元、42592.91 亿元、38750.37 亿元,与其后的各省(自治区、直辖市)拉开较大差距。

2014—2018 年第三产业产值占 GDP 比重排名前 10 位的省(自治区、直辖市)见图 3-10。第三产业占比超过 50%的地区有北京市、上海市、天津市、海南省、黑龙江省、西藏自治区、广东省、山西省、浙江省、甘肃省。四川省第三产业占比 46.16%,排名第 16 位,反映四川省第三产业发展仍有巨大潜力和较大空间,是四川省未来经济发展的主要着力方向。

3. 各省(自治区、直辖市)技术市场成交额情况分析

2014—2018 年技术市场成交额平均值排名前 10 位的地区见图 3-11。北京市以 3995.35 亿元的成交额遥遥领先;湖北省、陕西省、广东

省、上海市、江苏省、天津市的技术市场成交额也都达到了500亿元以上；四川省为436.64亿元，居第九位。反映四川省在技术市场成交额方面，与经济大省有明显差距，与自身经济大省的地位不相称。

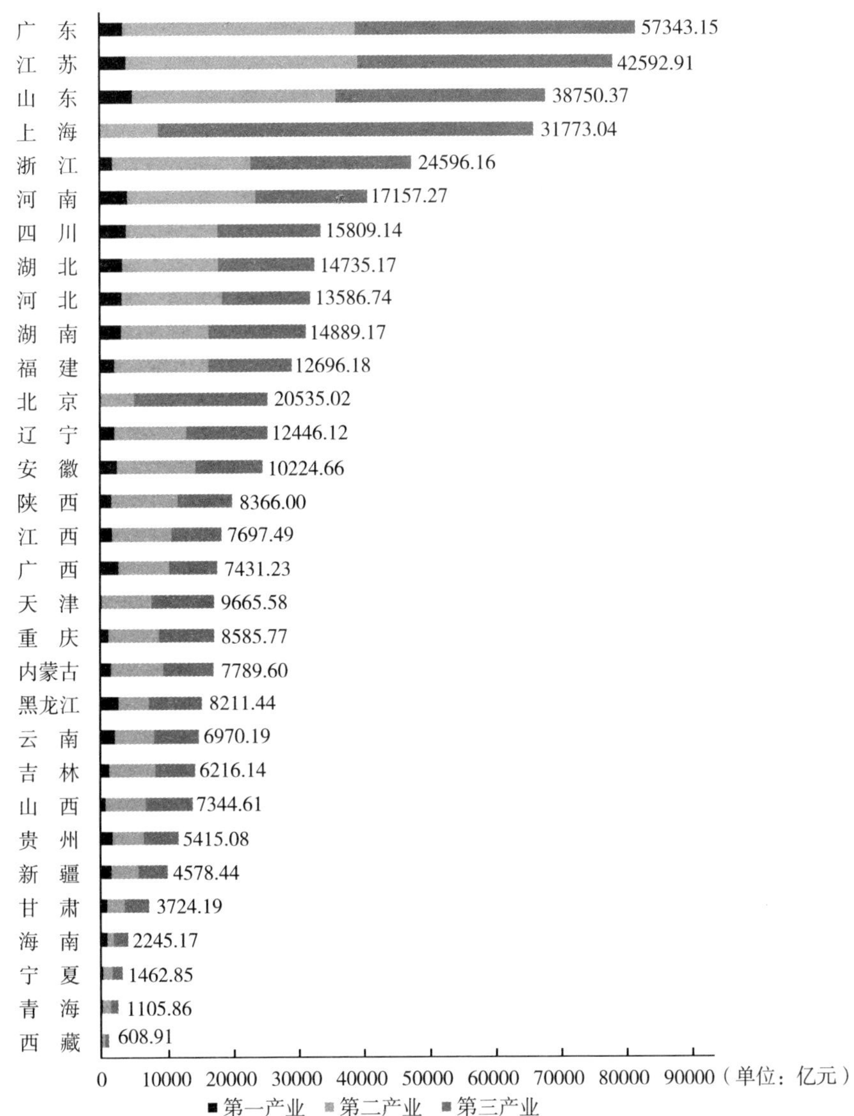

图3-9 全国各省（自治区、直辖市）2014—2018年三次产业年平均值

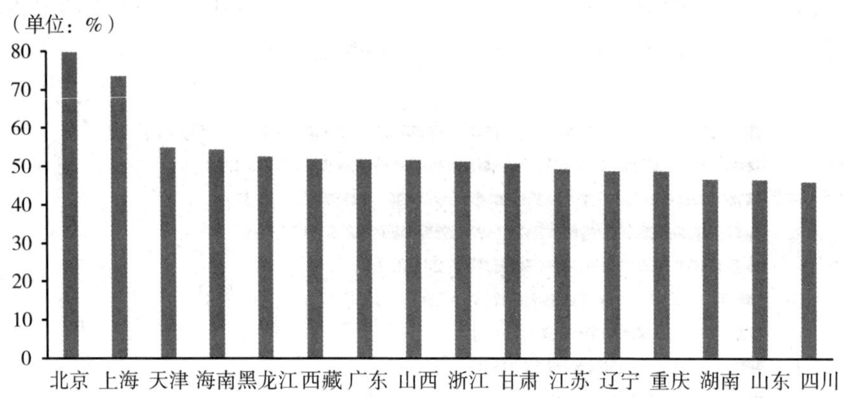

图 3-10　2014—2018 年第三产业产值占比排名靠前省（自治区、直辖市）

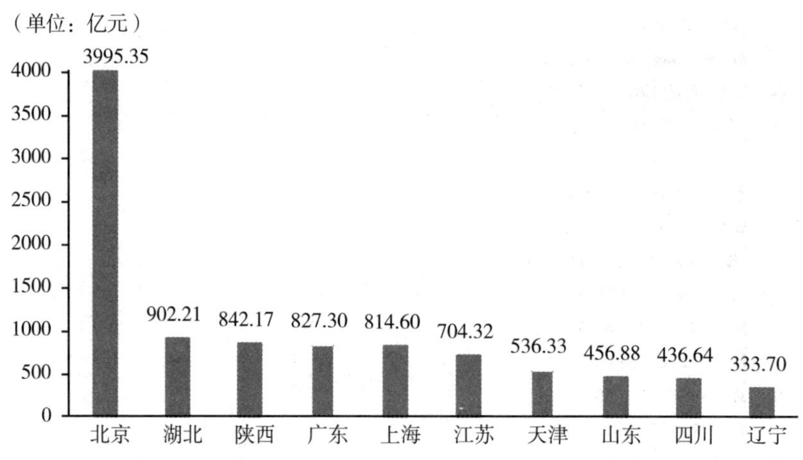

图 3-11　2014—2018 年前 10 省市技术市场成交额年平均值

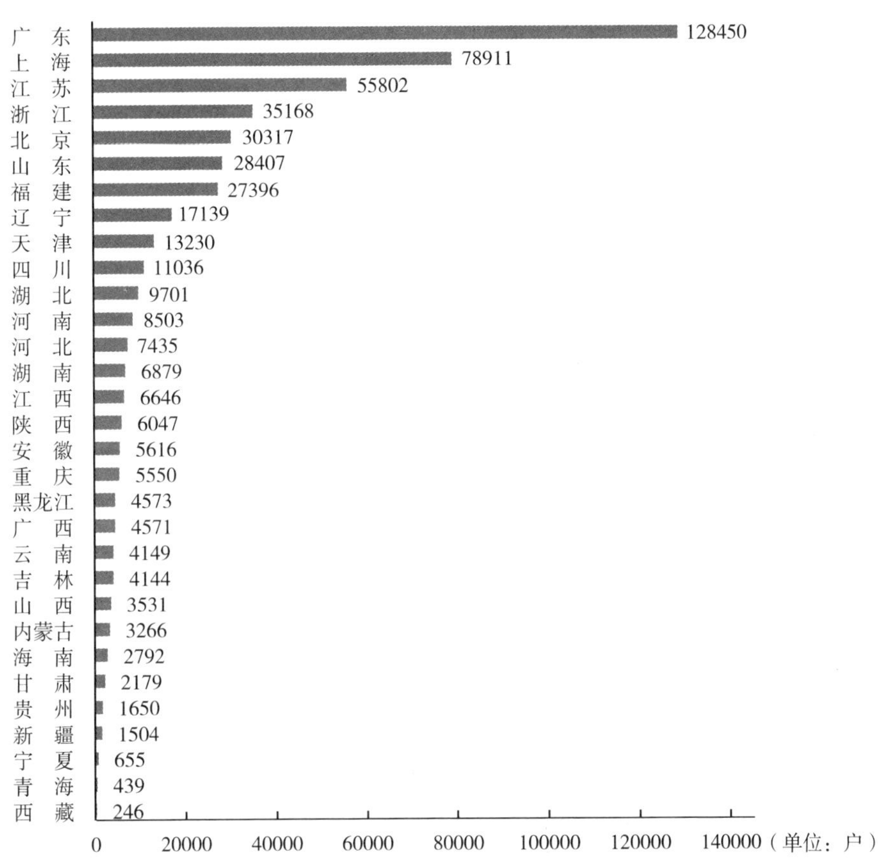

图 3-12 2014—2018 年各省(自治区、直辖市)外商投资企业年平均数量

4. 各省(自治区、直辖市)外商投资企业分析

2014—2018 年各省(自治区、直辖市)外商投资的企业数量年平均值与外商投资企业的投资总额年平均值见图 3-13 和图 3-14。投资企业数量排名前 5 位的地区为广东省、上海市、江苏省、浙江省、北京市;投资额排名前 5 位的为广东省、江苏省、上海市、北京市、浙江省。四川省的外商投资企业数量排名第十位,外商投资企业的投资总额排名第十一位。反映四川省在吸引外商直接投资方面,与经济大省有一定差距。

5. 各省(自治区、直辖市)固定资产投资分析

2014—2018 年各省(自治区、直辖市)全社会固定资产投资额年平均值见图 3-14,排名前 10 位的是山东省、江苏省、河南省、广东省、河北省、

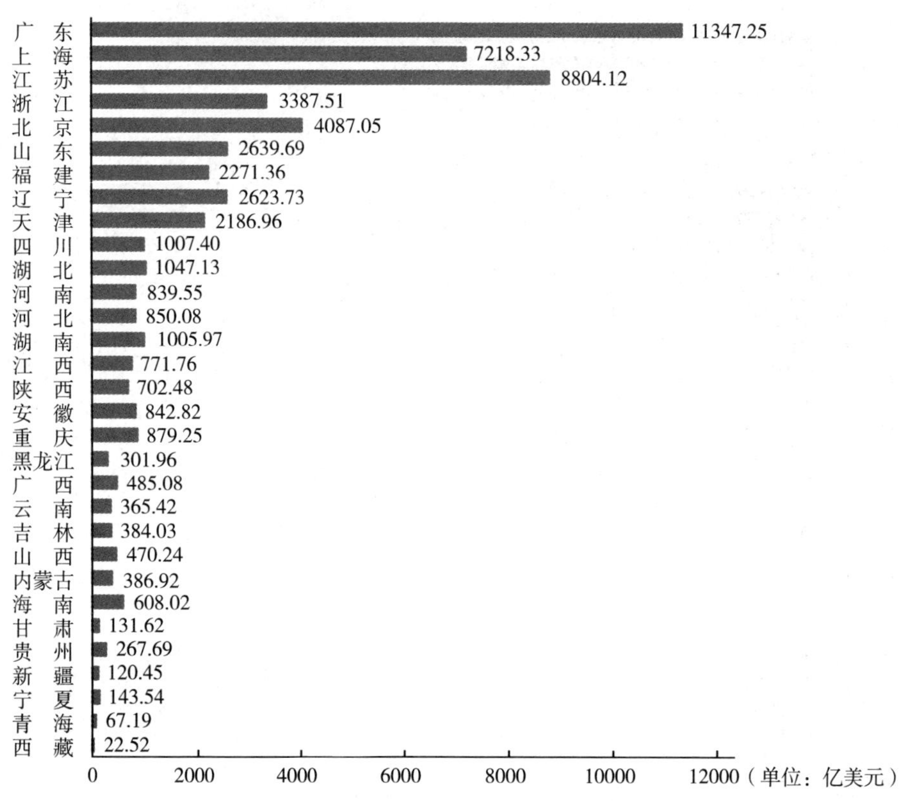

图 3-13　2014—2018 年各省（自治区、直辖市）外商投资企业投资总额年平均值

湖北省、浙江省、四川省、湖南省、安徽省。广东省 GDP 规模排名第一位，而其固定资产投资仅排名第四位，说明广东省的创新发展活力充足。四川省的固定资产投资在全国排名第八位（GDP 排名是第六位），说明其创新发展并没有展现出突出动能，经济发展依然不是由创新作为引领。

6. 各省（自治区、直辖市）货物出口额分析

2014—2018 年各省（自治区、直辖市）货物出口额年平均值见图 3-15，排在前 10 位的是广东省、江苏省、浙江省、上海市、山东省、福建省、北京市、重庆市、辽宁省、天津市。从区位优势上看，排名靠前的地区都有港口优势，广东省有深圳、江苏省有连云港、浙江省有舟山、山东省有胶东半岛。广东省、江苏省、浙江省、上海市的货物出口总额占比已经超过全国的 50%。四川省排名第 12 位，货物出口额与其他经济大省还存在着很大的差距。

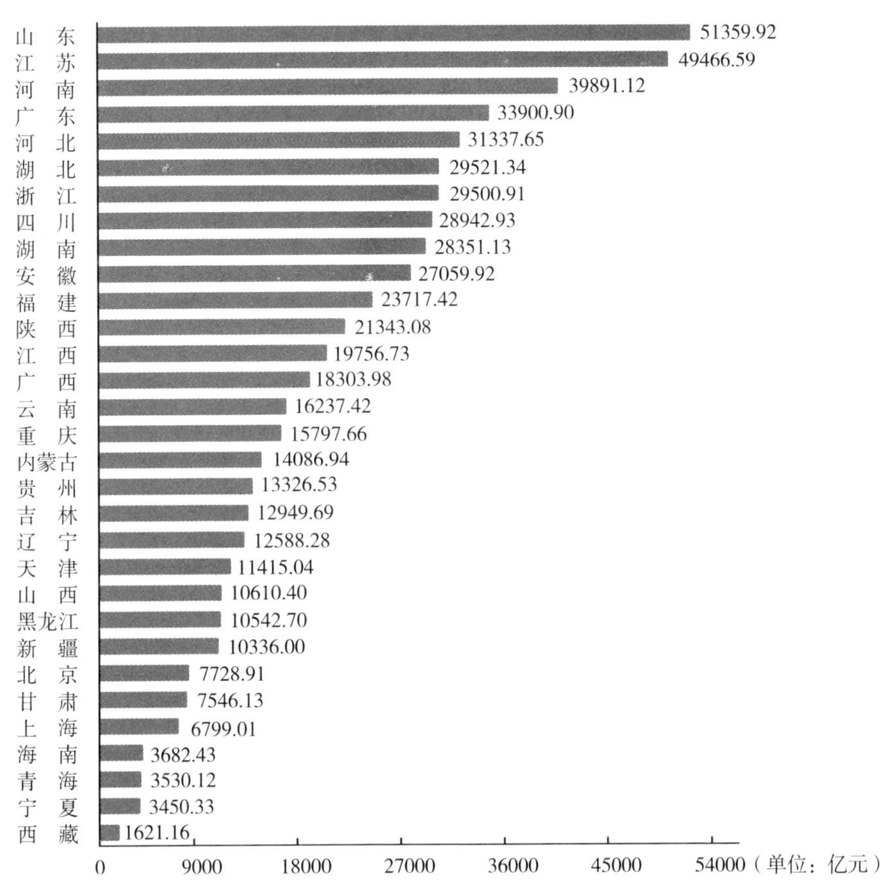

图 3-14　2014—2018 年各省（自治区、直辖市）全社会固定资产投资额年平均值

（二）创新驱动主要指标分析

1. 各省（自治区、直辖市）规模以上工业企业新产品开发情况分析

2014—2018 年规模以上工业企业新产品开发项目数量排名前 10 位的省（自治区、直辖市），及其 2014—2018 年新产品开发项目年平均数见图 3-16。从图中可见江苏省、浙江省、广东省的年平均新产品开发项目数均超过 6 万项，具有最高的新产品创新能力和创新水平，与其后的各省拉开较大差距。排在前 10 名后几位的福建省、河南省、湖北省、天津市的新产品开发项目数量相差不大。四川省的新产品开发项目数排名第 11 位，2014—2018 年新产品开发项目年平均数为 10947 项，反映了四川省的新产品开发能力与其他经济大省有明显差距。

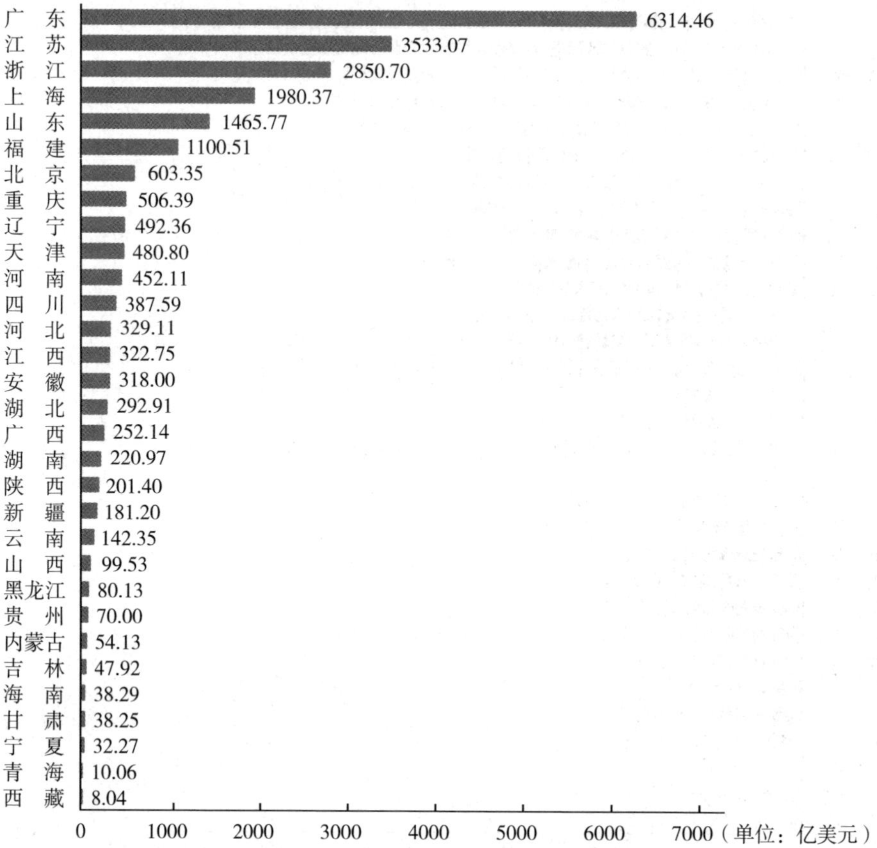

广 东 6314.46
江 苏 3533.07
浙 江 2850.70
上 海 1980.37
山 东 1465.77
福 建 1100.51
北 京 603.35
重 庆 506.39
辽 宁 492.36
天 津 480.80
河 南 452.11
四 川 387.59
河 北 329.11
江 西 322.75
安 徽 318.00
湖 北 292.91
广 西 252.14
湖 南 220.97
陕 西 201.40
新 疆 181.20
云 南 142.35
山 西 99.53
黑龙江 80.13
贵 州 70.00
内蒙古 54.13
吉 林 47.92
海 南 38.29
甘 肃 38.25
宁 夏 32.27
青 海 10.06
西 藏 8.04
0
1000
2000
3000
4000
5000
6000
7000（单位：亿美元）

图 3-15　2014—2018 年各省（自治区、直辖市）货物出口额年平均值

广 东 76830
江 苏 66823
浙 江 65848
山 东 34804
安 徽 20752
上 海 16546
福 建 13069
河 南 12159
湖 北 11779
天 津 11390
0
20000
40000
60000
80000（单位：项）

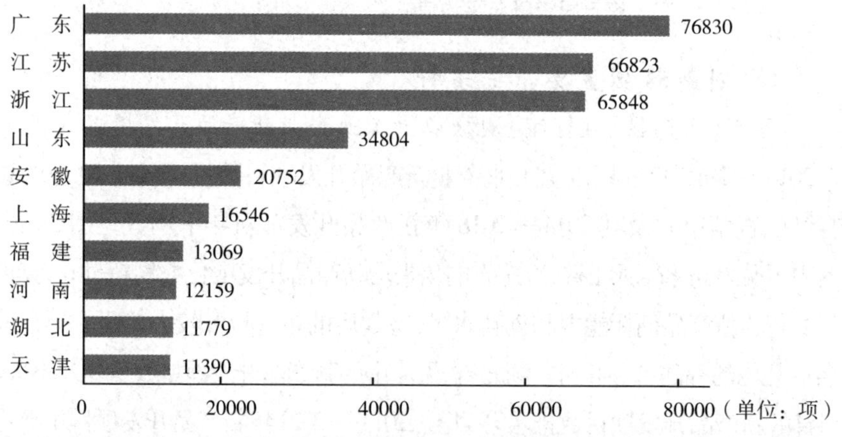

图 3-16　2014—2018 年规模以上工业企业新产品开发项目年平均数量前 10 位的省市

2. 各省(自治区、直辖市)R&D 活动与科研产出情况分析

2014—2018 年各省(自治区、直辖市)R&D 经费投入情况见图 3-17。其中,R&D 经费数排名前 10 位的是广东省、江苏省、山东省、北京市、浙江省、上海市、湖北省、四川省、河南省、安徽省。广东省、江苏省的年均 R&D 经费超过 2000 亿元,遥遥领先于其余省市,比较优势明显。四川省的 R&D 经费数排名第八位,与其他经济大省之间还存在一定差距,未来有较大的提升空间。

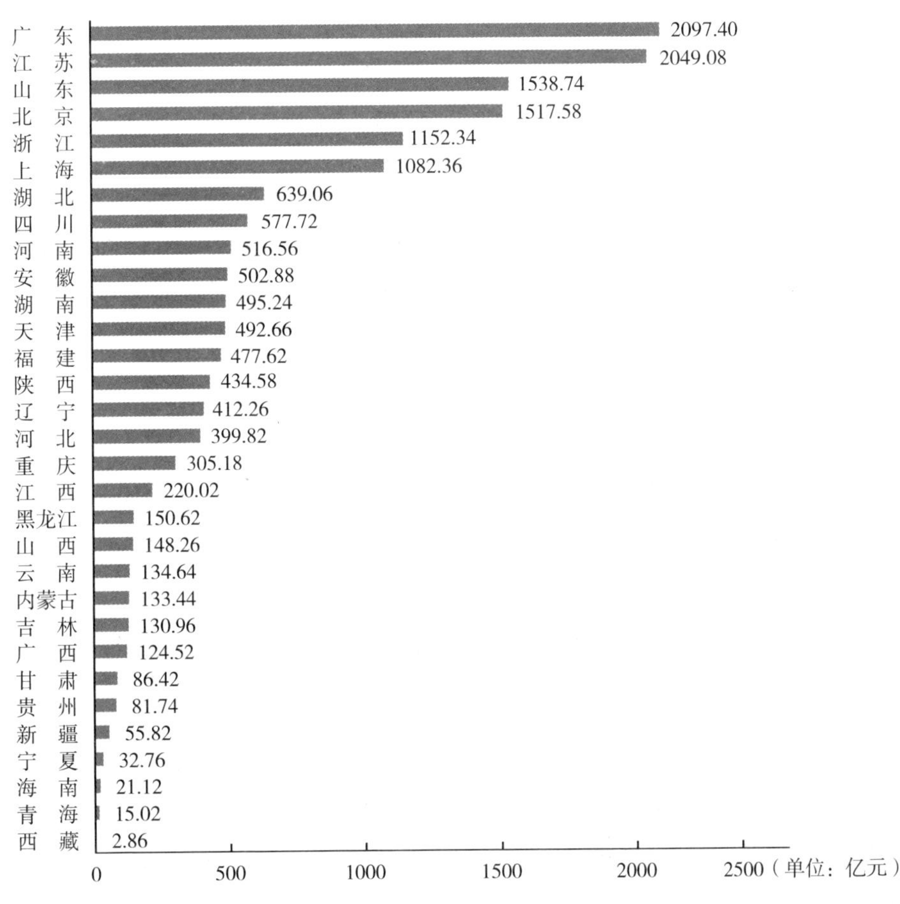

图 3-17　2014—2018 年各省(自治区、直辖市)R&D 经费年均情况

2014—2018 年全国各省(自治区、直辖市)专利申请授权量的年平均值见图 3-18,位居前 5 位的是广东省、江苏省、浙江省、山东省和北京市,

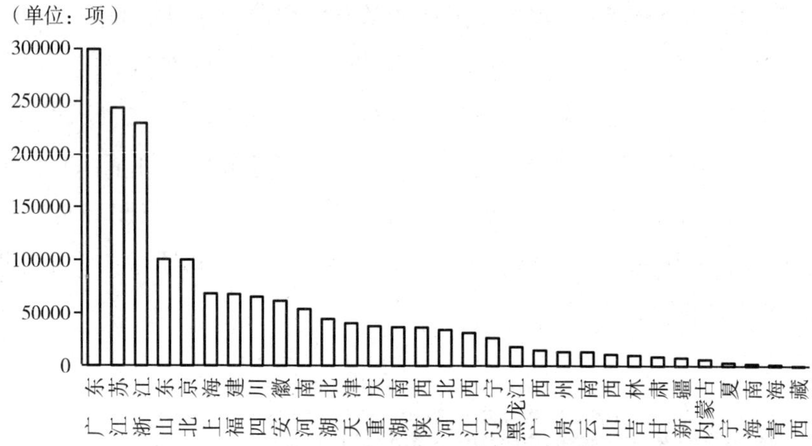

图 3-18　2014—2018 年各省（自治区、直辖市）专利申请授权量年平均值

四川省年平均专利申请授权量为 65179 项，排名第八位。

从以上 R&D 活动情况和专利申请情况来看，广东省、江苏省、山东省、浙江省等省都具有较强的科研实力和创新能力。四川省与之相比，还有一定的甚至是较大的差距。

二、四川省与其他经济大省经济发展比较分析

结合前文对各省（自治区、直辖市）近五年 GDP 排序及 2016—2018 年三年的分年度 GDP 前 10 省份分析数据图，选取近五年 GDP 及其增长率较高的 10 省份（包括四川省）作为经济大省进行比较。与四川进行比较的经济大省是广东省、江苏省、山东省、浙江省、河南省、河北省、湖北省、湖南省和福建省等 9 省，见表 3-2。

表 3-2　10 个经济大省 2014—2018 年 GDP 均值及增长率均值对比表

排序	省份	2014—2018 年 GDP 平均值（亿元）	2014—2018 年 GDP 增长率平均值（%）
1	广东	81692.06	7.72
2	江苏	78211.63	9.20
3	山东	67911.45	8.50
4	浙江	47655.26	8.77

续表

排序	省份	2014—2018 年 GDP 平均值(亿元)	2014—2018 年 GDP 增长率平均值(%)
5	河南	41004.18	8.40
6	四川	33836.53	6.51
7	湖北	32887.89	8.31
8	河北	32264.86	10.46
9	湖南	31563.93	7.74
10	福建	29366.46	8.70

由 3-2 表可知,开展四川省与经济大省比较研究,广东省、江苏省、山东省、浙江省、河南省等省份是四川省对标的先进省份;而湖北省、河北省、湖南省、福建省等省份紧随四川省之后。对于四川省而言,前有发展基础雄厚的先进省份,后有发展态势良好的追赶省份,各省创新竞争激烈,四川省创新发展面临较大的挑战。

(一)10 个经济大省经济情况分析

1. 广东省经济情况分析

广东省实施产业、劳动力“双转移”战略,加速推动“腾笼换鸟”。作为我国改革开放和创新创业的热土,广东省始终发挥着改革开放排头兵和试验区的作用,为全国经济发展提供新鲜经验。国家提出粤港澳大湾区发展战略,中共中央、国务院印发的《粤港澳大湾区发展规划纲要》将推动广东省经济发展再上新台阶。

在全国率先出台省级供给侧结构性改革方案,把“三去一降一补”作为供给侧结构性改革的重点任务。2017 年广东省启动基础设施供给侧结构性改革,重点在项目库、投资、审批制度供给方面发力,设立规模 5500 亿元的基础设施投资基金,压减项目审批事项 39 项,广东省基础设施投资增长 24.3%,创 2010 年以来最高增速。2016 年广东省淘汰钢铁落后和过剩产能 307 万吨、造纸落后产能 9.658 万吨,国有关停类“僵尸企业”实现市场出清 2394 户、国有特困企业实现脱困 427 户,广东省商品房去库存 2197 万平方米;在“降本减负”方面,广东省进一步简政放权转变政府职能，清理规范行政事业性收费，为企业减负超过 1940 亿元；在补短板方面，2019 年广东省财政计划用 10 年时间分阶段投入 1600 亿元，着力补齐农村基础设施和基本公共服务短板。

推进建设国家科技产业创新中心，推进珠三角国家自主创新示范区和全面创新改革试验区建设。广东省区域创新能力位居全国第一。在科技经费和人员投入不断增大的驱动下，广东省国内区域创新能力从 2017 年起连续两年位居全国第一。高新技术产业蓬勃发展，截至 2018 年年底，广东省共建立 23 个高新区，其中国家级高新区 14 个。截至 2018 年年底，广东省孵化器、众创空间多项指标位居全国第一，国家级孵化器企业达 110 家，国家地方联合创新平台 71 家，认定技术创新专业镇 437 个，为各类创新主体提供融通合作的平台；广东省已累计认定国家级高新技术企业 45280 家，国家认定企业技术中心 107 家，省级企业技术中心 1245 家。高水平大学、高水平理工科大学和重点学科建设成效初显，2 所大学和 18 个学科入选国家“双一流”名单。国际风投创投中心建设取得新进展，股权投资基金规模达 1.1 万亿元，新增上市公司 98 家。新引进 46 个创新创业团队和 33 名领军人才，新增 5 位“两院”院士。组建中国（广东）知识产权保护中心。

实施中国（广东）自由贸易试验区和“一带一路”建设。出台广东自贸试验区条例，率先实施“证照分离”、综合行政执法体制等改革试点，形成第二批 39 项改革创新经验并复制推广。自广东自贸试验区挂牌运行以来，区内实际利用外资年均增长 28.3%；截至 2018 年年底，区内累计新设外商投资企业 1.6 万家，实际利用外资 186 亿美元。广东自贸试验区吸引了广东省 17%的外商投资企业和 26%的实际利用外资，引领广东经济实现高质量发展，推动广东建设现代化经济体系、形成全面开放新格局走在全国前列。

实施珠三角优化发展和粤东西北振兴发展战略，落实全面对口帮扶，有序推进新型城镇化和城乡一体化。积极推进珠三角“九年大跨越”，加快构建现代产业新体系，重大平台建设扎实推进，2016 年珠三角先进制造业增加值、高技术制造业增加值占规模以上工业比重分别达 54.9%和 32.5%。加强粤东西北交通基础设施建设，2016 年广东省新增出省通道

1 条、连接珠三角通道 4 条。大力推动产业转移和产业共建，促进产业园区提质增效，2016 年广东省产业转移园规模以上工业增加值增长约 15%，占粤东西北地区的比重达 28%。2017 年广东省全面推进基层医疗卫生服务能力建设，各级财政计划三年投入约 500 亿元，启动卫生院升级建设等 18 个项目；深化新一轮对口帮扶，对口共建产业园新落户亿元以上项目 254 个；成立粤东西北首家民营银行。

坚持信息化先导战略，加快新一代信息基础设施建设，推进“互联网+”行动，启动国家大数据综合试验区建设，2016 年互联网和相关服务业营业收入增长 55. 3%。广东省数字经济规模最大，超过 4 万亿元。截至 2019 年 4 月 21 日，“粤省事”小程序实名用户超过 1000 万人，累计上线 607 项服务以及 53 种个人类电子证照，其中 525 项实现“零跑动”，82 项“最多跑一次”，累计业务量 1. 3 亿笔。

“广东制造”打造高端化供给。2016 年广东省培育年产值超亿元的机器人骨干企业 15 家，新能源汽车产量同比增长 76. 3%，工业机器人产量增长 45. 2%，先进制造业和高技术制造业占规模以上工业比重，分别为 49. 3%和 27. 6%，同比提升 0. 8 个和 0. 6 个百分点。2019 年上半年，广东省先进制造业和高技术制造业增加值增速均快于整体，并且二者占规模以上工业比重分别提至 56. 5%和 31. 6%。

2014—2018 年广东省 GDP 及增长率见图 3-19，广东省经济保持了平稳较快的增长，从 2014 年到 2018 年，广东省 GDP 分别增长 7. 8%、7. 38%、11. 05%和 10. 95%，年均增速 8. 44%，广东省持续发挥全国经济发展火车头的作用。

2. 江苏省经济情况分析

江苏省着力建设“具有全球影响力的产业科技创新中心”和“具有国际竞争力的先进制造业基地”，实施产业高端发展、技术改造提升、信息化引领等六大行动，推动产业向“高轻优强”调整优化。

把结构调整作为提高经济增长质量和效益的重要举措，增强消费对经济增长的基础性拉动作用，加快淘汰高消耗、高排放、低附加值的落后产能，促进产业从价值链低端向中高端延伸。2016 年江苏省消费对经济

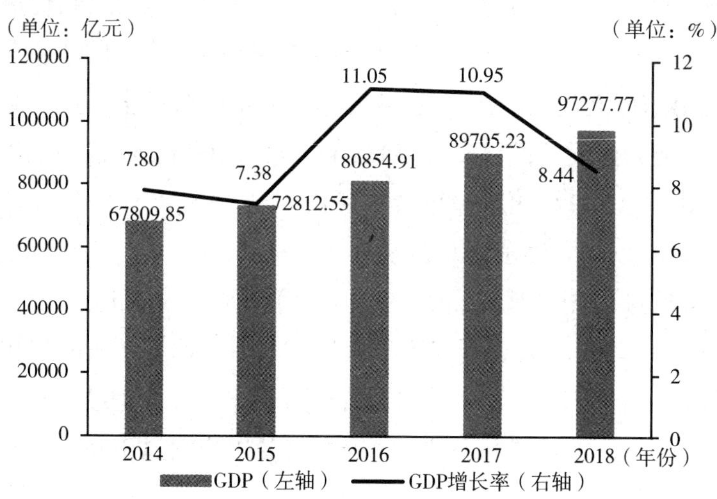

图 3-19　2014—2018 年广东省 GDP 及增长率

增长的贡献率达到 54.2%，成为主要拉动力。居民收入实现较快增长，2016 年江苏省全体居民人均可支配收入 32070 元，同比增长 8.6%。2016 年江苏省规模以上工业企业利润总额首次突破万亿元，达到 1.05 万亿元，增长 10%，利润总额继续保持全国首位。2017 年江苏省规模以上工业增加值增长 7.5%，高新技术产业、战略性新兴产业产值分别增长 14.4%和 13.6%。2018 年，江苏省第一、第二、第三产业增加值比重分别为 4.5%、44.5%、51%。

深化“放管服”改革，破除僵化的行政管理对经济发展的掣肘。取消和下放行政审批事项 193 项，审批时限压缩到法定时间的 50%以下。建立江苏省市县标准统一的权力清单，“江苏 12345 在线”正式启动，政务服务“一张网”上线试运行。2016 年江苏省新登记企业数、注册资本分别增长 30.4%和 45.2%，民营经济增加值比重提高到 55%。2017 年江苏省新登记市场主体和注册资本分别增长 13.8%和 25.5%，平均每天新增市场主体 4184 户，其中企业 1507 家。印发《2019 年江苏省深化“放管服”改革工作要点》，以 10 个方面的 30 项措施，深化“放管服”改革，持续优化营商环境，让“不见面审批”品牌更亮。

推进“一中心”“一基地”建设，建设苏南国家自主创新示范区，着力建设“具有全球影响力的产业科技创新中心”和“具有国际竞争力的先进制造业基地”。2016 年江苏省全社会研发投入 1985 亿元，其中企业研发投入占 80%以上，高新技术企业总数突破 1.1 万家，90%以上的大中型企业建立了研发机构，省级以上众创空间 384 家，万人发明专利拥有量 18.5 件，科技进步贡献率达 61%，区域创新能力连续八年位居全国第一。大力实施《中国制造 2025 江苏行动纲要》八大工程（高端装备创新、军民融合、制造业创新中心建设、智能制造、工业强基、质量品牌建设、制造业国际化、绿色制造），支持企业制造装备升级和互联网化提升，开展“中国制造 2025”苏南城市群试点建设，举办世界智能制造大会、世界物联网博览会、中国（南京）软博会、中国江苏现代农业科技大会，推动产业加快迈向中高端。2019 年上半年，江苏省高校院所技术合同登记 6092 项，同比增长了 91.27%，其中，高校技术合同登记数增幅 225.4%；高校院所技术合同成交额达 48.59 亿元，其中，科研机构技术合同成交额增长了 11 倍。

2017 年江苏省高新技术产业投资、工业技改投资分别增长 8.1%和 11.5%，规模以上工业利润总额、服务业营业利润分别增长 14.9%和 15%。2016 年江苏省累计创建 309 个省级示范智能车间，战略性新兴产业销售收入增长 10.5%，高新技术产业产值占比达到 41.5%；大力实施生产性服务业“双百”工程和互联网平台经济“百千万”工程，服务业增加值占地区生产总值比重达到 50.1%，提高 1.5 个百分点。2019 年 1—9 月，江苏省高新技术产业实现产值同比增长 6%，占规模以上工业产值比重达 44.9%，对江苏省贡献份额进一步提升。其中，航空航天、新能源、生物医药、智能装备、电子及通信设备制造业等 5 个行业增速高于工业，实现较快增长。

实施就业优先战略和“创业江苏”行动，推动扩大就业与提升质量并重、创业带动与促进就业并举。2016 年，江苏省城镇新增就业 143.22 万人，同比增加 3.38 万人，增长 2.42%，连续 4 年保持增长并达到历史最高水平。①

---

① 《倾力服务高质量发展　谱写新时代统计改革发展新篇章——访江苏省统计局党组书记、局长徐莹》，《统计科学与实践》2018 年第 2 期。

2016 年年末,城镇登记失业率为 3%,全年稳定在 3. 02%以内的较低水平,就业形势总体稳定。

推动区域融合发展。参与长三角城市群一体化发展,出台长江经济带发展实施规划,积极展开省际合作,促进沿江地区融合发展。大力支持苏北发展,加快培育沿东陇海线经济带新增长极,制定出台全面振兴徐州老工业基地的政策意见,支持连云港沿海新型临港产业基地建设。

参与“一带一路”建设,推进国际产能合作、工程设计咨询建造和装备制造“走出去”,2016 年新增对外投资项目 1067 个、中方协议投资额 142 亿美元;实施“八聚焦八提升”行动计划,实际利用外资 245. 2 亿美元;建立开发区综合评价发布和动态管理机制,进一步提升国家级、省级开发区和各类开放载体功能。

开展国家新型城镇化综合试点,农业转移人口市民化等 12 项试点任务有序展开,实施“富民 33 条”政策,2017 年江苏省城镇和农村常住居民人均可支配收入分别达 43622 元和 19158 元,扶持创业 29. 1 万人,城镇新增就业 148. 6 万人。推进新农村建设,2016 年江苏省完成 1. 5 万户农村危房改造任务,新建改建农村公路 4100 公里,新解决 211 万户农村居民饮水安全问题。2018 年,江苏省城镇、农村居民人均可支配收入分别增长 8. 2%、8. 8%,城乡居民收入差距进一步缩小,收入比从 2015 年的 2. 29 ∶ 1 缩小至 2. 26 ∶ 1。2018 年全年江苏省城镇新增就业人数达到了 1361 万人,同比增加了 10 万人。2018 年年末城镇登记失业率为 3. 80%,为近年来低位。截至 2018 年年底,基本养老、失业、工伤保险参保人数分别达到 9. 42 亿人、1. 96 亿人、2. 39 亿人;全年三项基金总收入为 5. 6 万亿元,同比增长 15. 28%,总支出为 4. 87 万亿元,同比增长 16. 08%。

江苏省 2014—2018 年地区生产总值及增长率见图 3-20,其间,江苏省生产总值年均增长约 9. 12%。2015 年、2017 年地区生产总值先后突破 7 万亿元、8 万亿元大关,2018 年突破 9 万亿元,经济总量一直处于全国第二位。

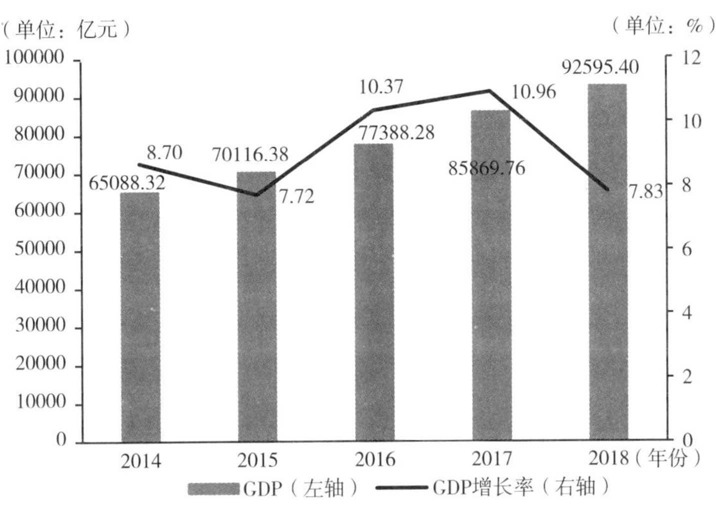

图 3-20　2014—2018 年江苏省 GDP 及增长率

3. 山东省经济情况分析

山东省以新旧动能转换为统领，实施"两区一圈一带"战略（山东半岛蓝色经济区、黄河三角洲高效生态经济区，指省会都市圈，鲁南城市带），开展国家产城融合示范区建设，为山东省开创依靠新技术、新产业、新业态、新模式促发展的新路径。

山东省 2018 年 1 月获批建设"新旧动能转换综合试验区"，是党的十九大后国务院批复的首个区域性国家发展战略，是全国第一个以新旧动能转换为主题的区域发展战略，也是国家给予的重大战略支点，其覆盖地域之广、涉及领域之宽、探索要求之高、政策含金量之多前所未有，山东省抓住了一个重大发展机遇。

启动实施新旧动能转换重大工程，建设新旧动能转换综合试验区，全面推进建设经济文化强省。2018 年 1 月，国务院批复《山东省新旧动能转换综合试验区建设总体方案》，提出以供给侧结构性改革为主线，聚焦聚力高质量发展，提升产业层次、优化产业结构、实现转型升级，着力培育现代优势产业集群，力争一年全面起势、三年初见成效、五年取得突破、十年塑成优势，逐步形成新动能主导经济发展的新格局，为全国建设现代化经济体系作出有益探索和积极贡献。通过发展新技术、新产业、新业态、新模式，促进产业智慧化、智慧产业化、跨界融合化、品牌高端化，实现传统产业提质效、新兴产业提规模、跨界融合提潜能、品牌高端提价值。2017年1—10月，山东省高技术产业、装备制造业增加值增速均高于规模以上工业增加值，工业机器人、光伏电池、新能源汽车等新产品产量大幅增长，新一代信息技术、生物医药、高端装备、节能环保、数字动漫、现代海洋六大战略性新兴产业增加值占生产总值的比重超过10%；加快新业态模式培育，实物商品网上零售额增长41.3%，个性化定制、云制造、线上线下服务等新模式不断涌现；完成工业技改投资12956.5亿元，占全部工业投资的59.9%。2017年山东省新登记“四新”经济企业1.9万家，增长37.2%；高新技术产业产值占规模以上工业比重达到35%。2019年1—5月，山东省新设外商投资企业871家，同比增长15.2%；实际使用外资48.3亿美元，同比增长3%。其中新设高技术制造业企业24家，实际使用外资4.4亿美元，实际使用外资同比增长15.1%；新设高技术服务业企业109家，实际使用外资4.6亿美元，同比分别增长26.7%和110.6%。

实施“两区一圈一带”战略。在山东半岛蓝色经济区，建设山东半岛国家自主创新示范区，发挥青岛龙头带动作用，加快青岛西海岸新区建设，推进“四区三园”建设取得重大进展，打造具有国际竞争力的高端产业、海洋经济集聚区，在创新发展上实现率先突破；在黄河三角洲高效生态经济区，挂牌成立黄河三角洲国家农业高新技术产业示范区，推进临港产业区和各类园区建设，做强高效生态经济品牌，抢占生态文明建设制高点。在省会城市群经济圈，支持济南建设全国的区域性经济、金融、物流中心和科技创新中心，推动区内各市协同发展、一体发展。在西部经济隆起带，发展特色经济，加快区域中心城市建设，形成邻边经济新高地和重要的增长极。建设国家高速列车技术创新中心，开工建设鲁南高铁、潍莱高铁，推进济青高铁、石济客专等项目。目前，山东省高速公路通车里程已达6226公里，其中六车道以上占比达到24%，对现代化经济强省建设的支撑和保障能力进一步提升。

开展国家产城融合示范区建设，编制了产城融合示范区总体方案，筛选确定了潍坊等5市的示范区总体方案上报。潍坊、威海、临沂3市入选首批国家产城融合示范区名单，入选数量和广东省并列全国第一。

2014—2018 年山东省地区生产总值及增长率见图 3-21，其间，山东省地区生产总值不断上涨，生产总值年均增长约 6.73%，但其间整体上升的幅度变缓，由 2014 年的 7.60%下降到了 2018 年的 5.28%。

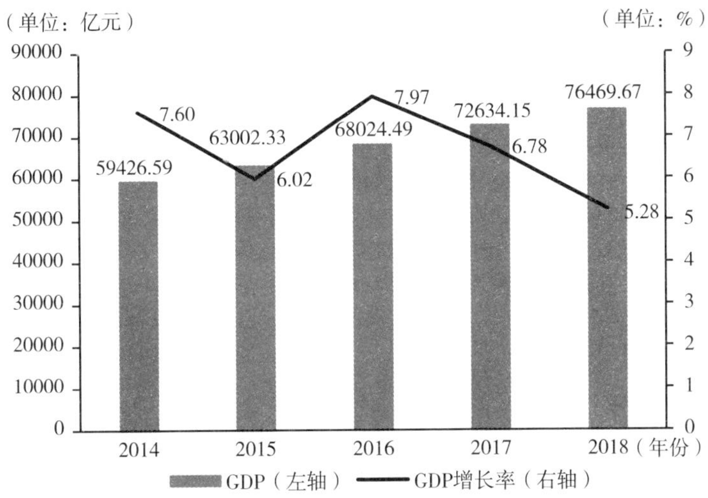

图 3-21　2014—2018 年山东省 GDP 及增长率

4. 浙江省经济情况分析

推动"一带一路"、长江经济带等重大建设任务，大力发展电子商务，实施"四换三名"工程（腾笼换鸟、机器换人、空间换地、电商换市，名企、名品、名家），以打造国家信息经济示范区，形成了产业经济优势突出、民营经济活跃的新局面。

实施"四换三名"工程，打造经济升级版，推动经济质量和效益提升。2016 年浙江完成工业技术改造投资 7126 亿元，新增工业机器人 10820 台，制定实施"浙江制造"标准 120 个，新增境内外上市公司 32 家、"新三板"挂牌企业 493 家。

推动一系列重大开放举措落地。深入开展国家"一带一路"建设，建设中国（浙江）自由贸易试验区，启动义甬舟开放大通道规划建设，建设金甬铁路，推进义乌国际贸易综合改革、舟山江海联运服务中心建设，积极推进宁波梅山新区规划建设，并积极推动长三角地区合作与发展。2017 年波音飞机项目落户舟山，开通义新欧班列并实现常态化运行；境外投资总额连续多年位居全国前列，2017 年外贸出口占全国比重达到 12.7%，实际利用外资 824 亿美元。2018 年浙江省进出口总值为 2.85 万亿元，较 2017 年增长 11.4%。在进出口方面排名全国第四位，占全国的比重为 9.3%；进口排名全国第三位，占全国比重 12.9%；出口排名全国第六位，占全国比重 5.2%。

推动中国（杭州）跨境电子商务综合试验区和中国（宁波）跨境电子商务综合试验区建设。浙江省重点将杭州试验区建设成“关”“税”“汇”“检”“商”“物”“融”一体化，线上“单一窗口”平台和线下“综合园区”平台相结合，投资贸易便利、监管服务高效、法制环境规范的全国跨境电子商务创业创新中心、跨境电子商务服务中心和跨境电子商务大数据中心。[①] 在宁波重点发展跨境出口，力争打造一个集“单一窗口、商务信息、物流信息”三位一体的跨境电商综合信息平台，实现与各类商务信息平台、物流信息平台的贯通。2017 年，宁波市舟山港成为全球首个货物吞吐量突破 10 亿吨的港口，集装箱吞吐量跃居全球第四位。

推进杭州城西科创大走廊规划建设，支持宁波市、温州市、嘉兴市、金华市、舟山市等地加快建设科技城等创新平台。2016 年浙江省新增“国千”人才 105 人、“省千”人才 215 人。建设钱塘江金融港湾，加快省股权交易中心改革发展，2016 年浙江省股权交易中心挂牌企业达到 3859 家。据规划，到 2020 年，杭州城西科创大走廊要实现创新资源有效集聚，各类人才总量达到 30 万，引进科研院所 100 家，集聚高新技术企业 1000 家、科技型中小微企业 10000 家，成为浙江科创人才集聚区、国际人才创新创业主平台。

推进浙江省国家信息经济示范区和杭州国家自主创新示范区建设，从增加科技投入、集聚高端人才、加强研究开发、推进成果转化等方面着手，2016 年新增发明专利授权量 2.66 万件、高新技术企业 2595 家、科技型中小微企业 7654 家。大力推进特色小镇建设，在集聚人才、驱动创新、扩大有效投资上发挥重要作用。据统计，杭州市高新区（滨江）已拥有国

---

① 《中国（杭州）跨境电子商务综合试验区将建设“六体系两平台”》，《党政视野》2015 年第 7 期。

家高新技术企业700家、上市企业41家、新三板挂牌企业104家。2018年年底，临江高新区拥有国家高新技术企业85家、规模以上工业企业271家，其中年产值亿元以上企业125家、10亿元以上企业20家、百亿元以上企业1家。其中，不乏长安福特、林肯、格力、吉利、广汽、杭州大和热磁、西子航空、费列罗等一批知名企业，汽车整车及零部件、高端装备制造和新能源新材料为主导的产业集聚优势进一步凸显，主导产业产值占比达62%。

推进城市一体化发展模式。支持和鼓励省域中心城市周边有条件的县（市、区）规划建设高铁小镇，积极融入中心城市，实现与主城区一体化发展。支持区域中心城市与相邻县市一体化发展，加快县域经济向城市经济、都市经济转型。

推进海洋经济发展示范区、舟山群岛新区建设，大力发展海洋经济，打造“一核两翼三圈九区多岛”为空间布局的海洋经济大平台，充分挖掘浙江丰富的“海洋生产力”，构建完善大宗商品交易平台、海陆联动集疏运网络、金融和信息支撑系统“三位一体”的港航物流服务体系，把海洋经济作为经济转型升级的突破口，扶持培育一批海洋战略性新兴产业，提升浙江整体产业层次。

2014—2018年浙江省地区生产总值及增长率见图3-22，其间，浙江省地区生产总值不断上涨，生产总值年均增长约8.29%，增长幅度出现波动，以2016年增速最快，总体来看，由2014年的6.40%上升至2018年的8.56%。

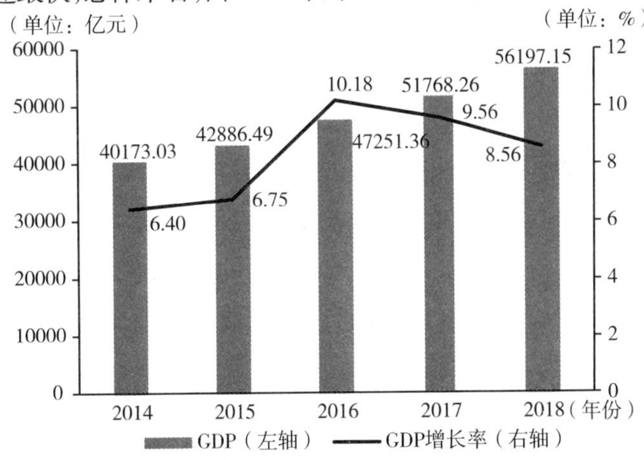

图3-22　2014—2018年浙江省GDP及增长率

5. 河南省经济情况分析

河南省开展郑洛新国家自主创新示范区、郑州航空港经济综合实验区、国家粮食生产核心区、中原城市群、米字形高铁网等重大建设与发展工程，特别是郑州从二线城市迈向国家中心城市，引领中原城市群规划建设，中原经济区发展地位猛升，正在崛起为国家新的经济区。

建设郑洛新国家自主创新示范区，加快培育创新引领型企业、人才、平台、机构，努力构建创新引领型高地。为加快培育创新引领型企业，河南省通过抓大、培高、扶小，逐步形成“龙头企业顶天立地、中小企业铺天盖地”的创新局面；为吸引、集聚更多优质人才，河南省不断加大高、精、尖、缺领军人才和团队的建设力度；大力加强自主创新体系建设，作为创新体系建设重要组成部分的国家重点实验室、国家工程技术研究中心和省级重点实验室等创新平台快速发展；探索新型研发机构发展的新机制新模式，完善创新引领型机构的各项政策，通过省部会商、院地合作、联合共建等多种形式，积极培育引进一批重大创新型研发机构。

扩大有效需求。河南省实施“十大扩消费行动”，培育消费新业态。2018 年，河南省全年社会消费品零售总额达到 20594.7 亿元，增长了 10.3%，总量居全国第五位、中西部首位，增幅居全国第八位。从河南省大力实施“1816”投资促进计划，突出抓好重大项目建设，米字形高速铁路网加快构建，郑徐高铁建成通车，郑济、郑太高铁开工建设，截至 2019 年 8 月，河南省高速公路通车总里程达 6600 公里，收费站 404 个、服务区 157 对，日均车流量 150 万辆以上。

推进国家大数据综合试验区建设，引导规范重点行业、大型企业数据中心建设，打造以郑州、洛阳为中心的区域性数据中心，推动大型数据中心合理布局和绿色数据中心建设；鼓励金融机构运用大数据创新金融产品和服务，探索建立基于大数据、云计算、区域链等技术的金融新模式新业态；引导各地根据需求，合理布局建设大数据产业园，围绕数据应用的全流程，打造完整的大数据产业链。

加快城乡一体化建设。河南省积极参与和实施中原城市群发展规划，将郑州市打造成国家中心城市，启动百城建设提质工程，深化户籍制度改革，实施居住证制度，依法解决无户口人员的登记户口问题，推动农村人居环境改善。近年来，河南省农村人口每年转移落户近200万人，2018年城镇化率增幅跃居全国第一。

实施开放带动战略。开展中国（河南）自由贸易试验区建设；推进郑州跨境电子商务综合试验区建设，开通郑州互联网国际通信专用通道；发展郑州航空港经济综合实验区，2016年实现郑州机场旅客吞吐量突破2000万人次、货邮吞吐量超过45万吨；参与"一带一路"建设，设立"一带一路"发展基金，中吉亚洲之星产业园成为国家级境外经贸合作园区，中欧班列（郑州）主要运营指标保持全国前列。

2014—2018年河南省地区生产总值及增长率见图3-23，其间，河南省地区生产总值不断上涨，年均增长率达8.35%。GDP增速总体放缓，由2014年的8.53%下降至2018年的7.86%。2016年首次突破了4万亿元，增速达到了9.38%。

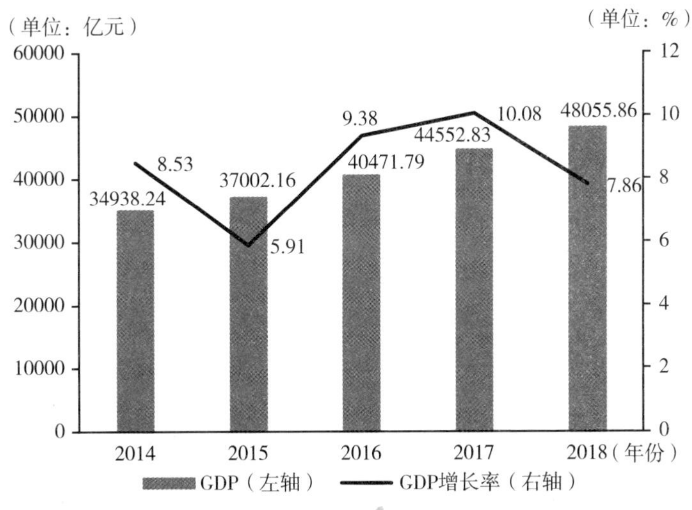

图3-23　2014—2018年河南省GDP及增长率

6. 四川省经济情况分析

四川省2018年GDP突破4万亿元，居全国第六位和西部首位；2018年年末，四川省常住人口8341万人，比上年增加39万人，总量居全国第四位，连续8年实现增长；四川省也是劳动力输出大省和矿产资源大省。

四川省有全面创新改革试验区、创新型省份、自由贸易试验区等国家创新政策的大力支持，经济发展和影响雄踞西南地区各省之首。但四川省的经济发展“高原”上没有“高峰”产业，缺乏鹤立鸡群的、有突出亮点的特色强大新产业。

推进全面创新改革“一号工程”。以成都德阳绵阳为核心区域，四川省制定全面创新改革的“路线图”，实行挂图作战，编制实施综合改革等9张清单，总结了60多项可复制推广的经验，国务院授权的先行先试任务已完成15项，全国首批推广的13条经验涉及四川省的有8条。大力推动进出川交通基础设施建设。天府国际机场开工建设，2017年西成高铁、雅康高速雅泸段建成通车。截至2018年12月31日，成都机场开通航线335条，其中国际（地区）航线数量114条，在中西部地区继续位居第一，保持全球通达性领先地位。

实施多点多极支撑发展战略，做强市州经济梯队，培育“四大城市群”、发展“五大经济区”。2016年，成都平原经济区经济总量突破2万亿元，推进天府新区建设，天府新区作为新兴增长极的基本骨架逐步成型，川南、川东北经济区经济总量均超过5000亿元，攀西、川西北经济区稳步发展，地区生产总值千亿元以上市（州）达15个、百亿元以上县（市、区）达112个。截至2019年7月，成都市已与省内市（州）签约重点合作项目320个，协议总投资4145.2亿元，其中已落地项目210个，完成投资473.6亿元，同城化、一体化、协同化发展的成效初步显现。建设中国（四川）自由贸易试验区，打造国际开放通道枢纽区，依托双流航空枢纽、成都国际铁路港、川南临港口岸，构建与“一带一路”沿线相关国家和长江经济带，空、铁、公、水联运的综合物流服务体系。2017年，四川省与“一带一路”沿线国家贸易额增长79.8%，四川省进出口总额增长41.2%，国际班列开行超过1000列、居全国第一位，空客运量5776万人次、增长8.7%，出入境562万人次、增长12.2%。截至2019年7月底，自贸试验区累计新设企业7.3万家，注册资本超过9800亿元，引进外商投资企业792家，外贸进出口达1248亿元。

2014—2018年四川省地区生产总值及增长率见图3-24。四川省地

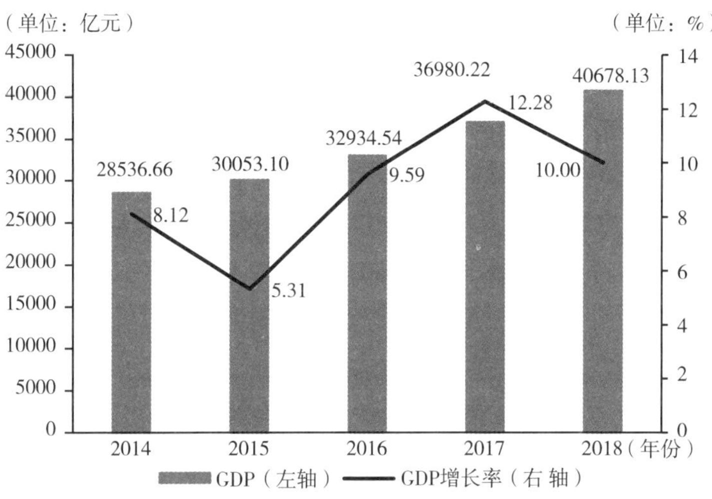

图 3-24　2014—2018 年四川省 GDP 及增长率

区生产总值整体呈上涨趋势，2015 年突破 3 万亿元，2018 年突破 4 万亿元。增速呈波动上升趋势，由 2014 年的 8.12% 上升至 2018 年的 10.00%，其中 2017 年增速最快达 12.28%，其间平均年增长率为 9.06%。

7. 湖北省经济情况分析

湖北省扼守长江经济带中游和国家地理区位中枢区域，作为国家重大区域发展战略的长江经济带蓬勃发展，湖北自由贸易试验区、武汉全面创新改革实验区建设等深入推进，湖北省发展大有可为、潜力巨大。

推动武汉全面创新改革试验区建设，在产业创新发展、人才引进培养使用和激励、科技金融创新、知识产权保护、财政税收等方面开展先行先试，加快构建全新的产业创新体系，统筹产业链、创新链、人才链、资金链、政策链，努力使武汉成为战略性新兴产业的育成区、传统产业向中高端转型升级的示范区。

聚力和创新人才政策，出台一系列支持"高端人才、高学历人才"政策。武汉狠抓招才引智"一把手工程"，截至 2019 年 4 月，武汉片区集聚了 4 名诺贝尔奖得主、60 名中外院士，国家级高层次人才 397 名，省级高层次人才 192 名，成为我国高层次人才团队最密集的地区之一。襄阳市出台"隆中人才支持计划"和"人才创新创业超市建设"。宜昌市实施"三峡英才奖励计划”,建立多元引才新平台,加快推进自贸片区人才国际化。武汉首创“城市合伙人”计划,将合伙人制度提升到城市发展和治理层面,把决定城市未来发展的产业领军人才、青年创新创业人才、创业投资人等作为城市的合伙人,重点聚焦信息技术、生命健康、智能制造等三大产业领域,实行“一张绿卡全程服务”,凭卡可享受奖励补贴、创业扶持、居留落户、住房安居、子女入学、医疗社保等相关待遇和服务。

武汉市以“创新”为核心大力实施“创谷计划”,围绕信息技术、生命健康、智能制造三大领域,建设具有全球影响力的新一代信息技术产业创新基地;加速推动基因组学等生物技术大规模应用,推进个性化医疗、新型药物、生物育种等新一代生物技术产品和服务大规模化发展;建设全国重要的智能制造产业创新基地。

推进中国(湖北)自由贸易试验区建设,两年多来,以制度创新为核心,以创新驱动发展为主攻方向,初步形成300多项制度创新成果,其中9项被国家层面采纳推广,86项在省内复制推广;截至2019年6月,湖北自贸试验区累计实际使用外资31.7亿美元,进出口总额2159亿元人民币。

2014—2018年湖北省地区生产总值及增长率见图3-25。湖北省地

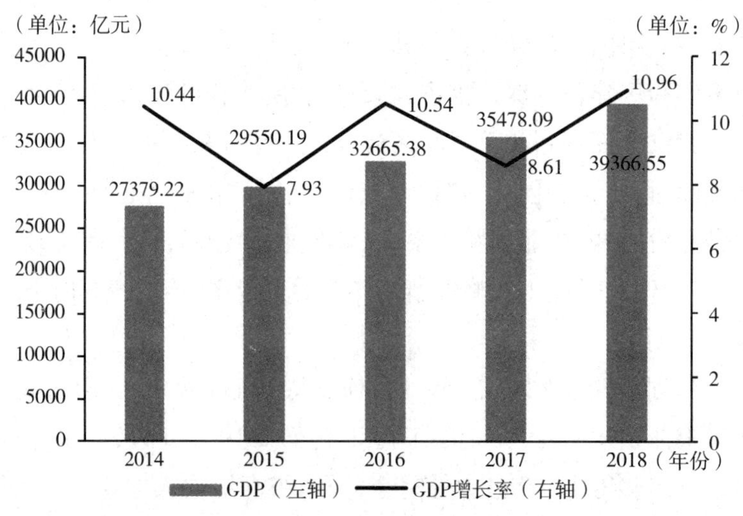

图3-25　2014—2018年湖北省GDP及增长率

区生产总值整体呈上涨趋势，而增速则呈波动上升趋势，由 2014 年的 10.44%上升至 2018 年的 10.96%，2016 年湖北省地区生产总值突破 3 万亿元，增速 10.54%，其间平均年增长率为 9.7%。

8. 河北省经济情况分析

京津冀协同发展势头强劲，特别是雄安新区横空出世，定位为“千年大计、国家大事”，中央大力推进雄安新区建设，成为国家级新区中的超级特区，必将引领河北省发展实现新跨越，未来发展不可限量。

坚持实施京津冀协同发展规划，承接非首都功能疏解，打造北京新机场临空经济区、曹妃甸协同发展示范区、芦台·汉沽津冀协同发展示范区等重点承接平台。积极打造京津冀地区城际铁路网，首都地区环线高速河北段全线贯通。曹妃甸协同发展示范区累计签约北京项目 130 余个，张承生态功能区绿色产业加快落地，张北云计算产业基地累计签约项目 21 个。天津滨海—中关村科技园挂牌以来新增注册企业达到 941 家，注册资金 102 亿元。重大产业合作项目成果丰硕，总投资 74.5 亿元的北京现代第四工厂项目在沧州投产，实现了“一个工厂带动一个产业基地”，带动就业 2000 多人。在重大产业合作项目带动下，2015—2018 年北京到津冀投资的认缴出资额累计超过 7000 亿元。

推进石保廊全面创新改革试验区建设，重点推进知识产权质押贷款风险补偿、高校设立科技成果转化岗位、国有企业创新激励机制、金融业服务科技创新等 14 项改革举措，推动创新、创业、创投、创客“四创联动”，形成了包括强化创新导向的国有企业考核与激励，鼓励引导优秀外国留学生在华就业创业，积极引进外籍高层次人才，简化来华工作手续办理流程，新增工作居留向永久居留转换的申请渠道在内的多条在全国可推广性改革举措。

构建京南科技成果转移转化示范区，打造创新型河北建设的重要引擎、京津冀协同创新的重要载体、具有国际影响力的创新型产业集群集聚区，建成创新要素集聚区、科技金融示范区、体制改革先行区、成果转化样板区，形成“京津研发，河北转化”的创新协作新模式，辐射带动河北省产业结构调整和经济转型升级，成为全国科技成果转化的示范样板。2017

年出台实施《加快推进科技创新的若干措施》等政策文件,新增国家级高新技术企业 1079 家,是 2016 年的 2.5 倍,新增科技型中小企业超过 1 万家;新建省级重点实验室、工程实验室、工程研究中心、产业技术研究院 131 个,新增院士工作站 54 个。10 项科研成果获得 2017 年度国家科学技术奖。

推进京津冀大数据综合试验区建设,打造以北京市为创新核心、天津市为综合支撑、河北省做承接转化的大数据产业一体化格局,目前河北省已初步形成张家口市、承德市、廊坊市、秦皇岛市、石家庄市等五个大数据产业基地,引进了阿里、华为、润泽、浪潮、联通、富智康等一批知名企业,集聚效应初步显现。

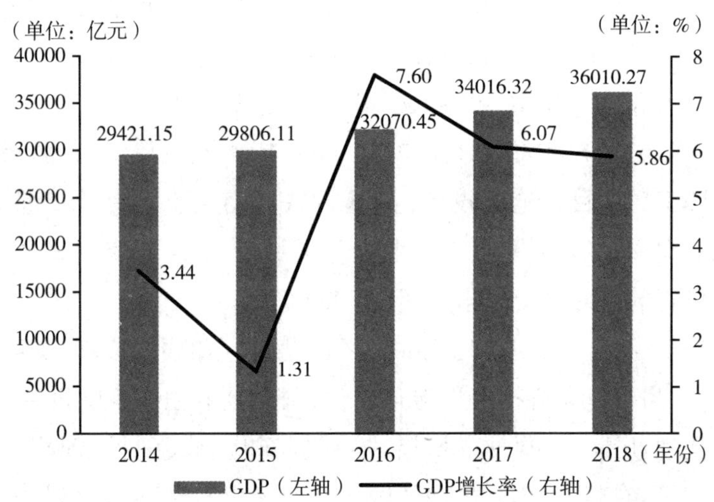

图 3-26　2014—2018 年河北省 GDP 及增长率

2014—2018 年河北省地区生产总值及增长率见图 3-26。河北省地区生产总值总体呈上升趋势,2016 年首次突破 3 万亿元,增速达 7.6%,其间增长速度从 2014 年的 3.44%上升至 2018 年的 5.86%,平均年增长速度为 4.85%。

9. *湖南省经济情况分析*

湖南省有享誉全球的先进轨道交通、重型装备等先进制造业,以及杂交水稻等先进农业技术。在突出特色抓创新驱动发展上也有鲜明的亮点。

启动实施“一核三极四带多点”战略，打造长株潭核心引领区，建设岳阳、郴州、怀化新增长极，擘画京广、环洞庭湖、沪昆、张吉怀经济带，培育以园区为主的众多地区增长点。2018 年，湖南省实现地区生产总值 36425.78 亿元，同比增长 7.8%，高于全国平均水平 1.2 个百分点。其中，第一产业增加值 3083.59 亿元，增长 3.5%；第二产业增加值 14453.54 亿元，增长 7.2%；第三产业增加值 18888.65 亿元，增长 9.2%。

创建“中国制造 2025”试点示范城市群，湘江新区被列为国家级双创基地，积极推进制造强省建设，制定先进轨道交通装备、航空等产业支持政策，启动 100 个重点制造业项目，电子信息、生物医药、新能源汽车等新兴优势产业增长态势良好。湖南省已经成为中国最大的工程机械产业制造基地，2018 年全国工程机械前 5 强湖南省占三席，“全球工程机械 50 强”湖南省有 4 家企业上榜，混凝土机械产量居世界第一位。2018 年，湖南省轨道交通设备制造行业完成主营业务收入 692.48 亿元，世界最高时速的米轨动车组、世界首辆超级电容 100%低地板有轨电车等世界顶尖技术的高端产品均出自湖南，电力机车全球市场占有率超过 20%，位居世界第一。

发挥“一带一路”区位优势，主动对接“一带一路”与长江经济带等国家战略规划，融入全国、全球开放大格局，出台对接“一带一路”建设实施意见和三年行动计划，加快培育加工贸易产业集群和出口基地，大力开拓南美、非洲、东盟、中东等新兴市场，开展埃塞·湖南装备制造合作园等项目，开通长沙至洛杉矶、悉尼直飞国际航线，张家界开通航空口岸落地签证，完善综合保税区、保税物流中心等开放平台。2018 年完成进出口总额 465.30 亿美元，外贸依存度为 8.5%，其中出口依存度达 5.6%。2019 年上半年湖南省完成进出口总额 268.28 亿美元。

实施农业农村三个“百千万”工程，湖南省连续 5 年保持粮食总产量在 600 亿斤以上，2018 年，湖南省粮食总产量 604.6 亿斤，处于丰收年景的高位水平。农村人居环境全面改善，2018 年，湖南省完成农村户用卫生厕所改造 100 万户；对污水进行集中处理的行政村达到 4000 多个；新增通组硬化路2万公里。

2014—2018年湖南省地区生产总值及增长率见图3-27。湖南省地区生产总值整体呈上涨趋势，而增速从2014年到2018年呈下降趋势。2014年增速最快达9.81%；2016年湖南省地区生产总值突破3万亿元，增速9.17%；2018年增速下降至7.44%；其间平均年增长率为8.15%。

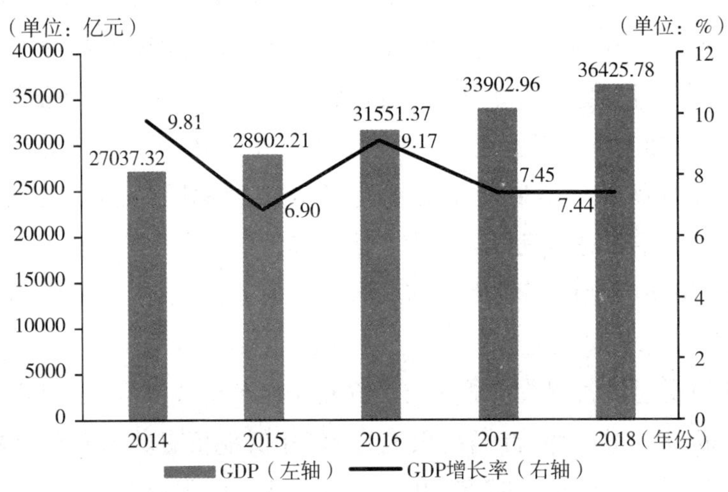

图3-27　2014—2018年湖南省GDP及增长率

10. 福建省经济情况分析

福建省围绕国家自主创新示范区、自由贸易试验区、福州新区等建设，以及融入国家海上丝绸之路发展建设，形成面向海峡两岸的合作开放经济区。

建设福厦泉国家自主创新示范区，推进福州新区建设，泉州获批"中国制造2025"城市试点示范，中科院海西研究院三期等"国字号"研发机构相继落地，"6·18"对接科技成果转化项目5852项，研发经费投入增速高于全国。厦航获第二届中国质量奖、福耀和九牧公司获提名奖；6个项目获2016年度国家科学技术奖。

展开中国（福建）自由贸易试验区建设，紧紧围绕"改革创新试验田、两岸经济合作示范区、'21世纪海上丝绸之路'沿线国家和地区开放合作新高地"的战略定位，2016年国际贸易"单一窗口"等17项创新成果在全国复制推广。联合厦门大学,成立了全国第一家自贸区学院。区内累计新增企业 8 万户、注册资本 1.8 万亿元,分别是挂牌前历年总和的 5.2 倍和 8.1 倍。50 多个服务贸易领域率先对台开放。累计新增外资企业 3891 家,其中台资企业 2323 家,以不到福建省千分之一的面积,吸引了福建省新增外资、台资企业数的近一半。壳牌、亚马逊、ABB 等一批世界 500 强企业在区内落户。

开展"一带一路"建设,推进"海丝"核心区建设,2016 年对沿线国家和地区出口 1822.9 亿元,新增对外投资增长 61.6%,中欧(厦门)国际班列实现常态化运营。截至 2019 年 9 月,福建省已与 41 个国家拓展建立了 108 对国际友城,随着"海丝"核心区七大标志性工程建设的推进,福建的国际"朋友圈"亦不断扩大。

开展漳州开放型经济新体制综合试点试验,挖掘口岸优势,在"大进大出"上下功夫,打造油汽、矿产、木材、食品农产品等大宗商品进出口基地和分拨中心。漳州市现已完成 45 项试点试验任务,其中,"商务 110 商机对接与招商服务模式""国地税联合办税""即报即放"等 3 个经验做法,入选商务部等十三个部委向全国复制推广的 24 项试点经验;"多评一表""四检合一""集中会审"等一批创新举措在福建省复制推广。

推进平潭国际旅游岛建设,通过平潭岛建设加快对台先行先试步伐,发挥闽台合作和对外开放的窗口作用,构建"一廊两环五区"的国际旅游岛发展格局。2016 年福建省成功举办第八届海峡论坛、2016 年两岸企业家峰会年会、首届世界妈祖文化论坛等,闽台贸易额 656.5 亿元,实际利用台资增长 53.9%。截至 2019 年 10 月,平潭拥有 1 个 4A 级旅游景区、1 个国家海洋公园、1 个国家地质公园、9 个国家级风景名胜区。

打造"清新福建"名片。福建省全面实施碳排放权交易、重点生态区位商品林赎买等"15+3"年度改革任务,率先建立党政领导生态环境保护目标责任制,开展环保督察,划定生态保护红线,水、大气、生态环境质量保持全优。福建省实施最严格水资源管理制度,重要流域设置"河长",推进安全生态水系治理。福建省 2018 年森林覆盖率 66.8%,连续 40 年保持全国第一,福建省 12 条主要河流Ⅰ—Ⅲ类水质比例、9 市 1 区空气优良天数分别比全国平均水平高 24.8%、15.7%，PM2.5 浓度比全国平均水平低 1/3，生态美成为福建发展的永续优势。

2014—2018 年福建省地区生产总值及增长率见图 3-28。福建省地区生产总值整体呈上涨趋势，2017 年突破 3 万亿元，增速高达 11.7%。近 5 年，GDP 增速呈波动上升趋势，由 2014 年的 10.00%上升至 2018 年的 11.25%，其间平均年增长率为 10.37%。

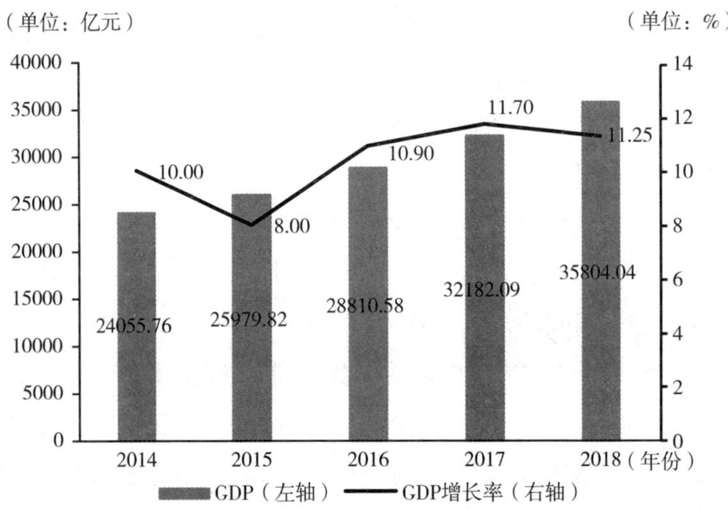

图 3-28　2014—2018 年湖南省 GDP 及增长率

综合以上数据可以看出，东部沿海地区经济总量稳居前位。在 10 个经济大省中，前 4 位均为东部沿海省份，而在西部地区上榜的只有四川省 1 个省份。各省的经济总量呈现稳步攀升的态势，从 2014 年到 2018 年，10 个经济大省的 GDP 总量均逐年上升；而各省名义 GDP 增速呈现波动变化的态势，其中波动上升的有广东省、浙江省、四川省、湖北省、河北省、福建省，波动下降的有江苏省、山东省、河南省、湖南省。

（二）创新驱动发展典型指标分析

选取数个对于反映创新驱动发展情况有代表性的典型指标：人均可支配收入——反映了一个地区居民收入水平和经济社会发展的总体状况和水平，是创新发展的基础和目标；私营工业企业数量情况和外商投资情况——反映一个地区的经济发展活力，尤其是以市场为导向的经济发展内生动力；研发与专利情况——反映一个地区的创新活力，尤其是科技创新活力，它是支撑经济持续发展的源泉和基础；高技术产业情况和“独角兽”企业数量情况——反映了一个地区的高水平、创新密集度更大的领域的市场竞争力强弱，是经济转型升级发展的关键要素。

通过以上指标的比较分析，可以基本看出经济大省的整体创新驱动发展能力。

1. 人均可支配收入

10个经济大省的人均可支配收入对比见图3-29。浙江省的人均可支配收入已连续多年雄踞全国各省(自治区、直辖市)首位，超出第二名江苏省6000多元，藏富于民历来是浙江省可以宣传的经验。第一经济大省广东省的GDP尽管已经连续多年位居全国第一，但在人均可支配收入方面，屈居第二名江苏省之后。四川省的GDP排名虽然在10个省份中处于中等位置，但人均可支配收入仅排名第九，不及浙江省一半，处于经济大省中的较弱水平。

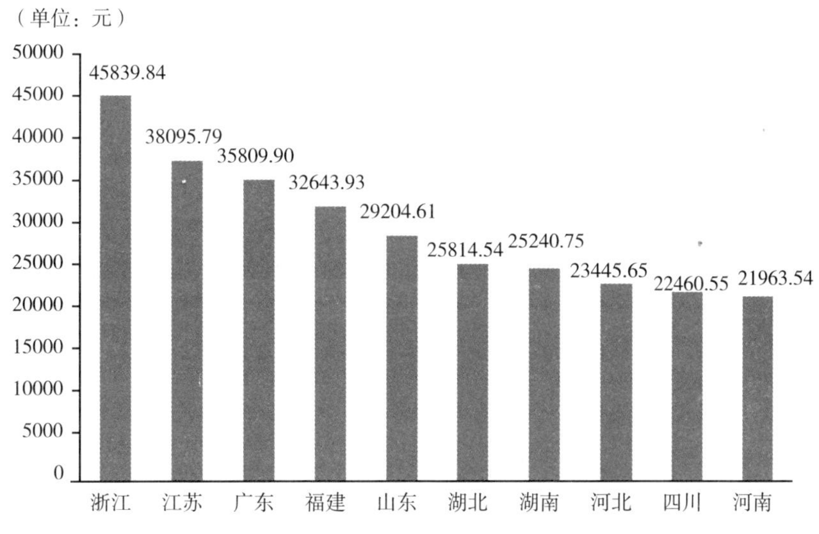

图3-29 经济大省2018年人均可支配收入

2. 私营工业企业数

10个经济大省的私营工业企业数量见图3-30。江苏省、浙江省、山东省的私营工业企业数排前3位，超过25000个，其中江苏省与浙江省基本持平，均属于民营经济大省。江苏省的民企实力颇强，且行业结构偏重于高新技术和现代服务业，充分表明，江苏省是一个民营企业高度发达的省份，是市场机制发达的省份。浙江省也是民营经济大省，“重商亲商扶商”是历届浙江省政府制定民营经济发展政策的出发点。山东省的民营经济产业结构逐渐向先进制造业、现代服务业和战略性新兴产业领域拓展和延伸，取得了较好的成效。而四川省在10个经济大省中私营工业企业数最少，民营企业整体竞争力较弱。民营经济发展的状况，可以反映一个区域的营商环境的状况。四川省要大力改善营商环境，大力促进“双创”开展。

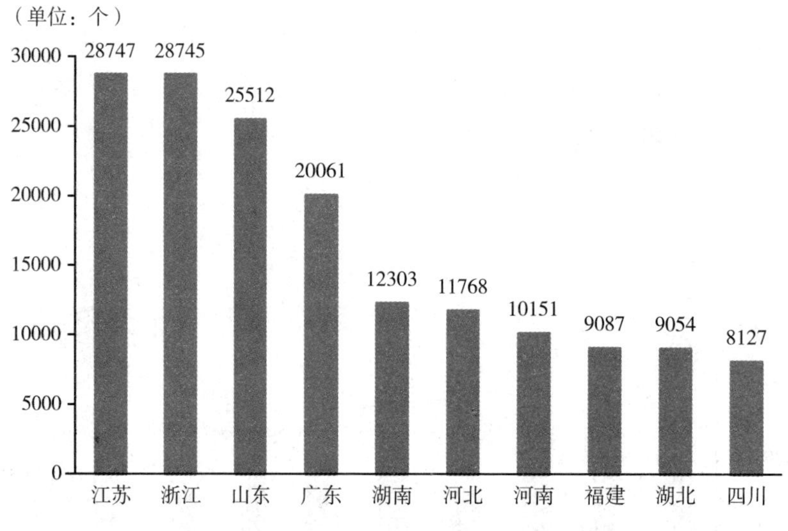

图3-30　经济大省2018年私营工业企业数

3. 外商投资情况

2018年10个经济大省外商投资企业的投资额比较情况见图3-31。广东省在外商投资企业的投资额上位列第一，且广东省遥遥领先于其余省份。四川省排名第八，可是与前5位省份相比，差距很大，只占第一名广东省的6.53%、第五名福建省的45.05%。

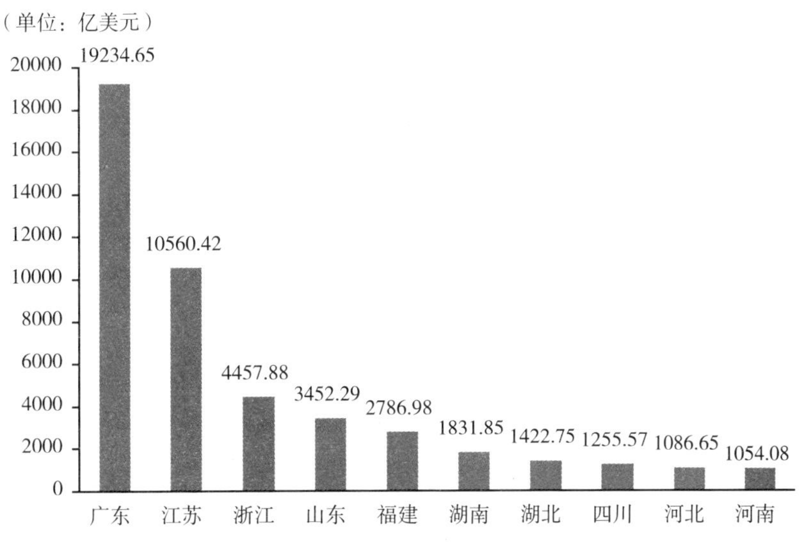

图 3-31 经济大省 2018 年外商投资企业投资总额

作为改革开放先行地的广东省，为我国的改革开放提供丰富经验，随着粤港澳大湾区建设的不断推进，广东省对外开放吸引力不断增强。数据显示，2018 年，广东省新设外商投资企业约 3.58 万家，占全国比重近 60%，同比增长 1.3 倍。2018 年，投资总额 1 亿美元以上的落户和在谈外资项目达 166 个，多个项目已落户或动工。2019 年 1—4 月，广东省实际吸收外资 476.1 亿元，同比增长 16.9%。外资企业加速在广东省推进重大项目投资，多个实力强劲的国企、民营企业也纷纷将投资目光锁定广东。

江苏省在全国较早谋划推动外资总部经济发展，2012 年就出台了鼓励跨国公司设立地区总部和功能性机构的政策，认定了第一批跨国公司地区总部和功能性机构。2015 年、2018 年两次修订和完善外资总部经济鼓励政策。南京市、苏州市相继出台实施了外资总部发展配套政策，不断加大支持力度。截至 2019 年 10 月，江苏省累计认定跨国企业地区总部与功能性机构 258 家，包括地区总部 153 家、功能性机构 105 家，其中 46 家由世界 500 强企业投资。

外商投资集中在我国沿海地区，投资项目渐趋高端化。四川省近年虽然在交通设施等硬件条件和创新政策等软件条件上有显著进步，但是从与广东省、江苏省等沿海省份的对比情况来看,对外开放程度和吸引外资水平还相差较大。

4. 研发与专利情况

从图 3-32 可见,2017 年 R&D 人数,排在前四位的省份为广东省、江苏省、浙江省、山东省,均超过了 50 万人。四川省处于第六名的位置,R&D 人数为 24.20 万人,与前四名的省份的差距较大,尤其是与广东省的差距,充分说明四川省在科技创新的人员投入方面还有待加强,以更好地提升创新驱动发展的整体活力、牢固根基。

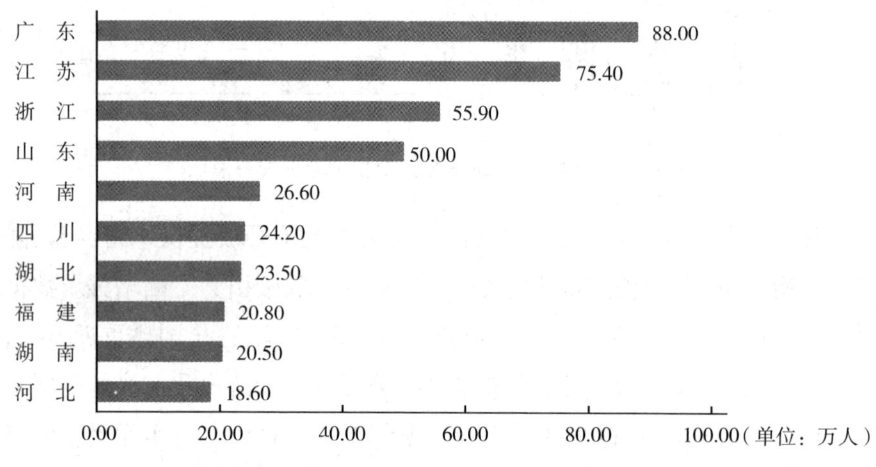

图 3-32 经济大省 2017 年 R&D 人员数

图 3-33 反映了在 10 个经济大省中,2018 年研发经费投入强度居前 3 位的是广东省、江苏省和浙江省,四川省的研发经费投入强度只有 1.81%,甚至低于全国研发经费投入强度的总体水平 2.19%。从研发经费投入强度看,我国与创新型国家相比还有很大差距,四川省与国内的经济强省相比也还有很大差距。四川省研发投入强度在经济大省中处于中下位次,特别是还没有达到全国平均水平,这是四川省创新发展的最大短板。

10 个经济大省的专利产出大体情况见图 3-34。广东省、江苏省遥遥领先,广东省已经跨过 50000 项的门槛。可以看出,R&D 人数、研发投入强度等关键的创新指标数据,与技术成果的产出数量完全成正比。研发人员和研发经费投入的不足,在一定程度上制约了四川省的授权专利

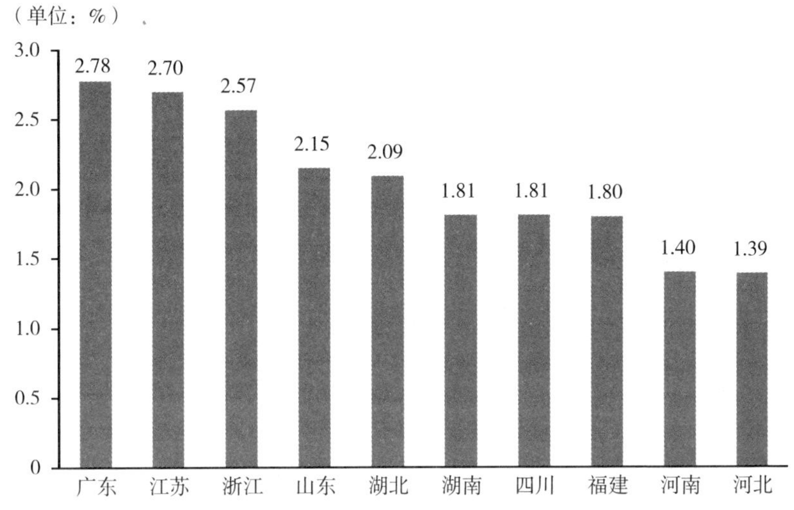

图 3-33　经济大省 2018 年研发经费投入强度

等科技成果产出情况，虽然与广东省、江苏省差距很大，但能够在 10 省中排第五位已属不易。要实施创新驱动发展战略，就必须切实提高研发投入水平，而不是空喊口号。

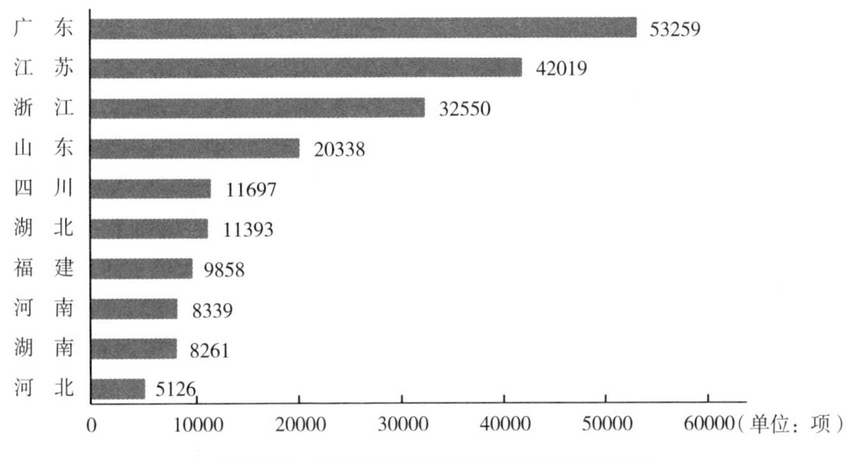

图 3-34　经济大省 2018 年发明专利授权量

5. 高技术产业新产品销售收入

经济大省 2017 年高技术产业新产品销售收入对比见图 3-35，排在前三位的省份依次为广东省、江苏省和浙江省。广东省以绝对优势遥遥领先于其余省份，高技术产业实力雄厚，对经济的贡献率逐年提高，已经是广东省经济的重要增长点。江苏省规模以上高新技术企业数量只占同类工业企业数量的16%，但是他们创造的工业产值占26%、利润占30%、新产品产值占47%。四川省在10个经济大省中排名第七位，处于中下水平，说明四川省高技术产业发展还有较大的提升空间。四川省拥有相对丰富的科技资源，但并未能有效促进其对高技术产业发展的有效支撑。四川省需要大力促进科技成果转移转化，使更多的科研成果变成现实生产力。

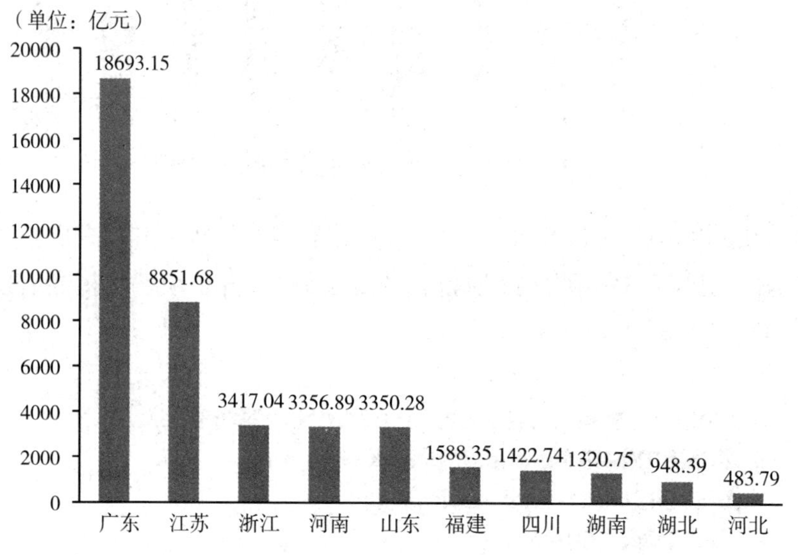

图3-35 经济大省2017年高技术产业新产品销售收入

（三）四川省经济追赶趋势预测

2018年，四川省GDP位居全国第六，第五位是河南省，两省GDP相差7378亿元，差值大约占四川省GDP的18.14%，四川省在短期内追赶河南省也有较大难度。紧随四川省之后的是湖北省和湖南省两省，GDP与四川省的差值分别是1312亿元、4252亿元，差值大约占四川省GDP的3.22%和10.45%，这两个省份要追赶上四川省，是完全有可能的事情，尤其是湖北省。排在10省最末的福建省，其GDP与四川省的差值是4874亿元，差值大约占四川省GDP的11.98%，比四川省与第五位河南省的差距小。

根据各省的国民经济和社会发展第十三个五年规划,各地区预估GDP年均增长率在7%以上。依据各省"十三五"规划中预估的2020年GDP总额进行排序,四川省将下降至第八位,湖北省和湖南省将上升超过四川省,而河北省将下降至第九位。而以2018年各省GDP数据作为基数,利用各省"十三五"规划中对各自GDP年均增长率的预估值,测算2020年各省的GDP情况,四川省将为第六位(见表3-3),与湖北省差距不断缩小。由此可见,无论是根据各省"十三五"规划中预估的2020年各省GDP总额,还是以2018年为基准年,根据各省自己计划的GDP增长率计算各省2020年的GDP总额,四川省都面临湖北高速发展带来的巨大压力。因此,四川省需要保持较高的GDP增速才能不被紧随其后的湖北等省份超越。

表3-3 经济大省2020年GDP预测数值表 (单位:亿元)

排序	省份	2018年GDP	"十三五"规划GDP年均增长率(%)	"十三五"规划预计2020年GDP	以2018年为基准年预测2020年GDP
1	广东	97278	7.0	110000	111373
2	江苏	92595	7.5	100000	107006
3	山东	76470	7.5	90400	88370
4	浙江	56197	7.0	61000	64340
5	河南	48056	8.0	—	56052
6	四川	40678	8.5	44400	47887
7	湖北	39367	8.5	43680	46343
8	湖南	36426	7.0	42300	41704
9	河北	36010	7.0	41800	41228
10	福建	35804	8.5	39000	42149

从近年GDP实际数据以及各省"十三五"规划中对GDP年均增长率的预估来看,除非有特殊机遇或者高度有效的举措,否则四川省经济的排位,上升的可能性远小于被其他省赶超的可能性,四川省的压力和挑战非常大,必须要有更新、更有效、更有针对性洞察力和执行力的思路和方法

来发展经济。所以,四川省要保住在经济大省中GDP排名第六位的地位,已属非常不易;若想要跻身前5位,更是难上加难。因此,四川省要在经济大省中有新的作为、新的地位,就必须时不我待,在发展上有新的更大的战略措施、创造新的更大的发展机遇。

第二节　四川省与其他经济大省政策比较分析

本节以表格形式将10个经济大省较有代表性的政策从“十三五”发展目标、阶段性发展目标、产业发展政策、科技创新政策、区域发展政策、人才创新政策等角度扼要列出比较。

一、发展目标比较

表3-4　经济大省“十三五”发展目标比较

广东	率先全面建成小康社会,确立2018年为率先全面建成小康社会的目标年。转方式与调结构取得重大进展,工业化和信息化深度融合,消费对经济增长贡献明显加大,户籍人口城镇化率加快提高,迈进创新型省份行列。“十三五”基本建立比较完善的社会主义市场经济体制,基本建立开放型区域创新体系,基本建立具有全球竞争力的产业新体系,基本形成绿色低碳发展新格局
江苏	率先全面建成小康社会,苏南有条件的地方在探索基本实现现代化的路子上迈出坚实步伐,人民群众过上更加美好的生活,经济强、百姓富、环境美、社会文明程度高的新江苏建设取得重大成果。经济综合实力显著增强,创新型省份建设取得重要突破,产业国际竞争力大幅提升,城乡区域发展更加协调,改革开放进一步深化,人民生活水平和质量普遍提高,生态环境质量明显改善,公民文明素质和社会文明程度显著提高
山东	综合考虑未来发展趋势和优势条件,围绕提前实现“两个翻番”,在全面建成小康社会进程中走在前列,把山东建设成具有较强核心竞争力、文化软实力和生态承载力的省份,今后五年,经济社会发展的主要目标是:综合实力迈上新台阶,转方式调结构取得突破进展,人民生活水平和质量普遍提高,国民素质和社会文明程度显著提高,发展协调性全面增强,生态环境质量显著改善,文化软实力持续提升,体制机制创新取得新突破
浙江	综合实力更强,经济保持中高速增长。城乡区域更协调,发展空间格局得到优化,城市功能和中心城市国际化水平明显提升,美丽乡村建设水平进一步提高。生态环境更优美,能源资源开发利用效率大幅提高。中国梦和社会主义核心价值观更加深入人心,公民文明素质和社会文明程度显著提高。重要领域和关键环节改革取得决定性成果,治理法治化、制度化、规范化、程序化、信息化水平不断提高

续表

河南	惠及河南省人民的小康社会全面建成，基本形成现代化建设框架格局，部分领域和区域实现现代化，综合竞争优势大幅提升，力争实现由经济大省向经济强省的跨越，综合实力进入全国第一方阵，成为促进中部崛起的核心支撑和带动全国发展的新空间，富强民主文明和谐美丽的现代化新河南建设展现出更加美好前景
湖北	以供给侧结构性改革为主线，以全面深化改革为动力，推进改革创新、转型升级、城乡统筹、农业现代化、生态文明建设、双向开放合作，将湖北优势做强、湖北特色做足、湖北短板补齐，加快建设全国重要先进制造业中心、新型城镇化重点区、现代农业发展核心区、生态文明建设示范区和全方位开放重要支撑区，加快“建成支点、走在前列”步伐，开创湖北在中部地区率先崛起的新局面
河北	在提高发展平衡性、包容性、可持续性的基础上，经济保持中高速，增长速度高于全国平均水平；发展迈入中高端，质量效益提升幅度高于周边地区；环境治理大见效，空气质量改善程度明显高于以往；生产总值比2010年翻一番以上，城乡居民人均可支配收入比2010年翻一番以上；到2020年如期全面建成小康社会
湖南	“十三五”时期是湖南省全面建成小康社会的决胜阶段，是经济转型的爬坡过坎时期。必须深入分析国内外形势变化的趋势特点，准确把握湖南省发展面临的问题矛盾，积极适应新常态，充分挖掘新优势，坚定不移加快发展步伐，确保全面建成小康社会
福建	全面建成小康社会，经济社会发展再上一个新台阶。包括综合实力大幅提升、城乡区域更加协调、改革开放取得重大进展、创新创业活力显著增强、人民生活水平全面提高、生态文明先行示范效应凸显
四川	保持高于全国的经济增长速度。在提高发展平衡性、包容性、可持续性的基础上，地区生产总值年均增长7%以上，到2020年地区生产总值和城乡居民人均收入比2010年翻一番以上，人均地区生产总值与全国平均水平的差距进一步缩小。人民生活水平和质量全面提高、公民素质和社会文明程度普遍提升、生态建设和环境治理取得显著成效、重要领域和关键环节改革实现重大突破

表3-5 经济大省阶段性发展目标比较

广东	经济保持中高速增长，地区生产总值年均增长7%。到2020年地区生产总值约11万亿元，人均地区生产总值约10万元，R&D支出占比高于2.8%，科技进步贡献率超过60%，技术自给率超过75%，高新技术企业争取达到1.5万家，知识产权综合发展指数居全国前列，三次产业结构调整为4∶40∶56，现代服务业增加值占服务业增加值比重达到63%左右，先进制造业增加值占规模以上工业增加比重达到52%，战略性新兴产业增加值占GDP比重为16%。2030年，经过3个五年规划的努力和发展，广东省经济社会发展将形成以创新为主要引领和支撑的经济体系和发展模式，物质技术基础更加雄厚，生产力水平明显提高，制度体系更加成熟定型，生态环境更加优美，社会更加和谐，人民生活水平将在全面小康基础上迈上一个新的台阶，率先基本实现社会主义现代化的基础将更加坚实

续表

江苏	到 2020 年,经济保持中高速增长,提前实现地区生产总值和城乡居民人均收入比 2010 年翻一番,地区生产总值达到 10 万亿元左右,年均增长 7.5%左右,研发经费支出占 GDP 比重提高到 2.8%左右,科技进步贡献率提高到 65%以上,人才资源总量达 1400 万人,服务业增加值占比达到 53%左右,高新技术产业产值占规模以上工业产值比重达到 45%左右,户籍人口城镇化率达到 67%
山东	到 2020 年,提前实现经济总量和城乡居民人均收入比 2010 年翻一番,地区生产总值年均增长 7.5%左右,人均达到 1.5 万美元,到 2020 年,把山东省建设成为具有较强核心竞争力、文化软实力和生态承载力的省份,开启社会主义现代化建设新征程
浙江	到 2020 年生产总值、人均生产总值、城乡居民收入均比 2010 年翻一番,经济发展质量和效益稳步提升。主要污染物排放总量大幅减少,黑臭河和地表水劣Ⅴ类水质全面消除、八大水系水质基本达到或优于 III 类水,PM2.5 浓度明显下降,浙江省的天更蓝、地更净、水更清、山更绿
河南	到 2020 年,河南省地区生产总值和城乡居民人均收入比 2010 年翻一番以上。主要经济指标年均增速高于全国平均水平,生产总值年均增长 8%左右,高于全国平均水平 1 个百分点以上,力争经济社会发展主要人均指标达到全国平均水平。现行国家标准下农村贫困人口实现脱贫,贫困县全部摘帽,解决"三山一滩"区域性整体贫困。社会保障全民覆盖,人人享有基本医疗卫生服务,养老服务体系基本建成,住房保障体系进一步完善。物价总水平保持基本稳定
湖北	到 2020 年,基本形成适应创新驱动发展要求的制度环境和政策法律体系,全面建成国家创新型省份。公平、开放、透明的市场环境初步建立,人才、资本、成果、创新平台等创新资源基本实现高效配置,企业真正成为技术创新主体,全社会研发投入占地区生产总值的比例高于全国平均水平,企业研究开发投入经费支出占湖北省研究开发投入经费投入的比重超过 80%,高新技术产业增加值占 GDP 比重达到 20%以上,高新技术企业数量突破 5000 家,技术合同成交额达到 1000 亿元,每万人发明专利拥有量达到 10 件以上
河北	到 2020 年,创新型河北建设跃上新台阶。适应市场经济要求、符合科技创新规律、充满活力和富有效率的体制机制基本建立,具有河北特色的区域创新体系基本形成,创新生态更加优化,创新资源有效集聚,创新能力显著增强,实现"三个提升、两个突破、一个确保"的奋斗目标;到 2030 年,跻身全国创新型省份先进行列。战略性新兴产业成为支柱产业,主要产业进入价值链中高端,全要素生产率、投入产出率和科技创新能力大幅提升,科技进步贡献率进一步提高,综合科技进步水平明显提升
湖南	到 2020 年,综合创新能力显著提升,科技强省建设取得重要进展;到 2030 年,跻身全国创新型省份前列。 到 2021 年,人均地区生产总值达到 1 万美元,经济竞争力、科教创新力、文化软实力、生态承载力、开放影响力在全国进位争先,走在中部崛起前列,加快迈进基本现代化,创新型经济新体系建立,开放型经济新格局形成,复合型人才发展新机制健全,服务型政府新体制完善

续表

福建	到2020年,建设更加完备的区域创新体系,建成创新型省份,福建综合科技进步水平、科技促进经济社会发展指数居全国前列。创新型经济格局初步形成、自主创新能力显著增强、区域创新体系协同高效、创新创业环境更加优化
四川	到2020年,全面创新改革试验取得积极进展,科技体制改革取得重大突破,四川省总体进入创新驱动发展阶段,基本建成国家创新驱动发展先行省和创新型四川

二、产业发展政策比较

表3-6　经济大省产业发展政策比较

广东	广东省将重点培育十大产值(或增加值)超万亿元产业:电子信息产业,到2020年预计产值达4万亿元;装备制造,到2020年预计产业产值达1.5万亿元;汽车制造业,到2020年预计产业产值达1万亿元;石化工业,到2020年预计产业产值达3万亿元;家电工业,到2020年预计产业产值达1万亿元;文化旅游产业,到2020年文化旅游产业增加值预计达到1.3万亿元;电子商务,到2020年电子商务交易额突破7.3万亿元;金融产业,到2020年金融业增加值预计达到1万亿元;软件产业,到2020年预计软件和信息服务业总收入比2014年翻一番,突破1.2万亿元;健康服务业,到2020年健康服务业增加值预计达到1万亿元左右
江苏	建设具有全球影响力的产业科技创新中心,建设具有国际竞争力的先进制造业基地。加快改造提升传统产业,全面落实《中国制造2025江苏行动纲要》,继续实施企业制造装备升级和互联网化提升计划,促进制造业和互联网深度融合。大力发展先进制造业,推进"中国制造2025"苏南城市群试点建设,带动江苏省智能制造水平提升。强化关键技术攻关和产业素质提升,坚持因地制宜特色发展、错位发展,着力提升产业国际竞争力,建设成为全国乃至全球具有重要影响力的战略性新兴产业策源地。到2020年,战略性新兴产业销售收入突破7万亿元。坚持高端引领,聚焦重点领域,加快发展新一代信息技术、高端软件和信息服务、生物技术和新医药、新材料、高端装备制造、节能环保、新能源和能源互联网、新能源汽车、空天海洋装备、数字创意等十大战略性新兴产业
山东	山东省按照"一个定位、三个提升"(经济发展新常态下山东的发展路径:以走在前列为高点定位,以提升发展标杆、提升工作标准、提升精神境界为实现条件)的要求,以提高发展质量和效益为中心,以推进供给侧结构性改革为主线,以加快新旧动能转换为牵引,全面做好稳增长、促改革、调结构、惠民生、防风险各项工作。山东省加快工业和服务业结构优化。落实《中国制造2025山东行动纲要》,抓好工业转型升级中期评估结果应用。实施小微企业产业结构和治理结构融合升级战略。启动新一轮高水平技术改造,培植壮大骨干企业。大力发展智能制造和高端装备,加快关键核心技术研发推广

续表

浙江	制定实施《中国制造2025浙江行动纲要》，深入实施“四换三名”工程，统筹推进战略性新兴产业、装备制造业、高新技术产业发展和传统产业改造提升，培育一批具有国际竞争力的创新型龙头企业，建设一批信息科技、新材料、新能源汽车等先进制造业基地和创新中心，抢占制造业新一轮竞争制高点。以国内和国际市场引领制造业提升，提高浙江制造产品品质，打响浙江制造品牌。推进工业化和信息化深度融合发展，谋划实施智能化改造工程，推动生产方式向柔性、智能、精细转变，加快“浙江制造”向“浙江智造”转型。推进互联网和制造业统筹发展，发挥互联网拓市场促发展的平台和渠道作用，推动制造方式和营销方式变革
河南	把加快新旧产业和发展动能转换作为中心任务，持续完善提升产业发展载体，坚定不移地走产业集群发展之路，实施《中国制造2025河南行动纲要》、加快发展现代服务业行动，推进现代农业与第二、第三产业融合发展，大力发展新技术新产业新业态新模式，建设先进制造业大省、高成长服务业大省、现代农业大省、网络经济大省，塑造产业竞争新优势。持续提升装备制造、食品工业两个万亿级产业能级，争取电子信息、消费品工业成为新的万亿级产业，打造一批位居国内行业前列的制造业集聚地，带动河南省制造业规模壮大、结构跃升
湖北	组织推进《中国制造2025湖北行动纲要》“1+X”规划体系实施，大力培育智能制造；坚持一手抓改造提升传统产业，一手抓培育新兴产业，产业结构由“二、三、一”演变为“三、二、一”，服务业成为第一大产业。聚焦新一代信息技术、生物、高端装备、新材料、绿色低碳、数字创意等六大产业16个高端细分领域重点突破、发展壮大。武汉市获批创建国家“中国制造2025”试点示范城市。启动实施增品种、提品质、创品牌“三品”工程，出台并实施“三品”专项行动计划
河北	改造提升传统产业，在主动淘汰钢铁等产业落后产能的同时，着力培育经济发展新动能。重点发展先进装备制造、“大智移云”新一代信息技术、新能源和清洁能源、生物制药等战略性新兴产业。支持建设廊坊市、石家庄市、秦皇岛市、保定市四大信息产业基地；加快中电科河北物联网产业基地、北邮邯郸物联网基地等项目建设
湖南	贯彻扩投资、调结构、稳增长的意见精神，首次启动实施了52个创新创业技术投资项目。52家拥有技术优势、愿意开展科技投入的企业，获得了总数达1.5亿元的专项支持，项目实施期将撬动社会资金投入38.6亿元，投入引导比达1∶25。聚焦10大重点产业，部署“高性能沥青基碳纤维”等40个战略性新兴产业科技攻关项目、120个重点研发项目。将2018年作为“产业项目建设年”，要实施“5个100”工程。包括100个重大科技创新项目，打造湖南科技创新引领发展的标志性工程，支撑现代化经济体系建设
福建	福建省新能源产业支撑体系已基本形成，2017年，福建省官方密集发力新能源汽车领域，力争在2020年前在全国率先实现公共交通领域全面电动化，计划到2020年累计推广新能源汽车35万辆。福建省将重点培育和打造新能源汽车、储能电池、新能源装备产业集群，壮大和延伸产业链。到2022年，全省累计推广应用新能源汽车标准车56万辆，全产业链产值超过2800亿元。 以农业信息技术应用为核心，通过信息技术改造传统农业，全面推进“互联网+”与农业生产、经营、管理、服务融合发展，推动生产智能化和营销网络化水平

续表

四川	发展创新型产业体系的战略部署，进一步引导培育和发展壮大战略性新兴产业，着力培育五大高端成长型产业、五大新兴先导型服务业和四大新兴高端成长型产业。2018 年发布实施“万千百亿工程”，电子信息产业、汽车制造产业、饮料食品产业、航空与燃机产业、轨道交通产业、生物医药产业、节能环保装备产业、清洁能源产业、新材料产业 9 个重点产业，重点实施“一业一策”分类培育

三、科技创新政策比较

表 3-7　经济大省科技创新政策比较

广东	广东省大力实施创新驱动发展战略，发展动力加快转换。坚持把创新驱动发展作为转型升级的核心战略和总抓手，围绕建设国家科技产业创新中心，扎实推进珠三角国家自主创新示范区和全面创新改革试验试点省建设。实施国家重点实验室倍增计划，国家重点实验室、工程技术研究中心、工程实验室、企业技术中心等国家级创新平台达 213 家。国家在粤大科学装置建设扎实推进。累计建成产业技术创新联盟 204 家、新型研发机构 180 家、国家级质检中心 75 家
江苏	江苏省强化科技创新引领，深入实施科技创新工程，着力构建创新水平与国际同步、研发活动与国际融合、体制机制与国际接轨的现代产业科技创新体系，加快形成重大产业原创性技术成果和战略性新兴产业的重要策源地，努力建设高端创新要素集聚、企业主体创新作用凸显、区域创新功能完善、创新创业繁荣活跃、具有全球影响力的产业科技创新中心。主要措施包括：培育创新型企业集群，构建产学研协同创新体系，建设一流产业科技创新载体，提高创新国际化水平
山东	山东省加快实施创新驱动发展战略，建设创新型省份。全面提升“两区一圈一带”发展水平，大力发展现代海洋经济，探索高效生态经济发展新模式，强化省会辐射带动作用，加快西部经济隆起带建设。加大环境治理力度，推动生产生活绿色化。积极参与“一带一路”建设，坚持内外需协调、进出口平衡、“引进来”和“走出去”并重，进一步提高双向开放水平
浙江	加快提高自主创新能力。积极推进省部共建国家实验室，支持浙江大学、浙江清华长三角研究院等大院名校在科技创新中发挥龙头作用，支持有条件的高等院校提升战略定位、建设创新型大学或创业型大学，支持企业加大科技投入、加强研究开发，加大知识产权保护力度，着力提高原始创新、集成创新和引进消化吸收再创新能力。大力推进科技创新市场化、科技成果资本化产业化。加快杭州城西科创大走廊、钱塘江金融港湾和中心城市科技城建设。积极规划建设特色小镇，鼓励中心城市周边县市依托高铁站规划建设科创小镇，支持各地规划建设高新技术类特色小镇，使特色小镇成为浙江省科技创新、产业创新的重要载体。加快“两化”深度融合国家示范区、国家信息经济示范区、杭州国家自主创新示范区、宁波“中国制造 2025”试点示范城市建设

续表

河南	推动产业集聚区提质转型创新发展。突出集群、创新、智慧、绿色发展导向，推动产业集聚区上规模上水平上层次，提高吸引力竞争力带动力，成为河南省先进制造业主导区、科技创新核心区、产城融合示范区和改革开放先行区。开展龙头企业创新转型试点，培育200家左右产业创新领军企业，培育高新技术企业、创新型企业和技术创新示范企业3000家、科技型中小企业2万家。建设国家级创新平台和国际科技合作基地，建设产学研合作、共性技术研发、检测检验等公共创新服务平台，实现大中型企业省级以上研发机构全覆盖
湖北	将"科技十条""新九条"等湖北省诸多经过实践检验具有良好效果的政策措施，上升为法律条文，为政策执行提供强有力的法律保障。深入推进科技体制改革，加快创新体系建设，突出问题导向，提出8个方面31项改革任务，着力促进科技与经济结合，推动发展动力向创新驱动的加速转换
河北	聚焦加快发展高新技术企业、培育壮大科技型中小企业等八个方面提出25项措施，首次提出将统筹省级科技资金，对成效明显的高新技术企业培育服务机构给予每家不超过100万元的奖励。措施明确，加快发展高新技术企业，落实高新技术企业税收优惠政策，对新认定的高新技术企业，2018年度省级财政科技资金将每家给予10万元补助资金支持。建立高新技术企业后备培育库，进行入库定向培育，使年底入库企业达到1800家以上
湖南	15个厅局(部门)分领域出台配套政策系统科技创新，形成"1+15"科技创新制度体系，进入"大合唱"时代。全国首次推出并设立创新奖，有效激发全社会创新活力，此举获科技部高度点赞。形成了"1+15"的科技创新制度体系。在全国率先实施两型产品政府采购制度，率先支持以专利使用权出资注册公司，率先实行两个70%的创新激励政策。省政府与国防科技大学签订合作协议，联合成立产业技术协同创新研究院，成为全国军民科技融合创新的首创性举措
福建	加快构建适应经济发展新常态的科技成果转移转化长效机制，全面建成以企业技术创新需求为导向、以专业化技术转移机构为支撑的功能互补、运行高效、结构合理的产学研结合和科技成果转移转化体系。福州市通过对科技成果转移转化输出方、输入方进行奖励，激励在榕高校、科研院所和科研平台将科技成果在福州转移转化。还新制定了对在榕高校、科研院所等科研单位转移转化科技成果进行奖励，每家每年奖励金额最高为100万元，强调对福州市企业购买科技成果在榕转化的给予补助
四川	鼓励科技人员离岗创新创业，扩大企事业单位薪酬分配自主权，提高科技人员成果转化收益比例，形成全链条全要素政策支撑。大力完善并深化既有改革试点，进一步破除制约全社会创新潜能释放的体制机制障碍和制度藩篱，成立全国首个专利、商标、版权"三合一"的知识产权综合管理机构。成都聚力夯实原始创新能力基础加快建设全国重要科技中心。大力实施蓉城科技聚变计划、构建"校院企地发展共同体"，加快推进"双一流"建设引全球优势科研资源向成都集聚，积极开展科技金融探索创新，营造科技金融新生态。通过"拨改投""拨改贷""拨改贴"等方式，撬动社会资金和金融资本支持创新创业。"贷款、保险、财政风险补偿捆绑的知识产权质押融资"模式被国务院列为首批全面创新改革经验在全国复制推广

四、区域发展政策比较

表 3-8　经济大省区域发展政策比较

广东	坚持统筹兼顾、分类指导，深入实施珠三角优化发展和粤东西北振兴发展战略。深入推进珠三角“九年大跨越”，加快构建现代产业新体系，重大平台建设扎实推进，携手港澳推进珠三角世界级城市群和粤港澳大湾区建设，推动“9+6”融合发展，加快建设大珠三角经济区。加快粤东西北交通基础设施建设，大力推动产业转移和产业共建，促进产业园区提质增效
江苏	江苏省以城市群为主体形态，发挥南京特大城市带动作用，推动宁镇扬一体化取得实质性进展，促进沿江城市集群发展、融合发展。进一步提高苏南、苏中、苏北发展的协调性，统筹推进沿江、沿沪宁线、沿海、沿东陇海线发展。深入实施长江经济带发展规划，支持南京江北新区、通州湾江海联动开发示范区等载体建设。加快建设沿沪宁线自主创新高地、先进制造业集聚区和服务贸易对外开放先导区。推进沿海及周边地区一体化发展，抓好新一轮沿海发展规划和政策落地，加快实施一批海工装备、新能源、交通运输和港口物流等重大项目
山东	山东省启动“一圈一带”区域发展战略。省会城市群经济圈东临渤海，与辽东半岛隔海相望，南连长江三角洲、中原经济区，北接京津冀，向西辐射黄河中下游。规划范围包括：省会济南及周边的淄博、泰安、莱芜、德州、聊城、滨州。规划期为 2013 年至 2020 年。经济圈发展定位：山东省改革开放先行区、转型升级示范区、文化强省主导区、生态文明和谐区，全国重要的战略性城市群经济圈。隆起带战略定位：建设具有较强竞争力的特色产业基地、高素质劳动力富集地带、体制机制创新试验区、生态良好的美丽新西部，形成若干竞相发展、各具特色、富有生机、加快隆起的邻边高地，打造新的经济增长极
浙江	深入实施国家“一带一路”、长江经济带等重大战略，全面启动义甬舟开放大通道规划建设，金甬铁路顺利开工，义乌国际贸易综合改革、舟山江海联运服务中心建设扎实推进，中国（浙江）自由贸易试验区获批，宁波梅山新区规划建设积极推进。深入推进海港、交通、机场资源整合，培育综合交通产业发展新优势，积极打造都市经济、海洋经济、开放经济、美丽经济交通走廊，高水平构建现代综合交通体系，加快形成“一体两翼”区域发展新格局
河南	加快郑州都市区建设，提升国内辐射力、国内外资源整合力和国际影响力，打造中原城市群核心增长极。坚持向心发展，依托高速铁路和城际铁路网建设，构建以郑州为中心的半小时核心圈、1 小时紧密圈和 1 个半小时合作圈。依托综合运输通道支撑，带动人口和产业集聚，壮大提升节点城市，形成辐射八方的米字形城镇产业发展轴带
湖北	加快推进区域一体化。认真落实长江经济带战略，主动融入“一带一路”建设，积极推进落实长江中游城市群、促进中部地区崛起、大别山革命老区振兴发展、洞庭湖生态经济区等跨省合作。加快形成“一主两副多极”发展格局。大力支持武汉建设国家中心城市，支持宜昌、襄阳建设省域副中心城市

续表

河北	紧紧抓住京津冀协同发展和雄安新区建设的历史机遇,积极打造区域发展新高地。积极承接北京非首都功能疏解,抢抓机遇,有效对接。加强与北京中关村国家自主创新示范区的合作交流,抓住规划建设雄安新区的重大机遇,吸引全国乃至全球高端要素和优质资源向河北集聚,抓住机遇积极探索建设自由贸易港,形成与京津两地口岸功能互补、区域联动、错位发展的格局
湖南	长株潭自创区建设发展提速,集聚了湖南省6成以上的高新技术企业、7成以上的科研机构和创业创新平台,是湖南省创新引领发展战略的重点地区。长株潭国家自主创新示范区是当之无愧的湖南省创新高地
福建	持续推进闽台文创产业园区建设,支持闽台(福州)文化产业园发展壮大"一区多园"(三坊七巷核心区、福州软件园延伸区、福州海峡创意产业园拓展区、长乐拓展区)的建设模式,发挥福州软件园动漫游戏产业园区、海峡两岸龙山文创园、集美集影视产业园等一批特色鲜明、产业集聚度高的园区特色
四川	四川省划分为五大经济区部署发展。成都平原经济区更加强调在创新驱动、产业转型、对外开放和一体化发展等方面对四川省的引领示范作用;川南经济区通过设置较高的经济增速目标,力争在次级突破方面率先取得成效;川东北经济区和攀西经济区突出战略资源和优势资源综合开发,力争成为四川省新兴增长极。川西北生态经济区发展规划明确,要坚持生态优先,促进绿色发展。举四川省之力扎实抓好全面创新改革试验,集成打造成德绵协同创新共同体

五、人才创新政策比较

表3-9 经济大省人才创新政策比较

广东	省财政给予每位进站博士后资助60万元,分两年发放,出站后与广东省用人单位签订工作协议或劳动合同,承诺连续在粤工作3年以上的博士后,省财政给予每人40万元的安家补助。"广东特支计划"科技创新青年拔尖人才项目每年资助博士和博士后200名,每人给予50万元生活补贴。每年资助100名优秀在站博士后科研人员、申请进博士后流动站的应届博士毕业生到国外(境外)高校、科研机构、企业的优势学科领域,合作开展博士后研究工作,每人资助40万元。广东省在站博士后资助标准提高到每人每年15万元生活补贴,资助期限一般为两年
江苏	苏南示范区内事业单位可以自主招聘特殊人才,职称制度改革已经先行一步。工程系列建设、机械、电子信息、石油化工等4个专业正高职称评审权,及卫生、社区卫生、护理副高职称评审权已经下放。高校、科研院所科技人员在完成本职工作的同时,经单位同意,可到科技型企业从事技术开发、技术成果转让、技术服务以及信息咨询等兼职工作,并获取合理报酬。推行人才在高校等事业单位与园区"双落户"制度,畅通人才在不同体制间的流动渠道,建设"江苏人才云"大数据平台,动态掌握人才家底,加强人才需求预测预警

续表

山东	对新引进或自主培养的国内外顶尖人才和团队，经评审认定，可通过项目资助、创业扶持、贷款贴息、股权直投等方式，给予最高1亿元的综合资助。对新当选和全职引进的中国科学院院士、中国工程院院士等层次的国内外顶尖人才，给予500万元生活补贴。对柔性引进的人才（团队），经评审认定，命名为“泉城学者”，并给予每人10万元生活补贴；对实施的项目，给予最高100万元的项目扶持资金
浙江	高校等单位可以设立特设岗位，为引进顶尖人才和急需紧缺高层次人才提供便利，高校、科研院所领导人员经单位同意后可以在职创业或者在企业兼职。计划5年时间集聚50位国际顶尖的人工智能人才，500位科技创业的人才，1000位高端研发人才，1万名工程技术人员，10万名技术人才
河南	培养和集聚一批院士群体、25名左右院士后备人才为主的“中原学者”、2800名左右享受国务院政府特殊津贴专家、120名左右国家百千万人才工程人选，造就一支由省级杰出专业技术人才、学术技术带头人、科技创新杰出人才、科技创新杰出青年人才构成的高层次领军人才队伍。建设200个左右创新型科技团队，4万人左右的创新型科技人才骨干队伍，350个博士后创新基地。海外高层次人才引智工程。组织引进各类外国专家3万人次、高层次外国专家3000人次，建立20个左右国家级引进国外智力成果示范推广基地、20个左右省级引进海外高层次人才创新创业基地、10个留学人员创业园。推进郑州航空港引智试验区和郑州高新区国家级高层次人才创新创业基地建设
湖北	对引进的高层次人才薪酬不纳入单位绩效工资总量，科技成果转化收益、科研劳务收入以及省级财政科技资金用于科研人员的绩效支出，不纳入绩效工资总量。企业引进高层次人才，支付的一次性住房补贴、安家费、科研启动经费等费用，可按照国家有关规定在计算企业所得税前扣除。入选“千人计划”“百人计划”人才和中华技能大奖获得者，其住院和门诊特殊慢性病医疗费用，个人自付部分按90%的比例给予补贴。到2020年湖北省人力资源服务机构总数达到1500家，力争人力资源服务业总营业收入突破1000亿元。对新引进湖北省的世界500强企业和全国500强以及国内外上市企业中人力资源服务企业总部或地区总部，给予一定奖励。在2020年之前建成1家国家级人力资源服务产业园、5家省级人力资源服务产业园。武汉围绕平台、活动、培训“三管齐下”。安排专项资金支持孵化器、大学生创业特区等众创孵化平台建设，为大学生创新创业提供场地支持和“拎包入驻”“百兆上桌”以及“保姆式”孵化服务
河北	外国顶级高层次人才团队来河北省创新创业和转化成果的，给予500万元至2000万元支持资金。通过国家重点实验室、省重点实验室等创新平台，培养、吸引、凝聚国内外优秀人才，逐步形成以重点实验室为载体、梯次培养科技人才有效机制，促进不同阶段的人才成长，形成人才培养梯度
湖南	未来4年，省级科技专项资金预计新增研发科技补助资金24亿元预算。刚性引进的高层人才，分5年分别给予人才补贴120万元、90万元、60万元、40万元；柔性引进的人才，给予每人每年15万元、10万元、8万元、5万元补贴；急需紧缺全日制硕士或中级职称人才并入选该县“名师”“名医”“名家”人才工作室的，每人每年将给予3万—5万元补贴；未入选人才工作室的全日制硕士生、“985工程”“211工程”重点高校一级学院全日制本科生（含特长专业特长生），工作前五年每年分别给予每人2万元、1.5万元、1万元补贴。长沙未来五年吸引储备100万名青年人才在长沙就业创业，“零门槛落户、低成本安居、保姆式服务”主要的政策内容是“一落户、九补贴”

续表

福建	高层次人才境外引进分三类,A:200 万元;B:100 万元;C:50 万元。国内引进分三类,A:100 万元;B:50 万元;C:25 万元。“海纳百川”高端人才集聚计划,计划 5 年内投入百亿元以上经费,引进一批高层次人才,打造两个人才特区和 8 个人才集聚区。各地纷纷结合实际,提出具体贯彻措施,福建省形成以人才驱动发展转型的良好氛围
四川	建立高层次人才礼聘制度,健全完善外籍人才特别通道服务机制。对“两院”院士、国家“千人计划”“万人计划”专家等来蓉创新创业或作出重大贡献的本土创新型企业家、科技人才,给予最高 300 万元的资金资助。成都市设立创新创业人才杰出贡献奖,给予 100 万元奖励。发挥企业创新主体作用。对企业年度研发投入给予最高 10%配套补贴,支持龙头企业联合高校院所以及产业链上下游企业实施产业集群协同创新项目,最高给予 1000 万元资助

第三节　经济大省经济发展亮点分析

一、广东省:建设现代先进制造业基地

现代先进制造业是广东省经济的中坚力量。广东省制造业 500 强企业行业门类齐全、形成了比较完整的制造业体系,主要分布于六大行业中的 27 个细分行业,占全部 31 个制造业细分行业的 87. 1%,在大部分行业都有规模较大、竞争力较强的制造业企业。其中又以电子、电器、汽车三大支柱产业为首,在 2017 年世界 500 强企业榜单中,属于广东的制造业企业有 4 家,分别是华为技术有限公司、广州汽车工业集团有限公司、正威国际集团有限公司、美的集团股份有限公司,这反映了广东省现代先进制造业的雄厚实力。广东省的制造业主要集聚在珠三角 9 市,占据了广东制造业 500 强企业数量近 9 成,达到 449 家。其中,广州市和深圳市两个城市拥有广东省数量最多的制造业 500 强企业,同时也是广东省制造业百强企业主要集聚地。

二、江苏省:建设国家重要的制造业基地

江苏省以制造业起家,是我国重要的制造业基地。世界 500 强企业中有 380 多家在江苏省落户,制造业总产值约占全国 1/8、全球 3%左右,

全国超过 1/5 的高新技术产品出口来自“江苏制造”。《江苏省“十三五”规划纲要》提出把江苏省建成具有全球影响力的产业科技创新中心和具有国际竞争力的先进制造业基地。江苏省制造业面临着外部发达国家推动高端制造回归和新兴经济体争夺中低端制造的双向挤压，部分外资已撤离或将撤离江苏省，江苏省制造业对投资的吸引力呈现出下降趋势。截至 2018 年，江苏省入选国家智能制造试点示范项目 19 个，累计建成省级示范智能车间 728 个，试点建设 14 家智能工厂。总体来看，江苏省制造业仍然处于中低端，高端供给不足。

三、山东省：打造智慧家电产业体系

山东省以海尔集团和海信集团为代表的家电企业，积极打造智慧家电新体系，促进消费的结构升级。智慧家电以开放的生态平台为基础，以物联网为联结，以智慧客厅、智慧厨房、智慧浴室等家居空间为使用场景，将空气、用水、美食等家用生态圈并联起来，为全球过亿家庭提供跨场景、全流程的智慧生活体验，寻求个性化的家电解决方案。打造智慧互联互通生活平台，提供开放的接口协议，可以让不同品类、不同服务的家电接入到平台中，实现互联互通。通过引入人工智能技术，提升家电智能化水平，让智慧生活平台“拟人化”，能够主动记忆、分析用户使用习惯，不断优化迭代解决方案。海尔是“全球智慧家电领先品牌 TOP10”，是中国唯一获奖的企业。

四、浙江省：打造电子商务、互联网金融高地和信息经济区

中国电商巨头阿里巴巴位于杭州市，带动浙江省成为我国电子商务和互联网金融高地。浙江省是全国电子商务最发达的省份，2018 年电商平台的网络交易额接近 5.8 万亿元，占全国网络交易总额的近 70%。2015 年 3 月和 2016 年 1 月，国务院先后批复设立中国杭州、宁波跨境电子商务综合试验区。2016 年，《浙江省电子商务产业发展“十三五”规划》提出：到 2020 年，浙江省实现电子商务交易额超过 5 万亿元、网络零

售额超过2万亿元,努力建成具有全球战略地位的国际电子商务中心。杭州市正将传统金融业与互联网深入融合发展,杭州市互联网金融协会与浙江省互联网金融联盟先后成立,重点涵盖P2P、第三方支付、智能理财、小贷服务、众筹等,打造浙江省互联网金融高地。浙江省还将打造全国首个国家信息经济示范区,其主要任务包括:突破信息经济核心关键技术、加快发展信息经济核心产业、优先发展“互联网+”新业态、探索产业与互联网融合发展新模式、大力实施大数据发展计划、全面构筑信息经济发展新设施、打造信息经济发展新平台、健全网络与安全保障体系等。

五、河南省:打造郑州航空港区

河南省在国务院《中原经济区规划(2012—2020年)》和《郑州航空港经济综合实验区发展规划(2013—2025年)》指导下,利用郑州在全国区域中心的优势,打造郑州航空港经济综合实验区,是我国首个国家级航空港经济综合实验区,规划面积415平方公里,是集航空、高铁、城际铁路、地铁、高速公路于一体的综合枢纽,是以郑州新郑国际机场附近的新郑市综合保税区为核心的航空经济体和航空都市区。郑州航空港区成为河南经济发展的新板块和中原经济区的龙头,以智能终端、精密机械、生物医药、电子商务、航空物流、航空制造维修、电子信息、现代服务“八大产业集群”发展为重点,力争将郑州建设成为一座联通全球、生态宜居、智慧创新的现代航空大都市。

六、湖北省:建设国家级智能制造装备产业基地

武汉光谷是全国光电子产业基地、光通信产业基地,国家级激光产业园也落户于此。光谷互联网“独角兽”企业达到4家,包括培育3家(斑马、斗鱼、卷皮)、引进1家(尚德机构)。2017年共有24家人工智能和互联网企业总部、第二总部落户光谷。迄今,以小米科技、科大讯飞、旷视科技、奇虎360等企业为核心的人工智能产业集群在光谷初步形成。下一步,东湖高新区将集中规划约500亩的人工智能产业园,孵化初创型企业,培育高成长性企业,集聚龙头企业,全面布局语音识别、图像识别、无

人驾驶、人工智能芯片、智能机器人等领域，打造有全球影响力的国家最大的人工智能产业高地。近五年来，湖北省千亿产业从 9 个增加到 17 个，占湖北省工业主营收入比重达 90%。下一步，湖北省将把握北斗系统应用产业化重大机遇期，加快形成具有较强竞争力的芯片研发、终端产品推广等完整的产业链，到 2020 年，北斗产业规模提高到 1000 亿元。

七、河北省：打造未来新“硅谷”

河北省紧紧抓住京津冀协同发展和雄安新区建设的历史机遇，积极打造区域发展新高地、高端资源真正汇聚的创新创业中心。2017 年 4 月，中央决定在雄安设立国家级新区，是继深圳经济特区和上海浦东新区之后又一具有全国意义的新区。河北省抓住规划建设雄安新区的重大机遇，吸引全国乃至全球高端要素和优质资源向河北省集聚，将重点打造京南科技成果转移转化示范区，探索在京科研院所科技成果在河北转化落地的有效路径，有效整合利用京津地区的科技资源。截至 2017 年 12 月，互联网三巨头 BAT（百度、阿里巴巴、腾讯）全部落子雄安新区。雄安正以破竹之势大胆先行实施创新驱动发展，以全国关注的人才住房为例，日前新区将构建多主体供给、多渠道保障、租购并举、以租为主的住房制度，将以住房租赁积分为切入点，探索新区住房租赁管理新模式。

八、湖南省：坚持制造强省建设

湖南省已经形成了以中车株机公司为核心的完整磁浮产业链，诞生了世界首列超级电容储能式轻轨列车，被誉为“中国电力机车之都”、轮轨上的“国家名片”。南北车合并后，中国中车集团加大了对以中车株机为龙头的中车株洲基地产业发展的支持，以中车株机公司为代表的轨道交通装备企业，成为中国企业走出去的“金名片”。当前，中国中车正在加速推进智能转型与绿色发展，促进两化融合战略。按照供给侧结构性改革的要求，朝高端、智能、绿色、服务的产业发展方向，积极探索“互联网+高端装备+制造服务”，建设“数字化中车”。湖南省的 20 个新兴优势产业链均在制造强省建设 12 大重点产业中，尤其侧重高端装备制造、新材料、新一代信息技术等领域。目标是到2020年“打造国内航空航天、核电装备制造需求为主的高性能轻合金材料生产基地,将长沙建设为国内最尖端轻合金材料的研发和成果转化基地”。2018年作为湖南“产业项目建设年”,着力抓好100个重大产业建设项目、100个科技创新项目、100个重大产品的创新,引进100个500强企业、100个科技创新人才。

九、福建省:打造“新能源汽车”新名片

福建省正抢占新能源汽车产业风口。2017年,福建省官方密集发力新能源汽车领域,计划到2020年累计推广新能源汽车35万辆。福建省将重点推进新能源汽车产业项目90个,总投资1139亿元。福建省将打造福州青口、莆田涵江和宁德以及厦门、漳州、龙岩等汽车产业集群,产销达到100万辆;到2020年,新能源汽车产能达到30万辆以上,打造千亿元新能源动力电池、电机基地,全产业链产值超1800亿元。福建省正积极部署新能源公交车置换传统燃油公交车,力争在2020年前在全国率先实现公共交通领域全面电动化。福建将依托福建省汽车工业集团和宁德时代新能源、厦门金龙汽车,打造新能源汽车全产业链,助推福建汽车业“弯道超车”。宁德时代新能源已发展成为全国第一、全球第二的锂离子动力电池供应商。每年安排4亿元专项资金支持新能源汽车产业发展,推广应用适销对路新能源汽车。

厦门作为特区,营商环境对标国际一流,主动参照世界银行评价指标体系,围绕建立企业全生命周期服务体系,逐项查找差距和短板,逐领域提出具体的改革目标、任务和措施。根据第三方机构评估,近两年厦门营商环境从全球排名第61位上升到第40位水平,跻身全国前列,企业满意度和获得感不断提升。

十、四川省:培育经济发展“高峰”产业

四川省电子信息产业结构不断优化,形成了集成电路、新型显示与数字视听、终端制造环节、软件研发、移动互联网应用的完整电子信息产业体系。2019年,成都市集成电路产业规模排名全国第五位,拥有亿元以

上集成电路设计企业15家,排名全国第四位。射频芯片、卫星导航、柔性显示、游戏动漫国际竞争力不断增强,集成电路、新型显示、信息安全和软件服务业规模不断扩大。全球一半的iPad平板电脑产自成都,全球50%以上的笔记本电脑CPU为成都造。

2019年,四川省电子信息产业主营业务收入突破万亿元大关,达10259.9亿元,同比增长13.8%,规模以上计算机、通信和其他电子设备制造业实现主营业务收入达到5342.2亿元,在全国排名第6位,增速达到13.2%,在全国十大电子制造业大省中排名第二位。

第四节　四川省与其他经济大省比较分析的结论与认识

通过以上10个经济大省的对比分析,结合2014年以来各省(自治区、直辖市)经济发展情况,可以看出,四川省面临着经济大省地位不稳固的严峻挑战,并且发展呈现出"两多五少三弱"的特点。

一、四川省第六位的经济大省地位很不稳固

从GDP数据来看,四川省经过近年的努力发展,目前在全国10个经济大省中,居第六位,经济发展成绩实属不易。但是,四川省目前第六位的经济大省的地位却相当不稳固。广东省、江苏省、山东省的GDP遥遥领先于四川省,而湖北省、河北省则与四川省的差距越来越小,四川省经济发展面临较大压力。

四川省与"标兵省"的差距难以缩小。四川省与居前4位的省份尤其是前3位的省份(广东省、江苏省、山东省)的差距巨大,这3个省份的GDP值是四川省的2倍左右,可以比较肯定地预计,在短期内,四川省只能望其项背,绝无赶超的可能性,赶超的可能性微乎其微。四川省与第四位的浙江省、第五位的河南省相比,GDP差距也不小。即使与第五位河南省相比,两省GDP相差7378亿元,差值大约占四川GDP的18.14%,追赶和超越的难度不小。

四川省对“追兵省”难以轻易甩开。紧随四川省居第七、第八位的湖北省和湖南省两省，GDP 与四川的差值大约只占四川 GDP 的 3. 22%和 10. 45%，即使是排在第十位的福建省，其 GDP 与四川的差值仅为 4874 亿元，都远小于四川省与河南省的差距。这些“追兵省”追赶和超越四川省的可能性很大，不容忽视。

从现有发展规划数据可以预见，四川省的“保位升位”战必然艰辛。根据各省“十三五”规划中预估的 2020 年各省 GDP 总额，四川省有很大可能被“追兵省”超越，排名从 2017 年的第六位降至 2020 年的第八位。以 2018 年为基准年，根据各省自己计划的 GDP 增长率计算各省 2020 年的 GDP 总额，四川省将为第六位，与湖北省差距不断缩小。

因此，四川省发展面临着前面的“标兵”优势巨大极难超越、后面的“追兵”快速追赶并可能超越的巨大挑战。四川省要在经济大省中稳居第六位，已然不易；若欲提升 1—2 位，则更为艰难。在制定面向 2025 年、2030 年和 2035 年的经济发展目标时，四川省确定力争全国第五位、第四位的经济大省地位的目标是较为现实的。而四川省的这种经济地位的超越，必须进一步解放思想，加大改革开放和科技创新驱动发展的力度，主动创造更大的发展机遇和增强更大的发展动力。

二、常住人口数量多

2018 年年末，四川省常住人口 8341 万人，比上年增加 39 万人，总量居全国第四位，仅次于广东省、山东省、河南省。四川省历来是人口大省同时也是劳动力输出大省，大的人口规模决定了大的人力资源、大的市场需求，有利于人力资源和人才资本供给，有利于发展消费驱动型经济，有利于企业形成规模经济。在我国发展进入中国特色社会主义新时代的今天，在我国社会主要矛盾已经转化为“人民日益增长的美好生活需要和不平衡不充分的发展之间的矛盾”的今天，人口多已经成为经济社会发展的重大战略优势，除了一线城市人口膨胀引起社会服务短缺外，各省都在扩大人口规模上做文章。因此，人口规模大是四川省经济发展的重要优势所在，四川省要深谋远虑、积极作为，做好人力资源开发这篇大文章，将人口规模优势转变为经济社会发展优势。

三、固定资产投资多

2014—2018 年四川省固定资产投资额年平均值为 28942.93 亿元，在全国排名第八位，说明其创新发展并没有展现出突出动能，经济发展依然不是由创新作为主要引领。改革开放初期，我国的生产基础薄弱，增加固定资产投资十分重要，也是长期拉动中国经济增长的主要动力，但经过近 40 年的发展，我国经济已经面临传统产能过剩、创新投资不足的新矛盾。固定资产投资由于其政府宏观干预调控力强、政策规划相对简单且执行力强、经济拉动短期见效快等特点，是地方政府极易产生依赖的经济发展方式。四川省固定资产投资额较高，应多向广东省学习（广东省 GDP 排名第一位，固定资产投资排名第四位），转变过去依赖投资拉动经济的发展理念，降低经济对投资的依赖，增加科技创新投入，大力发展创新型或高新技术产业，使创新成为驱动发展和经济增长的核心动力。

四、科技研发投入少

四川省虽然有中央和地方的众多科研机构、高校，却没有充分发挥出科技创新驱动经济发展的有效和实质性作用。2014—2018 年，四川省的 R&D 经费数排名第八位；2018 年四川省的研发经费投入强度只有 1.81%，排名第七位，低于全国研发经费投入强度的总体水平 2.19%；2017 年四川省 R&D 人数为 24.2 万人，处于第六位，与前四名的省份的差距较大。这与四川省在经济大省中“保 6 争 5”并大力实施创新驱动发展战略、建设创新驱动发展先行省和示范省的战略和要求明显不相符合。人才是创新的第一资源，创新是发展的第一动力，科技研发投入是科技创新的第一动力，没有实质性的科技投入，创新驱动发展就是一句空话。

五、科技创新产出少

2014—2018 年技术市场成交额平均值，四川省为 436.64 亿元，居第九位，与排名第 1 位的北京差距有 15 倍之多；新产品开发项目数排名第十一位，专利申请授权量排名第八位，2018 年发明专利授权量虽排名第五位，但与前 4 省（广东省、江苏省、山东省、浙江省）差距巨大。以上数据均显示，四川省创新动能不足，创新水平不高，科技创新供给不足，创新驱动发展层次不高，传统发展特色还比较鲜明。创新驱动发展，必须加强创新产出和新成果新技术供给，提升高技术产业份额，追求基于科技支撑的高质量发展。

六、人均可支配收入少

四川省 2018 年人均可支配收入为 22460. 55 元。在 10 个经济大省中，四川省的 GDP 排名第六位，虽然处于中等位置，但人均可支配收入仅排名第九位，不及浙江省的一半，处于经济大省中的较差水平，说明四川省经济的利润率、经济效益相对偏低。与东部经济发达大省相比，人口的富裕程度明显偏低，影响消费型经济发展模式的形成。努力提高人口的富裕程度，藏富于民，是增强社会发展活力、促进消费型经济发展的重要战略选择。

七、货物出口贸易额少

2014—2018 年四川省货物出口额年平均值为 387. 59 亿美元，约占全国的 1. 69%，排名第十二位。而广东省、江苏省、浙江省的货物出口额分别占比 27. 57%、15. 42%、12. 44%，四川省货物出口额与其他经济大省相比还存在着很大的差距。加大国内外、省内外贸易，是开放型经济的重要特征，是创造就业、创造财富的重要途径。国内外贸易额少，也反映经济产出缺乏竞争力和吸引力，缺乏具有特色的、在国外和省外有竞争力的大产业。

八、外商投资企业及投资额少

2014—2018 年各省（自治区、直辖市）外商投资的企业数量年平均值与外商投资企业的投资总额年平均值分别为第十位、第十一位，比四川省第六位的经济大省位置更低。四川省近年虽然在交通设施等硬件条件和创新政策等软件条件上有显著进步，但是从与广东省、江苏省等沿海省份的对比情况来看，对外开放程度和吸引外资水平还相差较大。外商投资企业，以及投资企业的投资额较少，反映四川省企业和产业对国际性企业和资本的吸引力较低，与国际的经济融合度较低。

九、产业结构优化性弱

2014—2018 年五年间，四川省第三产业平均值占比 46.16%，全国排名第十六位，远低于排名前二的北京市（79.87%）、上海市（73.60%），反映了四川省产业结构优化水平还有待提升。持续推进产业结构调整，促进产业结构服务化、高端化、智能化，是未来四川省经济发展的重要着力点。

十、高新技术产业发展弱

在 10 个经济大省比较中，四川省 2017 年高技术产业新产品销售收入排第七位，处于中等偏下水平，高技术产业新产品销售收入 1422.74 亿元，只相当于广东省的 7.61%。说明四川省高技术产业的技术水平比较低，处于价值链的较低端，缺乏创新活力。四川省拥有相对丰富的科技资源，但并未促进其对高技术产业发展的有效支撑。四川省需要大力促进科技成果转移转化，使更多的科研成果变成现实生产力，使产业结构不断向价值链高端迁移。

十一、经济发展整体活力弱

四川省在 10 个经济大省中私营工业企业数最少，民营企业整体竞争力较弱，民营经济活力明显不足，缺乏有重要影响力的、代表先进产业方向的民营大型企业。特别是，成都本地还没有培育出高成长性的“独角兽”企业，反映出在新经济企业成长、新发展模式培育等方面，四川省目前还乏善可陈。经济发展整体活力不足、民营经济发展的竞争力弱的状况，反映出四川省的营商环境还需要大力优化。四川省要大力改善营商环境，大力促进“双创”开展。

第四章　四川省与其他部分经济大省产业形态比较研究*

第一节　四川省与其他部分经济大省产业形态比较分析

为借鉴其他部分经济大省产业发展经验，本部分选取三个经济大省——广东省、江苏省、浙江省与四川省进行对比。广东省和江苏省多年来一直雄踞我国第一和第二经济大省的位置，产业发展先进，产业体系完善。浙江省也是经济强省，同时拥有数字金融等代表未来发展方向的战略性主导产业，产业发展经验也值得借鉴，因此选取以上三省作为研究对象。

一、广东省

（一）产业情况分析

广东省生产总值排名前五位的产业为工业，批发和零售业，房地产业，金融业，信息传输、软件和信息技术服务业，其中工业占比达到近40%，见图4-1。对工业以下各行业进行排序，排名前十位的行业见图4-2。

2017年，广东省计算机、通信和其他电子设备制造业完成增加值8122.15亿元，比规模以上工业平均水平高5.4个百分点，发展相对较快。电子行业占广东省规模以上工业增加值总量的比重从2016年的23.9%提高到2017年的24.5%，对规模以上工业增加值增长的贡献率达42.1%，拉动广东省规模以上工业增长3.0个百分点，是拉动广东省工业

* 本章执笔人为张志强、熊永兰、王恺乐、周飞。

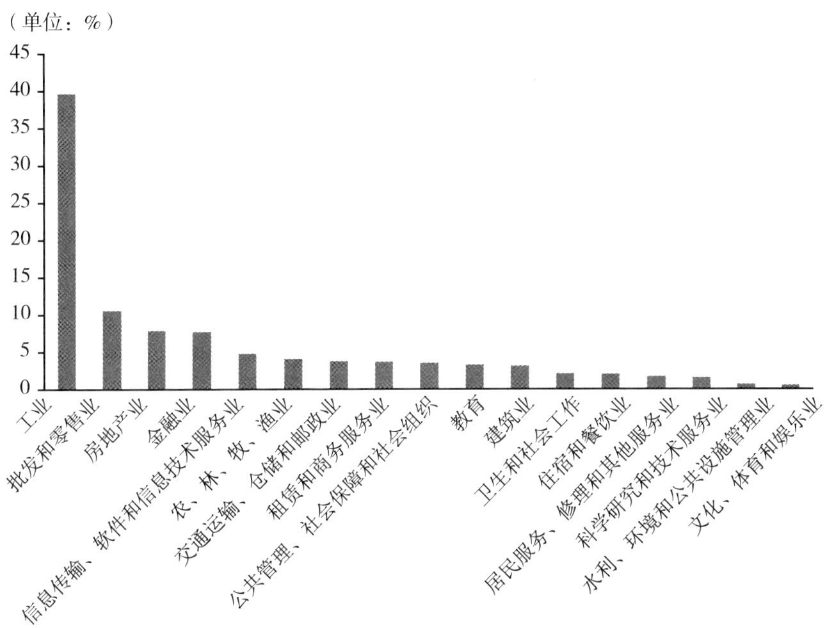

图 4-1　2017 年广东省地区生产总值构成情况

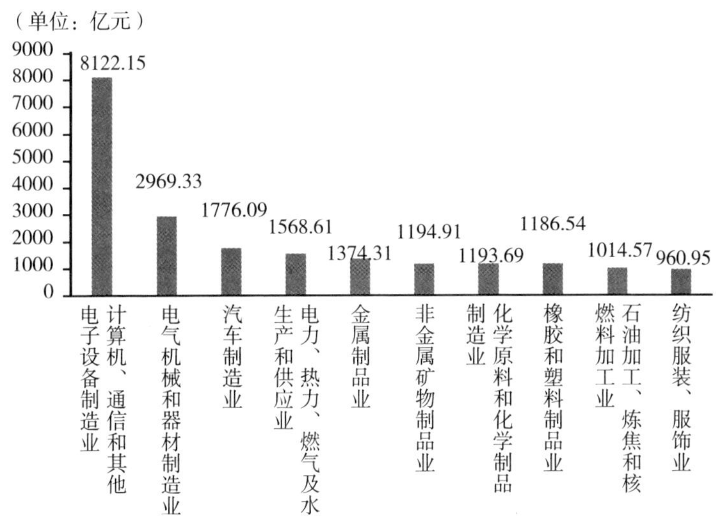

图 4-2　2017 年广东省工业增加值排名

增长的主要力量。电气机械和器材制造业拉动广东省规模以上工业增长0.8个百分点。汽车制造业也保持较快增长,同比增长11.7%。三大行业增加值合计占广东省规模以上工业增加值的比重为38.6%,合计对广东省规模以上工业增长的贡献率达62.6%。

广东省“十三五”规划中提出的重点发展的十大产业包括了电子信息产业、装备制造产业、汽车制造业、石化工业、家电工业、文化旅游产业、电子商务产业、金融产业、软件产业和健康服务业。

(二)主要产业集群分析

广东省作为我国产业集群的主要经济带,目前已经形成了300多个各具特色的产业集群,覆盖从珠三角到粤东西两翼以及粤北山区等地,涵盖产业从陶瓷、纺织、家具、家用电器等轻纺工业到汽车配件、石化生产、钢铁制造等重化工业。在珠江东岸已形成了全国著名的电子信息产业走廊;在珠江西岸,形成了电器机械产业集群。在广州市,还形成了汽车制造、石油化工、电子产品、重大装备、商贸会展、文化旅游、金融保险业等多个千亿级产业集群。除了珠江东、西两岸以战略性新兴产业为代表的产业集群区,占广东省400多个建制镇1/4之多、各具特色的“专业镇”,更以“集群”效应雄踞全国市场。

1. 电子信息产业集群

广东省是全国最重要的电子信息产业基地,电子信息产业已经形成了具有一定规模、产业配套齐全的产业集群,形成了各类产品零部件90%以上能在100公里范围内实现配套生产的较为完整的电子信息产业链,以及较为完善的技术支撑服务体系、产品配套体系和交易网络。在珠江东岸,以深圳市、东莞市、惠州市为主体,形成了以通信设备、计算机生产为主的著名的电子信息产业走廊,成为全国规模最大的电子信息产业集群区。在珠江西岸,广州市、佛山市、中山市、珠海市等地,形成了经济规模达千亿元级的以消费电子为主的电子信息产业集群,是中国数字电视广播开发应用的试验基地。广东省新一代信息技术产业产值规模已突破3万亿元,形成生物、高端装备制造、绿色低碳、数字创意等3—4个万亿元级支柱产业,成为全球战略性新兴产业的重要集聚区。

广东省电子信息产业的发展是各项因素共同作用的结果。具有较好的区位优势、制度优势以及对人才的吸引是广东省电子信息产业发展不可或缺的条件,优势领域的形成和专业市场的建立也促进了产业的技术创新与升级,同时政府对电子信息产业的重视也有力地推动了广东省电子信息产业发展。

2. 汽车产业集群

广东省汽车产量连续几年位居全国第一,在汽车整车制造、汽车零部件制造、新能源汽车等领域处于全国领先地位。在汽车整车制造领域,广东省汇集了东风日产、广汽本田、广汽丰田、广汽乘用车、比亚迪、一汽大众、长安标致等知名整车厂商,形成了广州市、深圳市、佛山市三个整车制造产业集群。在汽车零部件制造领域,广州市形成了东部、北部和南部齐头并进的格局,主要有四个汽车产业集群,分别为广州南沙经济技术开发区子板块汽车产业集群、花都区子板块汽车产业集群、黄埔区及广州经济开发区子板块汽车产业集群和增城区子板块汽车产业集群。在新能源汽车领域,广州市和深圳市目前已经成为全国新能源汽车主要的产业集群,肇庆市也在积极引进新能源汽车企业,加快形成千亿级新能源汽车产业集群。据国家统计局数据,2018 年,我国汽车总产量为 2871. 9 万辆,广东省产量为 321. 58 万辆,占全国汽车产量的 11. 55%,相当于国内每生产 10 辆车,就有 1. 15 辆来自广东,超出位居第二名的上海市 23. 82 万辆。在产值方面,广东省统计局数据显示,2018 年规模以上汽车制造业完成产值 7997. 40 亿元,同比增长 9. 0%。其中,整车制造业产值和增加值分别占汽车制造业的 52. 0%和 47. 9%;汽车零部件及配件制造业的产值和增加值分别占汽车制造业的 45. 7%和 50. 2%。

广东省汽车产业的发展首先离不开政府的支持,其次由于地理上的优势,广东省拥有家用汽车数量居全国第一位,使之成为我国重要的汽车消费市场之一。最后本田、东风日产、丰田等汽车品牌在广东省投资建厂也是广东省能够形成汽车产业集群的重要因素。

3. 家电产业集群

在中国家电产业领域中,广东省家电产业规模稳居全国第一。大、小家电产品门类品种齐全,配套产业发达,家电产品质量总体上处在国内领先行列。广东省内家电企业主要分布在深圳市、东莞市、广州市、顺德市、中山市、江门市等地,家电产业已经具备一定的市场优势、技术优势、人力资源优势、知识资源优势和品牌优势,初步形成了较强的制造能力和较完整的配套能力,在生产规模、市场份额、出口额等方面居全国前列。广东省已经形成了以珠三角为主的各大家电制造生产群。主要分布在深圳市、东莞市、佛山市、顺德市、广州市等珠三角城市带,形成了一定规模的产业群和配套产业。

在政府的支持下广东省家电产业发展优势明显,目前已经建立了国内一流生产线及设备,在产品更新、国外技术引进、产品开发层面上形成了多个企业研发中心。在关键技术的研究上,华南理工大学、中山大学等已有一批从事研究开发的队伍。此外,广东省临近港澳,华侨众多,信息发达的人文地理环境对家电产业的发展也大有裨益。

为支撑产业集群发展,广东省不断加大对产业集群的政策指导,从产业指导、发展方向、技术创新、品牌建设等方面制定了一系列政策(见表4-1)。

表4-1 广东省主要产业政策

年份	发文部门	政策名称
2012	广东省委、省政府	《中共广东省委 广东省人民政府关于依靠科技创新推进专业镇转型升级的决定》
2012	广东省经信委	《广东省高端新型电子信息产业发展"十二五"规划》
2015	广东省政府	《广东省智能制造发展规划(2015—2025年)》
2016	广东省政府	《广东省促进粤东西北地区产业园区提质增效的若干政策措施》
2016	广东省科技厅	《广东省科学技术厅关于加强专业镇创新发展工作的指导意见》
2017	广东省政府	《广东省战略性新兴产业发展"十三五"规划》
2017	广东省委、省政府	《广深科技创新走廊规划》
2018	广东省政府	《广东省人民政府关于加快新能源汽车产业创新发展的意见》

二、江苏省

（一）产业情况分析

江苏省排名前五位的产业为制造业、批发和零售业、金融业、房地产业和建筑业。其中制造业占比达到38.8%，占工业的比重达96.4%，见图4-3。对制造业以下各行业进行排序，排名前十位行业见图4-4。

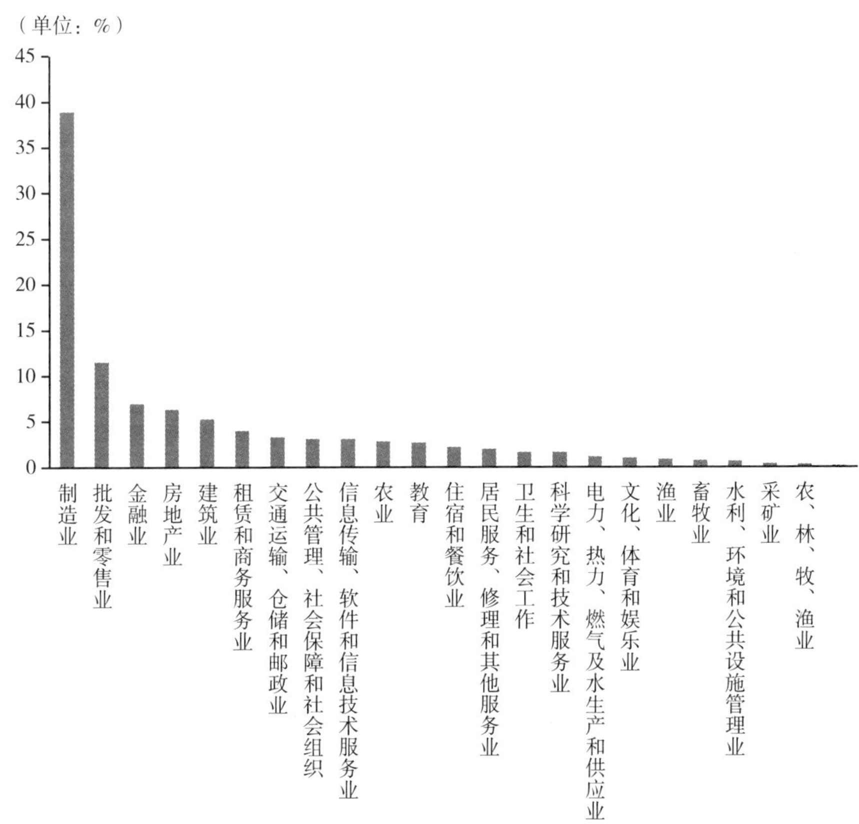

图4-3　2017年江苏省地区生产总值构成情况

江苏省提出的“十三五”时期十大战略性新兴产业是新一代信息技术产业、高端软件和信息服务业、生物技术和新医药产业、新材料产业、高端装备制造产业、节能环保产业、新能源和能源互联网产业、新能源汽车产业、空天海洋装备产业、数字创意产业。

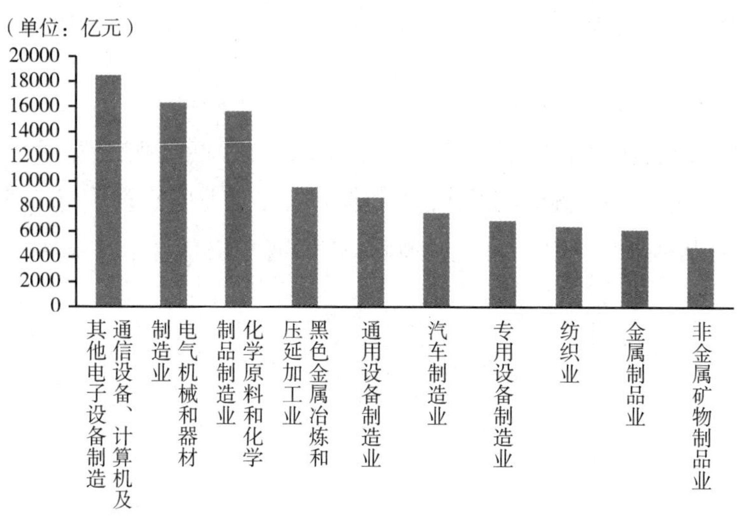

图 4-4　2017 年江苏省分行业规模以上工业企业主营业务收入排名

（二）主要产业集群分析

近年来江苏省产业集群发展迅速，已有超过 100 个具有一定规模的产业集群。江苏省产业集群主要为传统比较优势行业[①]（纺织业、纺织服装、鞋帽制造、木材加工等），机械（仪器仪表及文化、办公用机械制造、电气机械及器材制造、塑料制品等），冶金（黑色金属冶炼及压延加工、有色金属冶炼及压延加工等）和通信设备、计算机及其他电子设备制造。在苏南、苏中、苏北三大板块均有各领域产业集群分布。

1. 电子信息产业集群

江苏省一直是我国传统的电子信息产业基地，但各个地级市之间的电子信息制造业发展情况差别较大。产业规模方面，苏南地区发展水平相对较高，产业规模较大，其中以苏州市最具代表性。而苏中和苏北地区发展基础相对薄弱，但增长速度较快。

江苏省非常重视信息产业发展，《江苏省软件产业促进条例》在全国率先出台，营造了良好的法制环境。批准授予苏州高新区、苏州工业园区、南京江宁开发区、无锡高新区、昆山开发区、吴江开发区、南京珠江路

① 丁瑜：《江苏省产业集群的升级路径分析》，《现代商贸工业》2012 年第 6 期。

科技园区七个开发区为“江苏省电子信息产业基地”。省主要领导亲自赴海外宣传江苏省信息产业发展环境，推介江苏省电子信息产品，帮助企业开拓国际市场。设立了软件和集成电路业专项资金，有力地推动了自主创新产品的产业化进程。

2. 化工产业集群

江苏省化工产业历史悠久，基础雄厚，始终是江苏省重要的工业支柱产业。[①] 近年来江苏省石油和化工业发展迅猛，经济总量不断扩大，产业集中度逐步提高，利用外资步伐明显加快。合成材料、基本化工原料、农药、涂料染料、橡胶制品、专用化学品等六大类产品已形成优势产业。目前长江沿岸化工产业带已经集中了江苏省 2/3 以上的化工生产能力，形成了多个具有规模和特色的产业集群，如南京化学工业园、南京经济开发区化工园区、镇江国际化学工业园、扬州沿江化工区、常州滨江工业区、江阴新材料工业园、南通长江国际化工新材料工业园等国家级、省级化工园区。

江苏省化工产业的发展离不开政府的大力支持，政府出台了多项政策推进化工产业的发展，如《江苏省化学工业发展规划（2016—2020年）》《江苏省人民政府关于深入推进全省化工行业转型发展的实施意见》《江苏省沿海化工园区（集中区）整治工作方案》等。

3. 纺织产业集群

自 2002 年起，江苏省纺织工业协会在纺织行业开展产业集群试点工作，现已涌现出常熟、江阴、吴江、海安等千亿级基地。产业特色涵盖了纺纱、织布、染色、制衣等环节，产业链配套趋于完整，专业分工和协作程度有效提升，“区域品牌”逐步形成，成为行业的重要支撑。目前江苏省已经形成的专业化特色明显的纺织服装集群中，呈现产业链体系完整、专业化特色明显和中小企业集聚效应显著的特色。如张家港毛纺毛衫板块、常熟服装板块、海门家纺板块、江阴毛纺板块、吴江丝绸板块、常州武进织

① 徐长余、葛勇：《突出重点　做强做大江苏工业十大主导产业——基于对十大产业内部细分行业的统计分析》，《统计科学与实践》2017 年第 1 期。

造板块，还有一大批“一乡一品”的特色乡镇。

为推进纺织产业发展，省委、省政府先后出台《江苏省纺织工业调整和振兴规划纲要》《江苏省“十三五”纺织产业发展规划》等一系列政策措施，并创办江苏国际服装节，鼓励纺织企业加快新品开发、培育知名品牌、加强技术改造、推进兼并重组，促进纺织工业转型升级。

在江苏省产业集群的形成中，各级政府发挥了很大的推动作用。政府通过降低产业交易费用、引导专业化分工、提升产业经济外部性等非直接干预措施，培育产业集群形成的环境与利益机制，促进产业集群的形成。① 同时对不同产业出台针对性政策，引导促进产业发展（见表 4-2）。

表 4-2 江苏省主要产业政策

年份	发文部门	政策名称
2015	江苏省经信委	《江苏省经济和信息化委员会关于提升特色产业集群竞争力的指导意见》
2015	江苏省政府	《江苏省人民政府关于加快全省集成电路产业发展的意见》
2016	江苏省经信委	《江苏省“十三五”轻工业发展规划》
2016	江苏省经信委	《江苏省“十三五”工业设计产业发展规划》
2016	江苏省经信委	《江苏省“十三五”纺织产业发展规划》
2016	江苏省政府	《江苏省人民政府关于深入推进全省化工行业转型发展的实施意见》
2017	江苏省政府办公厅	《江苏省“十三五”现代产业体系发展规划》
2018	江苏省政府	《江苏省沿海化工园区（集中区）整治工作方案》

三、浙江省

（一）产业情况分析

从 2017 年浙江省产业生产总值排名来看，工业遥遥领先，其次是批发和零售业，金融业，房地产业，信息传输、软件和信息技术服务业，建筑业等产业，见图 4-5。工业以下的分行业排名前十位见图 4-6。

① 陈玉文、孟令全、黄正正：《论我国医药产业集群发展中的政府行为》，《中国药事》2011 年第 11 期。

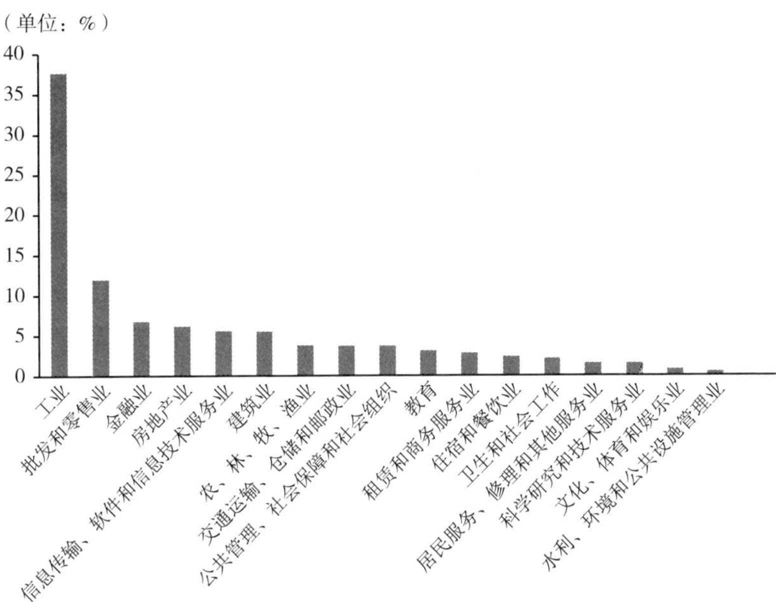

图 4-5　2017 年浙江省地区生产总值构成情况

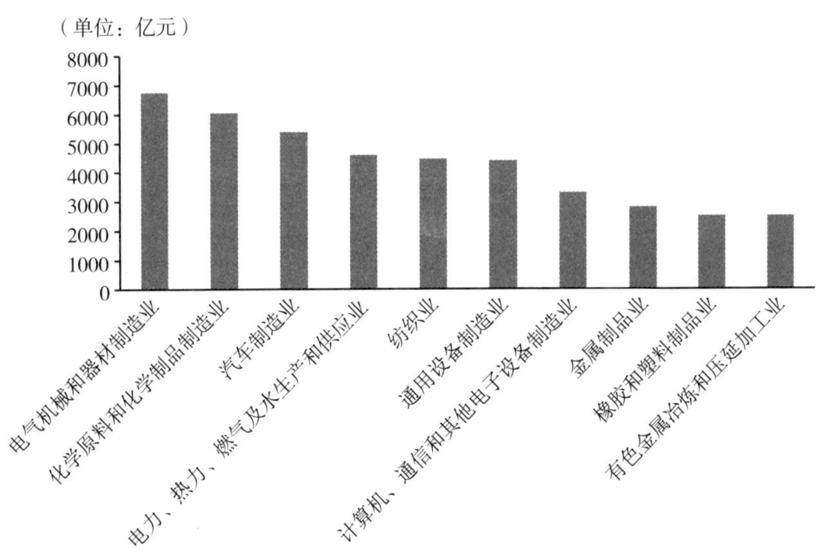

图 4-6　2017 年浙江省规模以上工业企业总产值排名

汽车制造业是一个国家综合实力的体现，最能体现制造业水平。目前中国汽车行业整体水平处于初级阶段。我国汽车行业真正起步阶段是20世纪80年代,2000年还处于模仿阶段,2010年后是慢慢吸收自主创新阶段,2015年国家提出《中国制造2025》后,汽车行业开始集体发力,在外观造型、动力、内外饰等方面努力追赶。汽车制造业和制造业、经济发展水平呈现正相关,浙江省表现最突出。从现状来看,浙江省的产业,特别是制造业中,传统的轻纺工业、机械电子工业、汽车及零部件制造业仍旧占有很大比重。

目前,浙江省正谋划打造绿色石化、节能与新能源汽车、数字安防、现代纺织四大世界级产业集群。同时,浙江省将发展数字经济、高端装备、生命健康、节能环保、时尚产业等万亿产业,培育新材料、软件、信息服务业、集成电路等新兴产业,实施培育一批世界一流企业的雄鹰计划。浙江省还计划在未来五年规模以上企业新增1万家,达到5万家以上。

浙江省全面改造提升传统制造业行动计划(2017—2020年)公布的10个重点产业为:纺织制造业、服装制造业、皮革制造业、化工制造业、化纤制造业、造纸制造业、橡胶和塑料制品制造业、非金属矿物制品制造业、有色金属加工制造业、农副食品加工制造业(含食品制造业,酒、饮料、精制茶制造业)。10项主要任务是:大力推进企业创新、实施"机器人+"行动计划、加快"互联网+"和"大数据+"应用、加快"标准化+"行动、培育优质企业、推动企业上市和并购重组、拓展提升产业链、提升产业平台能级、增强企业跨国经营能力、整治"低小散""脏乱差"企业(工坊)。

《浙江省培育发展战略性新兴产业行动计划(2017—2020年)》,要求进一步加快培育发展浙江战略性新兴产业。该计划要求,围绕网络经济、高端制造、生物经济、绿色低碳和数字创意等五大领域,重点发展信息技术、物联网、人工智能、高端装备制造、新材料、生物、新能源汽车、新能源、节能环保、数字创意等十大战略性新兴产业。到2020年,主营业务收入突破2.5万亿元,年均增速超过13%;产业体系逐步完善,先进制造业、高技术服务业比重大幅提升,支撑产业迈向中高端水平;新增龙头骨干企业100家以上。

(二)主要产业集群分析

产业集群是浙江省制造业发展的主要组织形式,块状经济是浙江省民营经济发展的重要特征。依托块状经济支撑产业发展，是浙江省制造业的显著特点。在浙江省30个制造业产业中，销售收入和利润总额均占据全国10%以上的产业多达17个，而这些产业的发展无不依靠着块状经济，譬如化学纤维制造业以及纺织服装、鞋、帽制造业等。由小到大、由弱而强，从“一村一品、一地一业”的传统特色产业起步，经过多年发展，特点明显、模式各异的“块状经济”，已成为支撑浙江省区域经济发展的重要产业组织形态。

1. 浙江大湾区构建数字产业集群

继粤港澳大湾区后，浙江大湾区的发展规划初现雏形。2018年8月，浙江省发改委详细公开了浙江大湾区的建设规划内容，将其定位为“绿色智慧和谐美丽的世界级现代化大湾区”。根据规划，到2020年浙江大湾区的经济总量要达到6万亿元以上，数字经济对经济增长贡献率达到50%以上；到2035年，浙江大湾区要高水平完成基本实现社会主义现代化的目标。大湾区规划提出，将浙江大湾区建设成为数字湾区，指出了构建数字产业集群的转型升级目标。

浙江大湾区的数字产业集群，至少包括两个方面的内容：其一是数字产业，特别是数字企业集聚，包括互联网、大数据、云计算、人工智能和物联网等企业的集聚。这方面在浙江省内，特别是杭州等地已有较好的基础。其二是促进传统制造业和数字产业互相渗透、融合，借助数字经济，推进传统制造业向产业链中高端升级，并通过开放经济的产业链关联，使大湾区成为若干全球产业链的核心环节控制区，增强中国在全球经济一体化进程中的抗风险能力和核心话语权。

2. “互联网+市场”拓宽产业集群领域

浙江省是“互联网+”高地，拥有阿里巴巴等众多互联网“独角兽”企业，有效拓宽了浙江省专业市场的辐射范围。

“互联网+”将浙江省专业市场与国际市场相对接，跨境电商已经成为浙江省专业市场外向型发展的新增长极。仅2018年1月，浙江省跨境电商零售出口高达2.1亿元，增长5.5倍；跨境电商进口13.9亿元，增长1.2倍。“互联网+专业市场”迅速发展，扩大了浙江省现代产业集群的腹地市场,尤其是“电商换市”为“互联网+”战略实施提供了助力。其中“义乌购”“中国塑料城”“网上轻纺城”等重点专业市场的网络交易额已经接近亿元,并成为“互联网+专业市场”的风向标。

3.“大数据+共享”打造产业支撑体系

浙江省明确提出大力发展以数字经济为核心的新经济,打造数据强省、云上浙江,力争在互联网、物联网、大数据、人工智能等领域成为领跑者。一方面,浙江省以大数据为核心驱动产业集群跨越式发展,推进企业产品研发、试验、生产、销售等各类信息数据化,并且鼓励行业协会、专业市场、龙头企业等主体建立大数据中心,共享信息,培育现代产业集群节能减排的生态优势;另一方面,浙江省以大数据为核心,深化行政体制改革,搭建公共服务平台,释放块状经济转型升级的制度红利,培育现代产业集群的公共服务平台支撑优势。

表 4-3　浙江主要地区产业集群发展一览表

城市	重点发展产业集群	主旨方针
杭州	布局“1+6”产业集群建设,信息经济产业加文化创意、金融服务、旅游休闲、健康、时尚、高端装备	加快科学布局未来产业按照“一区一主业”强化产业引导作用
宁波	加快科学布局未来产业,杭州有一套自己的版图。按照“一区一主业”发展思路,强化产业导引作用	依托大湾区建设,定位国际一流高标准
温州	重点在智能制造关键核心技术、智能制造技术装备、传统装备智能化提升上发力,大力发展激光与光电产业、新能源网联汽车、智能装备	“智能+”新能源新科技组合式发展
金华	智能制造、新能源产业、汽车产业、特色医药产业	建设“跨境平台+基地+产业基金+集群”支撑金华打造国际先进制造名城
绍兴	高端装备、电子信息、现代医药、新材料四大新兴产业,努力形成若干个具有核心竞争力的千亿级产业集群	融入大湾区发展机遇致力新兴产业发展

续表

城市	重点发展产业集群	主旨方针
舟山	港口物流与港航服务、船舶与临港装备、临港石化、海洋旅游、现代渔业、水产品精深加工与海洋生物、大宗物资加工和海洋清洁能源	经济开发区和舟山港综合保税区,合力发挥产业引导和培育优势,重塑舟山海洋经济
台州	汽车及零部件、通用航空、模具与塑料、医药医化、智能马桶、缝制设备、泵与电机	培育支撑台州长远发展的战略性优势产业,发挥产业集群效应,推动区域经济高质量发展
嘉兴	光伏新能源、智能新装备、纳米新材料、生物大健康、软件信息、影视传媒、科技研发、商贸服务	“产业品牌化、品牌产业化”培育发展新兴产业

四、四川省

（一）产业情况分析

四川省在生产总值构成方面发挥较为平均,排名前几位的是工业,其他,农、林、牧、渔业,金融业,建筑业等,见图 4-7。工业以下行业分布排名前十位见图 4-8。可以看出,四川省在制造业方面有基础和潜力,传统行业优势明显,新兴行业有待突出。

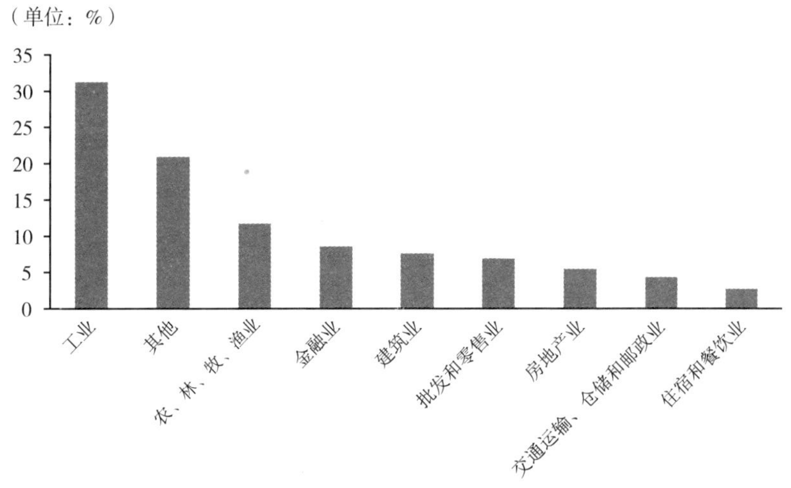

图 4-7　2017 年四川省地区生产总值构成情况

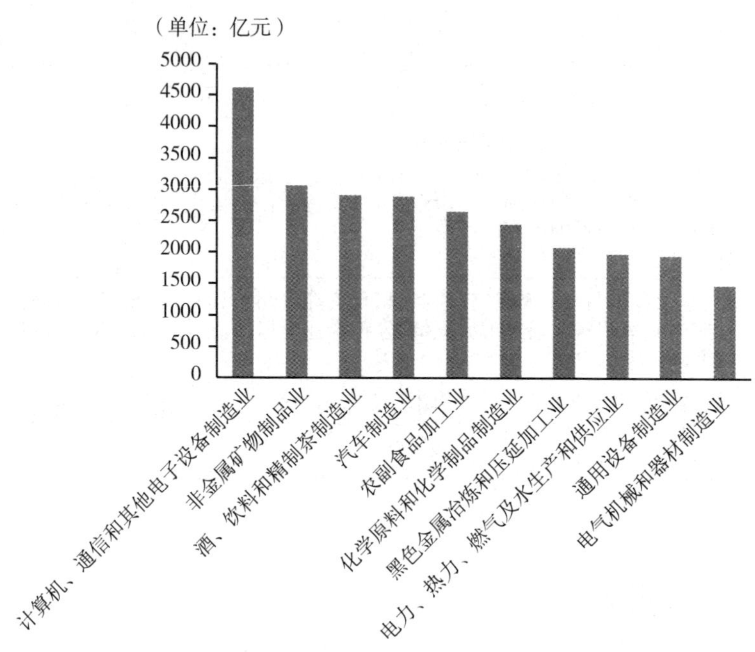

图 4-8　2017 年四川省分行业规模以上工业企业主营业务收入排名

（二）主要产业集群分析

2018 年 6 月通过的《中共四川省委关于全面推动高质量发展的决定》提出，四川省将以重点项目带动产业集群发展，加快建设制造强省。重点培育发展电子信息、装备制造、食品饮料、先进材料、能源化工五大万亿级产业，并构建它们和数字经济“5+1”产业体系，加快打造一批具有国际领先水平和区域辐射带动力的现代产业集群。

1. 电子信息

2018 年，四川省电子信息产业实现主营业务收入 9258 亿元，居中西部第一位。规模以上电子制造业和软件业工业增加值占四川省规模以上工业增加值比重超过 15%，这一占比反映出电子信息产业“四川第一支柱产业”的地位。目前四川省电子信息产业中多个领域竞争力居国内前列。2016 年、2017 年，四川省电子信息产业中，军事电子装备整体实力蝉联全国第一位，信息安全产业总量居全国第二位，微型计算机产量占全国比重连续两年保持 21. 7%。全球 50%的笔记本电脑芯片在四川省封装测试。

分区域看，四川省产业布局已初步形成。2017 年，四川省新型显示产业实现产值 100 亿元。在成都平原经济区，随着京东方 6 代 AMOLED 生产线、中国电子 8.6 代液晶面板、信利（仁寿）高端显示等重大项目落地投产，预计 2020 年主营业务收入将达到 1000 亿元。在川南经济区的宜宾、泸州、自贡和川东北经济区的广安等地，智能终端产业基地建设也正如火如荼。2017 年，四川省智能终端产业实现产值 800 亿元。未来三年，四川省预计将有近 200 个智能终端项目落地投产。

在电子信息产业这个万亿元集群中，四川省将着重培育 6 个千亿元级高端产业，包括软件和信息服务业、信息安全产业、集成电路产业、新型显示产业、智能终端产业和未来数字经济。

2. 装备制造

四川省是我国重大技术装备制造基地、全国三大动力设备制造基地之一。近年来，四川省装备制造产业紧紧围绕国家装备制造产业振兴目标，调整优化结构，转变发展方式，规模、效益“双增长”。

在纳入“一带一路”倡议规划范围的中西部 16 个省（自治区、直辖市）中（包括重庆市、四川省、河南省、湖北省、湖南省、江西省、安徽省、新疆维吾尔自治区、陕西省、甘肃省、宁夏回族自治区、青海省、内蒙古自治区、广西壮族自治区、云南省、西藏自治区），四川制造业企业数量居第五位（见图 4-9），注册资本居第四位（见图 4-10），在西部各省（自治区、直辖市）中居首位，总量竞争优势较为突出。

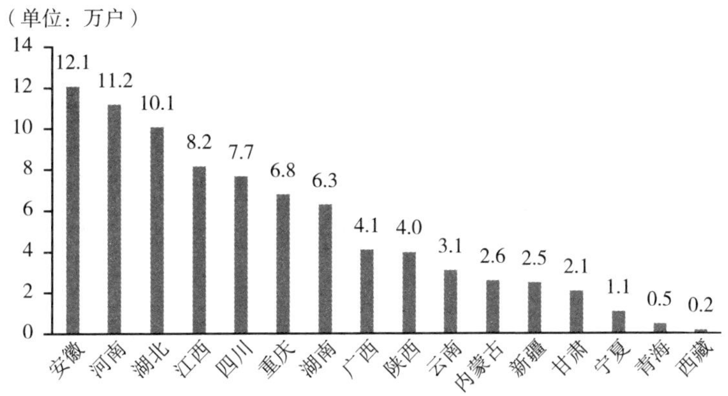

图 4-9　2017 年纳入“一带一路”倡议规划中西部省（自治区、直辖市）制造业企业数量排名

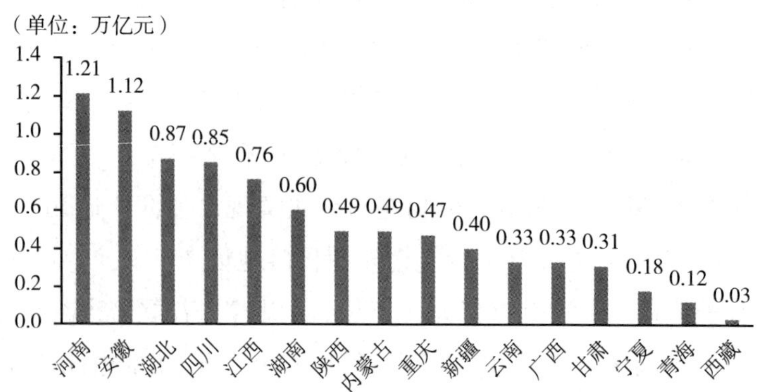

图 4-10　2017 年纳入“一带一路”倡议规划中西部省（自治区、直辖市）制造业企业注册资本排名

作为优势装备制造业之一，四川省现代轨道交通装备产业正加速“快跑”。除了“空铁”，还有“云轨”。比亚迪公司投资 20 亿元在广安落地跨座式单轨，也就是俗称“云轨”的制造项目。这种造价只为地铁的 1/5，建设难度更小、速度更快的新型轨道交通，性价比优势明显。

航空与燃机产业是四川省确定发展的五大高端成长型产业之一。2018 年，航空与燃机产业规模达到 1190 亿元，增速为 15%。其中，航空与燃机制造业总产值达到 530 亿元，同比增长 15%；航空运输业产业规模达到 360 亿元，同比增长 5%；通用航空产业规模突破 200 亿元。按照规划，到 2020 年，产业规模将达 1500 亿元。航空与燃机产业带动辐射力强，四川省相关配套产业也迎来转型发展好机会。以成飞民机制造的 C919 机头为例，仅机械加工领域，就带动周边 20 余家企业参与配套。

发电装备制造产业是四川省的传统优势装备制造产业之一。龙头企业效益“回暖”，释放出四川省装备制造业传统支撑“走强”的积极信号。积极发展清洁高效发电设备产品链，“水、火、核、气、风、光”六电并举，这一传统产业支撑后劲更足。以火电装备为例，东方电气、华西能源等企业正重点发展先进高效超超临界煤电机组、先进生物质发电机组等。水电方面，百万千瓦级水电装备、40 万千瓦及以上抽水蓄能装备发展顺利。风电方面，四川省正积极推动 3 兆瓦及以上系列化海上风电机组自主研发。

智能制造,是四川省做强传统装备制造产业支撑的另一路径。四川省着力打造西部智能制造发展高地,目前四川省已建和在建数字化、智能化工厂(车间)的制造企业超过200家,总投资超过150亿元。发挥在装备制造领域的基础和优势,四川省还将着力夯实核心智能装备制造基础。重点围绕高档数控机床与工业机器人、增材制造装备、智能检测与装配装备、智能传感与控制装备、智能物流与仓储装备五大类重点智能装备,积极引导和支持企业加大投入,围绕核心技术开展产学研联合攻关。

3. 食品饮料

2017年,全国包装饮用水产量为9535.73万吨,其中,四川省包装饮用水产量为919.7万吨,占全国市场份额的10%左右,居全国第二位。2017年,四川省包装饮用水生产企业共425家,其中,规模以上包装饮用水生产企业58家,实现主营收入136.2亿元,同比增长19.73%,实现利润总额12.57亿元,同比增长21.09%。目前四川省获QS(企业食品生产许可)的饮用水生产企业达377家,其中矿泉水生产厂家34家;获SC(食品生产许可)的饮用水生产企业达36家,其中矿泉水生产厂家8家。在品牌建设方面,有四川省名牌12个、中国驰名商标2个、四川省著名商标4个。同时,引进了农夫山泉、怡宝、娃哈哈、康师傅等行业领军企业在川投资建厂,总产值占四川省包装饮用水产业总产值约为30%。

2017年四川省白酒企业通过创新营销模式、加强企业管理,生产经营明显改善,产品价格稳步提升。四川省全年白酒产业实现产量430万千升,完成主营业务收入2470亿元,实现利润290亿元,产业总体规模继续保持全国第一。

成都市以“郫县豆瓣”为核心,川菜产业园已集聚产业项目86个,形成了郫县豆瓣、复合调味品、休闲食品、保健食品等四大产业体系,辐射带动周边建成20万亩现代农业配套基地,产业集群已经形成。

4. 先进材料

中共四川省委第十一届三次全会提出,将深入学习贯彻习近平总书记对四川省工作系列重要指示精神,全面落实高质量发展要求,在大力发展新材料产业基础上，围绕钢铁、有色、化工、建材等基础材料中的高端材料，以及新一代信息技术产业、高端装备制造业用关键战略材料和前沿新材料等领域，打造先进材料等五个万亿元级支柱产业，力争到2022年四川省先进材料产业主营业务收入达到10600亿元、年增长12%，培育5家销售收入超100亿元、10家销售收入超50亿元的先进材料企业集团。

目前川内有5所大学、3所科研单位和12家企业正在从事和即将从事石墨烯的研发和应用。四川大学，在高分子与石墨烯的制备和应用上达到国际先进水平；西南交大则擅长特殊功能石墨烯复合材料的研发。

按照“一干多支、五区协同”区域发展格局，以成都为主干做强石墨烯暨先进材料产业，在川南经济区选取自贡市推动化工新材料产业、选取宜宾市发展复合材料产业，在川东北经济区选取达州市推进玄武岩纤维产业，在攀西经济区选取攀枝花市优化升级钒钛稀土产业。

5. 能源化工

2017年，四川省能源化工产业实现了主营业务收入7325亿元，预计到2020年，四川省能源化工产业经济总量将超过一万亿元。而且四川省的能源化工也具有明显的四川省特色，依赖于省内资源分布情况。由于四川省的天然气产量在全国名列前茅，页岩气产量全国第一，所以，化工板块形成了以天然气化工为主体的体系。中国石化西南石油局2017年天然气产量突破60亿立方米大关，比2016年增产5.6亿立方米，创历史新高。四川盆地是中石化天然气大发展的主战场。过去三年，中国石化西南石油局天然气年产量相继跨越40亿立方米、50亿立方米、60亿立方米大关，一年上一个台阶。2017年，四川省水电装机容量达到7564万千瓦，水电装机容量和发电量均居全国第一；页岩气产量居全国第二；2017年外送水电1389亿千瓦时，每年向东部地区输送天然气70亿立方米。四川省是全国最大的清洁能源基地，通威太阳能成都基地一期1GW高效晶硅电池生产线建成了全球自动化程度最高、单车间产能规模最大的高效晶硅电池生产线，也成为全球光伏行业快速建成、快速投产、快速达产、快速赢利的样板示范工程。二期2GW高效晶硅电池生产线项目投资额约24亿元，2017年9月20日建成投产。二期生产线全面升级为全自动无人生产制造，成为成都市“智能制造”样板工程，率先实现数字化车间、智能化工厂，实现清洁能源“成都造”，成为全球单体规模最大的晶硅太阳能电池生产基地。截至目前，西航港经济开发区已集聚了通威太阳能、汉能光伏、英发集团、禅德太阳能等新能源龙头企业，产业链条涵盖了太阳能（光伏、光热、聚光）、核能（核电技术研发、核电配套设备、民用核技术应用）、风能、动力与储能电池、智能电网等多种细分产业，已被国家有关部委批准为“成都国家新能源装备高新技术产业化基地”“成都新能源产业国家高技术产业基地”“国家科技兴贸创新基地”。目前，双流区正着力构建以通威新能源为核心的产业生态圈，力争到 2022 年产值突破 1000 亿元。

6. 数字经济

2017 年，成都市实现电子信息产业主营业务收入 6400 亿元。面对信息技术革命带来的时代变革，成都市正聚焦包括数字经济在内的“六大新经济形态”，着力构建“七大应用场景”，到 2020 年，有望形成万亿级电子信息产业生态圈；力争到 2022 年形成较为完善的数字经济生态体系，成为国内领先的数字经济发展高地。

四川省数字经济规模已达到 1. 09 万亿元，居全国第十名；四川省电子商务交易额达到 2. 76 亿元，约占全国的 10%、规模居全国第六名；移动支付交易规模、共享单车用户规模等刷新了西部的纪录。电子商务交易额已相当于地区生产总值的 65%，对推动供给侧结构性改革的作用日益突出；网络零售额对社会贡献率达到 46%，对四川省地区生产总值贡献率约为 31. 4%，成为拉动经济增长的关键动力。

2017 年《四川省“互联网+”数字经济指数报告》显示，四川省“互联网+”数字经济指数呈现出“总指数领先中西部、分指数超全国均值”的鲜明特点，总指数居榜单第七位，领先于湖北省、湖南省、河南省、陕西省、云南省、贵州省等中西部省份，增速居第四位，仅次于福建省、广东省、湖北省。

地区产业发展与经济提升必须依靠新产业的创造，由于新产业的稀缺性使其具有高附加值，能够开拓新市场，开辟新需求，拉动经济新发展，发射辐射效应,并达到使原来的产业能级跃迁的效果。因此,四川省应基于已有的资源和产业基础,除了重点发展五大产业(数字新经济产业、能源化工产业、高端装备制造产业、电子信息产业和先进材料产业)外,应瞄准全球产业变革的方向,发展和创造若干新兴产业,比如现代金融业、现代物流业、生态环保产业等。

第二节　四川省产业形态的特点分析

通过对比分析,我们发现四川省与其他部分经济大省产业形态具有以下两方面的共同特点。

工业仍然是各省的主导产业,其中制造业表现突出。从各省各行业产值占生产总值的比重来看,工业占比最大,远超其他行业。广东省、江苏省和浙江省工业占比超过了 38%,四川省刚过 35%。在工业中,制造业的发展比较迅猛,尤其是电子设备制造业、电气机械和器材制造业、汽车制造业等新兴产业发展较快。

产业集群已成各省经济发展的引擎。广东省作为我国产业集群的主要经济带,目前已经形成了 300 多个各具特色的产业集群[①],覆盖从珠三角到粤东西两翼以及粤北山区等地,涵盖产业从陶瓷、纺织、家具、家用电器等轻纺工业到汽车配件、石化生产、钢铁制造等重化工业。近年来江苏省产业集群发展迅速,已有超过 100 个具有一定规模的产业集群。产业集群已成为浙江省制造业发展的主要组织形式。当然,产业集群的形成和发展离不开政府政策的支持和引导。政府不断培育产业集群形成的环境与利益机制,同时对不同产业出台针对性政策,引导促进产业发展。

除上述共同特征外,四川省的产业形态还呈现以下特点。

农业所占比重偏大。四川省农业在三次产业结构中占比超过 11%,不但高于广东省、江苏省和浙江省(均不到 5%),而且高于全国平均水平。农业规模效益不明显,农产品结构不优、层次不高、品牌不强等短板

① 《广东启动产业集群竞争力评估》,《广东经济》2009 年第 7 期。

凸显,与农业大省的地位不匹配。

工业所占比重偏低。在生产总值构成方面,四川省工业所占的比重刚过35%,而广东省、江苏省和浙江省的工业比重都超过了38%。从工业的构成来看,2017年,四川省传统资源型和原材料工业、重化工业占比近70%,而高技术产业增加值仅占规模以上工业增加值的12.2%。工业投资仅占全社会固定资产投资的28.9%,比广东省、江苏省和浙江省分别低3个、21个和2个百分点。

第三产业发展水平较低。2017年,四川省第三产业增加值总量超过1.83万亿元,但仅分别为广东省、江苏省和浙江省的38.2%、42.6%和41.8%。旅游业发展水平与旅游资源大省地位不匹配,2018年四川省的旅游总收入为1.01万亿元,仅分别为广东省和江苏省的74.3%和76.5%。

高质量产业集群数量较少。目前,四川省仅在电子信息、装备制造、先进材料等战略性新兴产业方面形成了千亿元级产业集群。而广东省已经形成新一代移动通信、平板显示、高端软件、半导体照明、生物医药、智能制造装备、新材料等一批产值规模超千亿元级的新兴产业集群。而且广东省拥有国家级创新型产业集群10个,而四川省只有2个。

地区间主导产业趋同明显。除凉山阿坝州、甘孜州外,18个市(州)的主导产业的相似度近80%。据统计,20个市(州)把食品饮料作为重点产业,19个市(州)把装备制造、生物医药作为重点产业,18个市(州)把新材料作为重点产业,16个市(州)重点发展电子信息产业。各市(州)间缺乏合理有效的分工协作。

第五章　四川省与其他部分经济大省人才政策比较研究*

第一节　各省人才政策特点分析

一、人才政策概览

我们选择经济比较发达、近年来GDP总量排名位于四川省之前（是四川省追赶的对象省份）的广东省、江苏省、浙江省、山东省和河南省五个省份作为对比对象，首先梳理2012年以来这些省份所颁布的主要人才政策，然后总结其特点。

我们将人才政策类型分为综合政策类、发展规划类、引进集聚类、培养开发类、评价激励类、流动配置类和管理服务类，每个省份出台的人才政策情况如表5-1所示。

---

* 本章执笔人为熊永兰、王恺乐、杨润丹、周飞。

表 5-1　2012 年以来五大省份主要人才政策

省份	综合政策类	发展规划类	引进集聚类	培养开发类	评价激励类	流动配置类	管理服务类
山东	《关于人才支撑新旧动能转化的实施意见》《引进顶尖人才"一事一议"实施办法》	《关于组织实施"外专双百计划"的意见》《关于组织开展 2018 年"外专双百计划"申报工作的通知》《泰山学者青年专家计划实施细则》《泰山学者攀登计划实施细则》	《关于进一步完善提升泰山学者工程的意见》(鲁办发〔2014〕36 号)、《山东省离岸创新人才引进使用支持办法(试行)》	《关于实施泰山产业领军人才工程的意见》《山东省支持青年人才创新创业的若干措施》	《山东省金融高端人才奖励办法》《齐鲁金融之星选拔管理办法》《关于改革完善博士后制度的实施意见》《山东省有突出贡献的中青年专家选拔管理办法》《关于支持双创示范基地建设推进全省双创深入发展的实施意见》《关于助推新旧动能转换做好当前和今后一段时期就业创业工作的意见》《关于进一步促进科技成果转移转化的实施意见》	—	《关于国家"万人计划"配套资助标准和拨付渠道的通知》《山东省高层次人才服务绿色通道规定》《山东省"千人计划"专家工作站管理办法》《科技领军人才创新工作室管理办法(试行)》
江苏	《关于聚力创新深化改革打造具有国际竞争力人才发展环境的意见》《关于进一步加快苏南国家自主创新示范区建设的有关人才政策措施》《关于加强高层次创业创新人才队伍建设的意见》	《江苏省"十三五"人才发展规划》《江苏省"十三五"科技人才发展规划》	《支持留学回国人员创新创业办法(暂行)》	《关于开展第十四批"六大人才高峰"高层次人才选拔培养工作的通知》	《关于切实减轻企业负担的意见》《江苏省促进科技成果转移转化行动方案》	《江苏省人才流动服务中心人事代理单位公开招聘实施细则》	《江苏省省级高层次创新创业人才引进计划专项资金管理办法》《江苏省海外高层次人才居住证制度暂行办法》《关于集中组织创新创业领军人才健康体检的通知》

续表

省份	综合政策类	发展规划类	引进集聚类	培养开发类	评价激励类	流动配置类	管理服务类
浙江	《高水平建设人才强省行动纲要》《关于深化人才发展体制机制改革支持人才创业创新的意见》	《浙江省高层次人才特殊支持计划》《浙江省人才发展"十三五"规划》《浙江省151人才工程（2011—2020年）实施意见》	《2017年浙江省引进海外高层次人才公告》《2018年浙江省"千人计划"引才公告》《浙江省扩大海外工程师引进计划暂行办法》《关于支持海外高层次人才在浙江投资创业的若干意见》	《关于高水平打造高技能人才队伍的意见》《关于深入推行科技特派员制度的实施意见》	《浙江省促进科技成果转化条例》	《浙江省鼓励支持事业单位科研人员离岗创业创新实施办法(试行)》	《浙江省海外高层次人才居住证管理暂行办法》《关于进一步完善省直事业单位高层次人才绩效工资管理有关问题的通知》
广东	《关于广东省深化高等教育领域简政放权放管结合优化服务改革的实施意见》《关于加快新时代博士和博士后人才创新发展的若干意见》《广东省关于深化人才发展体制机制改革的实施意见》《广东省人民政府办公厅关于深化高校科研体制机制改革的实施意见》《广东省人民政府关于大力推进大众创业万众创新的实施意见》《广东省深化医教协同进一步推进医学教育改革与发展实施方案》《广东省专业技术人才知识更新工程实施方案》	《广东省"强师工程"实施方案(2017—2020年)》《广东省大学生创业引领计划（2014—2017年）实施方案》《广东省高校毕业生就业创业促进计划实施方案》《广东省贯彻落实国家〈"十三五"促进就业规划〉的实施意见》《广东省教师队伍建设"十三五"规划》《广东省专业技术人才队伍建设中长期规划（2011—2020年)》	《"珠江人才计划"海外青年引进计划（博士后资助项目)》《关于加强粤东西北地区乡镇卫生院人才引进工作的指导意见》《广东省人民政府关于进一步促进创业带动就业的意见》	《广东省专业技术人才知识更新工程实施方案》	《关于进一步改革科技人员职称评价的若干意见》《关于进一步改革完善基层卫生专业技术人员职称评审工作的实施意见》《广东省促进科技成果转化条例》《广东省人民政府办公厅关于进一步促进科技成果转移转化的实施意见》《广东省战略性新兴产业首席专家评选的管理办法》	《广东省进一步加强乡村医生队伍建设实施方案》	《关于鼓励高校科研院所科研人员创新创业有关人事管理问题的意见》《关于做好广东省博士后创新实践基地管理服务工作的通知》《广东省教育厅关于高等学校副教授评审权审批的管理办法(试行)》《广东省引进高层次人才"一站式"服务实施方案》

续表

省份	综合政策类	发展规划类	引进集聚类	培养开发类	评价激励类	流动配置类	管理服务类
河南	《关于加强河南省高层次专业技术人才队伍建设的实施方案》《关于强化实施创新驱动发展战略进一步推进大众创业万众创新深入发展的实施意见》《河南省人民政府关于全面加强教师队伍建设的意见》《河南省人民政府办公厅关于切实加强乡村医生队伍建设的实施意见》《河南省人民政府办公厅关于实施基层卫生人才工程的意见》《河南省人民政府关于大力推进大众创业万众创新的实施意见》	《河南省技工教育事业发展规划（2014—2018年）》《深入推进河南全民技能振兴工程2014—2017年行动计划》《河南省全民技能振兴工程2013年度专项行动计划》	《关于建立海外留学人才来豫工作绿色通道的意见》《河南省高层次科技人才引进工程实施方案》《河南省特聘研究员岗位设置试点实施办法》	《河南省农村电商技能人才培训工作实施方案》《河南省人力资源和社会保障厅关于继续实施高层次人才国际化培养资助计划的通知》《河南省人民政府办公厅关于加快推进新型职业农民培育工作的意见》《河南省人民政府办公厅关于深化医教协同进一步推进医学教育改革与发展的实施意见》《河南省人民政府关于进一步推进全民技能振兴工程的若干意见》《河南省2012年全民技能振兴工程专项工作方案》《河南省人民政府办公厅关于印发2014年深入实施河南全民技能振兴工程方案的通知》	《河南省杰出专业技术人才表彰工作实施办法》《河南省促进科技成果转移转化工作实施方案》《河南省促进全民创业先进单位和个人评选表彰方案》《河南省人民政府关于进一步做好新形势下就业创业工作的实施意见》《河南省外籍高层次人才认定办法》	《河南省人民政府办公厅关于深入推行科技特派员制度的实施意见》《河南省人民政府办公厅关于支持返乡下乡人员创业创新促进农村一二三产业融合发展的实施意见》	《“中原学者”管理办法》《关于河南省高校科研院所等事业单位专业技术人员离岗创业有关人事管理问题的通知》《关于深化高等教育领域简政放权放管结合优化服务改革的实施意见》《河南省博士后创新实践基地管理办法》《河南省创新型科技团队管理办法》《河南省科技创新杰出青年管理办法》《关于2014年实施就业创业服务体系建设工程的意见》《河南省科技创新杰出人才管理办法》《河南省院士工作站管理办法》

二、各省人才政策特点

（一）广东省

从政策制定的类型上看，广东省人才政策类型体系完善，涵盖了人才政策的7种类型，但7种政策类型分布不均。广东省人才政策制定的文种类型丰富多样。既有指导意见、发展规划、法规条例，又有实施意见、实施方案、管理办法。

广东省对高校人才十分关注。有针对高校体制机制改革的政策，如《广东省人民政府办公厅关于深化高校科研体制机制改革的实施意见》；有针对教师培养建设的政策，如《广东省"强师工程"实施方案（2017—2020年）》《广东省教师队伍建设"十三五"规划》；有针对高校毕业生的政策，如《广东省大学生创业引领计划（2014—2017年）实施方案》《广东省高校毕业生就业创业促进计划实施方案》；有对高校人才管理服务的政策，如《关于鼓励高校科研院所科研人员创新创业有关人事管理问题的意见》《关于做好广东省博士后创新实践基地管理服务工作的通知》《广东省教育厅关于高等学校副教授评审权审批的管理办法（试行）》等等。

（二）江苏省

以高层次人才引领高水平发展，以人才优势增创发展优势。江苏省人才政策主要集中于高端人才，显示出对高端人才的极度重视，目标定位于国际竞争力的层次，着力点在引进人才特别是海外人才，针对性也是跟自身高峰产业相匹配。对高端人才的配套服务政策较为详备，包括了资金管理、居住证制度、健康体检等方面。相较而言，培养开发没有专项政策，但在最新的提纲性文件《关于聚力创新深化改革打造具有国际竞争力人才发展环境的意见》中提出，注重培养用好本土人才。

（三）浙江省

将人才工作提高到人才强省的高度，《高水平建设人才强省行动纲要》是浙江省最新发布的综合政策，并且在配套政策方面涉及人才培养支持、评价使用、流动激励以及海外引才等各个环节，覆盖各领域各行业人才队伍建设。在机制创新上，浙江省也走在前面。发布了《浙江省鼓励支持事业单位科研人员离岗创业创新实施办法（试行）》《关于深入推行科技特派员制度的实施意见》等。为提高服务水平，浙江省政府还与人社部签订《共同推进“互联网+人社”行动提升公共服务水平合作协议》，创新人才服务机制。

（四）山东省

山东省人才政策完备且连续性强，围绕“泰山学者”的系列工程政策细分完善，人才服务的官网平台在更新速度和便捷性上也非常突出，评价激励类政策最多，近两年在高端人才引进上发力猛进，《山东省高层次人才服务绿色通道规定》是全国范围内最完善的顶尖人才引进政策之一。在政策规划上层次分明，从“外专双百计划”、千人计划、万人计划，实施有条不紊。在创新人才方面还专门针对离岸创新人才有专门的政策，可以看出山东省在体制机制改革上的大胆探索。

（五）河南省

河南省人才政策体系完善，涵盖了全部种类的人才政策，其中管理服务类政策最多，占据总人才政策的26%，而流动配置类、发展规划类和引进集聚类相对较少。

此外，河南省作为农业大省十分注重农业人才的政策制定，包括支持下乡创业的政策，如《河南省人民政府办公厅关于支持返乡下乡人员创业创新促进农村一二三产业融合发展的实施意见》；针对农村人才培养的政策，如《河南省人民政府办公厅关于加快推进新型职业农民培育工作的意见》《河南省农村电商技能人才培训工作实施方案》；以及创新推出的科技特派员制度，如《河南省人民政府办公厅关于深入推行科技特派员制度的实施意见》。

第二节 人才政策内容比较分析

我们依据政策的类型，将四川省的政策与发达省份进行了对比。

一、人才综合类政策比较

从政策面向的对象来看,四川省的综合类人才政策既有较宏观的普适类政策,也有针对某类人才的政策,如对高校人才、创新创业人才、教师队伍人才的具体政策。但与某些省份(如江苏省、山东省、河南省)比较,缺乏面向高层次人才的综合类政策。另外,博士和博士后人才是推动创新驱动发展的重要生力军,而四川省还缺乏面向博士和博士后的综合类政策。

从政策的内容来看,各省的政策都涉及了人才的吸引和培养、体制机制改革、创新创业的环境建设、人才分类评价等。与其他省制定的人才政策相比,四川省的人才政策还不够友好,有些政策没有提出具体落实的方法。如广东省对博士和博士后的培养、引进、流动激励、搭建平台以及服务保障的具体方式都有较为详细的落实措施和方案,而四川省的针对性政策在该方面还比较缺乏。另外,四川省的人才政策在体制机制上的突破不够,柔性引进不够全面、细致。见表5-2。

表5-2　六省主要人才综合类政策比较

省份	对象	内容
广东	高校人才	改革高校编制及岗位管理制度、改善高校进人用人环境、改进高校教师职称评审机制、健全符合中国特色现代大学特点的薪酬分配制度、完善和加强高校经费使用管理、完善高校内部治理、强化监管优化服务、创新高校科研组织管理形式、创新高校科研评价考核机制
	博士和博士后	强化博士和博士后人才培养机制、创新博士和博士后人才引进机制、改革博士和博士后流动激励机制、搭建博士和博士后创新创业平台、加强博士和博士后人才服务保障
	普通人才	深化人才管理体制改革、改进人才培养支持机制、健全引才用才机制、强化人才评价激励保障机制、完善人才流动机制
	创新创业人才	创新体制机制,实现创业便利化;优化财税政策,强化创业扶持;搞活金融市场,实现便捷融资;扩大创业投资,支持创业起步成长;发展创业服务,优化创业生态;建设创业创新平台,增强支撑作用;激发创造活力,发展创新型创业;拓展城乡创业渠道,实现创业带动就业;促进线上线下融合,推动众创、众包、众扶、众筹持续健康发展

续表

省份	对象	内容
广东	医教人才	深化院校医学教育改革、加强师资队伍建设、加强医学院校临床教学基地建设、建立完善毕业后医学教育制度、健全继续医学教育制度、强化医学教育质量评估、强化医学教育统筹管理、建立健全医学人才培养供需平衡机制、促进医学教育协调发展、加强以全科医生为重点的基层医疗卫生人才培养、加强中医药人才培养、深化综合性大学医学教育管理体制改革、探索建立更加完善的薪酬制度、完善医疗卫生人才职称评价机制、创新人才使用机制
	专业技术人才	高级研修项目、急需紧缺人才培训项目、岗位培训项目、专业技术人员继续教育示范基地建设项目
江苏	高层次创新创业人才	加大高层次创业创新人才培养力度、积极引进海内外高层次创业创新人才、努力营造高层次创业创新人才成长的良好环境、加强对高层次创业创新人才队伍建设的领导
	高精尖缺人才	推进简政放权,保障落实用人单位自主权;进一步畅通人才流动配置渠道,构建具有国际竞争力的人才引进制度;进一步加强平台载体建设,加快集聚高精尖缺人才;进一步深化职称制度改革,完善人才分类评价和支持机制、深化职称制度改革;完善人才分类评价和支持机制;完善薪酬分配机制,激发人才创新创造活力;强化服务保障,营造人才促发展、发展兴人才的良好环境
	各类人才(包括教学科研人才、企业家、技能人才)	对于教学科研人才:建立学术休假制度;推行高校工程技术学科的应用型教学人员晋升高级职称;支持企业科技人才到高校兼职
		对于企业家:建立企业家培训制度;实施百千科技企业家培育工程;实施千名青年企业家接力计划;培育职业经理人队伍;选树一批企业家领军人物
		对于技能人才:加强乡土人才技能培训和技艺传承,制定支持乡土人才创新创业的系列政策;建立健全技术技能人才培养体系;推行企业新型学徒制、“双导师制”、“双元制”职业教育;拓宽职业发展通道,研究制定技能人才与专业技术人才职业发展贯通办法;不断提高技术技能人才经济待遇和社会地位
浙江	各类人才	高站位谋划人才优先发展布局;高质量培养集聚急需紧缺人才;高规格打造人才发展平台;高层次参与国际人才竞争;高要求推进区域人才协同发展;高效率服务人才创业创新;高标准落实党管人才原则;深化人才发展体制机制改革,支持人才创业创新

续表

省份	对象	内容
山东	各类人才	实施更加精准聚焦的人才工程;建立更加开放灵活的引才用才机制;健全更加实用有效的人才培养开发模式;打造更具生机活力的创新创业载体;营造更具竞争力的人才生态环境;加强组织领导
	顶尖人才	明确支持对象和引进方式、支持政策、引进程序;提供管理服务
河南	高层次专业技术人才	加大高层次专业技术人才支持培养力度、大力集聚海内外高层次专业技术人才、营造高层次专业技术人才创新创业良好环境
	创新创业人才	完善高等院校和科研院所人才激励机制、支持留学人员、华侨华人来豫创新创业、支持外籍人才来豫创新创业、支持开展返乡创业
	乡村医生	明确乡村医生职责、合理配置乡村医生、严格乡村医生执业准入、规范乡村医生业务管理、规范开展乡村医生考核、提高乡村医生队伍整体素质、发挥乡村医生健康“守护人”作用、保障乡村医生合理收入、建立健全乡村医生养老和退出机制、改善乡村医生工作条件和执业环境
	基层卫生人才	加强基层卫生人才引进培养、加强基层卫生人才在职培训、加强基层卫生人才帮扶支援
	教师队伍	构建师德建设长效机制、完善教师专业发展标准体系、优化教师资源配置、严格落实教师资格和准入制度、完善师范生招生培养制度、建立教师学习培训制度、健全教师培养培训体系、建立培养造就高端教育人才机制、加快推进教师职务(职称)制度改革、全面推行教师聘用制和岗位管理制度、创新教师工资保障机制、完善教师表彰奖励制度、加强民办学校教师权益保障、健全教师权益保障机制
四川	各方面人才	实行更具竞争力的人才吸引制度、完善创新型人才培养模式、创新人才评价激励机制、健全人才顺畅流动机制、加快推进人才管理体制改革、优化人才创新创业生态环境
	创新创业人才	鼓励科技人员离岗创办企业、提高科研人员成果转化收益比例、允许科技人员兼职取酬、允许在校大学生休学开展创新创业活动、加大对大学生创新创业的补贴力度、加大对青年创新创业的扶持力度、吸引海外高层次创新创业人才、强化对大学生创新创业载体的支持
	教师队伍	严格执行教师专业标准、健全培训体系、创新培养模式、不断壮大高端教育人才队伍、严格教师编制管理、健全教师补充机制、依法保障教师待遇和权益
	高校人才	完善学科专业设置、完善编制及岗位管理、完善进人用人制度、改革教师职称评聘制度、健全薪酬分配制度
	卫生计生人才	全面提升卫生计生队伍素质、完善卫生计生人才发展体制机制、强化卫生计生队伍建设保障措施

二、人才发展规划类政策比较

四川省的人才规划政策分类比较完善，对象包括专业技术人才、企业人才、技能人才、农村人才以及产业园区领导班子和干部，见表5-3。基本是在围绕《四川省"十三五"人才发展规划》下，作出的分类规划。在与各个省的比较中，四川省的类别划分是很细致的，也很有针对性、目标性。

但是，四川省没有针对高端人才、青年人才作出专门规划，在规划上的关联性、互撑性不够。以山东省为例，以山东省"泰山学者"为核心，建设一系列人才工程，重视青年人才和工程的落地细化，从2017年起在山东省组织实施的"外专双百计划"也是针对海外高层次专家人才。浙江省制定有《浙江省高层次人才特殊支持计划》。近年来，各省人才争夺战中最为白热化的就是高端人才的竞争，四川省要占领优势地位，规划方面应针对高端人才、青年人才、双创人才等实施专门的操作性强的政策。

表5-3　六省主要人才发展规划类政策比较

省份	对象	目标
广东	教师	各级各类学校教师数量满足教育发展需要，生师比达到教育现代化的基本要求；教师学历层次进一步提升；教师队伍结构不断优化；高水平教师队伍不断壮大；教师队伍国际化素养进一步提高；到2018年，教师队伍的规模、结构、素质达到基本实现教育现代化发展的要求，初步建成一支师德高尚、结构合理、业务精湛、充满活力的高素质专业化教师队伍。到2020年，广大教师普遍具有高尚的师德品行、先进的教育理念、扎实的专业知识、较强的教育教学能力、教科研创新能力和服务社会的能力，形成一支引领教育现代化发展的高素质专业化教师队伍
	大学生	力争实现2014—2017年广东省共引领5万名大学生创业的预期目标，各地在省下达的计划任务基础上，可结合实际扩大引领大学生创业计划目标；把有就业创业意愿的高校毕业生全部纳入就业创业促进计划，运用各种手段使高校毕业生就业创业能力全面提升，有创业需求的都能得到针对性的指导服务和政策支持

续表

省份	对象	目标
广东	专业技术人才	按照“五年上台阶、十年大跨越”的战略布局分阶段稳步推进专业技术人才发展,到 2015 年,专业技术人才发展的体制机制障碍基本得到解决,人才评价、使用、激励和保障制度趋于完善,人才公共服务体系以及专业技术人才工作法律法规体系框架基本建立,人才发展环境明显改善。到 2020 年,专业技术人才管理体制基本实现科学化和法制化,市场机制调节与政府宏观调控相结合的专业技术人才开发机制基本完善,适应市场经济体制的专业技术人才工作体系更加健全,专业技术人才基本公共服务实现均等化,专业技术人才发展的良好环境基本形成
江苏	复合型创新创业人才、高科技领军人才、战略性新兴产业高端人才、高技能领军人才、科技人才	到 2020 年,把江苏省建成全球最有影响力和竞争力的国际化、高端化、特色化人才集聚中心,加快构筑人才引领发展高地、人才环境建设高地、人才价值实现高地,科技人才越来越成为推动经济社会发展的主要力量; 2020 年,科技人才培养体系和政策制度更加完善,拥有一支规模宏大、富有创新精神、敢于承担风险、竞争优势更加凸显的科技人才队伍
浙江	第一层次领军人才、第二层次学术技术带头人、学术技术带头人后备人选	到 2020 年,每 5 年一轮,每轮培养:100 名左右能跟踪国际科技前沿,引领本学科和产业发展,进入“百千万人才工程”国家级人选序列的第一层次领军人才;500 名左右具有较高学术技术造诣,能支撑浙江省学科建设、产业发展和科技创新,在省内外同行中拥有较高知名度的第二层次学术技术带头人;1000 名左右在各学科、产业领域发挥骨干作用,得到省内外同行认可,富有发展潜力的学术技术带头人后备人选。 深入实施重点资助计划,到 2020 年,在能力业绩特别突出的第一、第二层次培养人员中择优遴选 125 名左右进行重点培养,力争培养造就一批能够跻身“两院”院士、浙江省特级专家行列的领军人才。在极具培养前景的第三层次培养人员中择优遴选 400 名左右开展资助,促使他们早日成长成为浙江省的年轻学术技术带头人
	杰出人才、领军人才、青年拔尖人才(“万人计划”)	从 2017 年起,计划用 10 年左右时间,有重点地遴选支持万名自然科学、工程技术、哲学社会科学、经济金融管理等领域的杰出人才、领军人才和青年拔尖人才,其中省级层面重点支持 2000 名左右,推动各市及省属各单位重点支持 8000 名左右,构建与海外高层次人才引进计划相互衔接的高层次创新创业人才队伍建设体系

续表

省份	对象	目标
浙江	各类人才	人才总量稳步增长。到2020年,浙江省人才资源总量超过1400万人,其中,党政人才34万人,经营管理人才320万人,专业技术人才650万人,高技能人才320万人,农村实用人才112万人,社会工作专业人才5万人。 人才素质明显提升。到2020年,浙江省每万名劳动力中研发人员(R&D人员)达到120人,高技能人才占技能劳动者的比例达到29%以上,主要劳动年龄人口受过高等教育的比例达到26%以上,形成一批创新能力较强的人才团队,造就一批高层次领军人才。 人才分布更趋合理。人才逐步向重点产业和重点领域集聚,城乡、产业、区域人才分布更加均衡。专业技术人才高、中、初级职称的比例达到8∶26∶66。 人才效能逐步增强。到2020年,人力资本投资占生产总值比例达到17%以上,人才贡献率达到40%以上。人才国际化水平明显提高,新引进海外人才23万人次。人才发展体制机制更加完善,人才创业创新发展生态环境更加优化,人才政策比较优势明显增强
山东	外国专家个人和团队	自2017年起,在山东省组织实施“外专双百计划”,利用5年左右的时间,引进100名国际知名的高层次非华裔外国专家和100个高层次外国专家团队
河南	技工人才	到2018年,河南省技工院校调整至140所左右,其中技师学院20所、高级技工学校40所、普通技工学校80所,学制教育在校生规模达到30万人。年开展各类职业技能培训50万人次。累计为社会培养输送技能人才达到300万人以上。到2018年,建成20所国家级重点高级技工学校、12所全国示范性职业院校、17所省级示范性职业院校、46所特色职业院校,依托技工院校创建15个省级示范性公共实训鉴定基地、35个高技能人才培养示范基地。到2018年,河南省技工院校专任教师接近1.5万人,学历合格率达到100%,专业课教师具有高级工以上职业资格的比例达到50%以上,一体化教师占专业课和实习指导教师的比例达到50%以上,重点培育选拔200名师德高尚、素质优秀、具有创新精神的省级专业学科带头人。到2018年,建成100个特色突出、设备先进的省级示范性品牌专业,实现传统专业上规模、主体专业出品牌、优势专业创特色、创新专业高端化
	技能人才	全年完成各类职业技能培训350万人次。职业教育在校生规模达到250万人。新培养高技能人才12万人。参加职业技能鉴定人数达到65万人。不断壮大技能人才队伍,为承接产业转移和结构优化升级提供强有力的技能人才支撑。2014—2017年,河南省完成各类职业培训1200万人次以上;新培养高技能人才60万人以上,高技能人才总量达到190万人,高技能人才占技能劳动者的比例达到27%以上;职业教育在校生规模达到300万人;参加职业技能鉴定人数达到250万人

续表

省份	对象	目标
四川	专业技术人才	到2020年,专业技术人才总量达到367万人,较“十二五”末增长25.6%。规模居西部第一位,基本适应经济社会发展需要。到2020年,高级职称人才达到47.7万人,中国科学院和工程院院士、“千人计划”和“万人计划”入选数保持中西部领先优势,省学术技术带头人、省有突出贡献优秀专家均达到3000人。专业技术人才能力素质全面提升,在重点优势学科(专业)领域形成一大批具有全国领先水平的高层次专业技术人才和团队。到2020年,高、中、初级专业技术人才比例达到13∶37∶50,人才区域分布更加合理。到2020年,发明专利申请量达到44500件,科技进步贡献率达到60%。专业技术人才自主创新能力显著增强,在产业变革、科技引领和社会进步等方面作用更加突出
	企业经营管理人才	到2020年,四川省经营管理人才总量由2015年的159.3万人增加到230万人,年均增幅8%,较“十二五”末增长44%。其中,培养100名左右能够引领企业跻身全国行业前列的领军型企业家,培养5000名专业素养较高、懂经营、善管理的成长型企业家。到2020年,四川省经营管理人才专业、年龄、学历结构更加合理,研究生以上学历占比由2015年的3.2%增加到8%,年均增幅20%,较“十二五”末年均增幅翻番,国有企业经营班子成员中职业经理人的比例达到90%,人才结构产业分布更加优化,第三产业经营管理人才比重不断提升。到2020年,企业人力资本投资占比进一步提高,企业劳动生产率进一步提高。到2020年,企业人才体制性政策性障碍基本消除,经营管理人才培养、使用、评价、激励保障制度趋于完善,经营管理人才公共服务体系初步建立,经营管理人才成长环境得到明显改善
	技能人才	到2020年,四川省技能人才总量达到1000万人,技能人才总量在中西部地区位居前列,基本适应产业转型升级需要。到2020年,四川省高技能人才占技能人才比例从16%提高到25%,围绕产业转型升级建成一批区域技能人才高地,技能人才素质明显提高,与产业结构调整基本匹配。到2020年,四川省新建30个省级高技能人才培训示范基地、50个省级技能大师工作室,发展一批高级技工学校、技师学院、应用型和职业技能型高校、中等职业学校、公共实训基地以及职业培训机构
	社会工作专业人才	到2020年,社会工作专业人才总量由2015年的1.9万人增加到5.5万人,年均增幅23%。其中,具有社会工作师职业水平证书或达到同等能力素质的中级及以上社会工作专业人才达到6000人。逐步优化社会工作人才区域结构、城乡结构、领域结构、专业结构、能力结构和年龄结构。积极培育发展各类社会工作服务机构

三、人才引进集聚类政策比较

引进集聚类人才方面，各省包括四川省，都以引进高端人才政策为主，见表5-4。四川省制定的“千人计划”“天府高端引智计划”等等，都紧扣四川省发展需求，制定发布相当及时。四川省在此方面的引进政策还包括鼓励川商兴业回家发展、农民工和农民企业家返乡创业、促进大学生就业创业等，可以看出，四川省总的人才政策在引进集聚方面布局得当。但是，与发达省份相比，四川省还存在以下不足。

引进力度方面，四川省与发达省份存在差距。以双创人才团队引进为例，江苏省对双创人才和团队分别最高给予500万元和800万元的资助，“双创博士”给予15万元资助。山东省视离岸人才引进使用数量和基地规模，经评审认定，分三档分别给予离岸创新创业基地500万元、400万元、300万元的引才补贴。而对从国（境）外、省外来川创新创业的高层次人才及团队，符合规定条件的，最高将给予个人200万元的一次性安家补助和团队500万元的项目资助。以高层次人才引进力度来看，河南省对国家最高科学技术奖获得者、“两院”院士、“千人计划”专家、国家重大科技成果完成人等海内外产业技术领军人才及其团队带技术、带成果、带项目创新创业和转化成果的，经评估由省政府引导基金给予不超过全部股权20%的基金支持；对世界一流水平、支撑产业转型、具有重大经济效益和社会效益的创新创业团队，一事一议，特事特办。广东省特支计划“杰出人才”，将一次性获得每人120万元生活补贴，可以自主组建团队，项目入选的团队最高获得2000万元资助。山东省每年给予每位“泰山学者攀登计划”专家及团队35万元人才津贴、35万元科研补助经费。根据《四川省高层次人才特殊支持办法》，对于两院院士此类顶尖人才，安家补助为200万元，岗位激励2000元/月。在资金补助力度上，四川省明显落后。

大学生政策方面，四川省发力不足。从2017年开始，一些省份就开始了大学生的争夺战。2018年毕业季来临时，为吸引820余万的高校大学毕业生，各地在创业资助、落户、购房、生活补贴等方面砸出大手笔，面向学士、硕士、博士等释放“大礼包”，成为各城市人才新政中的亮点。在租房补贴方面，2017 年 10 月，武汉提出，争取“让更多留汉就业创业的大学毕业生以低于市场价 20%买到安居房、以低于市场价 20%租到租赁房”。济南市 2017 年 5 月出台的“人才新政 30 条”，提出对企业新引进落户的博士、硕士研究生，按照每月 1500 元、1000 元的标准连续发放三年租房补贴。成都市除了落户政策以外，针对外地来蓉应聘的本科及以上学历的应届毕业生，设置了 22 个 7 天以内免费入住的青年人才驿站，为来蓉大学生提供 736 个免费床位，这个数字和力度是明显不够吸引力的。

柔性引才方面，四川省与发达省份存在差距。山东省创新引才机制，使用兼职的方式灵活利用高层次人才的时间，由全职引才向灵活引智升级。山东省不仅让高层次人才来兼职，还派出人才到先进地区兼职学习或者在外地设立人才工作站，走出去“招才”。四川省的柔性政策还停于表面，不够深入细致，没有强调落地执行。

人才政策的延伸性不够。深圳市为了形成全社会识才爱才敬才用才的氛围，倡导尊重人才、尊重创新，规定每年 11 月 1 日为深圳市人才日，设立“人才伯乐奖”，对在本市人才培养、引进过程中作出贡献的单位和个人给予奖励。山东省多个城市创新引才机制，设置引才“伯乐奖”，重奖引才“伯乐”“红娘”，释放“中间人”能量，有力拓宽了引才渠道。济南市“人才新政 30 条”规定，对成功引进 A、B、C、D 类人才的，分别一次性给予 60 万元、30 万元、20 万元、10 万元奖励，除了物质奖励外，济南市还将获得奖励的中介机构和社会组织，公布为“济南市引进人才工作示范机构”。四川省在这方面较缺乏。

表 5-4　六省主要人才引进集聚类政策比较

省份	对象	方式	待遇
广东	海外青年	进站资助、后续资助、配套资助	省财政给予每位进站博士后资助 60 万元，出站后与广东省单位签订工作协议或劳务合同，承诺工作 3 年以上的博士后，给予每人 40 万元安家补助

续表

省份	对象	方式	待遇
广东	乡镇卫生院人才	对短缺医疗卫生人才准予直接聘用、允许以人事代理方式使用医学类人才、组织开展乡镇卫生院专项公开招聘工作	3年内所需人事代理费用由县级财政统一列支;组织开展乡镇卫生院专项公开招聘
江苏	高层次创业创新人才	向省外发布江苏省年度重点引才目录,符合引才目录的海内外人才与省内相关企业和创业创新载体对接。省内重点企业和创业创新载体应根据发展需要,多渠道与省外人才开展引才对接,大力引进高层次创业创新人才	对新引进人才一次性给予每人(团队)不低于100万元的创业创新资金资助。对已获市、县(市、区)资助的创业创新人才,其创业创新成效显著的,可择优给予持续资助
	留学回国人员	留创项目实施周期和留创园、留创示范基地建设周期为两年	对确定支持的A类、B类、C类留创项目,分别给予每个4万元、2.5万元和1.5万元的一次性资金支持;对确定支持的留创园,每个一次性资金支持40万元;对确定支持的留创示范基地,每个一次性支持100万元
浙江	海外优秀创业创新人才	坚持以人为本、以用促引;探索建立海外高层次人才驿站	省政府对列入浙江省"海外高层次人才引进计划"的人选给予每人人民币100万元的一次性省政府科学技术人才奖励,用人单位、主管部门和地方政府也要给予一定的支持,以改善引进人才的工作生活条件。有关部门要建立服务窗口,明确职责和专人,协助用人单位为海外高层次人才落实和办理有关居留和出入境、落户、医疗、保险、住房、子女就学、配偶安置等特殊政策
	海外高层次投资创业人才	—	免除相关登记材料,方便外国和港澳台人士申办企业;简化国外定居人士申办企业手续;降低名称登记条件;鼓励多种出资方式;支持企业做大做强

续表

省份	对象	方式	待遇
浙江	省特聘专家	—	省财政设立专项资金，省政府给予省特聘专家每人人民币100万元的一次性科学技术人才奖励。用人单位、主管部门和所在地区也要给予一定的支持。 外籍的省特聘专家及其随迁外籍配偶和18周岁以下子女，按国家有关规定，经公安部批准后，由公安机关为其发放《外国人永久居留证》；对尚未获得永久居留证的，可凭《外国专家证》向居住地的公安机关出入境管理部门申请外国人居留许可或2—5年有效期的多次往返签证。 具有中国国籍（包括港澳地区居民）的省特聘专家及其共同居住生活的配偶、直系亲属，可以在实际居住地申请定居和落户，并不受住房、居住年限、年龄等条件的限制。 省特聘专家的配偶，由用人单位妥善安排其工作，暂时无法安排的，用人单位可参照本单位人员平均工资水平，以适当方式为其发放生活补贴。 省特聘专家的子女，无论是否拥有中国国籍，义务教育阶段适龄儿童少年可按照本人意愿，在当地有条件的公办学校就读；高中阶段适龄少年可根据其学业状况选择相应学校就读，与当地学生等额收费。当地教育行政部门优先为其协调办理入学手续；选择国际学校或当地公办学校国际班就读的，由当地教育行政部门协调解决入学问题，用人单位应提供一定数量的子女教育补贴。 省特聘专家的中国籍子女参加普通高校招生入学考试，报考省内高校的，同等条件下优先录取；其外国籍子女报考省内高校的，按照招收外国留学生的有关规定优先录取
	海外工程师	—	根据所聘企业在上一年度内支付每位海外工程师的年薪在50万元（含）人民币以上的，给予所聘企业20万元资助，省级财政和市县财政各负担50%，鼓励各地加大对引进顶尖海外工程师企业的资助力度

续表

省份	对象	方式	待遇
山东	高层次科技人才	全职引进的"泰山学者"及团队核心成员，可按照人才柔性流动有关规定，随时办理进入手续	每年给予每位"泰山学者攀登计划"专家及团队35万元人才津贴，35万元科研补助经费；每年给予每位全职选聘"泰山学者"特聘专家及团队35万元人才津贴，5万元科研补助经费；每年给予每位兼职选聘"泰山学者"特聘专家及团队10万元人才津贴，10万元科研补助经费；每年给予每位"泰山学者"青年专家10万元人才津贴，10万元科研补助经费。 "泰山学者"在医疗保健、家属就业、子女入学、出入境等方面，享受省级高层次人才待遇
	外籍高层次创新人才	省内注册、海外经营、境外孵化、成果回归、分建共享	视离岸人才引进使用数量和基地规模，经评审认定，分三档分别给予离岸创新创业基地500万元、400万元、300万元的引才补贴
	青年学术拔尖人才	—	每年给予每位青年专家10万元人才津贴，10万元科研补助经费。用人单位给予每位青年专家不低于50万元的配套经费支持，其中社会科学领域不低于25万元，支持青年专家自主开展研究工作
河南	海外高层次留学人才	建立健全适应市场经济体制的人才引进机制，采取核心人才带动引进、团队引进、依托高新技术项目开发引进、学术兼职、合作交流等多种形式	鼓励党政机关、企事业单位招收录用海外留学人才。对处于国际前沿的战略科学家、技术专家和河南省急需、紧缺的海外高层次留学人才，可采取特殊办法，特事特办，重点引进。用人单位要合理确定海外留学人才的工资报酬和相关待遇，以充分体现其能力、业绩和贡献。引进的海外高层次留学人才，可以在河南省自由选择落户地点。海外高层次留学人才随迁配偶需要就业的，由引进单位妥善安置
	高层次科技人才	整体机构引进、研发平台引进、孵化创业引进、成果转化引进、研发合作引进、产业转移引进、企业并购引进、营造环境引进	对引进的院士、国家"千人计划"人选等高层次科技人才及其团队，符合条件的优先立项建设省级重点实验室、工程（技术）研究中心、工业公共技术研发设计中心、工程实验室、产业技术研究院等创新平台。加强高层次科技人才创业支持。为引进高层次科技人才创造良好的工作条件和生活环境。加大经费支持力度
	特聘研究员	根据科研项目所需用人情况，向国内外发布需求信息，设立特聘研究员岗位	特聘研究员在聘期内，享受设岗单位按照国家和省有关政策规定提供的工资、保险、福利等待遇，特聘研究员岗位津贴标准为每人每年30万元。设岗单位可根据特聘研究员所承担科研项目的经费、取得的科研成果等情况，给予一定的绩效奖励。支持特聘研究员申报承担国家重大科研项目，争取中央扶持资金

续表

省份	对象	方式	待遇
四川	海内外高层次人才	发挥市场主体作用、搭建招才引智平台、推广柔性引才方式、加强对外联络合作	资金资助、职务职称、薪酬待遇、税收减免、创新创业、出入境与居留、落户、住房、医疗、保险、配偶安置、子女入学、评价激励
	外籍高层次专家和创新团队	由项目申报单位按照批复的计划聘请专家，组织实施项目	按照国家外国专家局和省级引进国(境)外人才经费管理文件规定，可资助外国专家在川工作期间的部分食宿生活费、国际国内旅费及60%以内工薪。单个引智项目资助总额不超过80万元，其中资助工薪总额不超过60万元。项目实施周期较长的，最多可连续资助5年
	川商	鼓励在外川商企业总部整体搬迁回归四川省或在川新设立地区总部、功能性机构和回家发展工程总部基地，鼓励异地四川省商会以抱团回归、会长牵头回归等方式，引导推动总部回归	对返乡兴业川商，一视同仁享受国家和四川省已出台的优惠政策。加大对川商返乡投资项目的支持。引导、鼓励金融机构和私募投资机构创新金融产品，加大对返乡兴业川商企业的信贷支持力度。川商返乡投资重大产业项目，符合省重点项目标准的，列入省重点项目并加大项目用地保障力度。支持返乡兴业川商以多种形式投资产业园区建设，参与标准厂房建设和运营管理

四、人才培养开发类政策比较

广东省和江苏省对于人才培养开发类政策制定得较少，主要关注于对专业技术人才的培养。河南省对于农村人才的培养较为重视，出台了对农村电商技能人才的培养方案以及对新型职业农民的培养意见。山东省重视对科技人才的培养，而且重视青年人才的培养。相比较而言，四川省人才培养开发的类别涵盖比较广，包括“天府万人计划”、学术和技术带头人、新型企业家培养、会计高端人才培养、民族地区旅游人才培养、技能人才队伍建设、新型职业农民培育、优秀青年马克思主义者培养等政策，见表5-5。

表 5-5　六省主要人才培养开发类政策比较

省份	对象	方式	目标
广东	专业技术人才	高级研修项目、急需紧缺人才培训项目、岗位培训项目、专业技术人员继续教育示范基地建设项目	在 12 个重点领域、9 个现代服务业领域以及广东省的战略性新兴产业和文化产业，开展大规模的知识更新继续教育，每年重点培训 10 万名高层次、急需紧缺和骨干专业技术人才，以此带动广东省专业技术人才知识更新继续教育全员培训的落实。推进专业技术人员继续教育基地建设，创建一批国家级专业技术人员继续教育基地和省级专业技术人员继续教育示范基地
江苏	重点行业领域、战略性新兴产业、现代服务业承担项目研发、实施科技成果转化的高层次人才和人才团队	项目资助：高层次人才项目、创新人才团队项目	为深入实施创新驱动发展战略和科教与人才强省战略，突出“高精尖缺”导向，持续加大高层次创新人才和产业创新团队的培养力度，为实现“两聚一高”提供强有力的人才支撑
浙江	高技能人才	将引进国外的职业培训优质机构开展联合办学	围绕八大万亿元级产业和传统制造业提升改造，促进高技能人才提质增效，到 2022 年，高技能人才占技能人才的比例达到 30%以上，在全国率先建成高技能人才强省
	科技特派员	科技特派员	到 2020 年，浙江省建设 100 家农业农村领域的星创天地，培育 100 个科技特派员创业服务示范基地，科技特派员服务领域进一步拓展、功能作用进一步发挥，农业科技支撑能力、农民创业创新能力进一步提升，科技特派员工作继续走在全国前列
山东	“泰山产业领军人才”	分层级构建全方位培养引进高层次创新人才的工程体系，形成高层次人才成长全过程培养链条	到 2020 年，以各类企业、园区、产业基地等为依托，面向海内外引进培养 1000 名左右“高精尖缺”产业领军人才，集聚形成 1000 个左右产业人才团队，使山东省产业人才规模显著扩大，产业人才结构显著优化，产业创新能力显著提升，制约产业发展的重大关键技术取得重要突破，形成一批高质量、高效益的新的增长极，努力在人才引领产业转型升级方面走到全国前列

续表

省份	对象	方式	目标
山东	青年人才	为事业单位青年人才脱颖而出创造条件;保障青年人才科技成果转移转化权益;分担青年人才创新创业风险	逐步完善以基础研究带动青年人才成长的科技人才培养体系
河南	农村电商技能人才	开发培训资源、建设师资队伍、健全培训体系、建立常态化培训机制、打造示范商铺	实施农村电商技能人才培训三年行动计划。持续完善农村电商技能人才培训基础设施、培训体系和政策环境
	高层次人才	资助高层次人才出国(境)进修深造	通过培训让高层次人才能够充分利用国外先进的教学科研设备和丰富的学术资料,学习国外最新的理念和科技知识,增强科研能力和创新能力,提高相关领域的专业水平和国际化水平,促进与国际知名高校、科研机构的合作与交流
	新型职业农民	加快构建完善以农业广播电视学校、农技推广服务机构、涉农职业院校为主体,农业高等院校、农业科研院所、农业科技创新与集成示范基地等为拓展,各类新型农业经营主体为补充的一体多元、适度竞争的新型职业农民教育培训体系	培养造就一支有文化、懂技术、善经营、会管理的新型职业农民队伍,推动现代农业建设迈上新台阶
	医学人才	提高生源质量、提升医学专业学历教育层次、深化院校医学教育改革、建立完善毕业后医学教育制度、健全继续医学教育制度、强化医学教育质量评估、扩大医学教育对外交流合作	到2020年,医学教育管理体制机制改革取得明显成效,医学人才使用激励机制得到健全,到2030年,医学教育改革与发展的政策环境更加完善

续表

省份	对象	方式	目标
河南	技能人才	引导各类职业院校特别是技能人才培养培训示范基地学校为产业集聚区和重点企业发展提供人力资源培训服务，根据产业发展和企业用工需求积极开展定向、定岗和订单式培养，实现职业学校培养与产业、企业需求有效对接	加快河南省由人力资源大省向人力资源强省转变步伐，促进就业，服务经济社会发展，推进全民技能振兴工程
四川	“天府万人计划”	由省委组织部部署年度总体安排，各平台部门对所负责项目遴选工作作出具体安排，各地各部门组织申报	从2018年起到2027年，重点围绕四川省产业发展和自主创新需求，采取分层分类遴选方式，省层面重点支持100名左右杰出人才、1200名左右领军人才和1000名左右青年拔尖人才，示范带动各市（州）支持培养1万名左右各类高层次人才
	企业家	加强教育培训、开展对标学习、强化实践锻炼、促进交流合作、推进人才集聚、集成政策支持	从2015年起，每两年遴选一批企业创新创业人才作为培养对象，构建开放式、个性化、系统性的企业家培训体系，力争到2020年，省层面完成对1000名左右创新型企业家的培养目标，示范带动各市（州）重点培养4000名左右创新型企业家
	网络安全人才	加强网络安全学院和学科专业建设、完善网络安全人才培养模式、创新网络安全人才引进政策、畅通网络安全人才流动渠道、创新网络安全人才评价激励机制	从2016年起，重点实施“五个一批”人才培养工程，通过5年努力，基本构建起适应网络安全学科和产业发展需要的人才支撑体系
	会计高端人才	加强教育培训、锻炼研究能力、促进团队交流、加强跟踪培养	从2016年起，分类有计划地选拔一批会计人才进行有针对性的培养，争取用10年左右时间，培养造就500名左右省级会计高端人才
	旅游人才	实施百名旅游管理人员高端培训计划、百名旅游专家智力援助计划、千名旅游专业人才培养引进计划、万名旅游从业人员能力提升计划、建设旅游人才培养开发示范基地	力争3年内基本补齐民族地区旅游行政事业单位空缺岗位，5年内将民族地区旅游直接从业人员轮训一遍，基本形成与民族地区全域旅游相适应的数量充足、结构合理、素质优良的旅游人才队伍

续表

省份	对象	方式	目标
四川	技能人才	改善职业教育办学条件、打造重点特色专业、大力推行订单式培养、加大培训补贴力度	到2020年,四川省技能人才总量从2016年的680万人增加到1000万人,高技能人才占技能人才比例从16%提高到25%,技能人才供给基本适应第一、第二、第三产业结构调整变化。到2025年,技能人才总量和高技能人才数量居于中西部领先地位,分布、层次、类型更加适应产业发展需要,技能人才队伍对产业转型升级形成有力支撑
	新型职业农民	建立健全培训制度、加强有序规范管理、构建扶持政策体系	2015年到2020年,累计培育新型职业农民30万人,其中生产经营型18万人、专业技能型6万人、专业服务型6万人

但是,四川省还有以下几方面有待改进。青年人才,特别是青年科技人才专项培养政策缺乏。《山东省支持青年人才创新创业的若干措施》围绕引进青年人才来鲁,青年人才创新创业能力培养、激励保障,鼓励青年人才合理流动等方面制定14条具体措施,其中规定打造全新"山东省非教育系统政府公派出国留学"项目,由原来每年选派30名留学人员,增加到每年选派300名左右优秀中青年科技、技能、医疗卫生、财经以及政府和企业管理人才到国(境)外知名大学、科研机构、医疗卫生机构、财经财会专业机构、企业等进行访学交流、科研合作或培养进修。省级财政根据类别不同给予留学人员每年10万—15万元经费资助。

与四川省的产业规划、产业发展结合不够紧密。江苏省培养支持的对象是重点行业领域、战略性新兴产业、现代服务业承担项目研发、实施科技成果转化的高层次人才和人才团队,非常清晰明确的培育目标,很好地服务江苏省自身发展需求。四川省的产业发展规划是明确的,却没有在培养人才方面与产业发展规划加强紧密联系,这是未来应该补的短板,瞄准四川省将要大力发展的高精尖产业、"珠峰产业"制定系列人才培养支持的政策,使得四川省在产业发展中占领人才先机。

五、人才评价激励类政策比较

总体而言,广东省、河南省、四川省制定的评价激励类人才政策数量相当,江苏省和浙江省的此类政策较少。除山东省外,每个省都制定了对科技成果转化人才的评价激励政策,其中四川省对科技成果转移转化方面的激励政策更加细致,包括了科技成果转移转化行动方案、对卫生计生科技创新和成果转化的实施意见以及对科技成果权属混合所有制改革试点的方案。广东省的评价激励政策还包括科技人员、基层卫生人员和战略性新兴产业首席专家,江苏省还包括企业人才,河南省还包括外籍高层次人才、杰出专业技术人才及创新先进单位和个人,山东省还包括高端金融人才、博士后和中青年专家,四川省则还包含非公有制组织从业人员和留学回国人员等,相比较而言,四川省的评价激励政策更加多元化,所涉及的评价激励人才的面更广,见表5-6。

表5-6　六省主要人才评价激励类政策比较

省份	对象	内容
广东	科技人员	健全职称评审分类评价机制、建立激励科技成果转化的职称评审导向、加大职称评审专利指标权重、将标准制定纳入职称评价指标、提高职称评审论文质量要求、进一步向科研创新单位下放职称评审权、畅通流动科技人员申报渠道、高层次人才可直接认定正高职称资格、鼓励博士后申报职称评审、拓展知识产权领域职称评价、贯通专技人才与技能人才职业发展通道
	基层卫生专业技术人员	健全评审体系、优化评审条件、完善评审标准、创新评价机制、建立长效机制
	科技成果完成人(团队)	组织实施、保障措施、技术权益、法律责任
	战略性新兴产业首席专家	标准和申报、评选程序、权利与义务
江苏	企业人才	对企业加大引才奖补力度,鼓励有条件的地方政府对引进高层次人才的企业,在引才投入、租房补贴、项目资助等方面给予支持,使引进人才的实际收入等于其工资薪金的税前收入
	科技成果转移转化人才	创建国家级技术转移人才培养基地,建设专业化技术转移人才队伍
浙江	科技成果转移转化人才	规定对重要贡献人员的成果转化奖励比例提高到不低于百分之七十;明确净收入的计算方式,研发科技成果所用财政性资助资金不列入成本

续表

省份	对象	内容
山东	金融高端人才	金融高端人才每年奖励一次,每次奖励不超过 100 名,管理期限为 1 年,同一人一般不得连续获得奖励,累计奖励不超过 3 次。奖励对象和金额主要根据金融人才上一年度经济社会贡献度确定,统筹考虑不同地域、不同领域、不同金融业态人才的情况。奖励资金由市、县(市、区)两级财政分级统筹安排
	博士后	推行"人才+项目"培养模式;发挥省博士后创新项目专项资金激励引导作用;加大博士后交流和培养力度
	中青年专家	山东省有突出贡献的中青年专家每两年选拔一次,每次选拔 120 名左右,管理期限为 5 年
河南	外籍高层次人才	认定范围、认定标准、认定程序、管理与服务
	杰出专业技术人才	评选范围和对象、评选条件、组织领导、评选程序、批准与待遇
	创业先进单位和个人	表彰对象、评选条件、评选程序、表彰方式
	科技成果转移转化人才	动员科技人员及高层次专家,深入企业、农村等基层一线深入开展科技成果转移转化活动。对作出突出贡献的科技成果转化人员,试行职务科技成果、知识产权分红激励制度
四川	科技成果转化人才	完善科技成果转移转化激励机制、建立多层次技术市场人才培训体系、强化科技成果转移转化人才服务
	非公有制组织从业人员	适用范围、申报渠道、评价标准和条件、评审组织、相关规定、资格考试、工作要求、工作纪律
	科技人员(创新创业)	改革试点单位、改革具体措施、改革试点工作时限和步骤、改革试点工作责任部门及任务分工机构
	留学回国人员	范围对象、申报条件、评定标准、评审程序

尽管四川省制定的评价激励类人才政策存在以上优点,但同时也存在以下几点需要改进的地方。

政策黏性和温度不足。政策的制定应明确实施方案,落实执行方法,而四川省所制定的某些政策还存在此方面的不足。例如四川省在《关于全面推进卫生计生科技创新和成果转化的实施意见》中提出要遴选组建一批"四川省医学科技创新团队",但对如何组建,哪个部门或单位牵头组建以及组建后的组织培养都没有提。在引进培养创新人才部分对于如何引进、引进人才的待遇等均没有明确的说明。而广东省制定的《广东省促进科技成果转化条例》中就对利用何种资金设立科技类项目、采用何种方式支持研发、采用何种手段支持科技成果转化等均有较为详细的说明。

缺乏分类人才评价政策。人才评价是人才发展体制机制的重要组成部分,是人才资源开发管理和使用的前提。[①] 建立科学的人才分类评价机制,对于激励引导人才职业发展、调动人才创新创业积极性具有重要作用。当前四川省缺乏分类人才评价政策,而广东省虽也未出台系统性的人才分类评价政策,但在2015年就制定了《关于进一步改革科技人员职称评价的若干意见》,提出要健全职称评审分类评价机制,加大职称评审专利指标权重、进一步向科研创新单位下放职称评审权、高层次人才可直接认定正高职称资格等较有建设性的政策意见。

高端人才评价激励不足。当前四川省制定的人才评价激励类政策虽呈多元化的特点,但对高端人才的评价激励还显得有些不足。高端人才是社会创新发展的中坚力量和宝贵财富,评价激励类政策的制定,可以帮助四川省将引进的高端人才留住,并激发其创造性。河南省就出台了对外籍高层次人才、杰出专业技术人才等的评价激励类政策,山东省也出台了对金融高端人才的评价激励政策。四川省应制定更多针对各类高端人才的评价激励政策,激发高端人才的创新活力。

六、人才流动配置类政策比较

与其他省份相比,四川省制定了较多流动配置类人才政策,并且主要是针对精准扶贫和乡村建设方面。如精准扶贫方面出台了藏区与内地干部的双向流动机制以及党员和高校对口扶贫;在乡村建设方面出台了乡村教师支持计划、乡村医生队伍建设以及专家下基层行动工程。广东省、河南省和浙江省在流动配置类出台的政策较少,广东省也出台了加强乡

① 杨永忠、陈乐天:《A高校青年教师发展面临的困境及舒缓建议》,《智库时代》2019年第2期。

村医生队伍建设的方案，而河南省则比较关注农业方面的创新情况，出台科技特派员制度以及支持返乡下乡人员创业创新促进农村发展的意见。江苏省与山东省则未调研到此类型政策。见表5-7。

表5-7　四省主要人才流动配置类政策比较

省份	对象	内容
广东	乡村医生	总体要求和主要目标、工作任务、工作要求
浙江	事业单位在编在岗科研人员携带科研项目、成果或技术到省内企业从事科技研究、科技开发和科技服务工作或在省内创办企业	离岗创业创新期限一般不超过5年；若确有需要，经离岗人员申请、所在事业单位同意，双方续签离岗创业创新协议，最多续签一次，两次离岗创业创新期限累计不超过6年。离岗创业创新期限内，双方保留人事关系
河南	科技特派员	总体要求、主要任务、保障措施、组织实施
	返乡下乡人员	总体要求、工作任务、政策措施及责任分工、组织实施
四川	基层专业技术人才	实施范围对象、放宽基层事业单位人员招聘政策、完善基层事业单位岗位管理、积极引导各类人才向基层一线流动、改革基层专业技术人才评价机制、加强基层专业技术人才服务保障
	藏区与内地干部	选派对象及条件、选派程序、考核激励
	党员（精准扶贫）	工作措施、帮扶资金、组织实施
	高校（精准扶贫）	工作目标、重点任务（开展驻村帮扶、开展教育培训、提供科技指导、提供法律援助、开展志愿服务、帮助就业创业、提供决策咨询、帮助人才引进、帮扶产业规划）
	医疗支援	工作目标、主要工作任务、支援方式、工作要求、严格制度约束
	教育卫生人才	引导教育卫生人才服务基层、加大空岗补员力度、采取考试方式公开招聘、采取考核方式公开招聘、实行服务基层奖励积分制、加大绩效奖励力度、大力加强在岗培训、切实加强队伍管理
	专家（下基层）	方式任务、重点工程、保障措施、工作要求
	乡村教师	大力加强师德师风建设、拓展乡村教师补充渠道、提高乡村教师生活待遇、加强乡村学校教师编制管理、完善乡村教师职务（职称）评聘办法、促进城镇教师向乡村学校流动、提升乡村教师专业水平、增强乡村教师职业荣誉感、落实各级政府主体责任
	乡村医生	总体要求和主要目标、主要任务、保障措施

尽管四川省对人才的流动配置类政策较为重视，但在政策的制定中还存在以下缺点。

政策实施缺乏执行力。在广东省制定的《广东省进一步加强乡村医生队伍建设实施方案》中对乡村医生队伍建设的落实规定了明确的工作进度，要求2015年年底前要完成乡村医生队伍建设规划编制工作，出台乡村医生教育培训实施方案。并从2017年起落实对乡村医生的各项补偿（补贴）政策。2020年年底前实现村卫生站基层医疗卫生信息系统全覆盖。2025年年底前乡村医生队伍全面实现（乡村全科）执业助理医师化，基本实现紧密型镇村卫生服务一体化管理。而在四川省制定的《四川省人民政府办公厅关于进一步加强乡村医生队伍建设的实施意见》中仅提出要强化督查引导，确保乡村医生队伍建设、创新基层卫生人才培养使用机制的各项政策落到实处。由于政策缺乏明确的工作进度规定，可能导致政策的落实存在执行效率低下的情况。

政策制定缺乏创新性。四川省作为农业大省，应以发展现代农业作为重中之重，加快向农业强省跨越。目前四川省制定的农村建设方面的流动配置类人才措施还主要停留在基础保障型人员上，如乡村医生和乡村教师，而河南省提出科技特派员制度则值得我们学习。四川省应制定更多创新型人才政策，实现乡村振兴。

七、人才管理服务类政策比较

总体而言，各省的管理服务类人才政策主要针对高层次人才制定相应的管理服务实施办法。江苏省、浙江省和山东省的管理服务类政策较少，针对的人才类型较少。与其他省份相比，四川省的管理服务类人才政策更偏向于对高层次人才统一出台政策，在政策内再划分各类人才，而广东省和河南省则针对不同类型的高层次人才出台不同的政策。此外，四川省出台的管理服务类政策还体现了对高层次人才的政治关怀，在《关于进一步加强党委联系服务专家工作的实施意见》中提出建立健全联系服务专家制度，由省委集体联系各领域专家200名左右，并建立动态调整机制，各级党委（党组）领导班子成员至少直接联系 2 名专家。此政策畅通了专家建言献策的渠道，有利于发挥高层次人才的智囊作用。见表 5-8。

表 5-8　六省主要人才管理服务类政策比较

省份	对象	内容
广东	科研人员（创新创业）	适用范围、人事管理相关要求
	博士后（创新实践基地）	提高思想认识，大力发展博士后创新实践基地；要积极创建创新实践基地，严格规范管理；要强化主体责任，切实抓好博士后招收培养工作；要加大政策扶持力度，加强指导服务
	高等学校副教授（评审权审批）	申请条件、申请及审批程序、管理监督
	高层次人才（“一站式”服务）	服务对象、服务窗口、服务项目及分工、保障措施
江苏	高层次人才	高层次人才居住证享受多种特殊待遇
浙江	高层次人才	高层次人才居住证享受多种特殊待遇
山东	高层次人才	高层次人才在鲁创新创业提供的出入境和居留、户籍、住房、配偶随迁、子女入学、编制、职称、岗位、薪酬等优惠政策和便利服务
	科技领军人才	以创新工作室为载体，探索科技人才体制改革有效路径，最大限度地激发科技人才创新创业创造积极性。省科技主管部门与创新工作室依托单位共同为创新工作室开展技术创新活动创造条件、提供保障
河南	“中原学者”	申请者条件、申请与推荐、评审与批准、管理与保障
	专业技术人员（离岗创业）	适用范围、政策措施、申办程序、有关事项及要求
	博士后（创新实践基地）	管理机构、基地的建立、博士后研究人员的招收、博士后研究人员的管理、服务保障、评估
	创新型科技团队	基本条件与要求、申报与遴选、管理与保障
	科技创新杰出青年	申请者条件、申请与推荐、评审与批准、实施与管理
	科技创新杰出人才	申请者条件、申请与推荐、评审与批准、实施与管理
	院士工作站	管理机构及职责、主要任务、申报条件与程序、管理与绩效评估

续表

省份	对象	内容
四川	一般人才	考核对象、考核内容、考核方式、考核程序、结果运用、组织实施
	专家	党委联系服务专家的联系对象、主要措施
	高层次人才	支持对象、安家补助、岗位激励、项目和平台支持、管理服务
	高层次人才家属	给予医保优待的对象、实施方案、财政补助的业务操作方法
	外国人才	外国人永久居留的申请条件和程序、资格待遇、服务管理

目前四川省制定的管理服务类政策还存在以下缺点。

缺乏高层次人才"一站式"服务管理落实方案。高层次人才作为四川省重要的智力资源,其时间十分宝贵,应将其时间更多地贡献于专业领域发展,发挥其智力作用,指派专业人员对其服务进行"一站式"管理。在《广东省引进高层次人才"一站式"服务实施方案》中就对高层次引进人才的服务对象、服务窗口以及服务项目及具体分工进行了详细落实。而四川的《关于建设四川省人才之家服务高层次人才十二条措施》中仅提出要建设综合性服务窗口,为高层次人才提供专业化、"一站式"服务,而没有具体的落实方案。

对高层次人才的生活支持不足。《山东省高层次人才服务绿色通道规定》为高层次人才开通了科研、生活等方方面面的绿色通道。例如,高层次人才凭"山东惠才卡"可享受设区的市、县(市、区)指定三甲医院预约就诊、专员陪同、专家诊疗的就医绿色通道服务。高层次人才在省内各大机场、客船(轮渡)码头和火车济南站、济南西站、青岛站、青岛北站出行时,凭"山东惠才卡"、本人有效身份证件和当日当次飞机(客船、火车)票,本人及一名陪同人员可享受绿色通道服务。高层次人才凭"山东惠才卡"可享受免费进入山东省内3A级以上旅游景区及国家森林公园服务。高层次人才凭"山东惠才卡"可享受在山东省内各级体育部门所属公共体育场馆免费入场馆健身服务等等。以上政策的制定更有助于对高层次人才拴心留人，让人才感受到政策的温暖。而四川省目前制定的对高层次人才的管理服务政策多为岗位激励、安家补助、项目和平台支持等，没有对高层次人才生活中的各方面给予支持和优惠待遇。

第三节　四川省人才政策的优势与不足评价

一、四川省人才政策优势

（一）政策体系规划涵盖全面

四川省出台的人才规划政策分类还是比较完善的，围绕《四川省“十三五”人才发展规划》制定了针对各类人才的发展规划政策，包括专业技术人才队伍建设的“十三五”规划、企业经营管理人才队伍建设的“十三五”规划、技能人才队伍建设的“十三五”规划、农村实用人才队伍建设的“十三五”规划、社会工作专业人才队伍的“十三五”规划，以及产业园区领导班子和干部的规划引导。在与各个省的比较中，类别划分是很细致的，也很有针对性、目标性。

（二）引进集聚类政策布局得当

四川省出台的人才引进政策主要以高端人才为主，四川省制定的省“千人计划”“天府高端引智计划”等等，都紧扣四川省发展需求，制定发布相当及时。除此之外还出台了《关于鼓励川商返乡兴业回家发展的指导意见》《关于支持农民工和农民企业家返乡创业的实施意见》《关于进一步促进大学生就业创业的意见》《关于省国有重要骨干企业董事会选聘高级管理人员的指导意见（试行）》等，积极引进和集聚各类人才，可以看出四川省总的人才政策在引进集聚方面布局得当。

（三）人才培养对象类型多样

在六个比较的省份中，广东省和江苏省对于人才培养开发主要关注于对专业技术人才的培养。河南省对于农村人才的培养较为重视，出台了对农村电商技能人才的培养方案以及对新型职业农民的培养意见。山东省重视对科技人才的培养，而且重视青年人才的培养。相比较而言，四川省人才培养开发的类别涵盖比较广，培养类型多样。包括"天府万人计划"、学术和技术带头人、创新型企业家培养、网络安全人才培养、会计高端人才培养、民族地区旅游人才培养、技能人才队伍建设、新型职业农民培育、优秀青年马克思主义者培养等政策，在培养范围上还是比较广的。

（四）激励政策多元化，科技成果转化激励政策更加细化

四川省的评价激励政策更加多元化，所涉及的评价激励人才的面更广。除了对研究人员、科技人员、青年的评价激励外，四川省还针对非公有制组织从业人员和留学回国人员等出台了政策。此外，几乎所有省份都制定了对科技成果转化人才的评价激励政策，其中四川省对科技成果转移转化方面的激励政策更加细致，包括了科技成果转移转化行动方案、对卫生计生科技创新和成果转化的实施意见以及对科技成果权属混合所有制改革试点的方案。

（五）重视乡村建设与扶贫的人才工作

与其他省份相比，四川省制定了较多流动配置类人才政策，并且主要是针对精准扶贫和乡村建设方面。如精准扶贫方面出台了《关于开展全省藏区与内地干部人才"双向交流"挂职任职的意见》《关于实施党员精准扶贫示范工程的工作方案》《关于发挥高校优势开展对口帮扶精准扶贫工作的指导意见》等；在乡村建设方面出台了乡村教师支持计划、乡村医生队伍建设实施意见、引导教育卫生人才服务基层意见以及专家下基层行动工程。

二、四川省人才政策不足

（一）人才规划的内在关联度不高

尽管四川省的人才规划涵盖较为全面，但还缺乏针对高端人才、青年人才作出专门规划，人才规划的理论性不强、系统性不足，在规划上的关联性、互撑性不够。以山东省为例，以山东省"泰山学者"为核心，建设一系列人才工程，重视青年人才和工程的落地细化，从 2017 年起在山东省组织实施"外专双百计划"也是针对海外高层次专家人才。浙江省制定

有《浙江省高层次人才特殊支持计划》。近年来，各省人才争夺战中最为白热化的就是高端人才的竞争，四川省要占领优势地位，规划方面应针对高端人才、青年人才、双创人才等实施专门的操作性强的政策。

（二）柔性引才的“柔”度不够

柔性引才，简单地说就是用人单位从全职引人到灵活引智，从固守引才政策到一人一策、一事一策等差异化转变。济南市的“人才新政30条”细则中，提出建立柔性引才供需对接平台，支持用人单位在不改变人事、档案、户籍、社保等关系的前提下，通过顾问指导、短期兼职、技术合作、技术入股、合作经营等方式，柔性汇聚全球创新创业人才。在北京市成立的“烟台市芝罘区驻北京人才工作站”目标就是要“走出去”对接京津冀地区人才资源，把人“抢夺”回来。四川省的柔性政策还停于表面，不够深入细致，没有强调落地执行。

（三）青年人才政策发力不足

大学生是潜力型人才资源，成都市除了落户政策以外，为来蓉大学生提供的人才驿站和免费床位政策对大学生的吸引力有限。此外四川省还缺乏对青年人才，特别是青年科技人才的专项培养政策。山东省就出台了《山东省支持青年人才创新创业的若干措施》围绕引进青年人才来鲁，青年人才创新创业能力培养、激励保障，鼓励青年人才合理流动等方面制定14条具体措施。

（四）人才政策与产业规划、产业发展结合不够紧密

四川省的产业发展规划是明确的，却没有在培养人才方面与产业发展规划加强紧密联系。如江苏省出台的人才培养支持政策就很好地与其所要发展的重点行业、领域相结合。这是四川省未来应该补齐的短板，瞄准四川省将要大力发展的高精尖产业、“珠峰产业”制定系列人才培养支持的专门政策，使得四川省在产业发展中占领人才先机。

（五）高层次人才政策不够友好

四川省高层次人才政策的友好性不足，服务还远不到位。例如，四川省和山东省均为高层次人才开辟了“绿色通道”，但四川省的政策一方面力度明显不够，另一方面也很难真正落地实施。此外对高层次人才的评

价激励也显得有些不足,评价激励类政策的制定,可以帮助四川省将引进的高端人才留住,并激发其创造性。河南省就出台了对外籍高层次人才、杰出专业技术人才等的评价激励类政策,山东省也出台了对金融高端人才的评价激励政策。四川省应制定更多针对各类高端人才的评价激励政策,激发高端人才的创新活力。

评　价　篇

第六章　全面创新改革试验区评价分析*

第一节　全面创新改革试验区评价方法

一、评价方法

全面创新改革试验区评价研究借鉴了国内外关于创新评价的理论与方法，依据中共中央办公厅、国务院办公厅印发的《关于在部分区域系统推进全面创新改革试验的总体方案》的要求与目标，从市场竞争环境、知识产权、科技成果转化、金融创新、人才队伍、开放创新、科技管理体制和改革特色共8个方面构建了评价京津冀、上海市、广东省、安徽省、四川省五个全面创新改革试验区评价指标体系，形成了较完整的评价思路与方法。

（一）评价目的与思路

通过构建评价指标体系和测算全面创新改革指数，力求全面、客观、科学、准确地反映全面创新改革试验区的改革成效，为梳理试验区有益经验并探索共同或相近的创新驱动发展规律提供支撑，为政府及主管部门制定创新规划和发展政策提供依据。

依据国家对推进全面创新改革试验的总体目标，改革试验区要在市场公平竞争、知识产权、科技成果转化、金融创新、人才培养和激励、开放

* 本章执笔人为王恺乐、熊永兰、韩文艳。

创新、科技管理体制方面取得改革突破,因此本报告采用综合指数评价方法,采用以上7个评价方向并加入了针对不同改革试验区要求的改革特色作为评价的一级指标。

（二）指标选取原则

导向性原则。充分体现国家对试验区全面创新改革政策的倡导立场,反映国家有关改革发展目标的现实关切。

系统性原则。指标设置应全面考察全面创新改革试验区改革成效,评价结果包括综合指数和分项指数,系统反映各试验区在改革的各方面情况。

可度量性原则。指标体系应能够充分反映试验区全面创新的内涵,并且能够对试验区未来发展提供建议。因此,在指标体系的构建中应该尽量选择那些能够获得和量化的指标,或者能够定量化衡量比较的定性指标。

可比较性原则。由于全面创新改革试验区涉及跨区域(如京津冀)和省级区域(四川省、安徽省、广东省和上海市),在选取指标时,为了使各区域具有可比性,尽量避免总量指标,更多地选取质量指标和速度指标。

可操作性原则。指标设置力求科学、简单、适用,充分考虑数据采集可行性、时间成本、经济成本以及持续采集的可能性,并且与国家现有统计指标体系有效衔接。

（三）指标体系及解释

全面创新改革指数指标体系由两部分组成,第一部分为公共指标,包含市场竞争环境、知识产权、科技成果转化、金融创新、人才队伍、开放创新和科技管理体制7个方面,主要针对国家对全面创新改革试验区的目标要求提出;第二部分为特色指标,主要针对各改革试验区的特点,从改革力度和改革经验方面度量。具体指标见表6-1。

表 6-1 全面创新改革指数指标体系

指标层	一级指标	二级指标	三级指标
公共指标	市场竞争环境	市场监管	信息公示
		市场环境优化	市场环境优化改革经验占比
	知识产权	知识产权质量	专利申请成功率的增长率
			规模以上企业有效发明专利增长率
		知识产权保护	知识产权政策文件数
			知识产权类改革经验占比
	科技成果转化	科技成果转化潜力	科技成果转化政策数量
		科技成果转化实力	科技成果转化经验占比
			科技成果登记数量
	金融创新	科技与经济结合度	科技支出占一般公共预算支出比重的平均增长率
			规模以上企业 R&D 经费增长率
		金融市场	每百万人金融机构本外币贷款余额平均增长率
			金融改革经验占比
	人才队伍	人才制度创新	人才制度改革经验占比
		人才激励	人才激励类政策数量
	开放创新	国际创新合作	人才激励力度
			开放创新相关政策数量
		外商投资	进出口总额增长率
	科技管理体制	科技管理创新	外商投资企业数增长率
			科技项目管理政策数量
			科技管理改革经验占比
		科技管理成效	技术市场成交额增长率

续表

指标层	一级指标	二级指标	三级指标
特色指标	改革特色	改革力度	各试验区改革重点方向政策出台数量
			改革统领机制完整度
		改革经验	全国推广经验数量占比
			百佳案例入选条数占比

市场竞争环境指标应反映试验区的营商环境情况及改革的成效情况。市场是企业生存的空间,是企业家施展身手的舞台。公平公正的市场秩序是市场主体健康运行的前提,是市场经济发展的基础。离开了公平公正的市场竞争环境,任何企业都将难以顺利成长,任何市场主体都将难以做大做强。公平公正的市场竞争环境依赖于政府的行政指导,而市场环境的改革成效可以由市场环境优化经验体现。因此,我们选择市场监管和市场环境优化两个二级指标度量市场竞争环境方面的创新改革情况。其中,市场监管用工商局信息公开条数度量;市场环境优化用市场环境优化改革经验占比度量。

知识产权指标应反映试验区的知识产权质量和知识产权保护情况。知识产权一头连着创新,一头连着市场,是科技成果向现实生产力转化的重要桥梁和纽带。不断提升知识产权的创造、保护、运用、管理和服务水平,才能促使市场环境和创新生态不断完善,从而促进知识产权的规模和质量提升。因此,我们选择知识产权保护和知识产权质量两个二级指标来衡量政府在知识产权方面的创新改革情况。知识产权质量用专利申请成功率增长率和规模以上企业有效发明专利增长率度量;知识产权保护用知识产权政策文件数量和知识产权类改革经验占比度量。

科技成果转化指标应反映试验区的科技成果转化实力和科技成果转化潜力。当今世界经济的竞争愈来愈表现为科学技术的竞争,表现为科技成果商品化、产业化程度及其市场占有率的竞争。科技成果转化是科技与经济结合的最好形式，科技成果转化潜力是区域未来发展的动能储备，科技成果转化实力则反映了当前区域创新发展的成效。因此，我们选择科技成果转化实力和科技成果转化潜力两个二级指标来衡量政府在科技成果转化方面的创新改革情况。科技成果转化实力用科技成果转化经验占比和科技成果登记数量度量；科技成果转化潜力用科技成果转化政策数量度量。

金融创新指标应反映试验区科技经济结合情况和金融市场情况。科技创新改革的发展和传播能够推动金融领域的创新，同时也得益于金融创新产生的动力。优秀的金融体系能够为科技创新提供肥沃的土壤，滋养科技发展，同时科技创新也催化了金融市场的繁荣。试验区金融创新情况应既体现金融市场的现状与规模又能体现金融对科技发展的支持。因此，我们选择科技与经济结合度和金融市场两个二级指标来衡量政府在金融创新方面的创新改革情况。科技与经济结合度用科技支出占一般公共预算支出比重的平均增长率和规模以上企业 R&D 经费增长率度量；金融市场情况用每百万人金融机构本外币贷款余额平均增长率和金融改革经验占比度量。

人才队伍指标应反映试验区在人才制度创新和人才激励方面的情况。在高质量发展阶段人力资源带来的乘数效应是支撑经济发展的主要驱动力之一，人才是试验区改革创新的核心力量。人才制度的改革创新能够提高人才积极性进而提高人才利用效率。人才的激励能够激发人才的创新活力，提高人才贡献率。因此，我们选择人才制度创新和人才激励两个二级指标来衡量政府在人才队伍方面的创新改革情况。人才制度创新用人才制度改革经验占比度量；人才激励用人才激励类政策数量和人才激励力度度量。其中人才激励力度包含四类，分别为生活支撑类、保障服务类、创新发展类和政治关怀类。

开放创新指标应反映试验区的对外开放情况。营造全面立体开放的新格局有利于创新改革红利的加快释放，创新活力的持续迸发，有利于吸引外商在川投资。推动国际间的创新合作交流与提高外商在川投资的宽度与广度相辅相成。因此，我们选择国际创新合作和外商投资两个二级指标来衡量政府在开放创新方面的创新改革情况。国际创新合作情况用开放创新相关政策数量和进出口总额增长率度量；外商投资情况用外商投资企业数增长率度量。

科技管理体制指标应反映试验区在科技管理方面的作为。科技管理体制作为科技创新体系的基础，对于促进科技事业的快速发展起着决定性的作用。科技管理体制的优化需要政府的不断探索与创新，而具有活力的科技管理体制则能够促使科技创新目标的实现，提高科技发展成效。因此，我们选择科技管理创新和科技管理成效两个二级指标来衡量政府在科技管理体制方面的创新改革情况。科技管理创新用科技项目管理政策数量度量和科技管理改革经验占比度量；科技管理成效用技术市场成交额增长率度量。

改革特色应反映各试验区的改革决心、力度以及改革总结的经验成果，同时也应反映各试验区在全面创新改革试验过程中的不同定位与要求，反映各试验区差异性的发展方向。因此我们用改革力度和改革经验两个二级指标来衡量特色改革发展情况。改革力度用各试验区改革重点方向政策出台数量（京津冀考察协同创新政策，上海考察科技创新中心政策，广东省考察粤港澳创新合作政策，安徽省考察产业升级政策，四川省考察特色领域融合发展政策）和改革统领机制完整度度量。改革经验用全国推广经验数量占比和百佳案例入选条数占比度量。

二、数据处理与指数计算方法

全面创新改革指数的计算采用功效系数法，对每一项评价指标确定一个满意值和不允许值，以满意值为上限，以不允许值为下限，计算各指标实现满意值的程度，并以此确定各指标的分数。① 本书指标设置满意值为100，不允许值为60。

指标的赋权结合试验区的实际情况，采用熵权法和等权法相结合的方法处理。

① 翁明秀：《全国国有林场综合效益评价分析》，中南林业科技大学2016年硕士学位论文。

（一）数据处理

指标的无量纲化处理方法为：

$$Y_{ij} = (x_{ij} - x_{j\min}) / (x_{j\max} - x_{j\min}) \quad (6-1)$$

其中，i 代表某试验区，j 代表某项指标，x_{ij} 为 i 试验区 j 指标的实际值，$x_{j\min}$ 为 j 指标的最小值，$x_{j\max}$ 为 j 指标的最大值，Y_{ij} 为 i 试验区 j 指标无量纲化处理后的值。

（二）信息熵的计算

计算第 j 个指标下第 i 个试验区的指标值的比重 p_{ij}：

$$p_{ij} = Y_{ij} / \sum_{i=1}^{n} Y_{ij} \quad (6-2)$$

计算第 j 个指标的熵值 e_j：

$$e_j = -k \sum_{i=1}^{n} p_{ij} \ln p_{ij}, \; k = 1/\ln n \quad (6-3)$$

计算第 j 个指标的熵权 w_j：

$$w_j = (1 - e_j) / \sum_{j=1}^{m} (1 - e_j) \quad (6-4)$$

（三）指数计算

计算二级指标时，将三级指标的数据标准化后用熵权法计算得到权重，采用功效系数法得到二级指标的指数值。

计算一级指标时，将各二级指标的指数值标准化，根据熵权法计算得到权重，采用功效系数法得到一级指标指数值。

计算总指标，即全面创新改革指数值。将各一级指标的指数值标准化，由于 7 个公共指标的一级指标的设置均来源于国家对试验区的要求，结合实际情况，7 个一级公共指标应占相同比重，因此采用等权法计算权重，公共指标和特色指标各占比 50%，采用功效系数法计算总指标指数值。

第二节 省级全面创新改革试验区评价

一、总体情况分析

根据上述的评价方法，我们基于 2016—2018 年的改革统计数据，对

4个省级全面创新改革试验区的成效进行了计算,结果如图6-1和表6-2所示。从总的成效来看,四川省的成效最高,得分为94.31分。从单项指标来看,四川省在知识产权、科技成果转化、金融创新、开放创新、科技管理体制和改革特色方面表现均排名第一位,只在市场竞争环境和人才队伍方面落后于其他地区。

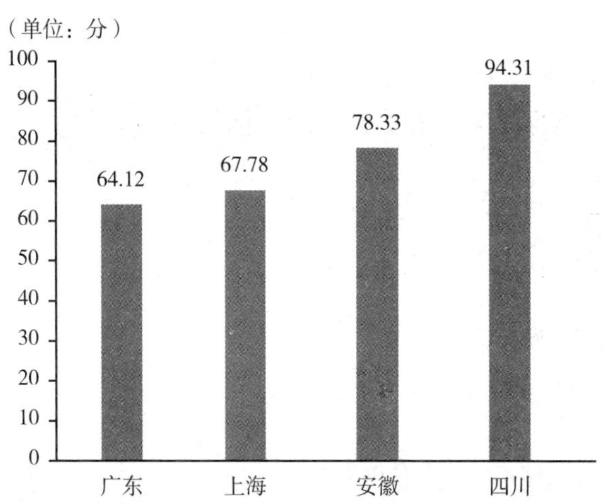

图6-1　全面创新改革试验区改革总成效比较图

表6-2　评价指标分值表

二级指标＼省市	上海	广东	安徽	四川
市场竞争环境	60.01	81.72	60.09	60.09
知识产权	80.42	68.23	93.60	93.60
科技成果转化	74.83	69.08	95.41	95.41
金融创新	74.91	71.19	98.64	98.64
人才队伍	69.54	98.82	68.27	68.27
开放创新	81.28	69.19	90.45	90.45
科技管理体制	69.06	78.59	96.45	96.45
改革特色	62.60	77.66	93.01	93.01

二、分指标对比分析

为了详细比较各试验区在全面创新改革的成效,我们从市场竞争环境、知识产权、科技成果转化、金融创新、人才队伍、开放创新、科技管理体制、改革特色八个方面进行进一步分析。

(一)市场竞争环境

在创建良好的市场竞争环境方面,四川省与安徽省和上海市有一定的差距。

安徽省委、省政府对优化营商环境十分重视,提出要把安徽省打造成为审批事项最少、办事效率最高、投资环境最优、市场主体和人民群众获得感最强的省份之一。2018 年,安徽省把商事制度改革作为落实"放管服"改革、创优"四最"营商环境的先手棋,以"减证"促"简政",不断激发市场活力。全年新登记各类市场主体 85.58 万户,同比增长 21.53%,连续 5 年实现两位数增长。同时安徽省深入推进涉企信息统一归集应用、"双随机、一公开"监管和失信联合惩戒,加大重点市场监管、强化智慧监管、加强协同监管,形成了以信用为核心的市场监管新机制。2019 年安徽省出台《创优营商环境提升行动方案》,对标我国和世界银行营商环境评价指标,聚焦企业开办、工程建设项目报建、不动产登记、获得信贷、纳税服务、跨境贸易、企业注销、办理破产、知识产权保护、市场监管等 20 个重点领域,全力优化营商环境。

在上海市,早在 2013 年 9 月,浦东新区作为首个试点区与上海自贸试验区建设同步,率先拉开了市场监管体制改革的序幕。2015 年上半年,改革进一步扩大,从上述试点推广到全市各区,在全市各区及各街镇实施了市场监管分类综合执法改革全覆盖。到 2015 年 12 月,在浦东新区、徐汇区、嘉定区市场监管局,先行开展行政执法类公务员分类管理改革试点工作,将市场监管分类综合执法改革由体制改革领域拓展到干部人事制度改革领域,增强了改革的系统性、整体性。2017 年 5 月,中共上海市市场监管工作委员会成立,成为全国第一个省(自治区、直辖市)市场监管工作党委,将区级层面市场监管体制改革延伸到市级层面,将行政体制改革拓展到党政联动改革。

四川省在市场环境方面的专项政策发文数比较少,整治专项和平台较为缺失,在信息公示方面也与其他地区有不小差距。

（二）知识产权

知识产权的考虑主要基于知识产权质量和知识产权保护两个方面，四川省位列五个地区中的第一位。在评价指标体系中的三级指标下，四川省同样牢牢占据每个指标的第一名，见图6-2。

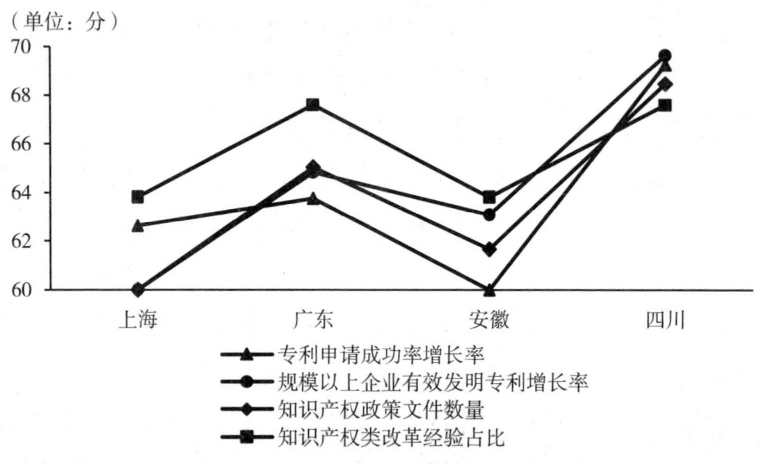

图6-2　知识产权三级指标评分图

四川省围绕知识产权运用的一系列创新举措实施：在专利质押融资领域，四川省推出了"天府知来贷"等金融产品，建立了"1+1+3+N"的知识产权运营基金出资联动制度，募集资金规模达11.3亿元，进一步完善了知识产权质押融资风险补偿机制。省政府出台《四川省"十三五"知识产权保护和运用规划》和《四川省建设引领型知识产权强省建设试点省实施方案》，坚持"清单制+责任制"管理，大力实施知识产权创新改革"一号工程"。郫都区率先在全国挂牌成立专利、商标、版权"三合一"知识产权局；成都高新区建立科技与新经济发展局，德阳高新区组建科技创新局，均挂知识产权局牌子，实现"三合一"管理和服务；天府新区成都直管区、绵阳高新区，正在积极推进成立"三合一"知识产权局。高校院所职务发明知识产权归属和利益分享制度改革取得新突破，针对高校等科研院所专利转化率较低问题，四川省知识产权局相继出台《职务科技成果权属混合所有制改革试点方案》《关于支持我省高校院所职务发明知识产权归属和利益分享制度改革试点的十五条措施》等文件。截至2018年年底,四川省知识产权服务机构达500余家,比2016年增加近200家;从业人员5万余人,是2016年的近3倍。2018年申请专利15.3万余件,获第十九届中国专利奖22项,数量创历史新高,连续两届获中国专利金奖。

《2018年全国专利实力状况报告》显示四川省、重庆市、陕西省居西部地区专利综合实力排名前三位。该报告显示作为引领型知识产权强省试点省,上海市、江苏省、广东省、四川省等全面发力,探索形成知识产权权益分配改革、建立知识产权省部会商工作机制等十余项试点经验向全国复制推广,进一步发挥示范引领作用。在知识产权类改革经验中,四川省总结了包括"专利快速审查、确权、维权一站式服务""省级行政区内专利等专业技术性较强的知识产权案件跨区域审理""基于两表指导、审助分流的知识产权案件快速审判机制"等经验向全国推广,体现出四川省在知识产权改革中的创新作为。

可见,在知识产权指标上,四川省的改革力度大,改革成效最好。

(三)科技成果转化

在科技成果转化方面,四川省依然排名第一,科技成果转化潜力与科技成果转化实力的表现都非常优异(见图6-3)。

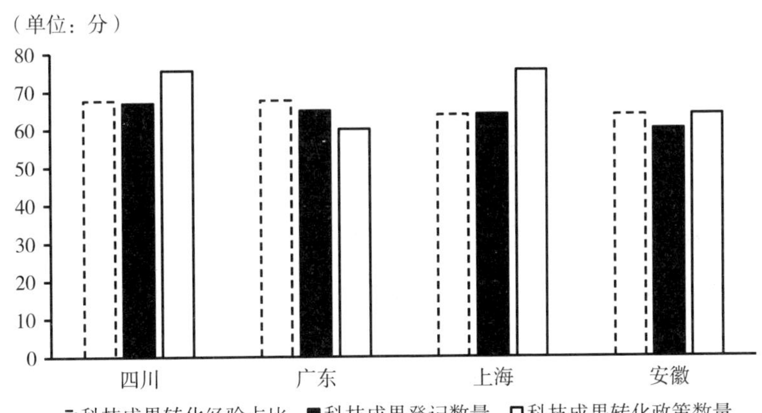

图6-3 科技成果转化三级指标评分图

针对科技成果转化能力不强、创新激励机制不健全的问题,四川省率先探索职务科技成果权属混合所有制改革，明确科研人员对职务发明的所有权，推动职务发明从“国家所有”转变为“国家和个人混合所有”，从“先转化、后确权”转变为“先确权、后转化”，从“奖励权”转变为“专利权”，推动科研人员有能力、有动力、有权力转化职务科技成果。为依法推进该项改革，四川省委以全会形式作出《关于全面创新改革驱动转型发展的决定》，提出开展职务科技成果混合所有制试点，并出台了职务科技成果权属混合所有制改革试点实施方案、支持高校院所开展职务发明知识产权归属和利益分享制度改革试点的15条措施，明确在西南交通大学等20个高校院所先行先试，探索解决科技成果转化“最先一公里”的有效模式，2018年又将试点范围扩大到45家单位。截至2018年年底，各试点单位已分割确权专利400余项，转化转移知识产权600余项，作价入股创办企业60余家，带动企业投资近30亿元，实现了“科技成果转化加快，国有资产增值，社会财富增加”的多赢局面。为巩固改革成果，2018年新修订的《四川省促进科技成果转化条例》将其上升为地方性法规，同时推动《专利法》修改纳入全国人大议事日程。按照国务院部署，该项改革已在全国8个试验区推广。

（四）金融创新

本书从科技经济结合度与金融市场来考察金融创新，四川省在金融创新上得分98.64，排名第一（见图6-4）。

全面创新改革三年间，四川省启动促进科技和金融结合试点城市建设，推动7个城市在科技金融股权融资、科技金融债券融资、科技保险等方面开展先行先试。率先建立“银行贷款+保险保证+财政风险补偿”专利权质押融资模式，实现质押专利3416件，融资116.15亿元。探索形成商标估值“银企”协商模式，发放商标权质押贷款19.6亿元，贷款余额19.58亿元。创建四川省创新科技金融研究院，创建四川省首家民营银行“新网银行”，设立9家科技支行和16家科技特色支行，累计设立各类金融机构2000余家。截至2018年年底，金融机构对科技企业贷款余额超过千亿元。

为解决银行应收账款商品交易真实性核实难、债务人确权难、信息不

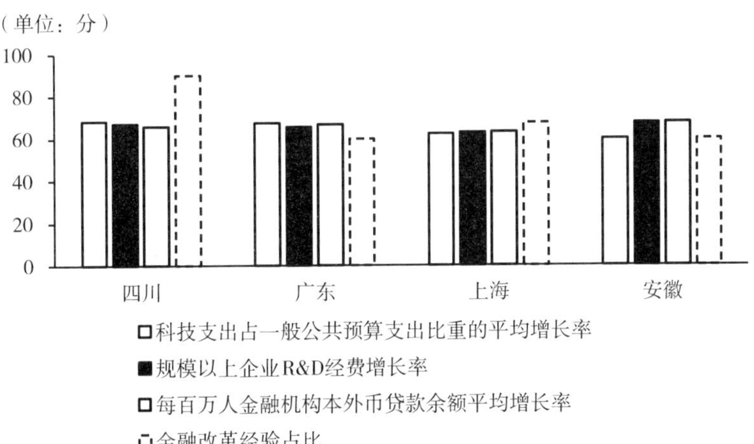

图 6-4　金融创新三级指标评分图

对称等问题，四川省率先探索“以关联企业从产业链核心龙头企业获得的应收账款为质押的融资服务”模式，通过中征平台为金融机构、债权人和债务人等关联方提供线上融资对接服务，中小微企业应收账款融资综合成本比同类银行信贷产品平均利率低 0.5 个百分点，获得贷款平均周期较传统模式节省 3—5 天。为厘清“有为政府”和“有效市场”的边界，引导财政资金逐步向“拨改投”“拨改贷”方式转变。四川省率先探索政府引导、民间资金参与、市场化运作的科技金融服务模式，依托“盈创动力”平台构建物理载体和信息载体，为中小企业提供全方位、“一站式”投融资信息服务，形成了以政策担保贷款为核心的债权融资服务体系，以政府引导基金为重点的股权融资服务体系，以企业需求为导向的增值服务体系。目前，“盈创动力”平台累计为 6700 余家中小企业提供债权融资超过 481 亿元，为 420 余家中小企业提供股权融资超过 76 亿元，为 16000 余家中小企业提供投融资增值服务，为 32000 余家企业提供科技金融增值服务，助推 80 余家中小企业改制上市。

（五）人才队伍

在人才队伍建设方面，安徽省表现最为突出，排名第一位，四川省排名倒数第二位，成效不够明显。从三级指标来看，四川省在人才激励力度和人才改革经验总结上均与安徽省存在不小差距，见图 6-5。

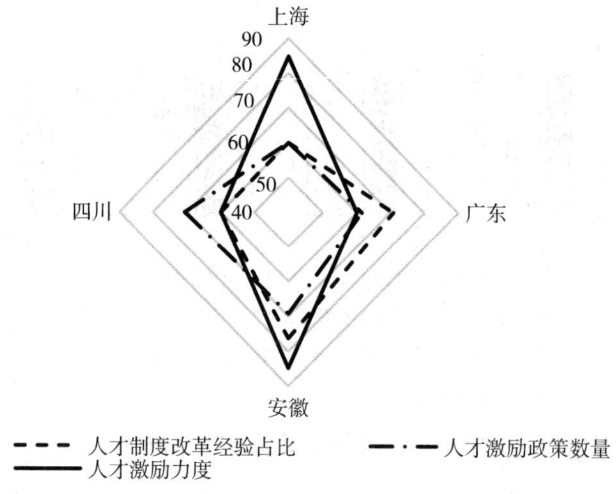

图 6-5 人才队伍三级指标评分图

表 6-3 4 个省级全面创新改革试验区人才政策类别对比

省市 政策类别	上海	广东	安徽	四川
生活支撑类	有	有	有	有
个人发展类	有	有	有	有
保障服务类	有	有	有	有
政治待遇类	有	无	有	无

从表 6-3 中可以看出，制定了政治待遇类政策的区域，总体得分都很高，说明政策位阶达到了一定高度，具备政策的人文和创新性质。

安徽省近年来的人才政策和价值体现可谓耀眼夺目。安徽省为高端人才量身打造“科学中心人才 10 条”，合肥市科学岛以王俊峰为首的 8 位哈佛博士后先后被引进归国，将“一穷二白”的中科院强磁场科学中心打造成“国际级”的科研高地，多个科研项目引领国际水平，“哈佛八剑客”已入选“2017 年度中国留学人员 50 人榜单”。得力人才政策环境的保障和高端人才的入驻使得合肥国家综合性科学中心建设异军突起，大大提高了城市的科研实力和声望,促使安徽省在全国创新大格局中占据了重要地位。

在改革经验总结上,安徽省总结出“事业单位可采取年薪制、协议工资制、项目工资等灵活多样的分配形式引进紧缺或高层次人才”“允许地方高校自主开展人才引进和职称评审”“事业单位编制省内统筹使用”的经验并向全国推广,体现出安徽省在人才队伍建设方面的创新作为。

各地在人才争夺中都逐渐打破曾经的区域层级划分,出奇招、出狠招,四川省应加大力度着眼于高端人才,要系统深入研究高端人才需求,建立整套识才、爱才、用才、重才、敬才、育才的制度体系。要深化人才发展和引进机制改革、组织建设高效的新型人才培养系统、加强人才政策的人文关怀。

(六)开放创新

此项四川省以最高分处于第一位。新时代是创新的时代,开放是四川省发展的希望。四川省实施全面开放合作战略,形成“四向拓展、全域开放”立体全面开放新态势。四川省近年来不断提升开放力度,政策创新举措更是层出不穷。

目前,来川落户的世界500强企业达到352家,其中境外世界500强247家,均居中西部第一位。占四川省企业总数1%的外商投资企业贡献了约14%的税收、68%的进出口额。以川美地方合作、“川港合作会议”机制、川欧合作论坛等为代表的对外交流不断扩大,国别合作园区、海关特殊监管区等开放合作载体不断拓展。

四川省以其省会城市成都为中心在打造国际综合交通通信枢纽方面已经雏形初现。在最新一轮的城市总规划中,成都市锁定未来“三步走”战略目标,明确到2035年全面建成泛欧泛亚具有重要影响力的国际门户枢纽城市。天府国际机场、中国(四川)自贸试验区等是奠定四川省在全国对外开放和经济版图中战略地位的重大标志性工程,对于形成国际性综合交通枢纽,更好对接全球产业链、价值链具有战略支撑作用。

2017年以“自贸四川机遇无限”为主题的川港澳合作周——走进香港暨“一带一路”国际合作四川推介会在中国香港举行,把“一带一路”国际合作当作主题。成都市公安局出入境管理局推出15项政策措施，进一步方便外籍高层次人才到自贸区工作或永久居留。其中，“实习签证”“创业签证”等新规，将更好激发外籍青年人才来蓉创新创业。《关于畅通南向通道深化南向开放合作的实施意见》明确四川省将围绕强化交通互联互通，夯实南向开放基础；壮大特色优势产业，增强南向开放支撑；打通物流关键节点，提升南向通达水平；扩大区域协同合作，优化南向开放布局四个方面开展重点工作。深化省际间交流合作，四川省将与桂渝滇黔等省（区、市）在更大范围、更宽领域、更深层次上加强交流合作。

（七）科技管理体制

科技管理体制指标上，四川省依然排名第一，得分96.45。从2016—2018年的技术市场成交额增长率对比中可以发现四川省的增长率最高，说明全面创新改革三年间四川省在科技管理体制上取得了明显成效，见图6-6。

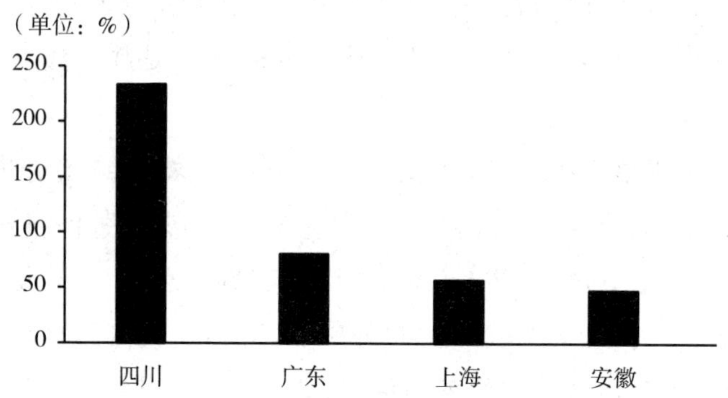

图6-6　2016—2018年各地区技术市场成交额增长率对比

在全面创新改革期间，四川省按照“转化一批、深化一批、改制一批、新建一批”的思路，分类推进科研院所改革。出台科研院所改革总体方案和试点推进方案，分组推进“一院一策”改革试点，推动42家科研院所在股权激励、成果转化、协同创新等方面先行先试。鼓励科技人员离岗创办企业，出台允许科技人员兼职取酬等10项政策措施，在10家科研院所和62个县（市、区）开展试点。推动国家相关部委联合印发《关于支持中央单位深入参与所在区域全面创新改革试验的通知》，对中央在川单位集中授权，建立9家省直部门与50家中央在川单位共同参与的工作推进机制。截至目前，中央在川科研院所已建成国家重点实验室3个、国家工程技术研究中心9个、部级重点实验室22个、省重点实验室6个、省工程技术研究中心15个，牵头组建产业技术创新联盟、产业技术研究院40余家。

（八）改革特色

改革特色从两个方面进行度量，一是改革力度，体现各地区对全面创新改革的重视程度以及改革的决心和魄力；二是改革经验，体现各地区全面创新改革取得的成效结果。

从改革力度上看，四川省出台了最多改革重点方向的政策，而在改革机制的建立上，四川省一是建立高规格的领导机制。成立以省委、省政府主要领导任组长、副组长的全面创新改革试验工作领导小组。由省发展改革委、科技厅共同牵头，并从省委办公厅、省委改革办、省国防科工办等抽调5名负责同志担任领导小组办公室专职副主任，集中办公。30多个省直部门（单位）和成都市、德阳市、绵阳市等领导小组成员单位一把手亲自负责，制定专项推进方案。形成了省委、省政府统一领导，省级有关部门整体协同，市（州）政府合力推进的强有力工作领导机制。二是不断深化完善推进思路，明确工作目标。2017年结合改革进程，提出打通科技与经济结合、科技与金融结合等“三个通道”。2018年在“三个通道”基础上，进一步强调要突出创新企业、创新人才、创新平台“三个重点”，提升基础研究、技术攻关、成果转化“三个能力”。2019年围绕“高质量收官”和“深化拓展全面创新改革”全面部署、细化落实。三是实施清单管理挂图作战，确保落地落实。印发实施方案、工作计划等9个指导性文件。连续三年滚动编制技术攻关、成果转化等“9张清单”，明确责任主体、挂图作战。先后召开7次领导小组会议和10余次领导小组办公室会议研究部署，召开40余次抓落实专题会和专职副主任例会专项落实。建立月度催办、季度通报、年底对账盘点、完成销号的检查督导制度。印发月报、简报200余期，出台配套政策文件100多个。因此四川省在改革力度指标上得分最高。

从改革经验上看,在全国推广的36条改革经验中四川省总结的推广经验是最多的,而且在全国百佳案例入选的条数上看,四川省也是最多的。综上可以发现,四川省无论是从改革的决心魄力还是从机制的建立,以及改革的成效上看均是五个地区中最好的。

第七章　省级全面创新改革试验区比较分析*

第一节　基础条件、战略目标与主要任务比较

一、基础条件比较

基础条件方面，四川省的区域行政面积最大，为48.61万平方公里，上海市最小，为6339平方公里。2018年，广东省的常住人口最多，为11346万人，四川省的常住人口为8341万人，上海市人口数量最少，为2423.78万人，但是上海市的人口密度最高。

经济方面，2018年广东省的经济总量最高，GDP为97277.77亿元，安徽省最低，为30006.82亿元，四川省略高于上海市。不过基于人口数量和行政面积，上海市的经济最发达。从三次产业结构上看，上海市和广东省的第一产业较低，主要集中在工业和服务业，上海市的服务业占比最高，为69.9%，四川省和安徽省的第一产业仍然占有相当比重，四川省作为我国的粮食大省，农业占比高达10.9%，四川省的工业和服务业还有很大提升空间。

表7-1　四川省、广东省、安徽省、上海市基础条件比较

指标＼省市	四川	广东	安徽	上海
区域行政面积(平方公里)	486051	179614	139067	6339

* 本章执笔人为熊永兰、周飞。

续表

指标 \ 省市	四川	广东	安徽	上海
2018 年常住人口(万人)	8341.0	11346.0	6323.6	2423.8
2018 年 GDP(亿元)	40678.13	97277.77	30006.82	32679.87
2018 年第一产业占比(%)	10.9	4.0	8.8	0.3
2018 年第二产业占比(%)	37.7	41.8	46.1	29.8
2018 年第三产业占比(%)	51.4	54.2	45.1	69.9

二、战略目标比较

从战略目标的实现时间来看,四川省和广东省仅提了到 2018 年全面创新改革试验结束时的目标,而安徽省和上海市则提出了到 2030 年的目标。

从战略目标的内容来看,四个省市都提出了到 2020 年形成一批可复制可推广的改革试验成果,形成创新驱动发展的制度环境。不同的是,广东省、安徽省和上海市主要围绕其创新改革的重点方面(分别为粤港澳创新圈建设、综合性国家科学中心和产业创新中心、科技创新中心)阐述了要实现的目标。此外,上海还提出了一些量化的目标,比如 R&D 经费占 GDP 的比重、战略性新兴产业增加值占全市地区生产总值的比重等,其他省份均未提出类似的目标。

表 7-2　四川省、广东省、安徽省、上海市战略目标比较

省市	战略目标
四川	发展目标:通过 3 年试验,初步建设一批支撑能力强、带动作用大的创新发展平台,初步建立一支规模宏大、富有创新精神、敢于承担风险的创新型人才队伍,初步培育一批具有国际影响力、拥有自主知识产权的创新型企业和若干高端产业集群,推动四川省加快实现创新驱动转型发展。 改革目标:到 2018 年基本形成有利于创新驱动发展的企业技术创新、开放合作创新、科技金融创新、治理能力创新的体制机制

续表

省市	战略目标
广东	力争通过3年努力，基本构建推进全面创新改革的长效机制，初步构建创新型经济体系框架，率先形成符合创新驱动发展要求的制度环境和政策体系，基本建立开放型区域创新体系和粤港澳创新圈，在全球创新体系中的影响力明显提升
安徽	到2018年，形成一批可复制可推广的改革试验成果。到2020年，基本建成综合性国家科学中心和产业创新中心。 到2025年，建成有重要影响力的综合性国家科学中心和产业创新中心，创新能力大幅提升，形成一批有较强国际竞争力的跨国公司和产业集群，构建以战略性新兴产业为支柱的产业体系，制造业整体迈上中高端。 到2030年，建成科技强省，在全国发挥示范带动作用
上海	到2018年，基本构建推进全面创新改革的长效机制，取得一批重大创新改革成果，形成一批可复制可推广的创新改革经验；在综合性国家科学中心建设、若干国家亟须的基础科研和关键核心技术领域取得突破，研究与试验发展（R&D）经费支出占全市地区生产总值比例超过3.7%；战略性新兴产业增加值占全市地区生产总值的比重提高到18%左右；张江国家自主创新示范区进入国际先进高科技园区行列。 到2020年，形成具有全球影响力的科技创新中心的基本框架体系；R&D经费支出占全市地区生产总值比例超过3.8%；战略性新兴产业增加值占全市地区生产总值的比重提高到20%左右；基本形成适应创新驱动发展要求的制度环境，基本形成科技创新支撑体系，基本形成“大众创业、万众创新”的发展格局，基本形成科技创新中心城市的经济辐射力。 到2030年，着力形成具有全球影响力的科技创新中心的核心功能，在服务国家参与全球经济科技合作与竞争中发挥枢纽作用，创新驱动发展走在全国前头、走到世界前列。 最终要全面建成具有全球影响力的科技创新中心，成为与我国经济科技实力和综合国力相匹配的全球创新城市

三、主要任务比较

从主要任务来看，四川省的任务最多，涉及特色领域融合发展、科技成果转化、开放创新、金融创新、产业体系、人才发展、创新平台以及治理体系与能力8个方面的内容。广东省是5项任务，其实是4个方面的内容，即产业创新、科技创新平台、国际合作以及经济区域布局。安徽省和上海市的主要任务严格围绕其战略目标来开展。由此可见，广东省、安徽省和上海市的主要任务更加聚焦，而四川省的改革任务更加分散。

表 7-3　四川省、广东省、安徽省、上海市主要任务比较

省市	主要任务
四川省(8)	建立健全统筹推进特色领域融合发展的体制机制
	加快推进有利于科技成果转化的体制机制改革
	建立健全内陆开放创新体制机制
	建立健全金融创新体制机制
	着力构建创新型产业体系
	建立健全创新人才发展体制机制
	重点打造多层次创新平台体系
	加快推进创新治理体系和治理能力建设
广东省(5)	构建产业新体系
	培育新兴产业创新中心
	建设科技创新平台体系
	拓展国际创新合作空间
	优化创新型经济区域布局
安徽省(3)	建设合肥综合性国家科学中心
	建设具有国际竞争力的产业体系
	建立推进科技成果加快转化的新体系
上海市(4)	建设上海张江综合性国家科学中心
	建设关键共性技术研发和转化平台
	实施引领产业发展的重大战略项目和基础工程
	推进建设张江国家自主创新示范区,加快形成“大众创业、万众创新”的局面

第二节　创新改革的完成情况与主要成效比较

一、创新改革总体完成情况

广东省把全面创新改革试验作为实施创新驱动发展战略的重要引领

性工程，从 2015 年 8 月至今已经在知识产权保护、科技成果转化、科技金融、粤港澳创新合作等方面形成了丰硕的改革成果。截至 2018 年 8 月，《广东省系统推进全面创新改革试验行动计划》细化提出的 117 项改革事项中，已完成 102 项。专利快速审查、确权、维权"一站式"服务，知识产权民事、刑事、行政案件"三合一"审判等 8 项经验在全国复制推广，占国务院推广创新举措总数的 20%。

广东省近年来加快推进 16 项经国家授权先行先试的改革事项，围绕市场准入、知识产权、金融创新、人才培养和引进、开放创新等方面开展探索。目前已落地的改革举措，包括建立知识产权快速维权体系、推动粤港澳职业资格互认试点、扩大高等教育办学自主权、扩大中外合作办学自主权、开展药品上市许可持有人制度试点、开展创新药物临床试验审批制度改革试点等。聚焦人才发展机制体制改革，广东省出台专项实施意见，实施人才管理、培养支持、引才用才、评价激励、人才流动等 24 条改革措施。

上海市将全面创新改革试验作为上海科创中心建设核心任务，在 2016 年 11 个专项、70 项重点工作和 2017 年 26 项重点工作中予以重点部署，出台了多项配套政策和办法，发布人才、科技成果转移转化、国企创新、科技金融、知识产权、外资研发中心等 9 个科创体制机制改革政策，共涉及 160 多项自主改革，以及 70 多个相关配套实施办法。

上海市在政府创新管理、科技成果转移转化、收益分配、创新投入、创新人才发展、开放合作等 6 个方面开展体制机制改革探索。对属于国家事权的 10 个方面改革难点，在国务院授权下开展了先行先试。目前这 10 个方面改革难点，已有 6 个方面完全落地实施，分别是落实鼓励创新创业的普惠税制、改革股权托管交易中心市场制度、落实和探索高新技术企业认定政策、完善股权激励机制、开展海外人才永久居留便利服务等试点、药品上市许可持有人制度改革。探索发展新型产业技术研发组织和建立国家科学中心运行管理制度，两个方面正在推进，已形成初步成果，另有一个方面探索开展投贷联动等金融服务模式创新已在国家批复前开展了自主改革探索，还在努力争取落地的一个方面是简化外商投资管理。

安徽省根据系统推进全面创新改革试验工作部署，逐条梳理细化成

76 项创新改革任务，在扩大高校院所创新自主权、创新人才管理、财税政策管理、科技金融创新等领域，已完成 50 项；国家授权的 16 项改革任务，已完成 10 项。围绕金融创新、人才创新、开放创新、平台建设等方面，制定了打造合芜蚌国家自主创新示范区升级版的跟踪衔接工作方案，将争取国家授权推进的“全创改”任务囊括其中，确定了 19 项对口国家部委的跟踪衔接任务。

在全国推广的首批 13 项改革经验，包括了安徽省事业单位编制周转池制度、事业单位采用年薪制引进高层次人才 2 项特有的改革经验，以及专利权质押融资、鼓励外国留学生在华就业创业、外国人来华工作许可和永久居留申请便利化等 3 项与其他试点区域一致的经验。

四川省聚力推动国务院授权的 30 项先行先试改革任务，到 2019 年年初已经完成 28 项，尚未完成的 2 项也取得重大突破。以破除体制机制障碍为主攻方向，列出“9 张清单”（综合改革内容清单、技术攻关清单、成果转化清单、重大项目清单、科技创新平台清单、开发区储备清单、金融对接清单、可复制可推广经验清单等）全力推进落实，聚焦打通科技与经济结合、科技与金融结合等“三条通道”，探索出了一批可复制可推广经验。在《全面创新改革试验百佳案例》中，四川省有 21 项典型案例入选，内容涉及审查机制改革、职务科技成果权属混合所有制改革等多个方面，数量为各试验区最多。

四川省已推广两批、共 42 项全创改经验成果，其中在全国推广的 36 项全创改经验成果中，四川省入围 16 项，包括关联企业从产业链核心龙头企业获得的应收账款为质押的融资服务、面向中小企业的“一站式”投融资信息服务、贷款、保险、财政风险补偿捆绑的专利权质押融资服务、国税地税联合办税等。

表 7-4　改革完成情况对比

省市	完成情况
广东	改革试验行动计划细化提出的 117 项改革事项中，已完成 102 项，其中 8 项改革经验已经或即将在全国复制推广，5 条经验入选《全面创新改革试验百佳案例》

续表

省市	完成情况
上海	国家授权的10项任务中已有6个完全落地实施。 出台9个科创体制机制改革政策，共涉及160多项自主改革，以及70多个相关配套实施办法。12条经验入选《全面创新改革试验百佳案例》
安徽	梳理细化的76项创新改革任务，已完成50项；国家授权的16项改革任务，已完成10项。 在全国推广的36条全面创新改革试验经验中包括了安徽省的9条经验。12条经验入选《全面创新改革试验百佳案例》
四川	国务院授权30项先行先试改革任务，接近一半的改革任务已经完成或基本完成。 在全国推广的36条全面创新改革试验经验中有16条来自四川。21条经验入选《全面创新改革试验百佳案例》

二、创新改革主要成效比较

（一）广东省

根据行动计划，广东省将力争通过3年努力，率先形成符合创新驱动发展要求的制度环境和政策体系，基本建立开放型区域创新体系和粤港澳创新圈。时至今日，广东省支持、激励创新的制度架构和政策体系日臻完善，企业、人才、科研机构等各类创新主体的活力得到充分激发。

在企业方面，广东省在全国首创高新技术企业培育政策，在政策引导下，2015年至2017年，超过2万家企业进入高新技术企业培育库。2017年，广东省高新技术企业总数达33073家，数量保持全国第一。海格通信、亿航智能等一大批企业在高技术领域创造出了令世界瞩目的成果。截至2018年年底，广东省已累计认定国家级高新技术企业45280家，国家认定企业技术中心107家，省级企业技术中心1245家，科技经济实力雄厚。

在人才方面，广东省创新高层次人才引进机制。在广东省116项创新改革事项中，涉及人才体制机制的多达36项，占比近1/3。这些改革主要面向过去改革尚未破题或执行效果不佳的领域，涉及人才流动与评价、激励机制及收益分配等；多数为省级权限的改革事项，体现了地方改革的主动性。通过率先实施“整团队成建制”引才、紧扣产业需求精准引才、柔性引才等新机制,广东省逐渐补齐了高端创新人才不足这一突出“短板”。截至2019年4月,广东省专业技术人才和技能人才总量分别达609万和1190万人,高层次和高技能人才分别达75.5万和365万人,总量均居全国前列;近三年共引进海外高层次人才5.8万人、留学回国人员12.74万人,其中诺贝尔奖获得者、发达国家院士、终身教授等143人,居全国前列;每年来粤工作外国人才15万人次(占全国的1/6),港澳台人才23万人次,两项合计居全国首位。

在科研机构方面,广东省出台《关于支持新型研发机构发展的试行办法》等政策,大力支持机制灵活、面向市场的新型研发机构发展。截至2017年年底,广东省拥有新型研发机构219家,集聚了研发人员3万人以上,有效发明专利8454件,成果转化收入和技术服务收入达614.5亿元,成为广东实施创新驱动发展的新动力。2018年,广东省研究与试验发展(R&D)人员达102.31万人,博士毕业R&D人员增加到39856人,占全部R&D人员比重达3.90%。2018年,广东省R&D经费支出达2704.70亿元,占地区生产总值的比重上升到2.78%,科技活动机构达到2.55万个。

在知识产权方面,广东省已率先建立起重点产业知识产权快速维权体系,拥有东莞(家具)、顺德(家电)、汕头(玩具)等7家国家级快速维权中心;完善了知识产权审判审理机制,启动知识产权民事、刑事、行政案件“三合一”审判改革试点,目前广东省拥有32个有一般知识产权案件管辖权的基层法院,审结了一批有重大影响的案件;在珠三角地区全面开展专利保险试点,推出涵盖专利申请、授权、维权等全生命周期的知识产权保险。据不完全统计,广东省2017年共完成专利保险保费305万元,保额2.2亿元,为1218家企业、5714件专利提供了保障服务,大大降低了企业风险,激发了创新热情。2018年,广东省专利申请量和授权量分别达到79.38万和47.81万件。

(二)上海市

上海市将全面创新改革试验作为上海科创中心建设核心任务,在政府创新管理、科技成果转移转化、收益分配、创新投入、创新人才发展、开放合作 6 个方面开展了体制机制改革探索。

在政府创新管理方面，对科研和产业创新活动的不合理干预进一步减少。为了解决财政科技投入多头管理、重复支持的问题，上海市率先建立了市级财政科技投入联动管理机制。将市级各类财政科技专项优化整合为基础前沿类专项、科技创新支撑类专项、技术创新引导类专项、科技人才与环境类专项、市级科技重大专项等 5 类，并建立统一管理的市级财政科技投入信息管理平台和会商机制，由此上海增强了科研单位经费使用自主权，提高了基础研究类项目劳务费资助比例。

在科技成果转移转化方面，上海市率先以地方立法形式出台《上海市促进科技成果转移转化条例》，明确了成果转化净收入计算方法，引入了科技成果市场定价机制，建立了科技成果转化勤勉尽职制度等容错机制，着力解决科技成果转移转化中遇到的各类瓶颈。目前，上海市正在布局一批市级研发与转化功能型平台，探索采用“机构式资助”方式和财政经费“退坡”机制等新型财政支持方式。

在收益分配机制和创新投入方面，为完善股权激励机制，上海市修订了《张江国家自主创新示范区企业股权和分红激励办法》，落实了股权奖励递延纳税政策，新政实施以来递延税额共计 8375. 8 万元，政策惠及企业 37 户、近 2000 余人。

上海市探索促进技术类无形资产交易，完善国有技术类无形资产可协议转让制度，选择上海化工院等国有研发机构开展试点，试点企业可以自主决定采用公开挂牌或非公开协议转让方式交易，交易对象可面向各类所有制企业和技术团队。

上海市积极探索并向有关部委争取天使投资税制。目前，财政部、国家税务总局已发文明确了创业投资企业和天使投资个人税收试点政策，上海已实现首批试点，实施研发费用加计扣除政策和高新技术企业所得税优惠税率政策，2017 年落实上年度加计扣除额同比增长 43. 04%，受惠企业比上年增长 43. 96%；2017 年全市新增高新技术企业 3247 家。

健全支持科技创新创业的金融财税政策。推动在上海证券交易所设立“科创板”并试点注册制。2018 年新增科技金融服务企业 648 家，新增金额41.26亿元，累计为3530家科技中小企业发放银行信贷178.9亿元。2018年研发费用加计扣除、高新技术企业、技术先进型服务企业共落实减免税额334亿元，同比增长26.4%，覆盖企业16734家次。

在创新人才发展方面，上海市出台了海外人才引进、户籍政策优化等30条政策措施。人才引进梯度政策体系基本形成，科研人才双向流动通道基本打通。同时，上海市开展了海外人才永久居留便利服务试点，试点公安部25项海外人才出入境政策，率先探索海外人才永久居留的市场化认定标准和便利服务措施，允许外国留学生毕业后直接在沪创新创业，破解海外高层次人才出入境不便难题。2017年共办理与科创政策相关出入境证件22.2万次，在沪创业的外国人达21.5万人，位居全国第一。2018年度组织实施引智项目近100个，引进外国专家500余人次，资助引智经费约1500万元。2018年外国人才签证制度实施以来，上海市已为近500位外国人才办理了《外国高端人才确认函》，数量位居全国第一。

为加大国内创新人才引进力度，上海市近两年通过居转户、直接落户等方式新引进国内科创人才近7.5万人。面向海内外集聚了包括两院院士、诺贝尔奖获得者、美国科学院院士等在内的顶级科学家近500人。2017年，上海市新增两院院士13人。近年来在上海市登记就业的16—35岁青年人数，持续稳定在500万人左右的规模，人才竞争的比较优势已经成为上海市核心竞争力的重要体现。

在开放合作方面，上海市大力吸引境内外研发机构落户，出台支持外资研发中心的16条意见，进一步促进创新要素全球配置和跨境流动。目前，在沪外资研发中心已达432家。在此基础上，上海市推动各类研发创新机构全球布局发展，完成了一批移动互联网、生物医药、集成电路等领域境外并购项目，临港集团、张江高新区均在海外设立了分园。

目前，上海市跨境研发便利化已初见成效。张江跨境科创监管服务中心成立，通关时间大大缩短。国际知名孵化器和创投机构集聚效应显现。

（三）安徽省

安徽省围绕扩大高校院所自主权、创新人才管理机制、引导增强企业创新能力、提升科技金融支撑等领域改革，激发创新主体活力等方面取得了一系列改革成果。

在高校院所源头创新方面，推进科技成果“三权”管理改革，激发了创新主体成果转化积极性，安徽大学研发的光电感测科技成果，估值5000万元，通过作价入股方式与社会资本共同组建企业，将科技成果股权的80%奖励给科研团队，创下安徽省属高校转化科技成果金额的最高纪录，开创校级领导干部享受科技成果转化奖励的先例。中科院合肥技术创新院建立了公司化的运营机制，在创新科技成果转化激励机制、探索市场化投融资机制、完善市场化薪酬制度等方面进行了改革创新，并联合社会投资机构共同出资设立风险投资公司，截至2017年6月，通过专利作价入股、现金参股等多种方式孵化企业43家，吸引社会投资4.4亿元，奖励技术团队866万元。2019年2月，安徽省成立高校协同创新联盟原始创新合作委员会，以深入开展协同创新工作，进一步提升高校原始创新整体水平。

在激发企业创新活力方面，落实国有混合所有制企业员工持股试点和科技型中小企业股权分红激励等政策，引导企业加强股权和分红权激励，截至2017年6月，合芜蚌三市共计155家企业实施了股权和分红权激励，激励人才2899人，激励金额6.26亿元。印发《安徽省工程研究中心和工程实验室管理办法（试行）》，引导企业与高校院所、投资机构，通过股权合作方式共同组建创新平台，同时以股权、期权、分红权等多种方式激励科研团队。安徽省认定20家新型研发机构，2016—2017年共投入研发费用5.53亿元，实现成果转化收入2.52亿元，创办和孵化企业300家，累计为企业提供技术服务5208家次。

在创新人才集聚方面，建立“动态调整、周转使用、人编捆绑、人走编收”的编制周转池制度，为高校院所引进高层次人才提供制度保障。创新高校院所工资激励机制，允许高校院所探索实行年薪制、协议工资制或项目工资等灵活多样的形式引进紧缺或高层次人才。出台《关于合肥综合性国家科学中心建设人才工作的意见（试行）》，从薪酬待遇、出入境便利、编制职称、生活配套服务等方面，创新制定系列政策措施，在海内外引起较好反响。试点外籍人才出入境7条新政，在放宽外籍人才申请永久居留条件、延长外籍华人签证和居留许可的有效时间、提供机会给外国留学生在华就业、延长外国人工作居留许可时间、为外籍人才出入境提供便利等方面率先在全国开展先行先试。截至 2019 年 9 月,合肥市专业技术人才突破 80 万人,各类人才总量 185 万人。

在金融服务自主创新方面,设立省级股权投资基金,以种子期投资匹配种子期企业、风险投资匹配初创期企业、产业投资匹配成长成熟期企业。建立容错机制,容许创业投资基金最高 50%的失败容忍度、风险投资基金最高 30%的失败容忍度,同步建立风险补偿机制、管理团队跟投机制、项目对接机制。通过设立专利质押贷款风险补偿资金池、建立专利权质押贷款信息共享平台等多种方式,盘活企业“专利资产”,缓解科技型企业融资难题,2016 年实现专利权质押融资 220 笔,居全国第四位;融资额 24. 38 亿元,居全国第六位。创新应收账款质押融资方式,打造“核心企业+平台+银行”的“奇瑞模式”,缓解中小微企业融资难、融资贵难题,2016 年共有 27 条规模以上供应链加入平台,应收账款融资总额达到 150 亿元。截至 2018 年 10 月,累计覆盖 938 家中小科技企业,实现股权和债权融资 8. 12 亿元。

在科技成果转化方面,2018 年上半年,安徽省推进与中国工程院共建中国工程科技发展战略安徽研究院,北航、哈工大等高校相继在合肥建立研发机构,中国电科、西安交大、北京化工大学分别在芜湖、池州、安庆等地建立航空技术、智慧技术、化工技术研究院;建成运行安徽省科技成果在线登记系统,安徽省新登记科技成果 402 项,同比增长 1. 7 倍。征集发布企业技术需求 1598 项、高校院所科技成果 1474 项。目前,安徽省已建省级以上科技企业孵化器 85 家,其中国家级 25 家。2018 年,安徽省拥有有效发明专利 61475 件,同比增长 28. 8%,每万人口发明专利拥有量达 9. 83 件。13 项科技成果获得 2018 年国家科技奖,输出和吸纳技术合同成交额均突破 300 亿元,高新技术企业总数达 5403 家。2019 年,设立 20 亿元科技成果转化引导基金,加速推动科技成果在安徽省落地转化。

(四)四川省

作为西部唯一一个省级“全创区”,四川省把全面创新改革作为新的历史时期引领四川省发展的"一号工程",大力破除体制机制障碍,科技创新活力持续释放,发展动能加速转换升级,四川省经济以保持高于全国平均水平的速度快速增长。

在科技成果转化方面,2017 年度全年共产生科技成果 15920 项,较上年统计数据增长 4160 项,涨幅 35.4%。"许可+协议定价"成为科技成果转化主要方式,许可转化 1103 项,占四川省成果转化总量的 47.6%,94.9%的成果通过协议定价的方式转化,64.9%的成果转化到中小微企业。[①] 截至 2018 年年底,四川省军民两用技术交易中心收录各类成果 25000 余项,相关企业 13000 余家,促成技术交易超过 800 项、交易金额近 20 亿元。

在知识产权方面,四川省制定了《关于加强职务发明人合法权益保护促进知识运用的实施意见》,实现了 21 个市(州)知识产权民事、刑事、行政案件的"三审合一",推进成都、德阳、绵阳等全面创新改革试验区的跨区域行政执法,完成了四川省知识产权运营基金注册,启动了知识产权交易中心。2017 年,西部首家跨区域管辖知识产权案件的专门审判机构——成都知识产权审判庭在天府新区成都科学城正式运行。2019 年 7 月,中国(四川)知识产权保护中心正式启动运行。

在重大基础设施建设方面,已建和在建国家重大科技基础设施达 9 个,居全国第三位。其中,高海拔宇宙线观测站作为"十二五"国家优先布局建设的重大科技基础设施项目,位于四川省稻城县海子山,以探索高能宇宙线起源及天体演化、暗物质分布等为核心研究目标,是目前世界四大宇宙线研究中心之一。

在"大众创业、万众创新"方面,建成"四川双创""四川云网"等服务平台,"菁蓉小镇""蓉创茶馆"等成为全国双创品牌,拥有郫都区、四川大学、天府新区、长虹集团等 7 个国家双创示范基地,数量位居全国第五、西部第一。创业投资活跃,四川省各类创投机构 700 余家,管理基金规模突破 1500 亿元。五年来,新增各类市场主体 289 万户,成都市双创指数由

---

① 《四川省科技厅发布 2017 年度四川省科技成果转化年度报告》,《内江科技》2018 年第 5 期。

203 提升到 220，新经济指数排名全国第四，四川省已成为我国双创活力竞相迸发的重点区域之一。

在人才发展方面，加快建设西部创新人才高地。据中国区域国际人才竞争力指数显示，四川省位居人才竞争力“第二梯队”的中西部第一位，全国排名第十位，居上海市、北京市、广东省等东部地区之后。数据显示，成都市人才新政实施以来，超 10 万位本科及以上人才汇聚成都，在白领招聘活跃企业数和求职者新增有效简历量均排名全国第四位，位居新一线城市榜首，并超越上海。成都职场竞争指数仅次于北京，经济活力明显增强，成为最受欢迎求职者欢迎的新一线城市。截至 2018 年 4 月 26 日，到蓉落户的本科以上人才已累计达到 17.62 万人，平均每天 627 位人才落户成都，其中 30 岁及以下青年人才成为主力军，以 14.14 万人占总数的 80%。西部人才磁极呈现出量质齐优的新特点，西部创新人才高地建设成效显著。

表 7-5　全面创新改革主要领域举措对比

广东	上海	安徽	四川
企业方面 ·在全国首创高新技术企业培育政策	政府创新管理方面 ·建立了市级财政科技投入联动管理机制 ·建立统一管理的市级财政科技投入信息管理平台和会商机制	激发企业创新活力方面 ·落实国有混合所有制企业员工持股试点和科技型中小企业股权分红激励等政策，引导企业加强股权和分红权激励	人才发展方面 ·加快建设西部创新人才高地 ·巩固拓展省校省院省企战略合作 ·聚焦“引育用留”持续深化人才发展体制机制改革，引导人才向基层一线流动
科研机构方面 ·出台《关于支持新型研发机构发展的试行办法》等政策，支持机制灵活、面向市场的新型研发机构发展	科技成果转化方面 ·明确了成果转化净收入计算方法 ·引入了科技成果市场定价机制 ·建立了科技成果转化勤勉尽职制度等容错机制	科技成果转化方面 ·安徽省与中国工程院共建中国工程科技发展战略安徽研究院 ·建成运行安徽省科技成果在线登记系统 ·举办安徽省大院大所合作科技成果对接会	科技成果转化方面 ·下放科技成果“三权” ·搭建了科技成果转化信息服务、技术转移、分析测试、区域服务、工程化、孵化及金融服务 7 大科技成果转化平台

续表

广东	上海	安徽	四川
人才方面 ·实施"整团队成建制"引才、紧扣产业需求精准引才、柔性引才等新机制	创新人才发展方面 ·出台了海外人才引进、户籍政策优化等30条政策措施 ·开展了海外人才永久居留便利服务试点 ·加大国内创新人才引进力度	创新人才集聚方面 ·建立"动态调整、周转使用、人编捆绑、人走编收"的编制周转池制度 ·创新高校院所工资激励机制,允许高校院所探索实行年薪制、协议工资制或项目工资等灵活多样的形式引进紧缺或高层次人才	"大众创业、万众创新"方面 ·建成"四川双创""四川云网"等服务平台,"菁蓉小镇""蓉创茶馆"等成为全国双创品牌
知识产权方面 ·建立起重点产业知识产权快速维权体系 ·完善了知识产权审判审理机制,启动知识产权民事、刑事、行政案件"三合一"审判改革试点 ·在珠三角地区全面开展专利保险试点	收益分配机制与创新投入方面 ·落实股权奖励递延纳税政策 ·完善以创新为导向的市管国有企业考核评价机制 ·试点创业投资企业和天使投资个人税收政策	高校院所源头创新方面 ·推进科技成果"三权"管理改革	知识产权方面 ·实现了21个市(州)知识产权民事、刑事、行政案件的"三审合一" ·完成了四川省知识产权运营基金注册,启动了知识产权交易中心
—	开放合作方面 ·出台支持外资研发中心的16条意见 ·推动各类研发创新机构全球布局发展	金融服务自主创新方面 ·设立省级股权投资基金 ·建立容错机制、建立风险补偿机制、管理团队跟投机制、项目对接机制 ·设立专利质押贷款风险补偿资金池、建立专利权质押贷款信息共享平台 ·打造"核心企业+平台+银行"的"奇瑞模式"	重大基础设施建设方面 ·建设国家重大科技基础设施达9个

第三节　各省创新改革的亮点工作比较

一、广东省——粤港澳创新合作

广东省毗邻港澳的独特地缘禀赋决定了粤港澳深度合作的战略重要性，近些年以科技创新合作为牵引的改革为培育世界级湾区经济奠定了重要基础。以推动三地政府建立多个高层协调会议（如“内地与中国香港科技合作委员会”“内地与澳门科技合作委员会”、粤港高新技术合作专责小组）机制为基础，广东省推动了一系列旨在促进技术、人才、产业等创新资源深度融合的制度创新。例如，实施粤港联合创新资助项目、创新及科技基金、创新及科技支援计划；大力推进“深港创新圈”建设，每年由深圳市、中国香港特区政府各自拨款不少于3000万元人民币用于资助科研合作项目，开展深圳、中国香港两地政府联合资助的“深港创新圈”专项资助计划。

破解粤港创新要素流动不畅的改革最具代表性。[①] 近年来，粤港两地创新合作一直面临多项要素流动的难题，比如，科研经费难以跨境使用、两地人才不能互认专业资格、研发设备出入境手续繁杂且关税较重等。为此，省港澳办、科技厅牵头推动了地方创新券和研发经费的跨三地使用制度；进一步完善粤港联合研发资助计划，并将实施范围扩大到珠三角9市。与此同时，广东省还支持中国香港高校和科研机构在粤设立“新型研发机构”并同等享受初创补贴、进口科研仪器设备减免税等优惠政策；省商务厅牵头制定了简化研发用途设备和样本、样品进出口手续的新规定。此外，广州南沙、深圳前海、珠海横琴三大自贸区平台的作用得到充分发挥，在加快推进粤港澳职业资格互认试点改革（如，2016年年底广东自贸区就形成了《关于我省认定香港专业能力评估证书、澳门职业技

① 熊鸿儒：《从广东实践看深化开放创新的改革重点与发展思路》，《科技中国》2019年第4期。

能证书第一批目录清单的公告》,目录涉及中国香港地区 5 个职业 11 个级别、澳门地区 13 个职业 28 个级别)、优化科技型企业非贸付汇办理流程等方面成效显著。

推动粤港两地成果转移转化的改革也不断深化。除了加快实施《粤港共建科技创新平台协议》和《粤港产学研合作框架协议》,省科技厅、发展改革委、经信委等部门联合推出了一系列激励性改革举措。如,将港方在粤研发机构纳入广东省创新体系,支持参与省内科技计划、共建高新区和粤港研发生产一体化基地;在生物医药、智能制造、电子信息等领域联合设立产学研创新联盟等。省商务厅、港澳办、自贸办等还支持 CEPA 协议下港澳人才服务提供商设立独立机构并享受国民待遇,扩大对中国香港科技中介机构在粤提供专业服务的支持力度,多渠道共建两地共享的科技信息服务平台。

从更广泛的合作机制创新看,为应对三地长期存在前置审批瓶颈多、区域合作权限难以平衡、体制机制差异大、利益协调机制不明确等挑战,广东省政府主动联合中国香港、澳门特区政府主管部门梳理现行政策,做实 CEPA 合作框架,完善联席会议机制,在重大合作事项上积极争取中央支持。2017 年 7 月 1 日,国家发改委和粤、港、澳三地政府共同签署了《深化粤港澳合作　推进大湾区建设框架协议》,港珠澳大桥已经正式通车,一系列融合发展的措施陆续出台。比如,广东省推出了"便利湾区"18 项举措。2019 年 2 月 18 日,中共中央、国务院印发了《粤港澳大湾区发展规划纲要》,提出集聚全球创新资源,创建国际科技创新中心。

二、上海市——建设具有全球影响力的科创中心

建设具有全球影响力的科技创新中心是上海市全面创新改革试验的主要任务,为此上海市制定了《关于加快建设具有全球影响力的科技创新中心的意见》和一系列配套政策,提出了科技创新中心建设的目标和任务。同时,在科技部、国家发展改革委的指导下,制定了《上海加快建设具有全球影响力的科技创新中心总体方案》《上海系统推进全面创新改革试验加快建设具有全球影响力的科技创新中心方案》《上海张江综

合性国家科学中心建设方案》。

建设国家实验室是打造国家创新体系战略科技力量的重大决策部署,也是上海科创中心建设“皇冠上的明珠”。2017 年 9 月,中科院和上海市政府共同挂牌启动了张江实验室。张江实验室定位是主要依托以上海光源为代表的光子科学科技基础设施集群,面向生命健康科学、集成电路信息技术、类脑智能等领域,打造成为跨学科、综合性、多功能的国家实验室。实验室以重大科技任务攻关和大型科技基础设施建设为主线,集聚国内外高端科技资源,开展战略性、前瞻性、基础性、系统性、集成性科技创新,实现基础科学原始创新能力有新突破和关键核心技术重大发展。① 目前中科院已将上海光源、蛋白质设施等在沪大科学装置划转至张江实验室,实施统一管理。上海市科委先期给予张江实验室运行经费支持,支持实验室开展先导性、原创性研究。依托张江实验室,上海市启动实施了三个市级重大专项。分别是“硬 X 射线自由电子激光预研”“硅光子科学与技术”“脑科学与类脑智能”,项目负责人和团队来自复旦大学、上海科技大学、中科院在沪院所等。通过重大专项的实施,积极试点实验室平台化、负责人外聘制、多单位协同推进的新型重大专项科研组织方式,突出交叉融合、突出开放协同,突出一流团队。

建设研发与转化功能型平台也是上海建设科创中心的重点任务之一。2018 年 1 月,上海市出台的《关于本市推进研发与转化功能型平台建设的实施意见》中明确,平台功能主要包括:支撑产业链创新、支撑重大产品研发转化和服务创新创业,着力促进创新资源开放协同,降低创新创业成本。平台要面向重大战略性新兴产业和创新服务领域,形成研发和非研发两种类型的布局建设。目前,上海市已初步确定拟建设的 18 个功能型平台,先期启动了上海微技术工业研究院、石墨烯产业技术功能型平台、生物医药产业技术功能型平台、上海临港智能制造研究院、类脑芯片与片上智能系统功能型平台、集成电路产业功能型平台等 6 个平台建设。

① 王春:《张江实验室撸起袖子这么干》,《科技日报》2018 年 2 月 14 日。

为了吸引国际优秀人才在沪创新创业，上海市出入境管理局简化创新创业外国人入境、居留手续签发，扩大长期居留许可范围。尤其是对计划来上海投资或者创新创业的外国人，来不及办理工作许可证明的，可凭投资证明或者创业计划、生活来源证明等，向抵达口岸签证机关申请S2字（私人事务）签证，入境后可以申请私人事务类居留许可（加注“创业”）。这一口岸签证政策，为全球的创客来沪寻求创业机会、考察上海创业环境提供了便捷的通道。

在上交所设立的科创板也是落实科技创新中心建设的重大改革举措，应实现资本市场和科技创新更加深度的融合，是资本市场基础制度改革创新的“试验田”。[①] 科创板旨在补齐资本市场服务科技创新的短板，是资本市场的增量改革，将在赢利状况、股权结构等方面作出更为妥善的差异化安排，增强对创新企业的包容性和适应性。

三、安徽省——建设国家科学中心与产业升级

近年来，合肥市围绕信息、能源、健康、环境等领域，集聚方方面面智慧，大力推进核心层、中间层、外围层三大圈层体系建设，为实施综合性国家科学中心建设打下了良好的基础。一是核心层：重大创新设施加快推进。近年来，合肥市依托现有国家大科学装置，谋划确定量子信息国家实验室、超导核聚变中心、天地一体化信息网络工程、联合微电子中心、离子医学中心、分布式智慧能源创新平台、大基因中心等七大平台，按照“成熟一个开工一个”思路，定期调度平台建设，目前每个平台均已确定了建设主体，编制了建设方案，七大平台正在加快建设或即将启动建设。二是中间层：协同创新体系活力彰显。长期以来，合肥市与全国一样，科技资源配置过度行政化与分散重复并存，科技和经济“两张皮”严重制约了创新驱动发展的步伐。这就需要充分运用“有形之手”和“无形之手”，“解放”科技人员、“释放”科技力量、“开放”科研设施，依托高校和科研院所，推动中科大先进技术研究院、清华大学公共安全院、中科院技术创新工程

① 管清友、张奥平：《科创板的定位、影响及制度预判》，《科技与金融》2018年第12期。

院等既有协同创新平台良性运转,北航合肥科学城、中科院热物理所先进能源装备研究院、中科大滨湖国际金融研究院、合工大智能制造研究院、哈工大机器人研究院等一批高端平台顺利落户。突出企业主体,创新支持企业研发中心建设。截至2017年4月,全市工程实验室和工程(技术)研究中心、企业技术中心总数达1245家。启动“双引双培”计划,新增国家“千人计划”专家30人,新增院士工作站8个、总数达到33个,在肥工作两院院士达到87人。三是外围层:成果转化体制进一步理顺。综合性国家科学中心建设,科技成果转化至关重要。近年来,合肥市坚持问题导向和目标导向,突出全面创新改革试验和“三重一创”,推动建立政府创新管理、激发创新活力、创新要素保障、创新引智、军地融合共建、融入全球体系等六大新机制,组织中科合肥微小型燃气轮机公司试点开展以股权激励为核心的科技体制改革,出台了包括天使基金、投资基金、风投基金参与招商引资项目等一系列政策。

安徽省先后出台《支持“三重一创”建设若干政策》《支持制造强省建设若干政策》《关于加快建设金融和资本创新体系的实施意见》等一系列政策文件,加快构建创新型现代产业体系、金融和资本创新体系,打出了支持合肥综合性国家科学中心和产业创新中心建设的政策“组合拳”。2017年,合肥市“三重一创”建设财政配套资金达28.6亿元。安徽省省级和合肥市市级层面用于支持战略性新兴产业集聚发展基地建设专项资金达4.4亿元。在政策和资金的支持下,合肥市新型显示、集成电路、智能语音、新能源汽车、生物医药和高端医疗器械、创意文化等重大新兴产业基地建设有序推进。精准医疗工程、量子通信等11项工程(专项)获批纳入省重大新兴产业工程和专项。量子通信(合肥、芜湖)重大专项的研究成果已广泛应用。智能汽车重大专项的智能辅助驾驶(ADAS)技术和智能人机交互等技术获得突破进展,研制的样车可实现从合肥科学岛无人驾驶开到江淮汽车集团总部,年产十万台新能源汽车项目主体厂房已完成建设。

以科大讯飞为龙头,安徽省智能语音产业蓬勃发展,中国声谷拔节壮大,目前入驻企业超过200家,2018年力争实现产值600亿元。2018年3

月，中国（合肥）人工智能产业园揭牌，计划到 2020 年，在全球语音智能、类脑智能、量子智能、大数据智能领域形成“四领先”技术优势，初步建成具有国际竞争力的人工智能产业集群，实现人工智能产业产值 1000 亿元。2018 年以来，合肥智能语音、马鞍山轨道交通、蚌埠硅基新材料等战略性新兴产业发展迅速，0. 12 毫米超薄电子触控玻璃等创新产品不断创造世界纪录。2018 年上半年，合肥高新区入选世界一流高科技园区建设序列，淮南高新区获批国家级高新区；安徽省战略性新兴产业基地工业产值同比增长 15. 01%。2018 年 1 月至 5 月，合芜蚌国家自主创新示范区实现高新技术产业产值、增加值同比均增长 11%，输出、吸纳技术合同成交额分别占安徽省的 84. 5%和 65. 7%。

在 2018 年 10 月举办的“安徽省大院大所合作科技成果对接会”上，共有清华大学等 56 所高校、中国电科集团等 82 家科研院所携带 400 多项最新科技成果，江淮汽车等省内 400 多家企业携带多项关键核心技术需求参加对接。经过前期积极沟通，共有 71 项大院大所创新平台合作、科技成果转化及产学研合作等项目对接成功。2018 年上半年，安徽省推进与中国工程院共建中国工程科技发展战略安徽研究院，北航、哈工大等高校相继在合肥建立研发机构，中国电科、西安交大、北京化工大学分别在芜湖、池州、安庆等地建立航空技术、智慧技术、化工技术研究院；建成运行安徽省科技成果在线登记系统，新登记科技成果 402 项，同比增长 1. 7 倍。征集发布企业技术需求 1598 项、高校院所科技成果 1474 项。目前，安徽省已建省级以上科技企业孵化器 85 家，其中国家级 25 家。

四、四川省——打通科技与经济结合通道

四川省深入推进科技和金融结合试点，紧紧围绕创业创新金融需求，加强科技金融机构建设，不断创新金融产品和服务，建立多元化科技金融服务体系。出台促进科技和金融结合实施意见，启动促进科技和金融结合试点城市建设，推动全省 7 个城市在科技金融股权融资、科技金融债券融资、科技保险等方面开展先行先试。率先建立“银行贷款+保险保证+财政风险补偿”专利权质押融资模式，实现质押专利 3416 件，融资

116.15 亿元。探索形成商标估值"银企"协商模式，发放商标权质押贷款 19.6 亿元，贷款余额 19.58 亿元。创建四川创新科技金融研究院，创建四川首家民营银行"新网银行"，设立 9 家科技支行和 16 家科技特色支行，累计设立各类金融机构 2000 余家。截至 2018 年，金融机构对科技企业贷款余额超过千亿元。

积极推进应收账款融资服务试点。为解决银行应收账款商品交易真实性核实难、债务人确权难、信息不对称等问题，按照"地方政府主导，中国人民银行推动，核心企业示范，金融机构参与"的工作思路，四川省率先探索"以关联企业从产业链核心龙头企业获得的应收账款为质押的融资服务"模式，通过中征应收账款融资服务平台为金融机构、债权人和债务人等关联方提供线上融资对接服务，中小微企业应收账款融资综合成本比同类银行信贷产品平均利率低 0.5 个百分点，获得贷款平均周期较传统模式节省 3—5 天。

大力创新"一站式"投融资信息服务模式。为厘清"有为政府"和"有效市场"的边界，引导财政资金逐步向"拨改投""拨改贷"方式转变，四川省率先探索政府引导、民间资金参与、市场化运作的科技金融服务模式，依托"盈创动力"平台构建物理载体和信息载体，为中小企业提供全方位、"一站式"投融资信息服务，形成了以政策担保贷款为核心的债权融资服务体系，以政府引导基金为重点的股权融资服务体系，以企业需求为导向的增值服务体系。

第四节 省级层面各试验区创新改革的特点

一、聚焦重要方向，实现重点突破

全面创新改革强调以科技创新为核心，并同步推进制度创新、管理创新、组织创新和商业模式创新。但在试验内容上，全面创新改革试验区均有侧重，上海市着眼于建设具有全球影响力的科创中心，广东省着眼于深化粤港澳创新合作，安徽省着眼于建设国家综合性科学中心和产业创新中心，四川省着眼于体制机制创新。各试验区围绕这些方面，实施了一系列改革举措，取得了良好效果。上海市从人才、科技成果转移转化、国企创新、科技金融、知识产权、外资研发中心等方面出台配套政策和办法，加快构筑科创中心的“四梁八柱”，成效显著。以全面创新改革试验为契机，广东省携手港澳共同建设粤港澳大湾区，畅通三地人流、物流、资金流和信息流，发展具有全球影响力和竞争力的湾区经济，目前正在全力打造国际科技创新中心。安徽省举全安徽之力，着力搭架构、建项目、聚人才、创机制，高标准推进合肥综合性国家科学中心建设，在量子信息、核聚变能等领域取得了一批重大原创性成果。四川省在科技成果转化、人才机制、财税金融等方面也取得了显著效果，多条经验入选全国推广。

二、利用现有试验，推动全面创新

为了推进深化改革，各省都开展了一些试验，诸如国家自主创新示范区、国家综合配套改革试验区、自由贸易试验区、国家级新区等等，这些改革试验大多瞄准某一个领域或者某一个特定目标进行试点示范。各全创改试验区以现有各试验区作为依托，重点突出推进改革，为全面创新改革在某些方面提供了重要的基础和经验。比如上海市依托张江综合性国家科学中心和国家自主创新示范区，积极打造全球具有影响力的科创中心，很多科技创新的改革举措都是在张江进行先行先试。

三、抓住重点区域，先试验再推广

每个省的全面创新改革都是以重点区域的改革为突破口，先行先试，然后再在省内推广。比如，在创新知识产权管理机制方面，安徽省会以合（肥）芜（湖）蚌（埠）三市的国际级高新技术产业开发区先行开展试点；四川省将成（都）德（阳）绵（阳）作为系统推进全面创新改革试验的核心区域；广东省则将广州市和深圳市作为全面创新改革的先行区。

四、聚焦共同领域，成效全面开花

从全面创新改革的主要领域来看，各省都主要聚焦于企业创新、科技成果转化、知识产权保护和人才方面。从改革所取得的成效来看，国务院两批在全国推广的36条经验中，涉及知识产权、科技成果转化、科技金融创新、管理体制创新、创新创业政策环境、人才管理创新等各个方面，为进一步加大支持创新的力度，营造有利于双创的制度环境和公平竞争的市场环境创造了条件。

第八章　四川省全面创新改革发展评价分析*

第一节　四川省全面创新改革发展成效评价与分析

2015 年 8 月，四川省被确定为国家系统推进全面创新改革试验区。同年 11 月，省委十届七次全会审议通过《中共四川省委关于全面创新改革驱动转型发展的决定》，将全面创新改革列为四川省的"一号工程"。2016 年 6 月，国务院批复同意《四川省系统推进全面创新改革试验方案》。随着改革方案的整体部署和有序推进，四川省编制实施技术攻关、成果转化等"9 张清单"，出台《四川省全面创新改革试验实施方案》等 9 个指导性文件、50 多个配套性文件。3 年来，四川省凝心聚力、大胆探索、攻坚克难，国务院授权的 30 项先行先试改革任务总体完成，16 条典型经验成果在全国复制推广，国家创新驱动发展先行省建设取得积极成效，为四川省高质量发展提供了有力支撑。2018 年，四川省经济总量突破 4 万亿元、同比增长 8%，高新技术产业主营业务收入达 1.75 万亿元、同比增长 12.1%，科技对经济增长的贡献率达到 56%，四川省经济发展已进入由要素驱动为主向创新驱动为主转变的阶段。

一、重点区域布局优化，形成创新发展增长极

"3+2+N"的试验布局。四川省自加压力，将试验范围从成（都）德（阳）绵（阳）拓展到天府新区和攀西战略资源创新开发试验区，同时各市

* 本章执笔人为韩文艳、熊永兰。

(州)积极对接成(都)德(阳)绵(阳)先行先试的经验和做法,寻求在当地推广和复制,结合自身特点,选择合适领域先行先试,从而形成"3+2+N"的试验布局,保障了四川省系统推进全面创新改革试验方案在各个地区的落实,夯实了四川省经济高质量发展的基础,见表 8-1。全面创新改革为经济发展注入新动能,据 2017 年统计显示,五年来,成都平原经济区经济总量达 2.3 万亿元,川南经济区经济总量超过 6000 亿元,川东北、攀西、川西北生态经济区加快发展,天府新区经济总量突破 2200 亿元。2019 年上半年四川省实现地区生产总值(GDP)20517.2 亿元,按可比价计算,同比增长 7.9%,增速比全国平均水平高 1.6 个百分点。具体来看,成都平原经济区 GDP 同比增长 8.2%,川南经济区 GDP 同比增长 8.2%,川东北经济区 GDP 同比增长 8%,攀西经济区 GDP 同比增长 5.7%,川西北生态示范区 GDP 同比增长 7.4%。

表 8-1　四川省区域创新发展成效

区域\年份	2016	2017	2018	2019
四川	高新技术总产值达到 1.6 万亿元,认定高新技术企业 3134 个	高新技术企业达 3571 家,总产值达到 1.8 万亿元,同比增长 9.1%。科技对经济增长贡献率预计达 54%	已建和在建国家重大科技基础设施达 9 个,居全国第三位	截至 2019 年 6 月底,四川省已拥有国家级科技创新平台 159 个,省级科技创新平台 1476 个
成都	全社会研发投入增长 12.7%,新增科技型企业 1.2 万家	市场主体数量同比增长 42%,科技型企业数量 2 万家,同比增长 55%,准"独角兽"企业 31 家,国家高新技术企业同比增长 17.8%,高新技术产业产值同比增长 11.8%,科技成果转化获得实质性突破,增长 12%,27 个项目荣获 2017 年度国家科学技术奖励	成都市郫都区等 6 家单位获批全国双创示范基地,成都被誉为中国创新创业"第四城"。截至 2018 年 8 月,全市有效高新技术企业 2472 家,有效技术先进型服务企业 50 家,取得国家入库登记编号的科技型中小企业 2754 家	以成都国家自主创新示范区、成都科学城为抓手,全面构建以高校院所为基础、企业为主体、市场为导向、政产学研用深度融合的城市创新体系

续表

区域＼年份	2016	2017	2018	2019
德阳	国家科技计划项目6项,省级科技计划项目79项,省专利实施项目24项,高技术企业155户	科技对经济增长贡献率达55%、高于四川省平均水平3个百分点,R&D占GDP比重达2.58%,高新技术产业产值达1132.5亿元	到2018年4月,建成国家级企业技术中心7户、院士专家工作站46个、产学研合作平台70个,共建国际合作园区13个。高新技术产业主营业务收入达1050亿元以上,居四川省第三位	全力推进德阳装备智能制造技术攻关,初步建成全国最大石油装备制造产业集群和西南地区最大医药产业服务平台
绵阳	已通过高新技术企业认定204家,分别有国家、省级工程技术研究中心5家、16家	高新技术产业年产值突破1600亿元,绵阳科技城科技创新综合水平指数70.6%,科技对经济增长贡献率达58%,R&D经费支出占GDP比重达7%,位居全国地级城市前列	2018年上半年科技城高新技术产业产值占规模以上工业总产值比重分别达55.6%,继续保持领跑优势。高新技术企业主营业务收入实现1714亿元,高新技术产业化指数达80.12%	初步形成特色发展的高新技术产业体系

创新发展增长极凸显。通过顶层设计和统筹部署,四川省依托全面创新改革的“主阵地”成德绵大力推进全面创新改革试验,通过三年努力,成德绵协同创新迈入新阶段,擎起区域创新发展增长极。其中成都市集聚了四川省70%以上特色领域重要单位与科研院所,并设立了20亿元的人才发展专项资金,加快人才集聚,促进科技创新。

德阳市依托重大装备制造领域发展的基础,制定了激发“三类创新主体活力”(企业、科研机构、科技人才)的政策35类、155条,构建3大创新体系。绵阳市作为中国唯一的科技城,是我国重要的科研生产基地,拥有国家级科研院所18家,研究与开发经费支出占GDP比重高达7%,创新发展基础雄厚,成效显著。

二、实施创新人才战略,有效发挥智力支撑

规划引领。四川省紧扣全面创新改革、自贸试验区建设、产业转型升

级、脱贫攻坚等中心大局，加快人才体系建设，不仅制定了《四川省"十三五"人才发展规划》，还分别制定出台专业技术人才、企业经营管理人才、技能人才、农村实用人才、社工专业人才"五个专项规划"。"1+5"人才规划体系，为四川省实施创新人才战略、创新人才工作奠定了坚实基础。

制度保障。四川省在创新人才工作上，全力做好引才聚才、选才育才、用才留才工作，一方面大胆实施自我革新，向用人主体放权；另一方面敢于啃"硬骨头"，为人才松绑。打破了部门利益的固化藩篱，优化人才服务。从《四川省激励科技人员创新创业十六条政策》到《四川省扩大高等学校科研院所医疗卫生机构人事自主权十条政策》，通过释放政策利好调动各类人才的积极性创造性。党的十八大以来，共有 599 个产学研平台和 4.9 万名专业人才落户四川省。

科技人才体制机制改革。探索"四个一批"（转化一批、深化一批、改制一批、新建一批）模式，推进 42 家科研院所和 32 所高校开展各类试点。率先开展"先确权、后转化"职务科技成果权属混合所有制改革试点，四川省 20 家试点单位累计完成分割确权 400 余项，转移转化知识产权 600 余项，注册成立高科技创业公司 60 余户。深化高校人事制度改革，实施 22 项去行政化措施，出台激励科技人员创新创业 16 条政策、扩大用人单位人事自主权 10 条政策。"外籍人才停居留特别通道"深入实施，在境内外高校毕业符合条件的外籍毕业生可直接申请留川工作，为符合条件的高层次外籍人才申请办理永久居留。全方位加强省校战略合作，目前已与 18 所知名高校建立战略合作关系。

落实人才举措。2016 年四川省出台《关于深化人才发展体制机制改革、促进全面创新改革驱动转型发展的实施意见》，在此基础上，各地也纷纷拿出创新人才工作实招，既为各地集聚了大量的人才，也为四川省在人才大战中赢得了先机和优势。建成全国第四个海外人才离岸创新创业基地，先后引进 1008 名高端人才和 92 个具有国际水平的团队。在全国率先探索高职院校毕业生职业资格认定方式改革，492 名优秀毕业生、9455 名重点专业毕业生通过鉴定取得高级和中级技能职业资格证书。成都市推出"人才 36 条""人才新政 12 条"，吸纳海内外人才。德阳市通过建立"全面创新(国际)领军人才服务中心"、出台创新人才"1+3"政策、实施"领军人才集聚计划"等多项措施,引进各层次人才。绵阳市通过实施"千英百团聚才计划"和差异化人才引进,集聚创新人才。数据显示,中高端人才川内分布,成都市、绵阳市、德阳市占据前三甲,这与21市州GDP排名一致。四川省区域人才战略发展成效见表8-2。

表8-2　四川省区域人才战略发展成效

区域	成效
四川	截至2017年年底,四川省人才资源总量达715.54万人,比2012年增长31%;高级专业技术人员、高技能人才比2012年分别增长88.5%、64.8%;通过省"千人计划"支持引进1008名高端人才及92个创新创业团队;四川省的国家"千人计划""万人计划"入选者分别达296名和121名,均居西部第一位。2018年,评选出38个创新类、29个成效类人才项目。截至2018年年底,四川省专业技术人才总量达344万人,其中高级职称40万人,占比11.6%。大力实施领军人才培养工程,评选产生第十二批省学术技术带头人610名、第十三批省有突出贡献优秀专家325名,获人社部批准享受国务院特殊津贴人员91名
成都	发布成都人才白皮书,"新政12条"发布后已吸引近30万名全日制本科及以上青年人才到成都落户。截至2018年2月,成都市有"两院"院士32名,国家"千人计划"专家233名,四川省"千人计划"专家672名,成都市"人才计划"专家463名,诺贝尔奖得主5名。"天府英才计划"实施一年多以来,吸引了来自剑桥、清华、北大等本科以上青年人才10万余人落户。2018年全市专业技术人才总量183.8万人,有职称的专业技术人员高、中、初级占比为6.5∶41∶52.5。全年引进急需紧缺专业技术人才2749人。全市有中国科学院院士9人、中国工程院院士19人、享受国务院特殊津贴专家449人、四川省学术和技术带头人66人、四川省有突出贡献的优秀专家151人、成都市优秀专家105人、享受成都市政府特殊津贴579人、"蓉漂计划"专家668人,有国家级专家服务基地1家、四川省专家服务基地2家、博士后科研工作站21家、四川省博士后创新实践基地70家
德阳	先后引进国际专家15人、"两院"院士16人、国内外高层次专家400余人、大国工匠3人。2018年,德阳首席技师达67名,对第一、第二批47名德阳首席技师进行了年度考核。全市共有技工院校4所、民办职业培训60所,技能人才达到18.64万人,其中高技能人才5.96万人,已培养首席技师47名。建成技能大师工作室31个(国家级3个,省级5个),建成高技能人才培训基地15个(国家级3个,省级3个)。建成博士后工作站7个,博士后创新实践基地8个,省级专家服务基地1个。全市共公开招聘事业单位各类人才1587人,对46258名事业人员进行了考核

续表

区域	成效
绵阳	截至2017年7月,引进国省"千人计划"专家58名,领军创业人才173名、博士910名,全市各类人才的总量达到73万人,人才密度位居西部前列。2018年,首次组织市属事业单位赴外地高校现场考核招聘15名高层次人才。推荐"享受政府特殊津贴人员"候选专家36人;推荐2家单位申报四川省"四大片区"省级专家服务基地,4家单位申报省级博士后创新实践基地。新增1个国家级、1个省级、5个市级技能大师工作室

三、发展战略性新兴产业,培育现代产业体系

战略性新兴产业引领经济转型。四川省以供给侧结构性改革为主线,加快推动产业转型升级,着力培育发展战略性新兴产业,服务业比重持续提高,四川省经济实力迈上新台阶,发展质量和效益明显提升。《四川省"十三五"战略性新兴产业发展规划》明确了新一代信息技术、高端装备、新材料、数字创意等重点产业的发展方向、重点工程和空间布局,提出到2020年,四川省要建成国家战略性新兴产业发展的集聚高地和全国产业创新发展转型先行区。四川省各区域发展战略性新兴产业成效见表8-3。

表8-3 四川省区域战略性新兴产业发展成效

区域	成效
四川	2017年1—11月,电子信息、装备制造产业产值分别突破8000亿、9000亿元,高新技术产业总产值突破1.8万亿元,战略性新兴产业重点项目建设推进情况总体良好。2019年上半年,四川省战略性新兴产业活力不断释放,作为全国唯一的低空空域协同管理试点省份,全国首张目视飞行航图正式在川发布;国内首个国家级超高清视频产业基地正式落户成都;生物科技及先进医疗、数字创意等战略性新兴产业企业在数量和估值上处于领先优势
成都	2017年先进制造业和战略性新兴产业占工业总产值比重为74%,培育形成电子信息、汽车等6个千亿元级产业集群,产业支撑能力和发展后劲不断增强;国家高新技术企业增至2473家、同比增长17.9%,高新技术企业数量与产业规模保持中西部城市前列。截至2019年6月,全市新增新经济企业4.9万户;高新技术企业达到3113家,高新技术产业营业收入4755.48亿元、同比增速14.3%

续表

区域	成效
德阳	2017 年医药增长 19%，食品、机械增长均超过 10%，生物产业、节能环保产业同比分别增长 21.3%、19.6%。战略性新兴产业产值 789.1 亿元、增长 17.2%，30 个数字化车间加快建设，入选国家工业运行重点联系城市、国家应急产业示范基地。2019 年 1—7 月，德阳市战略性新兴产业工业增加值同比增长 10.9%，高于德阳市规模以上工业增加值增速 2.3 个百分点，高于 2018 年同期增速 2.5 个百分点。其中新能源产业和高端装备制造业保持快速增长，增加值与 2018 年同比分别增长 16.9%和 14.4%
绵阳	2016 年上半年，战略性新兴产业同比增长 15.13%；前 8 个月，节能环保、高端装备制造、汽车等八大重点产业产值占全市工业比重达到 75%。2017 年战略性新兴产业产值占工业总产值比重达到 36.7%。2018 年上半年科技城战略性新兴产业产值占规模以上工业总产值比重达 37.9%，继续保持领跑优势。2019 年 1—3 月，全市工业总产值同比增长 12.44%；六大重点产业产值占全市工业比重 68.8%，其中，电子信息产业产值占四川省电子信息产值比重为 21%

创新驱动高端现代产业发展。随着创新驱动发展战略深入实施和经济新动能持续壮大，四川省五大万亿元级支柱产业和数字经济的基础日益雄厚、优势逐步凸显、规模不断壮大。其中，电子信息、装备制造、食品饮料产业规模均已超过 8000 亿元，先进材料和能源化工也已经超过 6000 亿元，数字经济规模超过 1 万亿元，并且保持高速增长态势，夯实了四川省打造一批具有国际领先水平和区域辐射带动力的现代产业集群的基础。

科技服务业平稳较快发展。实施全面创新改革以来，科技服务业平稳较快发展，效益指标持续向好，有效推动了产业结构转型升级。以现代金融、科学研究、软件信息等为代表的现代服务业快速兴起，信息传输、软件和信息技术服务等领域发展亮点突出。此外，科技服务业的产业集聚度进一步提高，成都平原经济区、成德绵创新区的科技服务业发展态势良好，成德绵区域创新发展的协同效应与产业集聚效应进一步加强。

表 8-4　四川省区域科技服务业发展成效

区域	成效
四川	2017 年四川省全口径科技服务业营业收入达 3760 亿元，同期增长 9.0%，全年科技服务业对四川省服务业增长的贡献率达 41.0%，带动全年服务业增长 6.6 个百分点。2018 年四川省拥有国家级重点实验室 14 个，规模以上科技服务业企业 1191 户，实现营业收入 1725.9 亿元。软件和信息技术服务业企业达 27170 户，营业收入超千亿元
成都	2017 年成都市规模以上科技服务业营业收入 1803.2 亿元，占四川省比重达 74.5%。2018 年 1—11 月，规模以上信息消费服务业、高技术服务业、战略性新兴服务业和科技服务业营业收入分别增长 12.7%、12.7%、12.6%和 12.1%
德阳	2017 年德阳市以 76.4 亿元的营业收入位居规模以上科技服务业第三。2018 年出台了《德阳高新区促进科技服务业发展的实施办法》，系统推进科技服务业试点工作
绵阳	2017 年绵阳市以 87.4 亿元的营业收入位居四川省规模以上科技服务业第二。2018 年重点发展科技服务、现代物流、现代金融、电子商务、会展、旅游、文化创意、健康养老八大产业。2018 年绵阳市服务业增加值首破千亿元大关，实现服务业增加值 1073.15 亿元，居四川省第二位，增长 10.1%，占 GDP 比重达 46.6%，服务业完成投资 789.78 亿元

四、推动体制机制改革，优化创新创业环境

科技体制创新探索。推进职务科技成果的所有权由国家所有变为国家、职务发明人混合所有的探索。总体上体制改革主要集中于人才体制、科技成果转化、知识产权等方面，主要由省级层面率先发起，引领各个城市推进。体制机制的改革，一方面为试验区营造良好的创新创业环境打下了坚实的基础；另一方面也是试验区创新驱动发展倒逼体制改革的结果。获批建设成德绵国家科技成果转移转化示范区，建成国家技术转移西南中心核心集聚区，发布推介 1000 余项优秀科技成果。设立 50 亿元科技成果转化投资引导基金，带动实施重大科技成果转化项目 1500 项。持续推进“卡脖子”技术攻关，编制 356 项关键核心技术攻关清单，突破 335 项技术难点和瓶颈，发展成效见表 8-5。

表 8-5　四川省区域体制机制创新发展成效

区域	成效
四川	四川省推进 42 家科研院所和 32 所高校开展各类试点，开展职务科技成果权属混合所有制改革试点，20 家试点单位累计完成分割确权 400 余项，转移转化知识产权 600 余项，注册成立高科技创业公司 60 余家，带动社会投资 30 亿元。2018 年，五大支柱产业营业收入增长 13.7%。2018 年，四川省德阳高新区等 6 个园区成为省级科技成果转移转化示范区，遴选 102 家科技成果转移转化示范企业，全年技术合同登记额达到 1004 亿元，同比增长 139%，高新技术产业主营业务收入 1.75 万亿元，同比增长 12.2%，科技对经济增长贡献率达到 56%，提高了 2 个百分点
成都	成都市深入推进职务科技成果混合所有制改革。2017 年西南交大 184 项科研成果分割确权，吸引投资 8.8 亿元，成立科技公司 20 家；四川大学近 60 项成果分割确权，创办 20 余家科技企业；成都理工大 12 项成果、成都中医大 26 项成果完成分割确权。2017 年，成都市郫都区通过"合三为一"，形成了"一个部门管理、一支队伍执法、一个平台服务"的郫都区知识产权综合管理改革模式。截至 2018 年 11 月，成都市已与近 200 家高校院所和企业签订校院企地合作项目 317 个，协议金额超过 2900 亿元，其中 194 个项目已落地建设，占签约项目总数的 60%，投资金额近 2300 亿元；累计引聚包括 60 余名国内外院士在内的 1 万余名高水平人才；已建成国家、省、市三级工程技术研究中心、工程研究中心、企业技术中心等超过 1200 家，培育高新技术企业和科技型中小企业 4000 余家。2019 年成都市出台《成都市关于鼓励知识产权成果进场交易的若干措施》，促知识产权成果"变现"
德阳	2016 年 10 月，德阳市率先实行专利权质押贷款。德阳市成为四川省唯一全域启动相对集中行政许可权改革试点市，县级行政审批局全部挂牌运行，综合行政执法体制改革稳步推进，什邡市被列为全国基层政务公开标准化规范化试点市。2016 年，德阳市获得国家知识产权示范城市称号。完善《德阳市专利质押贷款管理办法》政策，德阳全市累计实现专利质押融资 4.62 亿元，涉及企业 42 家，质押专利 122 件；7 家银行对 7 个园区的 6497 件专利质押融资授信 17.2 亿元
绵阳	人才发展体制机制改革上突破，倾心构建人才集聚新高地，研究出台了富有绵阳特色的"1+16"人才政策体系。2017 年，特色产业发展基金 5 亿元，搭建"科技+服务+基金"的市场化平台。2017 年，绵阳市帮助企业知识产权质押融资贷款 1 亿元，全市专利质押融资总额累计突破 4 亿元；协助 8 家企业、70 件进行专利保险，保险金额达 567 万元。2018 年全市组织实施科技成果转化项目近 200 项，省市支持财政资金 6000 多万元，技术合同成交额达 11.5 亿元

知识产权体制改革。四川省创造性地成立"三审合一"知识产权综合管理机构，成立成都知识产权审判庭，实现知识产权案件跨区域集中审理，"三审合一"快审机制进一步完善。2017 年，四川省专利申请 16.75 万件，居中西部地区第一位。2018 年四川省知识产权服务机构达 500 余家、比 2016 年增加近 200 家，从业人员 5 万余人、是 2016 年的近 3 倍。

科技金融体制机制创新。探索完善科技金融创新,出台促进科技和金融结合的实施意见,设立 9 家科技支行和 16 家科技特色支行,探索形成应收账款、专利权、商标估值质押融资模式和一站式投融资信息服务 4 项改革举措并在全国推广。应收账款融资服务平台已为四川省企业和银行开通用户 11820 家,融资金额 3950.7 亿元。“盈创动力”“一站式”投融资信息服务模式累计为 7100 余户中小企业提供债权、股权融资 557 亿元,助推 80 余户中小企业改制上市。

创新创业环境优化。为加快实施创新驱动发展战略,优化四川省创新创业环境,激发全社会创新创业活力,推进科技成果转化,四川省出台了《四川省激励科技人员创新创业十六条政策》《四川省人民政府关于全面推进大众创业、万众创新的意见》等政策。出台重大技术装备首台(套)政策,认定首台(套)产品 198 个,落实保险补助、运用奖励等 3.8 亿元。施行科技企业孵化器、股权激励个人所得税、创新活动投资等税收支持政策,1854 人次享受股权激励优惠政策,递延个人所得税 8.7 亿元。成德绵区域随之制定相应的措施,优化创新创业环境,以吸引和集聚创新人才、企业、科研院所等创新要素,为区域创新发展提供优良的“软环境”和“硬环境”,提升区域“硬实力”。创新创业优化成效见表 8-6。

表 8-6 四川省区域创新创业环境优化成效

区域	成效
四川	市场主体数量逐年增加,2017 年四川省市场主体新增 102.11 万户,较 2016 年增长 37.9%,平均日均增长市场主体达 2797.5 户。作为创新创业重要载体平台的孵化器和众创空间数量高速增长,截至 2018 年 8 月,四川省的众创空间达到 2300 家,孵化面积超过 860 万平方米。设立省级以上企业技术中心和工业设计中心 1030 家,高新技术企业达 4300 户、“专精特新”中小企业达 1549 户
成都	目前,成都市级及以上科技企业孵化器及众创空间 200 家,面积 594 万平方米,其中国家级科技企业孵化器 16 家,国家大学科技园 4 家,国家级众创空间 45 家。截至 2018 年 7 月,“科创投”帮助 70 个项目完成投资,获得股权投资 4.9 亿元,“科创贷”支持 1294 家企业(团队)获得债权融资超过 28.5 亿元,“科创贴”共为 1939 家企业提供补助金额 2.4 亿元。形成由京东方、华为、清华紫光等企业带动的电子信息产业集群,由一汽大众、中嘉汽车等企业带动的汽车产业集群,由科伦、康弘等企业带动的生物医药产业集群

续表

区域	成效
德阳	目前,建成科技企业孵化器13个(其中国家级孵化器1家、省级7家),众创空间11个(其中国家级2家,省级1家),孵化场地总面积35.26万平方米,吸纳培育入孵企业806家。2018年,德阳市新增高新技术企业13家,总数达184家,330家企业进入全国科技型中小企业系统库,入库数量居四川省第四位。形成由国机重装、东汽、东电等企业带动的装备制造业产业集群
绵阳	2017年,建成科技城创新中心等国家级孵化器6个、国家级众创空间7个、国家级"星创天地"10个。2018年,出台20余项支持创新创业的政策文件,设立6000万元科技城人才发展专项资金,对作出突出贡献的创新创业团队和创新人才,分别一次性给予最高500万元和100万元资助。形成由长虹、九洲等企业带动的数字视听产业集群

五、完善改革统领机制,全面发力抓好落实

高规格的组织领导机制。成立以省委、省政府主要领导任组长、副组长的全面创新改革试验工作领导小组。由省发展改革委、科技厅共同牵头,并从省委办公厅、省委改革办、省国防科工办等抽调5名负责同志担任领导小组办公室专职副主任,集中办公。30多个省直部门(单位)和成都市、德阳市、绵阳市等领导小组成员单位一把手亲自负责,制定专项推进方案。四川省形成了省委省政府统一领导、省级有关部门整体协同、市(州)政府合力推进的强有力工作领导机制。

工作目标明确。2016年部署了"加快推进有利于科技成果转化的体制机制改革"等8个方面主要任务。2017年结合改革进程,提出打通科技与经济结合、科技与金融结合等"三个通道"。2018年在"三个通道"基础上,进一步强调要突出创新企业、创新人才、创新平台"三个重点",提升基础研究、技术攻关、成果转化"三个能力"。2019年围绕"高质量收官"和"深化拓展全面创新改革"全面部署、细化落实。

广泛的合作协同机制。以省部合作、省企合作、省校合作等形式,协同用好各类创新资源。在省部合作方面,与国家发展改革委、国家国防科工局、国家知识产权局等部委建立战略合作关系,与科技部、中央军委科技委签署三方联合推进科技特色发展战略合作框架协议。研究制定相关

工作方案,推动中国工程物理研究院等中央在川单位深度参与全面创新改革试验。在省企合作方面,率先与相关集团全面建立战略合作关系,推进新增能力布局和重大项目建设。在省校合作方面,与清华大学、北京大学、英国诺丁汉大学等20所中外知名高校建立战略合作关系,围绕人才引进、科技创新与成果转化等领域开展深度合作。

清单管理挂图作战,推进工作落地见效。印发实施方案、工作计划等9个指导性文件。连续三年滚动编制技术攻关、成果转化等"9张清单",明确责任主体、挂图作战。先后召开7次领导小组会议和10余次领导小组办公室会议研究部署,召开40余次抓落实专题会和专职副主任例会专项落实。建立月度催办、季度通报、年底对账盘点、完成销号的检查督导制度。印发月报、简报200余期,出台配套政策文件100多个。国务院授权的30项先行先试改革任务已基本完成。

营造良好创新改革氛围。与国家发展改革委、科技部联合举办首届全面创新改革试验高峰会议,组织国家有关部委、8个试验区、专家学者、企业家代表,围绕科技体制机制创新深入研讨交流,有力促进了国家有关方面、各试验区协同推进全面创新改革试验。成功举办"四川十大改革转型发展案例暨十大科技创新改革人物"评选活动,推动形成人人崇尚创新、人人皆可创新的社会氛围。注重典型案例宣传示范,出版《新时代四川全面创新改革案例精选》《全面创新改革试验宣传画册》,21项四川案例入选《全面创新改革试验百佳案例》,有力展示了四川创新改革的生动实践。四川省创新改革成效受到社会广泛认可,央视新闻联播、人民日报、新华社等多次专题报道,四川省全面创新改革试验被主流媒体评选为"2017四川十大经济影响力事件"。

第二节 四川省全面创新改革发展的有益经验分析

在四川省全面推进创新改革发展进程中,形成了具有四川特色的全面创新改革试验的有益经验。其中,第一批21条在省内推广的全面创新改革试验经验成果,有8条入选国家首批推广经验;第二批21项全面创新改革试验经验成果，分为四川省复制推广11项、省内扩大试点6项、省内借鉴4项，有8条入选国家第二批全国推广经验。

一、全面创新改革全国推广经验

为深入实施创新驱动发展战略，进一步加大支持创新的力度，营造有利于“大众创业、万众创新”的制度环境和公平竞争市场环境，为创新发展提供更加优质的服务，国家层面高度重视创新相关改革举措在全国范围内的推广与应用，以持续释放改革红利，激发全社会的创新创造活力，加快培育壮大经济发展新动能。

表8-7　四川省全面创新改革在全国推广的经验

批次	领域	具体经验
第一批	财税金融创新（3）	以关联企业从产业链核心龙头企业获得的应收账款为质押的融资服务
		贷款、保险、财政风险补偿捆绑的专利权质押融资服务
		面向中小企业的“一站式”投融资信息服务
	创新创业环境（1）	国税地税联合办税
	知识产权管理改革（1）	专利快速审查、确权、维权“一站式”服务
	特色发展（3）	涉及仪器设备整合共享、技术联盟创新合作等方面
第二批	知识产权管理改革（2）	省级行政区内专利等专业技术性较强的知识产权案件跨区域审理
		基于“两表指导、审助分流”的知识产权案件快速审判机制
	科技成果转化（1）	以事前产权激励为核心的职务科技成果权属改革
	财税金融创新（1）	以协商估值、坏账分担为核心的中小企业商标质押贷款模式
	特色发展（4）	涉及在技术转用过程中建立以股权为纽带、市场化运作的技术再研发机制、协同通用技术标准创新机制、服务科技型中小企业的专业金融机构构建产业统计指标体系等方面

在全国第一批推广的13条经验中，四川省有8条入围，见表8-7。

在全国第二批推广的23条经验中，8条来自四川省，集中于财政金融创新、科技成果转化、知识产权管理改革、创新创业环境等方面，可见四川省全创改成果显著。

财税金融创新方面，全国首推的科技金融创新3条经验均来自四川省，第二批中有1条来自四川省，这与相应的科技金融政策及发展战略紧密相连，说明科技金融在推动四川省经济高质量发展中发挥了重要支撑作用。作为科技大省的四川省，金融资源亦丰富，为进一步促进科技和金融结合，深入实施创新驱动发展战略，推动战略性新兴产业和高新技术产业发展，编撰了《四川省"十三五"科技金融发展规划（2018—2020年）》，争取到2020年基本建成具有国际影响力的科技金融创新中心。

创新创业环境方面，全国首推的5条优化创新创业环境经验中有1条来自四川省，说明近年四川省双创环境有所改善，尤其是成都通过建平台、集要素、促交流，一大批双创政策释放红利，带来成都市双创生态展现勃勃生机，虹吸效应开始凸显。但是，创新创业政策环境仍需不断优化，破除创新发展的体制机制障碍，激发市场活力。此外，就7条经验来源来看，其中5条来自成都市，1条来自绵阳市，进一步体现成德绵对四川省创新发展的引领作用。

知识产权管理改革方面，全国第一批、第二批经验中，四川省分别有1条、2条经验入选。省委十一届三次全会部署了"建设国家引领型知识产权强省""深化知识产权创新改革"等十项知识产权重点任务。近年来，四川省引领型知识产权强省建设快速推进，有力支撑了经济高质量发展、国家创新驱动发展先行省建设。四川省2018年新增专利申请15.3万件，专利综合实力居中西部第一位；新增注册商标16.57万件，累计有效注册商标63.16万件，居全国第七位；地理标志商标新增82件，累计总量326件，居全国第四位、西部第一位；作品登记总量17万件，居全国第四位；新增植物新品种有效授权54件，累计787件，居全国第五位。

科技成果转化方面，全国第二批推广经验中，四川省入选1条。四川省政府办公厅印发《2018年四川省科技成果转化工作要点》，要求加快推动科技成果转化为现实生产力。在具体落实方面，四川省着力解决科技成果转化“最先一公里”和“最后一公里”问题，激发高校科研活力，同时加强成果转化，避免无效研发、“研”而不“发”。

二、全面创新改革省内推广经验

四川省作为全国全面创新改革的八大试验区之一，近年来，围绕“一个核心主题”“两个重要目标”“三个重点区域”“四个基本原则”“八项主要任务”“三十条先行先试政策”，着力推动创新改革发展，及时凝练总结创新发展成果与经验，并在省内推广，以加快四川省全面创新改革发展的步伐。目前，四川省已经出台了两批全面创新改革试验可复制可推广经验成果，分别为 21 条，共计 42 条，其中 16 条入选全国推广，以下不再赘述。

表 8-8　四川省全面创新改革在省内推广的经验

领域	具体经验
创新创业环境(15)	符合条件的众创空间等新型孵化机构适用科技企业孵化器税收优惠政策
	对投向种子期、初创期等创新活动投资的税收支持政策
	推行集群企业住所托管的集群注册模式
	科技创新券模式
	放宽对专利代理机构股东或合伙人的条件限制
	首台(套)组合拳政策
	科技型中小企业全生命周期培育及政策体系
	知识产权“三合一”综合管理体制改革
	东西部产业转移协同发展模式
	创建产业园区市场主导型管理体制
	重点投资项目全程代办新机制
	企业投资项目承诺制
	知识产权类型化案件快审机制
	集群企业住所托管的集群注册模式
	国、地税联合办税

续表

领域	具体经验
科技成果转化(2)	科技型中小企业对科研人员科技成果转化股权激励的个人所得税优惠政策
	职务科技成果混合所有制改革试点
创新人才机制(8)	外籍人才停居留特别通道
	创新装备制造业高端技术技能人才培养模式
	基于技术应用理论虚实一体的国际高端技术技能人才培养模式
	以首席技师带动为标志的高技能人才绝技绝活代际传承模式
	建立国企人才分类评价新机制
	探索高职院校毕业生职业资格认定方式改革
	科技人员委派式离岗创业
	农业科技人员“项目化、组团式”创新创业
科技金融创新(5)	依托银行间市场创新“双创”直接债务融资模式
	中小微企业出口风险控制及保单融资补偿机制
	平台化、市场化运营的科技金融服务模式
	中小企业商标融资机制
	专利权质押融资新模式
创新助力扶贫(2)	茶产区茶园认领制管理助力脱贫
	开发性金融“四台一会”支持产业扶贫
特色发展(10)	涉及社会资本参与企业混合所有制改革、金融机构服务等方面

由表8-8可知，四川省省内推广的两批经验，分布于特色发展、创新创业环境、科技成果转化、创新人才机制、科技金融创新、创新助力扶贫6大方面，这也反映了四川省全面创新改革的重点任务和举措。

创新创业环境方面，主要是对创新创业环境给予财税支持，创新知识产权保护和管理的相关举措；优化管理机制和代办机制，简化办事流程，降低创新创业的办事的人力和时间成本；给予中小企业政策扶持，鼓励其发展外向型经济。

科技成果转化方面,主要是创新企业对科研人员科技成果转化的激励机制,推进科技成果混合权属的改革。

创新人才机制方面,主要是围绕人才引进、高技能人才的培养、国企人才评价、科技人员离岗创业等方面,加快破除体制机制障碍,推进创新人才发展改革。

科技金融创新方面,主要是推进科技与金融的融合发展,创新融资模式,充分发挥市场作用,提升金融服务创新能力。

创新助力扶贫方面,主要是创新产业扶贫的管理机制和金融服务支撑。

此外,在2020年国务院推广的第三批20项改革举措中,四川省推举的"银行与企业风险共担的仪器设备信用贷(简称"设备仪器贷")"等改革举措入选。

总之,四川省在双创环境、人才机制方面总结凝练出的经验较多,可见其为四川省创新发展的重中之重,环境优化与人才机制创新,都将为创新要素集聚提供良好的平台,从而助推四川创新型省份建设以及经济高质量发展,由经济大省向经济强省、科技大省向科创强省转变。此外,四川省将创新助力脱贫攻坚作为全创改的内容之一,这既考虑到了四川省的经济社会发展现状,同时也是落实国家精准扶贫战略目标的重要体现,反映了四川省精准扶贫工作的创新与成效。

对照《四川省系统推进全面创新改革试验方案》的主要任务,以及国家授权的30项重点改革任务,四川省在健全开放创新体制机制、创新科技成果转化方面,总结推广的经验成果相对薄弱,在后续的创新发展中,需要不断探索总结更多的与体制机制改革相关的可推广可复制的经验。

第三节　四川省全面创新改革发展的不足与建议

一、创新改革发展的不足

（一）区域发展不均衡

一是区域经济发展不均衡，四川省五大经济区竞相发展，多点多极格局正在形成，但是成都平原经济区的发展遥遥领先于其他经济区，虹吸效应不断增强。二是区域创新发展不均衡，成德绵对其他区域的辐射带动作用不强，创新极化效应日益增强，区域间的差距进一步拉大。三是区域创新活力不均衡，创新发展的经验成果主要诞生于成德绵区域，其他区域创新活力不足，发展后劲不强。

（二）产业集聚未形成

一是四川省电子信息、装备制造、食品饮料、先进材料、能源化工、数字经济等“5+1”产业体系，尚未形成产业集群，产业集聚效应没有充分发挥。二是四川省作为特色领域改革试验的唯一省级区域，肩负重要的使命，特色领域发展取得一系列成效，但是尚未建设特色领域产业基地，形成产业集群。

（三）营商环境待优化

一是对民营企业的服务不足，对民营企业与国企、央企尚未完全做到同等对待，一定程度上造成了民营企业办事难、办事效率低的问题。二是对民营企业的奖励不足，包括对民营企业及其员工贡献的嘉奖体系不够完善。三是未充分发挥民营企业的社会作用，尚未营造良好的吸纳民营企业参与社会公共事业、服务社会的环境。四是知识产权保护与管理待创新，尚未形成健全的知识产权的维权体系和保险机制。

（四）人才培育力度不足

一是人才培育的资源优势未充分发挥。四川省作为科技和教育大省，本地高校资源集聚，拥有多个优势学科，拥有人才培育的良好基础，但是近年四川省的人才创新机制主要是人才的引进和高技术、技能人才的培育,没有充分发挥高校资源优势。二是人才培育的扶持和激励举措较少。四川省给予当地高校的扶持政策较少、激励力度不足,高校人才培育的活力没有完全释放。

(五)重大科技设施较少

目前,在四川省布局的大科学装置及国家重大科技基础设施较少,与北京市、上海市、安徽省、广东省等试验区相比拥有的大科学装置数量相比,差距较大,导致较大的科创孵化器和创新要素集聚平台缺乏,原创性的重大科技成果难以诞生。这在一定程度上将制约四川省的创新发展,难以在自主创新方面与其他试验区同台竞争。

二、创新改革发展的政策建议

(一)改进组织实施方式,提高政策的实施效率和效果

全面创新改革试验区是经全面深化改革领导小组批准由国家发展改革委、科技部联合牵头实施的。地方层面也应比照中央成立相应改革试验领导小组,并根据改革任务逐级分解至相关职能部门。在省级领导小组框架下各自开展政策试点,可能导致区域之间的政策沟通缺乏有效协调,或者说这样的组织架构和运行机制在协调跨区域创新改革中的制度成本较高。此外,一些地区同时承担多项创新改革试点任务,但在具体实施过程中很难把握试验的本质内涵,缺乏对改革方案的系统思考。因此,要确保区域创新改革试验的各项政策真正落到实处,必须从政策推进的组织方式入手,真正树立"一盘棋"思想,探索统分结合的"一体化"组织方式,切实解决部门条块分割、各自分散改革的弊病。

(二)优化政策传递和反馈路径,提升创新改革试验效果

目前,鼓励创新发展的基础性制度仍有待完善,微观创新主体缺乏创新动力,部分含金量高的政策始终落不了地。因此,必须从优化政策传递和反馈路径两方面入手,围绕纵向层级上下沟通和横向层级平行沟通的关键环节,着力解决政策传递路径过长、政策供需不匹配的问题。一是在鼓励地方先行先试过程中,政策试验的授权方式应该倡导最高层级的"一次授权",为地方自行探索创造良好的制度环境。二是进一步增强试

点政策与战略定位、市场需求之间的匹配度。四川省政府在创新改革试验中既要做好与国家相关部委的沟通衔接，也要充分听取创新型企业、科研院所、创业机构等各方意见，确保政策实施具有针对性。

（三）构建推进全面创新改革的长效机制，制定更长远的发展目标

目前，四川省尚未构建全面创新改革的长效机制，而且全面创新改革的发展目标不够长远，只考虑到了全面创新改革的三年期限，而安徽市、上海市等地区均将全面创新改革的发展目标制定到了 2025 年，甚至 2030 年。全面创新改革作为引领发展的“一号工程”，需要制定长远目标作为引领，构建全面、长效的机制保障其稳步推进。

一是基于四川省现实发展情况，制定全面创新改革的长远目标，以引领四川省各个领域的创新发展。

二是构建推进全面创新改革的长效组织保障机制，省级及地方的全面深化改革领导小组的宏观管理应具有持续性，充分发挥统筹、协调、督促、检查、推动的作用，建立严格的责任制，保障长远目标的实现及其各项举措落到实处。

三是构建推进全面创新改革的长效政策环境机制，市场准入与公平竞争、知识产权与科技成果转化、金融创新与投融资体制、人才培养激励与流动、科技创新与科技管理体制等方面的政策环境需要不断优化与创新，为全面创新改革的长效发展提供良好的“软环境”支撑。

（四）分阶段分层级重点推进，逐一解决创新改革关键问题

目前，四川省全面创新改革涉及面广、任务较分散，不利于集中力量办大事。为强化实际效果，要加强改革的精耕细作和配套政策细化。特别是聚焦少数关键领域，集中突破“牛鼻子”问题。

一是围绕全面创新改革的核心任务，深化特色领域发展，推进发展的体制机制、政策环境、人才支撑、金融服务等创新改革，创建全国特色领域发展示范区。

二是贯彻四川省委十一届三次全会精神，构建区域协调发展新格局，充分发挥成德绵区域对其他经济区的带动和辐射作用，引导创新要素的

合理布局，促进资源优化配置，强化区域分工协作，实现区域协同共兴、整体跨越，提升四川省创新整体实力，打造引领西部、面向全国的高质量发展区域。

三是提高人才培育能力，依托四川大学、电子科技大学、西南交通大学、成都信息工程大学等高校，加强高等学校建设，推进政校企人才培育合作，将四川省建设为人才强省，为全面创新改革发展提供智力支撑。

（五）进一步加大产业创新，争创国家综合性产业创新中心

产业创新作为全面创新改革发展的重要支撑，四川省需进一步加大改革发展力度，争创国家综合性产业创新中心。

一是积极促进跨界协同，完善区域创新体系。充分利用川渝地区高校院所、企业研发总部、中介服务、金融资本等集聚优势，充分发挥创新组织优势和治理优势，促进不同类型创新主体之间高频率、高效率的密切互动，联合申报、建设、管理国家重大科技基础设施，以集聚人才、企业、研发机构等创新要素，提升区域自主创新能力。

二是优化创新创业环境。包括进一步深入推进全面创新改革示范，优化有利创新的制度环境、政策环境和营商环境，推进科技成果转化和知识产权的创新发展，建立和维护公平竞争的新兴领域市场环境；重视科技创新服务业，培育专业化、国际化、品牌化的服务机构和组织，发挥其链接创新、实现价值的重要作用，服务高新技术企业培育；在城市规划中要重视并预留创新空间，促进大学、研究所周边创新功能、产业功能和社区功能的有机结合，形成强大的创新“场效应”，塑造具有世界知名度的创新集聚“热圈”。

三是推动新兴产业集群化发展。围绕四川省“5+1”产业体系，集中培育重点产业，瞄准未来发展方向和产业链的补链、强链环节精准招商，打造一批万亿元级的现代化产业集群；依托四川省核动力、航空整机等高新技术产业基地的加快建设，优化空间布局，构建具有核心竞争力的特色产业集群。

四是打造多产业融合发展的新兴产业增长极。打造一批产业创新发展的特色小镇，并提高市场知名度，推动经济多元化业态发展，推动区域产业创新发展。

第九章　成都市全面创新改革政策系统性分析*

第一节　成都市全面创新改革的战略定位与发展重点

一、战略定位

成都市是四川省推动全面创新改革的核心区域，是深入推进政产学研用协同创新和特色领域融合创新的先行先试区域，是全面推进经济、科技、教育、开放、体制等相关领域改革的重点区域。通过全面创新改革，将成都市建设成为国家创新型城市，并打造成为具有国际影响力的区域创新创业中心。

二、战略目标

根据《中共成都市委关于系统推进全面创新改革　加快建设具有国际影响力的区域创新创业中心的决定》，成都市力争通过三年努力，基本完成中央确定的改革试验任务，集中破解创新驱动发展的体制机制瓶颈，打通政产学研用协同创新、特色领域融合创新通道取得率先突破，在知识产权、人才发展、金融支撑、开放合作等方面取得明显进展。力争通过五年努力，在西部地区率先实现创新驱动引领型发展，形成以创新为主要引领的经济体系和发展模式，加快建设国家创新型城市。

---

* 本章执笔人为刘昊、张志强。

三、发展重点

根据成都市《系统推进全面创新改革试验方案》，成都市的全面创新改革主要集中在8个方面：增强主体创新创业动力，打通政产学研用协同创新通道；突破体制机制障碍，打通领域之间融合创新通道；实施知识产权战略，维护市场公平竞争；实施人才发展战略，激发创新创业人才活力；实施金融支撑战略，增强创新创业金融支持；实施开放合作战略，加速融入全球创新网络；实施"创业天府"行动计划，建设创新创业良好生态；突出两个重点区域，优化创新创业空间布局。同时，还提出了42项需要国家和省授权或参与推进的改革举措，这些举措不仅包含创新的内容，也凸显了创业的内容。

第二节　成都市全面创新改革政策的系统性研究

本节基于全面创新改革启动实施以来三年多时间（2015年至2018年5月），成都市政府公开发布的政策文件，采用政策文献信息计量的方法，利用数理统计与可视化、等量化方法，揭示成都市在全面创新改革期间政策发展的全面态势及其系统性、协调性的主要特征，并提出相关对策建议。

一、数据来源与分析指标

本书采用的主要数据来源、指标等如下。

政策文件：利用成都市政府网站的文件数据库进行政策文件采集，经收集、整理和预处理后，共得到政府文件共757条（数据更新时间：2018年6月30日）。

政策类型：根据实际收集到的政策内容，结合《党政机关公文处理工作条例》，按照公文分类的规定将成都市全面创新改革政策进行分类，如通知、意见、办法、批复、决定、细则、令（政府令）等。

政策主题：由于所获取的政策文件数据的元数据项不含主题分类，因此本书参照政府信息公开目录的主题分类方法对政策进行标引。政府信息公开目录的主题分类共有22个一级类目,每个一级目录下又包含若干二级类目。为保证标注的信度,本书的处理数据环节由两位研究者独立对757条文件进行标注,同时也参考文件中依据的上级政策(省部级、国家级)所属主题分类,之后将两份标注结果进行对比、修正和完善,最后得到本书最终使用的政策文件主题分类结果。

成都市全面创新改革的政策特征:根据四川省全面创新改革的目标设计,并结合其主要任务和目标,本书将成都全面创新改革的政策特征进行归纳分类,分别是:特色领域体制创新、知识产权创新(科技成果转移转化)、人才发展创新、内陆开放创新、科技金融创新和创新生态链(包括产业体系、平台体系、治理体系的政产学研用协同创新链)六类。

二、成都市全面创新改革政策发展的基本态势

政策文献是政策思想的物化形态和政策内容的外部表现形式,反映了政府处理公共事务的具体行动,是政策研究的重要数据源之一。对于涉及范围广、影响因素多的区域公共政策而言,采用文献计量学的方法,能够比较客观地揭示出政策发展的具体态势和特征,可为进一步开展区域政策分析、咨询与决策提供支持。本节对所收集到的成都市政府全面创新改革政策文件开展政策计量统计分析,主要考察政策发布数量的变化、政策类型的构成、政策时效的分布等特征。

(一)政策发布情况分析

以每半年为一个时间窗口,2015年至2018年5月的政策发布数量及其变化情况见图9-1。通过观察可以发现,近几年成都市政府政策发布数量呈现出稳定并略有增长的态势,较明显的增长自2016年下半年开始出现,此后的半年度政策发布数量一直在100条以上,2017年上半年的政策发布数量达到最高(126条)。这种态势一定程度上反映出,随着2016年6月国务院正式批准四川省系统推进全面创新改革试验方案,成都市作为四川省全面创新改革的重点区域迅速响应,全力提升创新改革政策的设计能力。

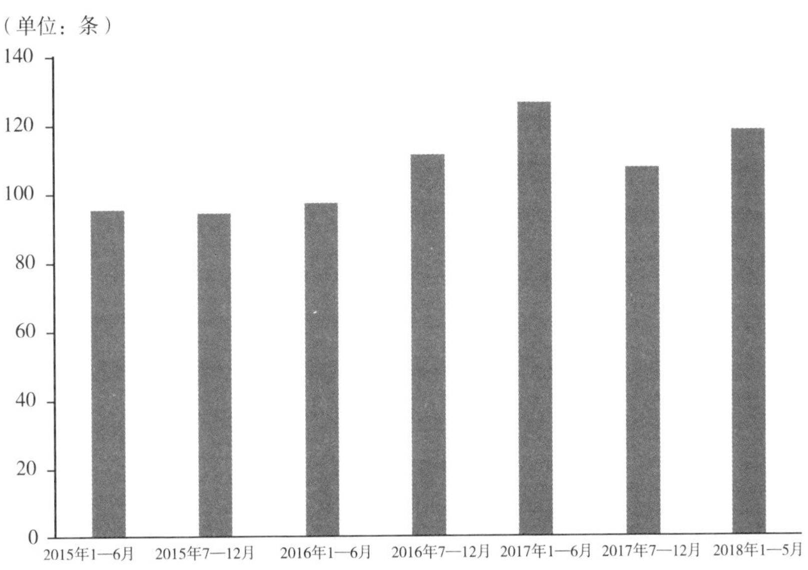

图 9-1 成都市全面创新改革政策发布数量的基本态势（2015 年至 2018 年 5 月）

（二）政策的文体类型分析

文体功能是对一种文献能够承载何种工作任务的说明，不同文种的文体功能有所不同，加以区分既可以在实际工作中正确选用文献文种，也能够方便政策分析时更好地理解不同政策文献。《党政机关公文处理工作条例》中明确规定了 15 种通用文献的文体及其主要功能。需要指出的是，由于“通知”具有发布事项、批转文献等功能，许多“办法”“意见”等实际上是通过行政部门转发或印发“通知”的形式来传播，因此，本书在政策类型分类的过程中对此加以区分，将此类“通知”进一步划分至对应的其他公文类型中。

通过统计发现，2015 年至今成都市政府政策文件主要包含有如图 9-2 所示的 8 种类型，其中通知类的政策文件相对较多，约占总数的 52. %，其次是占比 16. 6%的意见及占比 16. 4%的批复类政策文件。相对而言，通报、办法类政策文件占比较少，分别占总数的 5. 5%、4. 9%，尤其是决定、令（政府令）、细则类政策文件占比最少，仅占总数的 2. 4%、1. 2%、0. 9%（见图 9-2）。

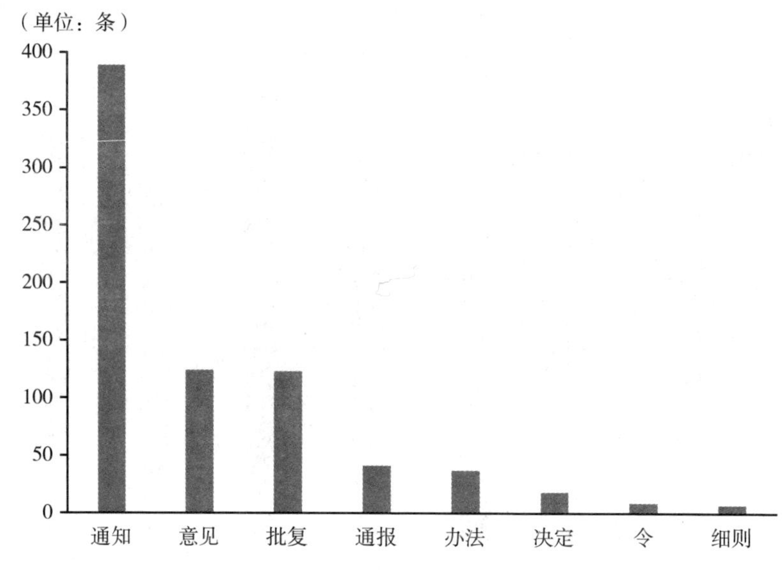

图 9-2　成都市全面创新改革政策文件类型分布

根据公文在政府系统内的传递方向，可分为上行文（下级机关向上级机关报送的公文）、下行文（上级机关向下级机关发送的公文）和平行文（同级机关和不相隶属机关相互发送的公文）。对应图 9-2 中三类占比较高的政策文件，通知文件主要有发布事项、批转文件和转发文件的功能，作用为市政府贯彻中央政府、省政府或各部委在不同公共政策领域的目标要求，或根据上级政策要求及时出台针对性的政策方案发布，具有下行文的特征，例如《成都市人民政府关于印发成都市加快推进"互联网+政务服务"工作方案的通知》；意见文件是用于政府对重要问题提出见解和处理方法，主要是市政府落实上级政策要求或依据政策问题特点研究针对性政策方案，具有下行文的特征，例如《成都市人民政府关于进一步推进政府和社会资本合作（PPP）的实施意见》；批复文件则反映了上级机关答复下级机关的请示事项，与请示（上行文）相互对应，例如《成都市人民政府关于同意建设西部金融中心行动计划（2017—2022 年）的批复》。三类政策文件合计占比达 85%，反映出全面创新改革期间成都市政府在贯彻落实上级政策精神和要求、发挥本级政府政策研究设计能力、协调下级机关部门推进政策实施落地等方面成果显著。

（三）政策的时效特点分析

政策的时效性不仅是政策存续状态的主要依据，还能够反映出政府施政的目标节点，是区域公共政策分析与评价的重要指标之一。本节以成都市全面创新改革期间政策的时效性为分析对象，通过对收集到的政策文献进行整理，本书将政策分类为 1 年内的短期政策、2—3 年的中期政策、4—5 年的中长期政策以及 5 年以上的长期政策等四种时效类型。对于政策时效性的判断依据主要以政策文件中明确指出的政策有效期年限为主，若文件中并未明确指出政策有效期年限的，则根据其政策内容目标或规划的时间节点进行人工判断后加以标注，对于文件并未说明政策的时间节点按一年的时效期进行标注，统计结果见图 9-3。

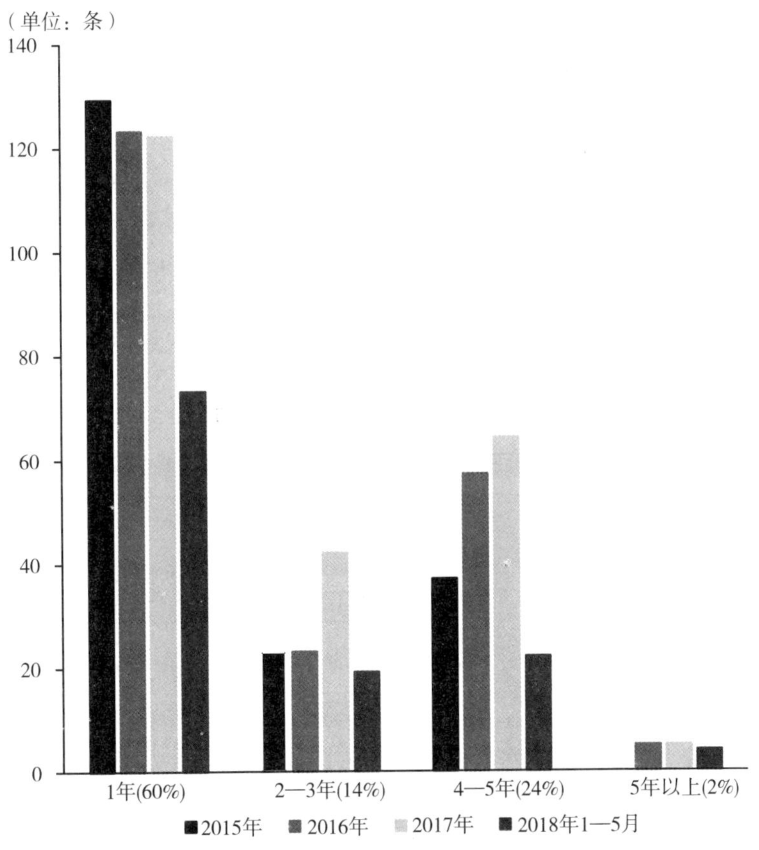

图 9-3　成都市全面创新改革各年份时效政策的分布态势

时效为1年的短期政策文件占比最高,达到60%;其次为占比24%的4—5年中长期政策文件以及占比14%的2—3年中期政策文件;时效在5年以上的政策文件较少,仅占2%。各年份不同时效政策文件数量的分布比例基本一致:短期政策文件最为丰富,中期政策、中长期政策文件逐年增长。2015年以来,各个公共政策领域"十三五"规划的出台,促进了中长期政策文件的快速增长;随着不同领域"十三五"规划进程的发展,中期政策文件数量也不断增长。全面创新改革是一项系统工程,既要以创新统领改革创新的方方面面,同时也要充分协调各创新要素间的关系,因此会对政策设置阶段、施政目标及效率等方面提出较高的要求。从各年份政策时效的分布态势来看,丰富的短期政策提高了区域公共治理的灵活性,确保政府施政过程中及时根据政策问题的新进展、新情况来作出相应调整,一定程度上提升了区域政策系统各要素间的可协调性。同时,通过一定数量的中长期政策、长期政策的设置,进一步保证了区域公共治理的稳定性与连续性。

此外,根据政府信息公开目录的主题分类,本书统计了各类时效政策的主题分布情况(TOP 5),见表9-1。可以看出,"城乡建设/环境保护"主题在四类政策中出现的频率最高,且排名都比较靠前。该主题下包含有六个二级主题,但数量分布上则主要集中在"城市规划""城乡建设"和"环境监测/保护与治理"三个方向。

表9-1 成都市全面创新改革各类时效政策的TOP 5主题列表

时效类型	TOP5主题				
1年(短期政策)	综合政务	其他	城乡建设/环境保护	市场监管/安全生产监管	民政/扶贫/救灾
2—3年(中期政策)	城乡建设/环境保护	市场监管/安全生产监管	工业/交通	公安/安全/司法	国土资源/能源
4—5年(中长期政策)	城乡建设/环境保护	农业/林业/水利	商贸/海关/旅游	卫生/体育	市场监管/安全生产监管
5年以上(长期政策)	卫生/体育	城乡建设/环境保护	农业/林业/水利	工业/交通	国民经济管理/国有资产监管

三、成都市全面创新改革政策的全面性、系统性及协调性分析

本书从政策计量的角度，对成都市全面创新改革期间政策的全面性、系统性及协调性进行评价。首先，根据成都市公共政策的主题分布特征开展政策的全面性分析。其次，鉴于公共政策相关问题的多因素性、动态性和复杂性不利于直接开展系统性分析，故本书遴选与全面创新改革特征有关的政策，进行成都市全面创新改革政策的系统性、协调性分析。

（一）成都市全面创新改革政策的全面性分析

根据政策主题的分类结果，本书首先绘制 22 个一级主题的分布图，见图 9-4。所收集政策文件数据共覆盖 19 个一级主题，缺少的 3 个主题分别是“对外事务”“港澳台侨工作”“民族/宗教”。主题分类中，“综合政务”类政策文件占比最高，达到 21.1%，其次是“城乡建设/环境保护”类政策，占比 13.2%。除此两类政策文件的占比明显较高之外，其他主题的分布相对比较平均，在 3%—8%的比例区间内共有 12 个政策主题存在，合计占 60%以上。

进一步统计各二级主题的数量分布，本书所收集的政策数据涉及 78 个二级主题。各个二级主题中，“综合政务—政务公开”类政策文件数量最多，达到 106 条；其次是“其他—表彰”类文件，有 51 条。除去两类政策文件外，在具体的公共政策方向上“劳动/人事/监察—社会保障”类政策文件最多，有 30 条；其次是“城乡建设/环境保护—环境监测/保护与治理”（29 条）、“城乡建设/环境保护—城乡建设（含住房）”（28 条）、“卫生/体育—卫生”（28 条）、“国土资源/能源—土地”（27 条）等。为方便显示，本书将二级主题的数量分布以雷达图形式按各个一级主题分别呈现，见图 9-5，其中一级主题“组织机构”“国防”“其他（表彰）”因二级主题类型单一或文件数量较少未作呈现。

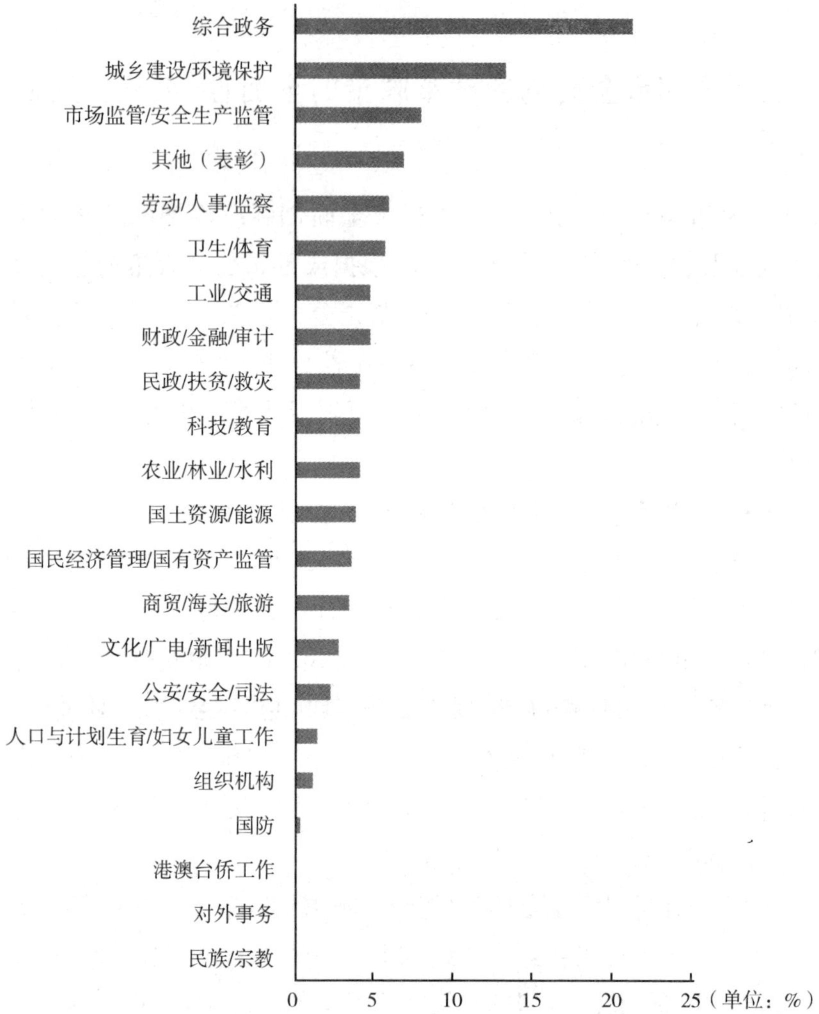

综合政务
城乡建设/环境保护
市场监管/安全生产监管
其他（表彰）
劳动/人事/监察
卫生/体育
工业/交通
财政/金融/审计
民政/扶贫/救灾
科技/教育
农业/林业/水利
国土资源/能源
国民经济管理/国有资产监管
商贸/海关/旅游
文化/广电/新闻出版
公安/安全/司法
人口与计划生育/妇女儿童工作
组织机构
国防
港澳台侨工作
对外事务
民族/宗教
0
5
10
15
20
25（单位：%）

图 9-4　成都市全面创新改革政策的一级主题分布

政务公开
政务督查
应急管理
电子政务
文秘工作
保密工作
信访
参事、文史
其他
120
90
60
30
0
综合政务
宏观经济
经济体制改革
统计
物价
国有资产监管
重大项目建设
其他
9
6
3
0
国民经济管理/国有资产监管

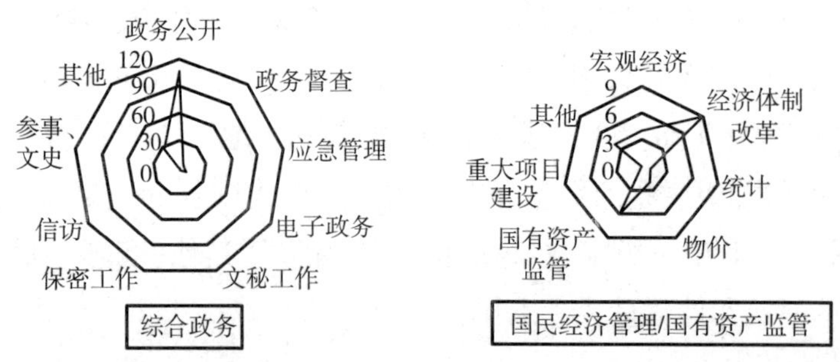

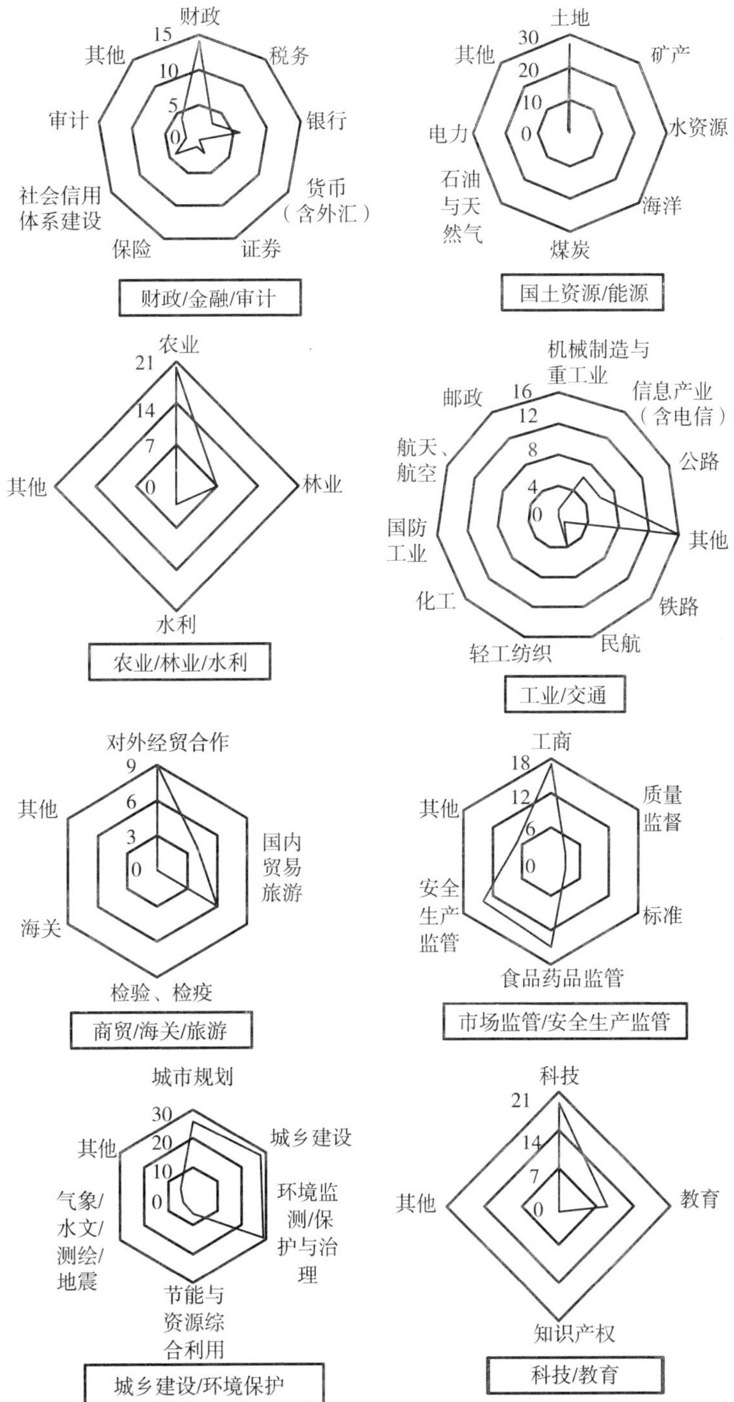
财政
税务
银行
货币（含外汇）
证券
保险
社会信用体系建设
审计
其他
15
10
5
0
财政/金融/审计
土地
矿产
水资源
海洋
煤炭
石油与天然气
电力
其他
30
20
10
0
国土资源/能源
农业
林业
水利
其他
21
14
7
0
农业/林业/水利
机械制造与重工业
信息产业（含电信）
公路
其他
铁路
民航
轻工纺织
化工
国防工业
航天、航空
邮政
16
12
8
4
0
工业/交通
对外经贸合作
国内贸易旅游
检验、检疫
海关
其他
9
6
3
0
商贸/海关/旅游
工商
质量监督
标准
食品药品监管
安全生产监管
其他
18
12
6
0
市场监管/安全生产监管
城市规划
城乡建设
环境监测/保护与治理
节能与资源综合利用
气象/水文/测绘/地震
其他
30
20
10
0
城乡建设/环境保护
科技
教育
知识产权
其他
21
14
7
0
科技/教育

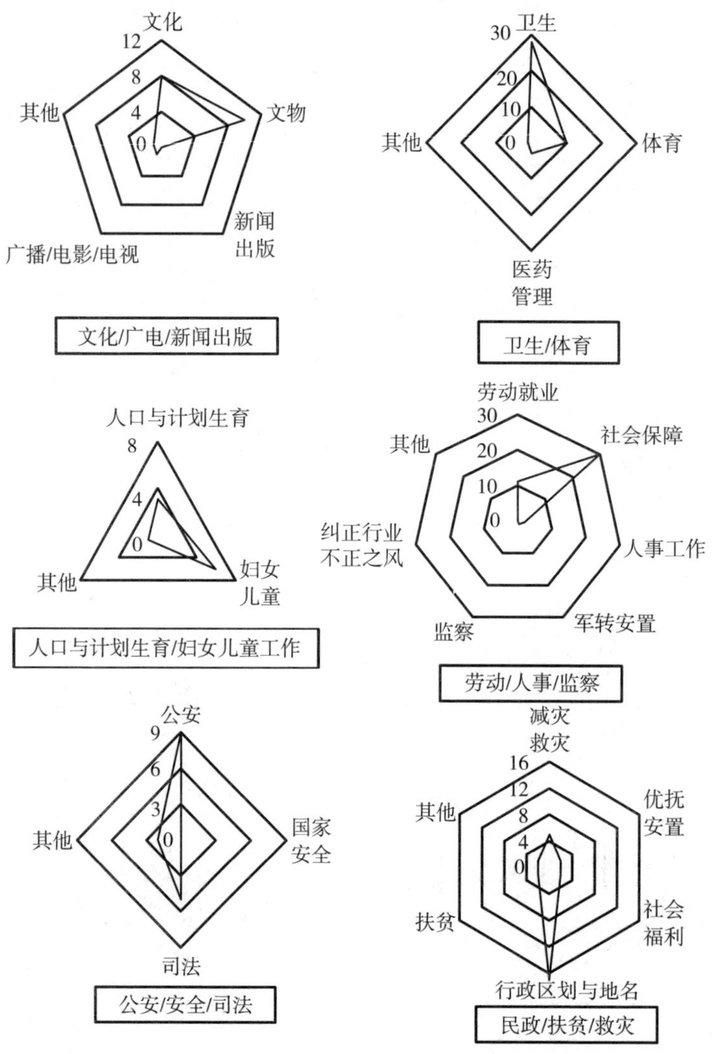

图 9-5 成都市全面创新改革政策的二级主题分布雷达图

分析政策一级、二级主题分布特征，进一步反映出全面创新改革期间市政府施政的特点：一是面向主要公共政策领域全面施政，政策一级主题覆盖率86%、二级主题覆盖率69%。二是面向区域公共政策的关键议题发力，以点带面、突出重点，如在“国民经济管理/国有资产监管”主题中的重点是“经济体制改革”与“国有资产监管”，在“城乡建设/环境保护”主题中的重点是“城市规划”“城乡建设”与“环境监测/保护与治理”等。

（二）成都市全面创新改革政策的系统性、协调性分析

全面创新改革方案实施以来，成都市在特色领域统合创新、科技成果转移转化、人才发展创新、内陆开放创新、科技金融创新、创新生态链等六个方面改革创新，成绩斐然。例如，2017 年 9 月国务院决定推广 13 项具备可复制、可推广条件的全面创新改革试验举措，成都市贡献了其中的 5 项，是全国 8 个全面创新改革试验区贡献改革经验最多的城市；2017 年 5 月四川省首批可复制、可推广的 21 条全面创新改革经验，成都市贡献了其中 12 条，占 57%；2018 年 5 月，四川省复制推广第二批全面创新改革试验经验成果，成都市有 6 项创新改革举措入选，居四川省前列。大量改革创新成果、经验举措的涌现，是区域创新系统内部各创新主体、要素协同作用的结果。

本书将政策的系统性、协调性研究置于区域创新系统理论的视域下，考察全面创新改革政策在区域创新系统中的作用效果，并通过政策特征之间的协同关系，进一步来反映政策的系统性、协调性。

（三）全面创新改革政策的特征相关性分析

1. 创新生态链

创新生态链是成都市深入推进全面创新改革的核心基础，是充分释放改革创新要素活力的"催化剂"，亦是打通"政产学研用"全链条的主要抓手，其内涵包括创新产业体系、创新平台体系和创新治理体系三部分。2015 年 12 月，成都市出台《关于系统推进全面创新改革　加快建设具有国际影响力的区域创新创业中心的决定》，提出在破解创新驱动发展的体制机制瓶颈、打通政产学研用协同创新、产业融合创新通道等方面实现"三年率先突破"，在西部地区率先实现创新驱动引领型发展、形成以创新为主要引领的经济体系和发展模式、加快建设国家创新型城市方面实现"五年率先形成"。2016 年 4 月，出台《成都创业天府行动计划 2.0 版》进一步突出创新创业活动市场化、要素国际化、创新协同化和环境生态化等。除此之外，有关创新生态链的大量政策措施在全面创新改革的相关政策中亦有所涉及，本书将在后文一并分析。

本书以上述政策为例，通过对政策内容进行分析，梳理其中涉及全面

创新改革政策特征及其关系，见表 9-2。可以看出，创新生态链与其余五个全面创新改革政策特征均有关联。

表 9-2　成都市全面创新改革“创新生态链”政策特征分析

全面创新改革特征 / 政策内容	特色领域融合发展	科技成果转移转化	人才发展创新	科技金融创新	内陆开放合作
	3	2	2	2	2
完善科技成果转移转化体系（决定）	—	科技成果使用、处置和收益管理“三权”改革（创新治理体系）	—	—	—
创新特色领域融合发展机制（决定）	创新治理体系	—	—	—	—
搭建特色领域创新平台（决定）	创新平台体系	—	—	—	—
培育特色领域产业集群（决定）	创新产业体系	—	—	—	—
健全人才评价和机理机制，加大人才引进和培育力度（决定）	—	—	人才激励与服务保障，人才引进与培育	—	—
实施金融支撑战略（决定）	—	—	—	创新创业投资引导机制	—
实施开放合作战略（决定）	—	—	—	—	成德绵区域创新共同体；引进全球创新资源；支持优势企业开放合作
出台成果转化支持新政（计划）	—	科技成果权属混合所有制	—	—	—
实施成都人才新政（计划）	—	—	人才新政	—	—

续表

全面创新改革特征 / 政策内容	特色领域融合发展	科技成果转移转化	人才发展创新	科技金融创新	内陆开放合作
	3	2	2	2	2
大力发展科技信贷;实施科技“创新券”升级计划(计划)	—	—	—	知识产权质押融资;股权众筹	—
构建创新创业国际合作凭条	—	—	—	—	推进国际创新创业合作

2. 特色领域融合发展创新

2016 年 9 月以来,成都市出台了若干条政策措施推进特色领域的融合发展,快速形成了以国防科技工业和高新技术产业为核心,以破除体制机制障碍为主攻方向的特色领域优势资源双向转化创新势能。

3. 科技成果转移转化

2016 年 1 月,在四川省委、省政府的支持与成都市委、市政府的推动下,西南交通大学启动了“职务科技成果混合所有制”校级改革试验,以校级一号文件的形式出台《西南交通大学专利管理规定》,使职务发明人在我国首次拥有了职务科技成果所有权。同年 5 月,成都市出台《促进国内外高校院所科技成果在蓉转移转化若干政策措施》(简称“成都新十条”),将“支持在蓉高校院所开展职务科技成果权属混合所有制改革”作为第一条,在全国率先实施科技成果所有权“早确权、早分割、共享制”的职务科技成果混合所有制改革,打破束缚高校院所科技成果在蓉转移转化的制度藩篱。2017 年 7 月,成都市发布《关于创新要素供给培育产业生态提升国家中心城市产业能级科技成果转化政策措施的实施细则》(简称“科技成果转化十条”)和《关于创新要素供给培育产业生态提升国家中心城市产业能级知识产权政策措施的实施细则》(简称“知识产权十条”),打通知识产权创造、运用、保护、管理和服务全链条,加快从要素驱动向创新驱动转换,助力产学研贯通融合的“最后一公里”。

本书以上述政策为例,通过对政策内容进行分析,梳理出科技成果转移转化创新与其他全面创新改革特征的关系，见表 9-3。可以看出，与科技成果转移转化创新关系最为密切的全面创新改革政策特征是创新生态链，而在科技金融创新、人才发展创新方面也有不同程度的涉及。

表 9-3　成都市全面创新改革“科技成果转移转化”政策特征分析

全面创新改革特征 / 政策内容	特色领域融合发展	人才发展创新	科技金融创新	内陆开放合作	创新生态链
	0	2	4	0	10
支持在蓉高校院所开展科技成果处置权改革（成都新十条）	—	—	—	—	创新治理体系
支持国内外高校院所在蓉建设新型产业技术研究员（成都新十条）	—	—	—	—	创新产业体系
推动在蓉高校院所与区（市）县共建环高校院所成果转化区（成都新十条）	—	—	—	—	创新产业体系
鼓励建立市场化的技术转移机构、知识产权交易机构和科技成果评价机构（成都新十条）	—	—	—	—	—
鼓励高校院所科技人才和大学生创新创业（成都新十条）	—	科技人才在岗创业；支持人才技术流入	—	—	—
拓宽高校院所科技人才创新创业融资渠道（成都新十条）	—	—	投融资支持，基金支持	—	—
支持在蓉高校院所共建研发创新平台并开放共享创新服务资源（成都新十条）	—	—	产业基金支持	—	创新平台体系

续表

政策内容 \ 全面创新改革特征	特色领域融合发展	人才发展创新	科技金融创新	内陆开放合作	创新生态链
	0	**2**	**4**	**0**	**10**
鼓励高校院所开展鼓励科技成果转化的相关制度改革（成都新十条）	—	—	—	—	创新治理体系
支持建设产学研协同创新平台（科技成果转化十条）	—	—	—	—	创新平台体系
鼓励建设国家级重大研发平台（科技成果转化十条）	—	—	—	—	创新平台体系
完善科技金融服务体系（科技成果转化十条）	—	—	天使基金，科技企业债权融资风险补偿资金池	—	—
培育专业化技术转移机构和技术经纪人队伍（科技成果转化十条）	—	人才培育与技术转移服务激励	—	—	—
建立专利导航产业发展机制（知识产权十条）	—	—	—	—	创新产业体系
建设高价值专利培育中心（知识产权十条）	—	—	—	—	创新平台体系
设立成都知识产权运营基金（知识产权十条）	—	—	知识资本与金融资本和新经济的深度融合	—	
构建知识产权侵权查处、纠纷调解体系	—	—	—	—	创新治理体系

4. 人才发展创新

2016年，成都市委、市政府以“一号文件”的形式出台《关于深入实施“创业天府”行动计划　加快打造西部人才核心聚集区的若干政策》（简称“人才新政10条”)，全面升级人才政策，瞄准全球高端人才，为推动成都全面创新改革提供了有力支撑。同年12月，出台《成都市与在蓉高校院所协同引进海内外高层次创新创业人才的实施办法(暂行)》，落实引进高层次人才和团队创新创业的资助与融资补贴措施。2017年，成都市委、市政府同样以“一号文件”的形式出台《关于深化人才发展体制机制改革　加快推进国家中心城市建设的实施意见》(简称“人才政策36条”)，标志着成都人才政策实现从“政策创新”到“体制机制改革”的跨越式发展。2017年7月，发布《成都实施人才优先发展战略行动计划》(简称“人才政策12条”)，开启了成都建设具有国际竞争力人才强市的新征程。通过一系列人才政策的密集发布，成都市在人才政策方面逐渐形成了含金量高、惠及面广、支持力度大、针对性强的完善体系。

本书以上述人才政策为例，通过对政策内容进行分析，梳理出科技成果转移转化创新与其他全面创新改革特征的关系，见表9-4。可以看出，与人才发展创新政策关系最为密切的政策特征是创新生态链，而科技金融创新、科技成果转移转化创新等方面也有较多政策内容相关联。

表9-4　成都市全面创新改革“人才发展创新”政策特征分析

全面创新改革特征 / 政策内容	特色领域融合发展	科技成果转移转化	科技金融创新	内陆开放合作	创新生态链
	1	3	4	0	5
强化创新创业金融扶持(人才新政10条)	—	—	产业扶持以“投”代“补”	—	—
支持企业创新产品推广应用(人才新政10条)	—	—	—	—	创新产业体系
优化人才发展平台(人才新政10条)	—	—	—	—	创新平台体系
成都人才计划资助(实施办法)	—	知识产权质押融资	人才项目信贷支持	—	—

续表

全面创新改革特征 政策内容	特色领域融合发展	科技成果转移转化	科技金融创新	内陆开放合作	创新生态链
	1	3	4	0	5
院校科技成果自主处置，全面放开转移转化机制（实施办法）	—	科技成果权属混合所有制	—	—	—
建立灵活有效的人才管理体制（人才政策36条）	—	—	—	—	创新治理体系
建立符合国际标准的创新创业支撑体系（人才政策36条）	—	—	—	—	创新平台体系
建立推动人才创新创业的激励机制（人才政策36条）	—	科技成果权属混合所有制	知识产权质押融资、股权质押贷款等融资服务	—	创新治理体系
完善军民人才融合机制（人才政策36条）	军民人才流动	—	—	—	—
激励产业人才（人才新政12条）	—	—	创新创业人才补贴	—	—

5. 科技金融创新

金融是现代经济的核心，是推动全面创新改革的重要支撑。近年来成都市坚持把实施金融支撑战略作为系统推进全面创新改革试验的重要举措，全面推动成都市建设西部金融中心，强化金融服务实体经济功能，提升金融产业能级，打造金融生态圈。在2017年7月出台的《关于创新要素供给培育产业生态提升国家中心城市产业能级若干政策措施的意见》（简称“意见2017”）中，提出“提升财政金融服务能力”，进一步提升金融科技产业的投资支持力度，大力促进产融结合。2017年8月，成都高新区出台《成都高新区关于加快国际金融创新中心建设的若干政策》（简称“政策2017”），涉及金融服务实体经济、提升金融产业能级和构建金融生态圈三个维度，从金融服务创新、金融产业发展、金融人才集聚和金融环境营造等方面着力，旨在构建全国领先的科技金融政策体系。2018 年以来，先后发布《关于进一步加快建设国家西部金融中心的若干意见》（简称“意见 2018”）和《建设西部金融中心行动计划（2017—2022 年）》（简称“行动计划”），着力提升金融服务实体经济能力，优化金融资源配置，强化金融风险管控，以高端、高质、高效现代金融服务促进城市能级水平提升。

本书以上述政策为例，通过对政策内容进行分析，梳理出科技金融创新与其他全面创新改革特征的关系，见表 9-5。可以看出，科技金融创新政策与创新生态链、内陆开放合作、人才发展创新、科技成果转移转化（知识产权）等创新政策特征形成了关联。

表 9-5　成都市全面创新改革“科技金融创新”政策特征分析

政策内容 \ 全面创新改革特征	特色领域融合发展	科技成果转移转化（知识产权）	人才发展创新	内陆开放合作	创新生态链
	0	1	2	3	4
促进产融结合（意见 2017）	—	—		—	创新产业体系
发挥自由贸易试验区金融开放创新带动优势（意见 2017）	—	—	—	建立以“一带一路”沿线区域为重点的跨境金融服务中心	—
支持企业利用多层次资本市场（意见 2017）	—	创新开展知识产权交易	—	—	—
支持金融高层次人才集聚（政策 2017）	—	—	金融高层次人才奖励、补贴、创业扶持	—	—
鼓励建设和使用科技金融服务平台（政策 2017）	—	—	—	—	创新平台体系

续表

全面创新改革特征 / 政策内容	特色领域融合发展	科技成果转移转化（知识产权）	人才发展创新	内陆开放合作	创新生态链
	0	1	2	3	4
加强金融人才建设（意见 2018）	—	—	金融人才的培育、吸引与奖励、支持	—	—
开展自贸试验区内商业保理试点工作（意见 2018）	—	—	—	支持银行与企业合作发展保理业务	—
构建金融产业生态圈（意见 2018）	—	—	—	—	创新生态链
金融科技创新工程（行动计划）	—	—	—	—	创新产业体系
金融国家化促进工程（行动计划）	—	—	—	推动蓉欧金融对接合作	—

6. 内陆开放合作

2018 年 6 月，成都市召开对外开放大会，对成都市全面服务"一带一路"建设，高水平建设国际门户枢纽和内陆开放高地、构建立体全面开放新格局进行了全面安排部署。随后出台了《关于加快构建国际门户枢纽全面服务"一带一路"建设的意见》（简称"意见"）、《建设西部对外交往中心行动计划（2017—2022 年）》（简称"行动计划"），形成了以"两个文件"为统领，全面构建联通全球通江达海的战略大通道、积极推动国际贸易和投资优化升级、加快形成法治化国际化便利化营商环境的全面对外开放新格局。

本书根据上述政策的内容条款，梳理出内陆开放合作与其他全面创新改革特征的关系，见表 9-6。可以看出，内陆开放合作政策与创新生态链、科技金融创新、人才发展创新、科技成果转移转化（知识产权）等创新政策特征形成了关联。

表 9-6　成都市全面创新改革"内陆开放合作"政策特征分析

政策内容 \ 全面创新改革特征	特色领域融合发展	科技成果转移转化（知识产权）	人才发展创新	科技金融创新	创新生态链
	0	1	2	2	2
创新人才引进培育新体制（行动计划）	—	—	完善外籍人才服务机制	—	—
实施"极核型"企业招引计划（行动计划）	—	—	—	—	创新产业体系
围绕互联网金融、国际支付与结算、科技金融创新和人民币国际化开展开放创新试验（行动计划）	—	—	—	科技金融创新	—
做强做优"三区五园多支撑"开放平台体系（意见）	—	—	—	—	创新平台体系
精准高效促进资源要素全球配置（意见）	—	—	海外人才来蓉创新创业工程	金融国际融通工程	—
引导设立成都知识产权运营基金（意见）	—	引导设立知识产权运营基金，促进专利技术的应用和转化	—	—	—

（四）全面创新改革政策特征的系统性、协调性分析

本书将各个全面创新改革政策特征关系进行融合，得到特征的关系矩阵并构建六个特征的关系网络图，见图 9-6。图 9-6 中各节点大小代表网络中节点的加权中心度，节点越大，节点所代表的政策特征在网络中的重要性越高。各节点间的边代表它们的关联关系，边的粗细反映了关联强度大小，边越粗则代表两个节点的关联关系越大。边的箭头反映了两个节点的连入、连出关系，箭头所指的目标节点意味着在源节点有关的政策内容中有所涉及。

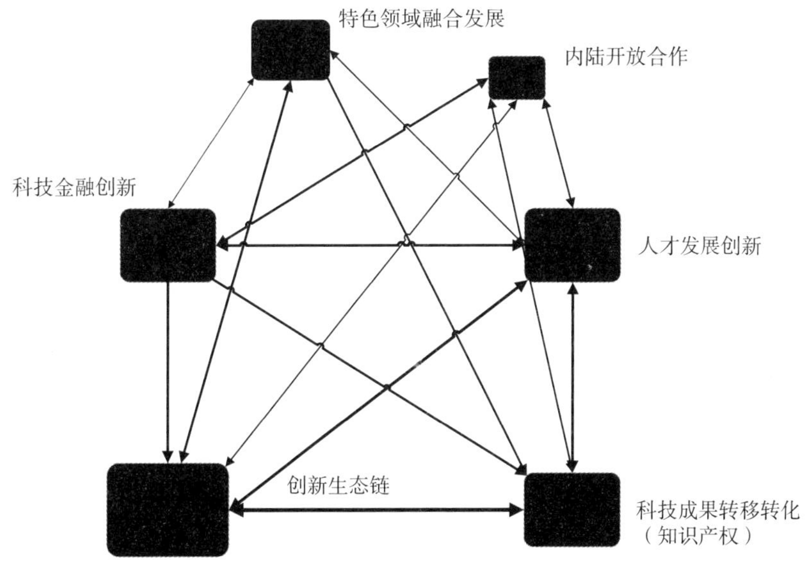

图 9-6　成都市全面创新改革政策特征关系网络图

首先,图 9-6 中所示的网络中无孤立点,说明网络整体性较好。其次,除特色领域融合发展与内陆开放合作两个节点间没有边关系存在外,各节点间均通过不同关联强度的边相连,说明网络的连通性较好,也可反映出各政策特征在全面创新改革过程中发挥了较好的协同作用,具有较强的协调性。各边关系中大部分为双向边,只有 4 条边为单向边,分别是"特色领域融合发展—科技金融创新""特色领域融合发展—科技成果转移转化""内陆开放合作—科技成果转移转化""内陆开放合作—人才发展创新",这说明上述节点关系中后者相关的政策内容没有体现出前者,如在科技成果转移转化相关的政策内容中,不含内陆开放合作有关的政策条款;大部分节点间的关联强度大于 1,关联强度最高的是"科技成果转移转化—创新生态链",反映出在科技成果转移转化相关的政策中,有较多的内容也涉及创新生态链。最后,创新生态链的节点加权中心度最高(0.27),其次为科技成果转移转化(0.21)、科技金融创新(0.19)、人才发展创新(0.17)、内陆开放合作(0.09)、特色领域融合发展(0.08),也进一步反映出创新生态链在全面创新改革过程中的基础功能与重要作用。

从政策特征反映出的整体网络结构来看，成都市全面创新改革各类政策虽然在施政领域、实施时间、进度和目标方面各有不同，但通过相互关联的内容特征形成了全面、完整的政策特征网络，说明全面创新改革政策在设计与实施的过程中体现出系统性与协调性。除此之外，政策特征网络中单向边现象的存在一定程度上与不同特征的政策实施进度先后有关，如内陆开放创新的重要政策在2018年陆续发布，导致较早实施的科技成果转移转化、人才发展创新等相关政策与之关联较弱。也进一步说明后续的政策研究设计，需要根据政策问题的发展，及时开展政策的更新、补充和完善，如在人才发展创新政策与科技成果转移转化政策设计中增加有关内陆开放创新方面的政策措施，在科技金融创新和科技成果转移转化政策设计中增加促进特色领域融合发展的政策措施等。

第三节　成都市全面创新改革的政策创新建议

综上分析可以看出，全面创新改革实施以来，成都市的政策产出水平保持稳定增长，不同类型的政策合理搭配，形成了覆盖主要公共政策领域、面向关键政策议题精准发力的全面政策创新和施政格局。本书利用归纳的六个全面创新改革政策特征，进一步构建政策的内容关系网络并进行可视化分析，发现全面创新改革的各类政策虽然在政策领域、政策目标、实施时间、实施进度等方面各有不同，但通过相互关联的内容特征，形成了连通性较好的政策关联网络，说明成都市全面创新改革政策在设计与实施的过程中具有良好的系统性与协调性。

基于上述研究分析，本书就成都市全面创新改革的政策创新提出以下建议。

一、持续加强制度、政策的创新与供给

制度经济学认为，国际竞争很大程度上是不同制度系统之间的竞争。创新及繁荣的扩散取决于恰当的制度，制度的类型与质量造成巨大的发

展差异。制度发展不足,会使技术进步的成果积累与潜在的巨大市场不起作用。新中国成立以来,我国长期发展不足的一个根本因素是制度创新供给不足。“制度重要”这一认识在制度经济学看来是“哥白尼式的革命”。政府治理的最大优势是制度政策供给。创新驱动发展最重要的是,科技创新、制度创新两个轮子要一起转。可以毫不夸张地说,全面创新改革的成效,从根本上说,主要取决于政府的政策制度创新供给的能力和实施效果。

区域公共政策是一个高度复杂的动态问题系统,要求政府施政过程中必须兼顾点与面的关系,既不可“撒胡椒面”,也不能“钻牛角尖”。而全面创新改革的实施提升了社会创新要素间的关联关系,各类政策问题“牵一发而动全身”的特点表现得更为明显,对政策的系统性、协调性提出了更高的要求。

要继续坚持覆盖主要公共政策领域、面向关键发展议题的精准政策发力的全面政策制度创新及其相应的施政格局,并根据政策实施的进度、产生的效果或反馈的问题及时做好政策的补充、更新和完善,要注重政策体系的全面性、系统性和协调性。

二、强化科技金融政策创新供给,助推科技金融依赖性新产业创新发展

科技金融是创新驱动发展的助推器,是“大众创业、万众创新”的有力支撑。成都市在科技金融方面的创新探索已走在全国前列,在促进科技与金融深度融合、创新链与资金链深度对接方面取得了丰硕成果。但是,当前,科技金融工作还存在认识不清、投入不够、管理不顺、人才不足、创新不活等问题。因此,需要围绕加快建设西部金融中心和国家科技金融试点城市,创新科技金融生态链,构建“创业投资、债券融资、上市融资”多层次科技金融服务体系,推动实现科技、金融、产业深度融合,全力服务于科技金融依赖性新产业的孵化和成长。

三、开展8个全面创新改革试点区域的政策比较研究

现有的8个全面创新改革区域的选择各有特点,发展也各有特色。但这些区域在实施全面创新改革发展上,都将政策制度创新与供给作为根本抓手,都出台了一系列的促进全面创新改革发展的有力有效政策,形成了相应的政策体系。这在我国和这些区域的发展上,形成了特有的区域经济现象和政策现象。

开展这8个全面创新改革区域的全面创新改革政策的系统比较研究,可以为成都市全面创新改革政策创新和供给提供参考和依据。为了推动各自区域的全面创新改革试验工作,这些试点区域都出台了一系列的促进创新发展的政策文件,一些区域还形成了较丰富的政策体系。开展这些全面创新改革区域的政策系统比较研究,有助于借鉴有益的政策经验,有助于发现成都市全面创新改革政策设计的不足,从而借鉴先进地区的做法,为优化和完善成都市全面创新改革政策提供指引和参考。

四、开展成都全面创新改革政策绩效评价研究

开展成都市全面创新改革政策绩效定期评价研究,为政策完善与政策制定提供依据。通过定期对全面创新改革政策实施的效果、效益与效率进行评价,及时发现创新改革中存在的缺漏、问题,及时采取措施补充完善,优化配置政策资源,并形成下一步全面创新改革重点工作的思路,从而进一步推动实现成都市全面创新改革的目标。

五、设立成都市新型科技智库,支撑成都市创新驱动发展的科学决策

建设中国特色新型智库,支撑科学决策、依法决策、民主决策,是党的十八大以来党中央作出的重大战略决策。依托智库,就区域发展的战略与政策问题开展常态化和制度化的研究与决策咨询,是科学决策、民主决策、依法决策的必然趋势。

建议依托有科技与创新政策研究实力的在蓉科研机构,设立成都

市新型科技智库，明确新型科技智库的战略定位和研究任务，聚焦和围绕成都市全面创新改革发展的重大问题开展长期战略与政策研究及决策咨询服务，充分发挥科技智库的政策分析评价能力，开展战略与政策问题的前瞻性分析与全流程、全要素分析及评价研究，完善以政策问题为导向、创新系统全要素关联的综合政策研究与评价模式，在政策实施过程中形成常态化的开放反馈机制，可以极大地促进政府政策创新的及时性和有效性。

展　望　篇

第十章　四川省创新驱动发展战略研究*

第一节　创新驱动发展的基础条件

一、区位特点

区位优势逐步显现，交通通信枢纽地位更加重要，“蜀道难”已成为历史，交通强省也不遥远。四川省是中国西部的大省，随着现代交通网络的建设和发展，以往的地理区位短板已经不复存在，现已成为连接西南、西北和华北三大区的重要交汇点和交通走廊。四川省公路里程居全国第一位，其中高速公路总里程居西部第一位。2017 年 12 月，西成高铁全线开通，西安市与成都市组成“3 小时经济圈”；依托“中欧班列（成都）”，畅通中国—中亚—西亚、新亚欧大陆桥经济走廊；成都双流国际机场已成为中国四大航空港之一，是我国中西部地区最繁忙的民用枢纽机场、西南地区的航空枢纽和重要客货集散地，成都市稳居中国航空第四城，成都天府国际机场预计 2021 年投运，和成都双流国际机场“两场一体”运营。随着“一带一路”和“长江经济带”的建设，四川省经济区位优势愈发明显，成为中国“向西开放”的战略前沿。四川省现有 49 个交通项目纳入国家打造长江经济带综合立体交通走廊的总规划，投资达 7400 多亿元；并不断加强成都作为长江上游的通信骨干节点作用，加快与上海市、南京市、武汉市、重庆市等重点信息城市融合创新发展，四川省在“一带一路”中

* 本章执笔人为张志强、肖国华、杨润丹、唐蘅、周飞、郑颖。

区位优势愈加凸显。

二、经济基础

自然资源丰富。水电资源蕴藏量达1.5亿千瓦,仅次于西藏,可开发量1.1亿千瓦,占全国的26%,居全国首位,是中国最大的水电开发基地。地下热水资源非常丰富,地下热水钻孔114个。已知矿产132种,占全国总数的70%。32种矿产保有储量居全国前5位,钒、钛、锂、银、硫铁矿、天然气等11种矿产储量居全国第一位。钛储量占世界总储量的82%,钒储量占世界总储量的1/3,天然气储量7万亿立方米。同时,四川省还是全国乃至世界珍贵的生物基因库之一,高等植物近万种,占全国总数的1/3,是中国三大林区之一,天然中药材达4500余种,是全国最大的中药材基地。四川省的资源优势还远远没有转化为经济发展优势。

经济大省地位日益稳固。2016年,四川省实现地区生产总值(GDP)32680.5亿元,位居全国第六,同比增长7.7%。2017年上半年,四川省GDP达16080.3亿元,位居全国第七,同比增长8.2%。其中,第一产业增加值1496.9亿元,增长3.4%;第二产业增加值7288.2亿元,增长7.8%;第三产业增加值7295.2亿元,增长9.8%。2017年上半年,四川省农业生产稳定,同比增长3.4%;工业生产加快,规模以上工业增加值同比增长8.6%,增速比国家平均水平高1.7个百分点;第三产业增加值同比增长9.8%。在行业方面,计算机、通信和其他电子设备制造业发展迅速,增长21.5%;在经济类型方面,外商及港澳台商投资企业是所有经济类型中增长最快的,增长13.4%。坚定不移地促进产业技术进步,大力发展新经济产业,是提升经济大省地位、建设经济强省的关键。

产业体系较为完整、产业力量雄厚。四川省的七大优势产业、七大战略性新兴产业、五大高端成长型产业、五大新兴先导型服务业,构成了四川省"双七双五"的产业发展格局。电子信息、装备制造、能源电力、油气化工、钒钛钢铁、饮料食品、现代中药七大优势产业2016年总量达到8392.3亿元,占四川省工业增加值的72.5%。新一代信息技术、高端装备制造、新材料、生物、新能源及新能源汽车、节能环保、文化创意等战略性新兴产业 2016 年比上年增长 12.6%，高于工业平均增速 4.7 个百分点，比全国战略性新兴产业增速高 2.1 个百分点，占规模以上工业比重达到 12.1%，比 2015 年提高 0.3 个百分点。2013—2016 年，节能环保、航空燃机、信息安全、新能源汽车、页岩气等五大高端成长型产业产值年均增速达到 15%以上，远高于工业 8.7%的年均增速。四川省产业整体呈现出高新技术产业凸显、结构转型升级加快、新兴产业发展快速的发展优势。此外，根据 2017 年《财富》世界 500 强企业榜单，在川世界 500 强企业已增至 331 家，比 2016 年年底新增 10 家，数量持续领先中西部，其投资涉足的领域越来越高端，涵盖的区域越来越广泛，已经遍布全川。

四川省特别是大成都都市圈产业未来发展，需要大力培育出有世界影响力的超级产业集群；特别是在新经济产业方面，需要大力培育和孵化出“独角兽”企业，尽快实现“独角兽”企业零的突破。

三、科研实力

研发力量较为雄厚，科技创新优势不凡。四川省科研院所和重点高校数量居西部第一位，拥有普通高等学校 109 所，其中正高级人员 9128 人。作为科教大省，不但有四川大学、西华大学等综合类院校，还有电子科技大学、西南交通大学、成都理工大学、西南科技大学等理工类院校，西南财经大学等财经类院校，可以为四川省创新驱动发展提供优秀后备人才。同时，四川省还有中国科学院多家研究机构、中国工程物理研究院、中国核动力研究设计院、成都飞机设计研究所等中央在川科研院所，科研实力较为雄厚。目前四川省已出台多项科教政策举措，推进教育现代化取得重要进展，基本形成学习型社会，建成教育强省和西部人才高地。截至 2017 年，四川省拥有国家重点实验室 12 个，包括转化医学、大型低速风洞、高海拔宇宙线观测站等在内的国家重大科技基础设施 5 个，中国最大的受控热核聚变装置——中国环流器一号，中国唯一的科技城——绵阳科技城，国家和省级高新区 11 家，高新技术产业化基地、火炬特色基地 56 家，高新技术企业总数超 3100 家。四川省具有创新驱动发展的良好科技基础条件。

四、人才资源

创新高端人才集聚优势明显。2016年,四川省新增“千人计划”引进人才205人、创新创业团队20个,使四川省“千人计划”引进人才总量达到800人、创新创业团队达到72个,位居西部第一。截至2017年11月,四川省已有两院院士59人(1人系双院士),其中,中国科学院院士23人,中国工程院院士37人。截至2016年年底,四川省有各级各类研发机构数百家,技能人才总量达680万人,高技能人才占技能人才比例为16%。已建院士专家工作站315个(含省级50个),各级工作站共引进院士128名、高层次专家1475名,合作开展科技项目736项。院士、专家及其创新团队帮助企业解决关键技术难题1264项,获发明专利1255项,获得省部级及以上科技奖励530项,推广转化科技成果1325项,院士专家工作站带动建站单位实现产值397亿元,其中新产品实现产值256亿元,新增利税42亿元。四川省315个院士专家工作站共为企业培养1450名创新人才,其中,硕士1177人、博士273人,这为四川省实施创新驱动发展战略奠定了较好的人才基础。但是,四川省高端创新人才作用发挥都比较平均,缺乏世界级科技大咖,没有带来具有世界影响力的科技成果,尚没有引来国家层面布局建设综合性国家科学中心、国家实验室等重大创新基地建设。

政策优势。发布《四川省“十三五”人才发展规划》,把高层次人才作为人才队伍建设的战略重点。以博士补助为例,按照《四川省高层次人才特殊支持办法(试行)》、“天府英才”计划等政策要求,四川省已向2016—2017年度符合条件的238名博士发放安家补助共计1190万元。省人才办发布《高层次人才来川创新创业对接服务实施办法(暂行)》,对各地各部门服务高层次人才来川创新创业提出明确要求,并将此项工作纳入年度人才工作目标责任制考核。

平台优势。四川省积极建设天府新区、中国(四川)自由贸易试验区、成都国家自主创新示范区、绵阳科技城、攀西战略资源创新开发试验区等。积极打造对外合作平台,规划和支持中韩创新创业园、中法成都生态园、中法农业科技园、川法生态科技园、川德中小企业合作园、东盟国际产业园、川韩产业园等的建设。大力推进轨道交通国家实验室建设，构建省级重点实验室、国家重大科技基础设施、国家级和省级工程技术研究中心（院），为人才提供施展才能的空间与平台。

五、政策创新

跻身国家重大创新改革试点之列。国家推出的若干重大改革举措、重大政策、重要试点区域，四川省都跻身其中。2000 年绵阳被确定为国家唯一科技城，2007 年成都获批全国统筹城乡综合配套改革试验区，2011 年国务院实施《成渝经济区区域规划》，2013 年国家在攀西批准设立战略资源创新开发试验区，2014 年天府新区获批为国家级新区，2015 年 6 月国务院批复同意成都高新技术产业开发区建设国家自主创新示范区、同年 9 月四川省获批成为全面创新改革试验区，2016 年《成渝城市群发展规划》获批，2017 年四川省成为中国第三批 7 个自由贸易试验区之一。四川省已经成为国家创新驱动发展改革试验的主要省份，成为引领西部乃至全国的创新驱动发展排头兵。

以全面创新改革试验为统领，不断完善创新政策制度体系。2015 年发布《中共四川省委关于全面创新改革驱动转型发展的决定》，明确了“三年试验突破”“五年基本转型”的发展目标。围绕全面创新改革试验区建设，四川省已编制实施综合改革等 9 张清单，总结了 60 多项可复制推广储备经验，如地方与科研院所大型国防科研资源跨军民、跨行业、跨地区开放共享模式，对投向种子期、初创期等创新活动投资的税收支持政策，职务科技成果权属混合所有制改革试点，知识产权类型化案件快审机制，科技创新券模式等。

创新驱动发展战略被列为四川省三大发展战略之一，创新驱动发展奏响时代强音。2013 年 5 月，省委将创新驱动发展确定为四川省“三大发展战略”之一，提出“转型才能更好发展、后发也要高点起步”。2013 年 6 月，四川省科技创新暨科技奖励大会，指出四川省总体上进入了由以要素驱动为主向以创新驱动为主转变的发展阶段。2017 年 11 月印发《四川创新型省份建设实施方案》，明确到2020年全面创新改革试验取得积极进展，科技体制改革取得重大突破，四川省总体进入创新驱动发展阶段，基本建成国家创新驱动发展先行省和创新型四川。

统筹区域多点多极、新型城镇化和五大经济区新规划，描绘区域协调发展战略四川版。2013年发布《实施多点多极支撑发展战略的指导意见》，提出做强市州经济梯队，培育“四大城市群”、发展“五大经济区”的战略方针。2015年发布《四川省新型城镇化规划（2014—2020年）》，提出“一轴三带、四群一区”的城镇化发展格局，进一步提升城镇化质量，优化城镇化布局和形态。2016年发布《四川省五大经济区“十三五”规划》，提出差异化发展战略，推动成都平原经济区领先发展，充分发挥经济的集聚效应和辐射带动作用。

成功争创成都国家自主创新示范区，大力发展战略性新兴产业。2014年印发《支持成都高新技术产业开发区创建国家自主创新示范区十条政策的通知》，明确支持成都高新区争创国家自主创新示范区，将其建设成为西部创新驱动发展引领区、全国高端产业发展集聚区、具有全球影响力的科技创新创业中心。印发《四川省五大新兴先导型服务业发展工作推进方案的通知》，明确了四川省五大新兴先导型服务业发展“时间表”和“路线图”。

推动和深化科研院所改革，以体制机制改革创新激发和调动科技创新。发布《四川科研院所改革总体方案》和《深化科研院所改革试点推进方案》，以体制改革促科技创新，激励科技人员专项改革扎实推进。

深化布局“十三五”科技领域创新重点，明确细化战略发展方针。印发《四川省“十三五”科技创新发展规划的通知》，对科技创新工作进行了全面部署，明确了“十三五”期间高新技术领域、优势传统产业改造提升、现代农业科技领域、社会发展科技领域和生态环保科技领域五大领域的创新重点及方向。发布《四川省“十三五”战略性新兴产业发展规划的通知》，明确了新一代信息技术、高端装备、新材料、文化创意等重点产业的发展方向、重点工程和空间布局。提出到2020年，要建成国家战略性新兴产业发展的集聚高地和全国产业创新发展转型先行区。

六、近五年创新发展成绩

四川省近五年来创新驱动发展取得显著成绩，为进一步建设国家创新驱动发展先行省和创新型四川奠定了坚实基础。

全面创新改革试验统领四川省"十三五"创新发展全局。围绕"一号工程"的全面创新改革，四川省先后出台《四川省全面创新改革试验实施方案》《四川省系统推进全面创新改革试验 2016 年工作计划》《四川省系统推进全面创新改革试验 2017 年工作计划》，制定全面创新改革的"路线图"，坚持"清单制+责任制"工作方法，实行挂图作战，明确 119 项具体推进任务，开创性地提出了"9 张清单"的作战方案，建立了科技与经济结合、科技与金融结合等"6 本台账"，得到了中央全面深化改革委员会办公室的充分肯定。

经过两年的时间，聚力推进供给侧结构性改革，有序推进了科技体制改革，坚持科技创新和体制机制创新"双轮驱动"，在全国率先探索职务科技成果混合所有制改革试点并拓展至 20 家高校院所。科技金融发展迅速，设立 20 亿元省级创新创业投资引导基金和 8 家科技支行，建立四川省高新技术产业金融服务中心、四川省科技金融与数理金融实验室和金融智能与金融工程实验室，以四川省高新技术产业金融服务中心为载体，设立 12 家市（州）分中心和 4 个特色工作站。积极推出服务科技企业的"科创贷""园保贷""壮大贷"等创新产品，持续推广应收账款、知识产权、股权、特许经营权、预期收益权等抵质押贷款业务，支持科技型企业和高新产业发展。科技创新基础研发平台建设不断完善，积极推进生物治疗转化医学基础研究、高海拔宇宙线观测站、大型低速风洞等重大科技基础设施建设。新增先进微处理器、综合交通大数据应用技术 2 个国家工程实验室，四川省国家工程实验室达到 7 个。新增海特高新等 4 个国家企业技术中心，国家企业技术中心达到 66 家。国家地方联合工程研究中心（工程实验室）达到 34 个。新增省级工程实验室 24 家，总数达到 101 家，国家和省级国际科技合作基地达到 59 家。重要科技成果不断涌现，在重大地质灾害成灾机理、早期识别、监测预警等方面取得原创性成果,获国家科技进步一等奖;中国电科29所研制的第五颗新一代北斗导航卫星发射成功,标志着北斗系统全球组网迈出坚实一步;三代核电技术取得重大突破,成功研发拥有自主知识产权的"华龙一号"走出国门,引领技术发展等。

省域创新发展新格局构建与战略部署全面清晰。形成了区域协调发展体制,塑造了要素有序自由流动、主体功能约束有效、基本公共服务均等、资源环境可承载的区域协调发展新格局。① 发布《五大经济区"十三五"发展规划》,围绕区情特点和发展潜力,强调突出各区域对四川省经济发展的支撑引领作用,形成优势互补的一体化发展局面。促进成德绵一体化发展,以成德绵为核心区域先行先试,加快成都建设国家创新型城市,德阳建设国家高端装备产业创新发展示范基地,绵阳建设国家特色领域创新改革发展示范基地。深入实施多点多极支撑发展战略,"多点"就是要做强市(州)经济梯队,通过5年左右的努力,力争有10个左右市(州)经济总量超过2000亿元,有5个左右市(州)经济总量超过1500亿元。"多极"就是要做大区域经济板块,实施成渝经济区和天府新区区域规划,培育"四大城市群"、发展"五大经济区",形成支撑四川省发展新的增长极。推进天府新区建设,推动实现高新区域、龙泉区域、双流区域、新津区域和直管区错位互补、组团式发展,打造以先进制造业、现代服务业和新兴产业为支撑的产业体系,建成具有竞争力的现代高端产业集聚区,形成四川省转型发展的新引擎。

产业转型升级、新产业培育成效显著。大力发展航空与燃机、新能源汽车等一批战略性新兴产业和五大高端成长型产业,大力实施《中国制造2025四川行动计划》,加快发展智能电网设备、通用航空、生物医药等十大先进制造业。2016年七大战略性新兴产业总产值达6900亿元,五大高端成长型产业总产值超过1700亿元,创新驱动发展取得新进展。深入实施企业创新主体培育,大力实施高新技术企业倍增行动、大企业大集

① 蔡晴、刘海峰:《西安区域金融中心非均衡发展问题与政府应对策略研究》,《时代金融》2018年第32期。

团倍增计划和中小微型企业“专精特新”发展，新增高新技术企业 400 多户、新增科技型中小微企业 2 万户以上，营业收入超百亿元的大企业集团发展到 62 家，“小巨人 · 成长型企业”达到 3000 家，“专精特新”中小企业超过 1000 家。推动产学研用协同创新，推进区域创新发展示范“四大科技工程”，成功构建了“菁蓉小镇”“磨子桥创新创业街区”“环高校成果转化圈”等一批特色集聚区，“十分咖啡”“蓉创茶馆”等一批众创空间在全国形成了品牌效应，郫县、四川大学获批全国双创示范基地。

七、四川省创新驱动发展的制约因素

高端创新创业人才政策体系有待完善。四川省人才政策与发达地区相比，竞争力稍弱，在人才国际化程度上还存在明显差距，缺乏科技创新和产业创新超级高端领军人才，产业高端人才不到人才总量的 8%，人才管理还存在行政化、摆设性等问题，与建设科技强省、经济强省的要求有较大差距。在国家全面实施创新驱动发展战略、全面布局国家创新发展新格局、建设创新型国家乃至科技强国的新形势下，四川省要争取并获得创新驱动发展的战略主动性和发展领先性，必须要研究人才需求，设计人才政策，建立更具竞争力的人才集聚制度与更具灵活性和服务效率的人才管理创新机制，制定创新友好型高端人才政策体系。

建设创新友好型高端人才政策体系，必须下决心解决存在的明显问题，即高端人才政策缺乏创新友好性、政策的温度和感知度不够。表现在：一些政策缺乏有效自洽性或者朝令夕改（如，项目经费使用政策）；一些政策只是停留在纸上而根本不落实（比如，高端人才住房不限购，但高端人才要人社部门认定，且一直没有出台任何认定细则，就等于没有这样的政策）；政策落实落地见效的手续烦琐，缺乏“天府人才一卡通”类的绿色通道集中机制，政府的服务不到位。

面向重大科技前沿领域的重大科技基础设施严重缺乏。目前四川省虽拥有 12 个国家重点实验室，但尚未成功争取和建设一个国家实验室。拥有的 5 个国家重大科技基础设施，重大创新成果产出能力明显不足，国内外影响力十分有限，对四川省成都市争取建设国家综合性科学中心，对四川省建设科技强省和经济强省的支撑力度有限。四川省不仅尚未建成在全国乃至全球具有重要影响力的国家实验室和科技前沿领域的重大科技基础设施，而且科技部 2017 年 11 月批准建设的 6 个“国家研究中心”（分子科学、光电、信息科学与技术、凝聚态物理、材料科学、微尺度物质科学）均与四川省无缘，也充分说明四川省在国家前沿基础研究中的落后地位。重大科技基础设施是开展重大科技创新的不可或缺的科技平台和手段，四川省要加快实施创新驱动发展战略，必须科学谋划、系统布局、重点突破，时不我待，要全力争取建设一批国家重大科技基础设施，以前沿和重大科技创新带动经济跨越发展。

创新生态系统建设有待完善。科技创新是一个系统工程，需要完善的创新生态来支撑。与国内创新型一线省市相比，四川省的创新生态系统建设仍处在初级阶段，还存在创新主体之间互动性不强、高新技术产业创新动力不足、创新资源布局不均衡、科研设施和科学数据共享与利用程度不够、产业发展的全链条式创新发展机制尚未理顺、金融与科技融合程度不够、科技评价体系不够完善等问题。特别是，作为首位城市的成都市，目前还不是科学中心，也不是金融中心，缺乏成为现代科技创新中心的根本特征。而科技中心与金融中心的完美结合，恰恰是创新城市的鲜明特征。比较而言，北京市和深圳市，属于“科技中心+金融中心”类型的城市；上海市是金融中心，而且正在建设科技中心，力图建成“金融中心+科技中心”的城市；杭州市是“互联网金融中心”城市（新型科技中心+金融中心城市）；中国香港是“金融中心”的城市。四川省实施创新驱动发展战略，亟待大力建设完善的创新生态系统，变革创新发展范式，从传统的封闭创新范式到开放创新范式，在开放创新范式下促进科技创新、制度创新、文化创新、管理创新、服务创新等多维度的全面创新发展和多轮驱动，全面建设形成真正的“创新的生态”。

传统产业转型升级、供给侧结构性改革任务艰巨。只有落后的技术，没有落后的产业。四川省传统产业量大面广，供给侧结构性改革仍然面临供需失衡、科技创新能力不足、产业结构性变革的新技术人才匮乏等问题。如何加大投入，解决供给侧改革中的结构性矛盾，引进和培养农业和其他传统产业转型升级发展的科技和技术人才，结合信息科技等技术手段，提高生产效率，增加经济收入，促进转型升级是目前四川省创新驱动发展中面临的关键问题之一。

缺乏有全球影响力的重大战略产业，没有新经济"独角兽"企业。缺乏在全国全球有"标志"意义的重大产业园区、重大产业品牌，更没有"珠峰式"的重大战略产业。在重大产业规划方面，战略重点不突出，存在战略分散、战略间断和战略空白等问题，重大战略产业培育难以得到持久和突破式的发展，难以企及类似 BAT 等超级创新企业诞生，全国具有影响力的量子信息产业、大数据产业、网络安全产业等都不在四川省。在"新经济企业"孵化方面，由于缺乏科技中心、金融中心等创新生态的有力支持，在《2017 胡润大中华区独角兽指数》报告列出的国内 120 家"独角兽"企业（互联网金融、互联网服务、物流服务、文化娱乐、机器人、汽车交通、硬件等），居然没有 1 家在四川省，这说明四川省和成都市的创新发展理念亟待更新和发展。

第二节　新时代创新驱动发展的新使命与新任务

党的十九大作出中国特色社会主义进入新时代的科学论断，开启了建设社会主义现代化强国的新征程。新时代开启新征程、赋予新使命，新使命要求新作为。四川省要谱写中华民族伟大复兴中国梦的四川篇章，就需要以习近平新时代中国特色社会主义思想为指导，准确把握新时代赋予四川省发展的新使命与新任务，准确把握四川省情特征的新变化与新特点，勇于担当新使命、新任务，果敢开启创新驱动发展的新征程，努力作出彪炳史册的新作为、新贡献。

新时代我国发展的新使命与新任务是：到 2020 年，全面建成小康社会；到 2035 年，基本实现社会主义现代化；到 2050 年，把我国建成富强民主文明和谐美丽的社会主义现代化强国。

四川省作为我国的人口大省、经济大省、科教大省、资源大省，是综合发展指数较为优异的省份，在中国特色社会主义进入新时代的历史时期，在国家发展新征程中，应当而且可以肩负更大的历史使命、承担更大的历史任务。

新时代四川省创新发展应当肩负的新使命与新任务是:(1)到2020年,建成创新驱动发展先行省和创新型四川,全力支撑决胜全面小康社会建设,经济大省地位更加巩固,向经济强省迈进(跻身全国经济5强省),建成较高水平的全面小康社会;(2)到2035年,全面建成科技强省,跻身国家科技强省前列,成都建设成为综合性国家科学中心,支撑现代化经济强省建设,实现较高水平的现代化发展;(3)到2050年前,稳居国家科技强省前列,成都建成国家主要科学中心,全面建成发达的现代化四川,把四川建成为美丽、繁荣、和谐、幸福的新四川。

四川省要肩负新时代的新使命和新任务,应当着力于以下重点方面。

一、以现代产业体系培育为抓手,加快打造四川省高质量发展新引擎

我国经济已由高速增长阶段转向高质量发展阶段。四川省经济总量已经位居全国第六、西部第一,四川省经济发展同样要转向高质量发展阶段。高质量发展,是以人民为中心的发展,是能够很好满足人民日益增长的美好生活需要的发展;是创新成为第一动力、协调成为内生特点、绿色成为普遍形态、开放成为必由之路、共享成为根本目的的发展。推动高质量发展,最根本还是靠质量效益型产业发展,必须大力加快建设实体经济、科技创新、现代金融、人力资源协同发展的现代产业体系。①

只有落后的科技,没有落后的产业。高质量发展,一方面,要加快包括农业在内的传统产业的改造升级和供给侧结构性改革,推动传统优势产业的深化发展和提质增效,促进一二三产业融合发展;另一方面,要加大对高新技术产业、战略性新兴产业和高端成长型产业等现代产业的培育和扶持,瞄准国际标准提高水平,让它们在科技日新月异、国内外市场竞争日益激烈的环境下能够更快地发展壮大,并且以发展技术先进、经济效益好、带动性强或产业链长的高精尖新技术产业为引领,建设现代产业

① 梁小青、李春侠、杨梅英:《汉江生态经济带协调发展路径研究》,《荆楚学刊》2018年第5期。

体系，从而促进发展方式的转变、经济结构的优化、增长动力的转换，成为四川省高质量发展的新引擎。

二、以科技强省建设为统领，加快建设国家创新驱动发展示范省

创新是引领发展的第一动力，其中，科技创新是核心，抓住了科技创新就抓住了牵动我国、四川省发展全局的“牛鼻子”。科技兴则民族兴，科技强则国家强，科技之于四川省的作用亦是如此。必须加快各领域科技创新，聚精会神下好科技创新先手棋，掌握全球科技竞争先机。强化战略科技力量，谋划国家实验室及国家重大科技基础设施建设，支持成都创建综合性国家科学中心，加快原创性成果、颠覆性技术、关键共性技术、前沿引领技术、现代工程技术创新突破。深入研究和解决经济、产业和社会发展亟须的科技问题①，围绕促进转方式调结构换动力、建设现代产业体系和现代化经济体系等方面的需求，激励科技创新活力迸发，加大知识产权保护力度，推动科技成果转移转化，推动产业和产品向价值链中高端跃升。加强四川省创新体系建设，巩固和完善以企业为主体、市场为导向、产学研深度融合的技术创新体系，加强对中小企业创新的支持。引进和培养具有国际水平的战略科技人才、科技领军人才、青年科技人才和高水平创新团队。以科技创新为主要动力，以全面创新改革“一号工程”为引领，以科技强省建设为统领，实施质量强省、航天航空强省、网络强省、交通强省、农业强省、金融强省、数字四川、智慧四川等行动计划，推进技术创新工程专项、重大科技专项和科技成果转化专项等专项行动计划，促进四川省产业核心竞争力，进而促进城市整体竞争力、区域综合竞争力全面提升。以全面的体制机制创新，加快建设，力争到 2020 年建成国家创新驱动发展先行省、示范省和创新型四川，科技创新能力跃居全国省级区域前 8 位以内；至 2035 年，创新能力跃居国家科技强省前 5 位。

① 姜竹、马天、王轶：《高质量发展背景下中国全要素生产率作用因素研究》，《贵州财经大学学报》2019 年第 1 期。

三、以经济强省建设为目标，加快构建四川省现代化经济体系

四川省要实现由经济大省向发展水平高、产业体系优、创新能力强、开放程度深、市场机制活、协调发展好的现代化经济强省的跨越。建设现代化经济体系是实现跨越的迫切要求。坚持以供给侧结构性改革为主线，以提高供给质量为主攻方向，以发展实体经济为着力点，深入实施《中国制造2025四川行动计划》，加快发展先进制造业，加快建设制造业强省。推动互联网、大数据、人工智能和实体经济深度融合，在现代供应链、绿色低碳循环经济、共享经济等领域培育新增长点。坚持去产能、去库存、去杠杆、降成本、补短板。激发和保护企业家精神，深化国有企业改革，支持民营企业发展，发展混合所有制经济，激发各类市场主体活力，鼓励更多社会主体投身创新创业，鼓励川人企业返乡建设，积极培育新经济的"瞪羚"企业、"独角兽"企业、超级"独角兽"企业和具有全球竞争力的企业。充分整合和利用国内外高校和科研院所的人才资源，建设知识型、技能型、创新型劳动者大军。加速提升发展天府新区，支持成都市建设全面体现新发展理念的国家中心城市，发挥首位城市带动引领示范辐射作用，建设大成都都市圈，促进都市圈内的城市互补错位协同发展。优化四川省五大经济区协调发展机制。大力发展县域经济。积极参与"一带一路"建设和长江经济带建设。充分运用自由贸易试验区更大的改革自主权，探索建设自由贸易港。加大开放力度，在西部大开发新格局中发挥引领作用。推动治蜀兴川再上新台阶，加快建设高水平科技强省和现代化经济强省，加快建设美丽、繁荣、和谐、幸福的新四川。

第三节　创新驱动发展的总体思路与战略目标

一、总体思路

以习近平新时代中国特色社会主义理论为指导，深入贯彻落实党的

十九大精神，坚定不移大力实施科教兴省战略、人才强省战略、创新驱动发展战略、乡村振兴战略、区域协调发展战略、可持续发展战略，全面建设科技强省、质量强省、网络强省、交通强省、航空航天强省、农业强省、金融强省、数字四川、智慧四川等，全面构建新时代四川省跨越发展的战略体系。

全面落实和创造性执行中央对四川省发展的各项重大决策和创新发展重大优惠政策，全力统筹和系统推进全面创新改革试验区、创新型省份、中国（四川）自由贸易试验区、天府新区、成都国家自主创新示范区、天府国际机场或国际空港经济区等重大战略性国家级工程的建设和发展，全力推进创新驱动发展先行省、科技强省、现代化经济强省战略递进发展，全面推动质量变革、动力变革、效率变革，全面建立创新驱动发展的最适宜体制机制。

紧紧抓住新一轮全球科技革命和产业变革的重大机遇，以长远战略视野规划建设支撑创新驱动发展的国家重大科技基础设施和国家实验室等重大创新基地，支持建设世界一流创新型大学和科研院所集群，持续加大科技创新研发投入，大幅稳定提高科技进步贡献率，以发展的紧迫感和使命感举四川全省之力推进成都综合性国家科学中心建设；培育建设高精尖战略技术型企业集群，规划建设未来新兴技术产业创新示范园区，将大成都都市圈建成有全球影响力和竞争力的科技产业创新区，进入全球前 20 位大城市创新区；持续推进新型工业化、新型城市化和现代化深入融合发展，全面建成以现代化新经济体系为标志的现代化强省，全面建成美丽、繁荣、和谐、幸福的新四川。

二、战略目标

第一步，到 2020 年，建成国家创新驱动发展先行省和创新型四川。

以全面创新改革试验区建设的“一号工程”为统领，全面推进促进创新驱动发展的适宜体制机制改革，创新驱动发展的体制机制改革和制度创新取得重大突破，全面创新改革试验取得重大进展和重要成果，初步建立创新驱动发展的新制度体系和创新生态系统，“大众创业、万众创新”

蓬勃发展，科技实力和创新能力显著提升，科技进步贡献率达到55%以上，四川省总体进入创新驱动发展阶段，科技创新能力跃居全国省级区域前8位以内，初步形成创新导向的经济发展体系，建成国家创新驱动发展先行省和创新型四川，争取成为国家创新驱动发展示范省。

第二步，到2035年，将四川省建成科技强省和经济强省，跻身国家科技强省和经济强省前列。

以“创新四川2035”战略为统领，以建设现代化经济强省为战略目标，以建设科技强省、质量强省、网络强省、交通强省、农业强省、航空航天强省、数字四川、智慧四川为核心要义，规划制定和全面实施科技强省建设的“创新四川2035”战略行动计划。

全面深化制度创新，形成充满活力的创新驱动发展体制机制，全面建设促进创新驱动发展的良好创新生态系统；全面建设创新友好型高端人才政策体系，大力凝聚规模宏大的创新人才队伍；加强科技源头创新能力和成果供给，聚焦重大科技创新前沿，抢抓重大战略机遇，规划建成10大国家重大科技基础设施，支持建成10个以上世界一流大学和科研院所，培育10大高精尖技术企业集群（“三个十大”战略），孵化出5家以上“独角兽”新经济企业。成都综合性国家科学中心建设取得重大进展，初步建成有国际影响力的成都都市圈大城市创新区，成都市稳居国家“新一线城市”前列。持续加大科技创新投入力度，到2035年，研发投入占GDP比例达到4%以上，科技进步贡献率达到65%以上，城市化率达到65%以上，跻身国家5大科技强省之列，初步建成创新驱动导向的现代化新经济体系，成为国家主要现代化经济强省。

第三步，到2050年，将四川省建设成为国家主要科技创新中心和世界有影响力的新经济创新创业中心。

以“现代化四川2050”战略为统领，以全面建成现代化强省为战略目标，以建设现代化经济体系为现代化强省的核心要义，大战略、高目标、宽视野规划制定和全面实施现代化强省建设的“现代化四川2050”战略行动计划。

持续加大科技创新投入力度，到2050年，研发投入占GDP比例达到

5%以上,加强重大科研基础设施建设力度,围绕前沿科技领域关键科学问题,再规划建成一批重大科研创新设施基地,形成一批重点领域核心技术创新能力国内领先、国际一流的科技创新中心,建成一批世界一流高校和科研院所,培育和集聚一批高精尖战略技术企业集群(其中,孵化出15家以上超级"独角兽"企业),集聚一大批高端创新创业人才("五个一批"战略)。

到2050年,科技进步贡献率达到75%以上,城市化率全面达到现代化国家水平,即75%以上,全面建立现代化经济体系,全面建成现代化经济强省,稳定跻身国家5大现代化经济强省之列。成都市全面建成国家主要科技创新中心、国家重要金融中心,科技创新与金融创新互动发展,成为全球有重要影响力和竞争力的前20位大都市圈科技创新创业区,四川省全面建成为美丽、繁荣、和谐、幸福的现代化强省。

第四节　创新驱动发展的战略路径和政策举措建议

立足中国特色社会主义新时代的历史方位,面对当前我国社会的主要矛盾,面对国内外风起云涌的科技经济竞争态势和发展形势,基于现有的基础条件和比较优劣势,四川省必须大力加快加强以科技创新为龙头的全面创新改革,大力加快加强创新驱动发展,登高望远、勇于创新、锐意进取、奋发图强,时不我待,只争朝夕,力争获得创新驱动发展的战略主动性和发展领先性,积极应对和迎接挑战,引领和创造未来。

一、部署重大科技基础设施,建设成都国家综合科技创新中心

拥有重大科技基础设施才有广泛参与前沿科技发展的实力和后劲,立足国家综合性科技创新中心的平台才能更好保障四川省在未来的创新竞争"战省"时代浪潮中屹立和迈进。全力建设成都综合性国家科学中心,是四川省未来科技创新发展的百年大计和重大事件,是牵动四川省创新驱动发展的"牛鼻子"工程。为争取成都综合性国家科学中心建设,就

需要围绕以下方面重点部署和卓有成效地工作。

制定四川省中长期科技发展规划。“凡事预则立，不预则废。”面对新一轮科技革命和产业变革浪潮，面对科技革命和产业变革对经济社会发展的重大颠覆性影响和重塑，要想在未来发展中占据主动、占得先机，唯有科技创新之路可走。要深刻洞察新科技革命和产业变革的大趋势、新特点和新规律，深刻洞察经济社会未来中长期发展走向及其科技战略需求，深刻洞察新时代四川省发展面临的战略使命和重大任务，找准科技创新驱动发展的战略空间、战略突破口、战略抓手。以极大的政治勇气抓科技创新，以极大的报国热情抓科技创新。面向世界科技前沿、面向经济主战场、面向国家和四川省重大需求，在创新驱动发展战略实施中，明晰四川省的创新发展战略目标以及科技创新发展的战略目标、发展思路、主要方向、重点领域、主要任务、实现路径、具体方案等已经迫在眉睫。组织多方面多领域的高水平专家，必须尽快制定四川省中长期（2021—2035年，并展望2050年发展趋势）科技创新发展规划。中长期科技规划是科技创新发展的“指挥棒”，以科技创新发展规划统领、引领经济社会发展其他领域的发展规划和战略部署。

部署国家重大科技基础设施建设。重大科技基础设施是为探索未知世界、发现自然规律、实现技术变革提供极限研究手段的大型复杂科学研究设备设施系统，是突破科学前沿、解决经济社会发展和国家安全重大科技问题的罕有的物质技术基础。随着基础前沿科学研究更加向极端微观世界和极端宏观世界迈进，重大基础科学研究和突破根本离不开重大科技基础设施的支撑。无论是北京市、上海市的科技创新中心建设，还是北京市怀柔区、张江市、合肥市的综合性国家科学中心建设，都将国家重大科技基础设施建设作为根本支撑。四川省一方面必须要全力落实好“转化医学国家重大科技基础设施（四川）项目”“高海拔宇宙线观测站”等国家重点科技基础设施项目建设，以良好的建设成效、世界级的创新成果向党中央和全国人民汇报，为争取建设更多国家重大科技基础设施赢得空间和声誉；另一方面，还要围绕世界前沿和重大科技创新方向，积极规划和全力争取部署新的国家重大科技基础设施，如结合四川省特色发展需求,培育具有四川特色的旗舰性的科技创新方向和重大科技基础设施应用领域,在下一次《国家重大科技基础设施建设中长期规划》中全力争取到3—5项国家重大科技设施布局到四川省。

筹建国家实验室、国家研究中心。四川省目前尚无正式获批的国家实验室、国家研究中心。一方面,要聚焦四川省最具优势、在现代化建设和社会发展中具有重大需求的前沿科技领域或交叉学科领域、跨学科领域,以增量资源有效整合、撬动中央在川科研机构、高校和企业单位的科技资源,花大力气把科技创新的精华力量和高水平实验平台集聚在一起,争取国家批准建设国家实验室、国家研究中心;另一方面,要以全球眼光和前瞻科技视野、三顾茅庐的巨大诚心和敬意,引进世界一流科学家和科学家团队(如,合肥市引进"哈佛八剑客"的模式),以世界一流科学家和科学家团队的独有创新知识为创新资本,从无到有、无中生有大力支持未来型重大创新平台和创新机构建设(如,北京生命科学中心的模式),以创新平台和创新机构的基础前沿研究的重大突破性贡献,水到渠成,促使国家主动在川建设国家实验室等国家顶级创新基地。四川省要认真组织研究,谋划和布局在已经有很好的研究基础的领域如先进核能技术、轨道交通、生物医药等有基础的领域,以及未来竞争领域如网络和信息安全、大数据、人工智能等领域筹建国家实验室或国家研究中心。国家实验室、国家研究中心等国家顶级创新基地的建设,一方面,开展原创性、系统性科学研究,为经济建设、社会发展或国家安全提供科技支撑,大力推动相关行业的技术进步;另一方面,可以凝聚、吸引大批高端顶尖科技人才开展研发活动,极大地推动和拉动创新体系高端化发展和建设完善的创新生态。科技部最近提出,要在"十三五"期间,在全国布局建设20家左右的国家技术创新中心,四川省也应大力争取。

设立重大科技创新战略先导专项计划。按照重大科技突破导向、重大国家贡献导向、重大经济社会发展导向,设立并支持科研机构和高校主导承担"重大科技创新战略先导专项计划"项目,每年10项以上,每项支持经费1亿—2亿元,项目周期3—5年。重大科技创新专项,要保证承担的科学家团队有稳定够用的研究经费全力专注于项目研究。要求申报机构有良好研究基础和团队、申报项目科技价值或产业发展价值突出、项目必须经过保密性强、程序严谨的高规格专家委员会咨询评议。重大科技专项要成为四川省创新驱动发展的标志性工程。

二、培育高科技成长性企业，布局构建现代化产业体系

产业是支持经济发展的核心和基础，产业兴则经济兴，产业兴则城市兴。现代化产业的培育和发展，是经济从高速增长阶段转向高质量发展阶段的必然要求，它不能脱离科技创新和实体经济，也必须依靠有活力的企业和科学合理的发展体系。

启动重点高科技成长性企业专项培育计划。参考和发展科技部火炬中心分析"瞪羚"企业的方法和重庆市科委培育"瞪羚"企业的政策，依托智库机构或第三方咨询评估机构，通过数据分析、专家咨询、实地调研等方式，从技术创新、知识产权、市场前景、政策导向、经济财务、核心团队等角度以比风投机构更为严苛的标准从高新技术企业或一般技术型企业中遴选有较大发展潜力的中小企业（比如四川省每年100家），予以较大力度的培育和扶持，从财政激励政策、金融支撑政策、社会综合服务保障等方面全面助力，发放大额度的创新券，引导和鼓励各类创业基金对遴选出的高科技成长性企业给予股权投资、债权融资支持等，并在质押担保授信方面设立专门的评估贷款方案，在研发平台、项目申报方面给予优先保障，推动其快速成长壮大，迅速成为"瞪羚"企业，并进一步向"独角兽"企业的方向发展。对域外入川的高科技成长性企业，以创新的优惠政策等予以支持、助力发展壮大。

规划布局构建现代化新经济产业发展体系。构建协同发展的现代化新经济产业体系是实现高质量发展的生产力基础。生产力视角下，需要着力加快建设实体经济、科技创新、现代金融和人力资源协同发展的产业体系，使经济发展建立在真正依靠科技进步、资本配置优化和劳动者素质提高的轨道上。根据四川省现有产业基础和现代化发展需求，面向全球科技发展前沿和制高点，一方面，围绕人工智能、基因工程、医药健康、新一代信息技术及集成电路、智能制造、新能源智能汽车、核能等新能源、航

空航天与燃机、新材料、节能环保、智慧城市、科技服务业等领域，加快高新技术研发应用和关键共性技术突破，推动制造业的创新特别是“硬科技”方面的创新，打造专属成都的“硬科技”产业领域；另一方面，加快食品、机械、化工、冶金、建材、轻纺等传统优势产业的转型升级、提质增效，两相结合，共同组成以技术先进、经济效益好、带动性强或产业链长的高精尖产业为引领的、具有四川省优势和特点的现代化产业体系。同时，大力发展金融服务业，促使金融业成为实体经济兴盛的“活水”，对向实体经济贷款或投资的资本收益实行低税率；政府“让利”和要素市场化改革引入竞争来降低实体经济企业成本，让实体经济企业休养生息、积蓄能量加快转型升级；促进跨界融合、创新裂变为特征的新模式、新业态涌现成长，推动“互联网+”和大数据技术对产业价值链的分解、融合，衍生叠加出科技服务、科技金融、网络视听、数字经济、新媒体等新兴业态。促进传统产业园转型升级发展，设立新经济产业园和创新园，以优惠政策吸引和促进新经济产业集群化发展。

在新经济产业培育方面，最大的制约往往是政府部门和已有成规的制度的束缚。由于新经济产业是不曾有过的经济形态产业，而且往往会对现有经济产业形态构成颠覆和破坏，在新经济产业发展之初，都会受到政府和有关利益相关者的大力阻挠。这方面的例子不胜枚举，如，滴滴叫车服务对出租车行业和政府售卖出租车运营牌照管理机制的颠覆；互联网金融对银行业传统商业模式和国家银行业监管体制的挑战；智能驾驶汽车对现有的交规和安全责任追究机制的颠覆；共享单车对城市管理的挑战；等等。因此，发展新经济产业，不能在看不懂时一味地予以排斥和压制，而要仔细观察和分析、规范和引导并鼓励其发展，需要大力更新管理理念，积极变革陈旧和过时的管理制度，变限制打压为积极促进。深圳市等城市专门开辟出智能驾驶汽车上路测试的运行路段，就是很好的例子。所以，发展新经济产业，不能只停留在口号上，要真正体现在行动上。

深入推进“大众创业、万众创新”。拓展双创覆盖广度，令创新创业群体更加多元，发挥龙头企业、科研院所和高等院校的领军作用，促进不同市场主体融通发展；设立“科技创客天使资助基金”，重点支持具备科技创新创意想法，但没有启动资金的青年科技创客或者创客小组，围绕新兴前沿创新技术研发、新技术创新应用、新兴成长性产业培育等开展创新活动。对于那些想在市场占有一席之地的初创公司而言，市场大且复杂，要成功创业，成本高、风险大。要以有效手段支持初创企业的发展，积极支持发展诸如“中国加速公司”等类型的创业加速器，为初创企业开展创业加速培训、新商业模式巩固、吸引更多创业投资等提供成熟有效的服务。

三、深化供给侧结构性改革，建设现代化经济体系

建设现代化经济体系必须深化供给侧结构性改革，促进科技创新和实体经济的现代化，并促进服务实体经济的现代化金融体系和经济制度体系的发展。要质量变革、效率变革、动力变革互动互进。

持续深化供给侧结构性改革。促进以产品质量提升为核心的高质量发展模式的加速形成；加快构建与制造业自主创新能力体系培育和提升的内在需求相匹配的现代金融体系；加快以维护市场公平竞争机制为导向的法治体系改革和建设。大力发展先进制造业，在数字经济、智能制造、信息技术、医药健康、数字经济等若干产业领域加速发展，培育“瞪羚”企业、“独角兽”企业、世界领先企业，培育若干先进制造业集群，促进传统产业优化升级，加快发展现代服务业，争取实现“弯道超车”，提升国际竞争力。进一步减轻高新技术企业、中小微企业税务负担；发挥投资对优化供给结构的关键性作用，增强金融服务实体经济能力，提高直接融资比重。深化“放管服”改革，优化营商环境，为促进优化存量资源配置，扩大优质增量供给，实现供需动态平衡创造体制环境。坚决停止对产能过剩的落后技术行业的信贷支持等，促进信贷等支持政策向新经济等倾斜。

加快培育新的经济增长点。瞄准世界科技前沿，实现前瞻性基础研究、引领性原创成果重大突破；突出关键共性技术、前沿引领技术、现代工程技术、颠覆性技术创新，推动互联网、大数据、云计算、人工智能与实体经济深度融合并形成强有力的产学研联盟或研发机构，在新兴产业中抢占先机、率先发力，孵化培育一批高科技成长性企业，加快形成新的现代

产业优势;提高科技持续创新能力,进一步增强原始创新能力,实现高质量发展。

进一步提升开放型经济水平。深度融入“一带一路”和“长江经济带”建设,遵循开放合作、共建共享原则,积极融入相关经济带的整体产业链和创新链,鼓励和促进四川省企业走向省外、国外开展广泛交流与合作,进一步提升四川省企业“走出去”的质量,鼓励海外投资,并购海外优质创新型企业,实现并购创新。通过成都市建设可持续发展的世界城市,进一步扩大四川省在全球范围的知名度和影响力,升格局、开通道。在研发合作、技术标准、知识产权、跨国并购等方面为企业搭建服务平台,鼓励企业建立国际化创新网络。鼓励国内企业在海外设立研发机构,加快海外知识产权布局,参与国际标准研究和制定,抢占国际产业竞争高地。鼓励拥有自主知识产权和品牌的企业开拓国际市场,培育以技术、标准、品牌、质量、服务为核心的外贸竞争优势,提高技术竞争性产业在全球价值链中的分工水平和地位。

四、促进科技成果转移转化,打通科技经济结合通道

科技成果转化和技术转移,是打通科技与经济结合通道的重要工作内容。在当前中国特色社会主义新时代的历史方位下,必须加速科技成果转移转化,建设促进四川省科技成果持续产生,推动科技成果扩散、流动、共享、应用,符合科技创新规律、技术转移规律和产业发展规律,并实现经济与社会价值的科技成果转化与技术转移生态系统,全面提升科技供给与转移扩散能力,推动科技成果加快转化为经济社会发展的现实动力和生产力。

从供需主体角度,激励科技成果的便利供给,激发科技成果的应用需求。针对科技成果转化供需双方的不同特点,制定面向产学研不同创新主体的科技成果转化激励机制。强化需求导向的科技成果供给,在四川省重大科技计划项目或技术创新项目等的组织部署中明确科技成果转化任务要求。依托有条件的企业、高校、科研院所建设一批细分领域的科技成果中试、熟化基地。通过项目课题、补助奖励、基金支持、合作开发以及

中试熟化基地的运行应用等方式促进产学研不同创新主体的密切合作与深度融合。引导和鼓励科研人员通过到企业挂职、兼职或在职创办企业以及离岗创业等多种形式，推动科技成果向中小微企业转移。聚焦实体经济和优势产业，引导企业、高校、科研院所发展专业化众创空间。推行职务科技成果产权制度改革，进一步提高职务发明科技成果转化收益的个人奖励比例（可以到100%）。建设四川省科技经济发展水平不同区域之间的梯度技术转移格局，并加快先进适用科技成果向县域转移转化，推动县域创新驱动发展。加速技术转移载体全球化布局，构筑全球互动的技术转移网络，逐步开展“一带一路”沿线国家的科技成果转化服务，鼓励国内企业通过对外直接投资、技术转让与许可等方式实施外向型技术转移，并进一步推动双向的跨国技术转移。

在转移通道方面，加强信息、人才、金融等要素的配套和运行模式创新。高度重视知识产权的创造、保护、运用，加强四川省的知识产权分析评议工作和分析研究服务。建立知识产权保护信用系统，将恶意侵犯知识产权等违法失信行为信息纳入社会信用体系。探索建立专利导航产业创新发展工作机制。高度重视信息流在引领技术流、资金流、人才流过程中的重要作用，在四川省现有的科技成果转化或技术转移信息平台建设基础上，整合优势资源，打造高水平、多功能、大数据的集成信息平台，将中央在川科技信息力量纳入自身创新科技信息服务体系予以支持。在四川省现有的科技成果转化或技术转移、技术交易平台建设的基础上，引导或组织打造三五家枢纽型技术交易平台（“独角兽”型应用平台），集聚成果专利、企业需求、专业人才、金融服务、配套政策等创新要素，开展线上线下相结合的科技成果转移转化活动。完善国防科技成果降解密、权利归属、价值评估、考核激励、知识产权军民双向转化等配套政策。参考中国科学院“先试用后付费”模式，组织四川省可以无偿试用或低价试用的科技成果目录，积极示范推广应用。鼓励和引导技术转移机构市场化、规范化蓬勃发展，培育一批具有示范带动作用的技术转移机构。加强技术转移管理人员、技术经纪人、技术经理人等人才队伍建设，畅通职业发展和职称晋升通道。制定科技成果转化或技术转移的相关标准与工作规范，提升服务的专业化水平。建立科技成果和知识产权评估规范，鼓励和引导第三方机构或中介机构提供科技成果评价、技术成熟度评价、资产评估、知识产权代理与分析、法律咨询等专业服务。优化初创企业孵化器、加速器、大学科技园、网络孵化器等各类孵化载体功能，构建涵盖技术研发、企业孵化、产业化开发的全链条孵化体系。

五、推进大成都都市圈建设，设立成德绵协同创新特区

支持成都市建设全面体现新发展理念的国家中心城市，全面推进大成都都市圈建设。进一步突出成都市作为首位城市的作用，引领、示范和辐射带动周边城市共同发展。在成都德阳一体化建设基础上，再往前大大推一步，大目标、高起点统一规划，建设"大成都都市圈"，引领四川省及西部区域经济获得更大的创新发展。要深刻理解大城市都市圈不同于城市群的本质区别，都市圈内的城市，更加强调协调发展、共享发展、互补发展而不是竞争发展的理念。提出大成都都市圈的新概念，将大大高于、优于现有的成都平原城市群概念。按照"优势功能互补、特色错位发展、圈内协同创新、效益共振放大"的思路，打造国家巨型协同发展区、世界巨型创新发展增长极。

高水平规划建设天府新区，建设天府新区产业生态圈和成都科学城，引进和培育一批龙头企业，集中一批科学设施、高精尖项目在科学城落地发展，支持中科院成都分院系统的整体搬迁，以此为契机深化院企合作，孵化一批科技成果和技术型初创企业。以中科院成都分院为重要组成部分的成都科学城，是四川省创新发展的百年大计和科技大事，建设的成效和好坏，直接决定成都科学城和四川省创新发展的未来前景。政府要以更加有力的措施、更加有效的方式，建设好成都科学城，让中科院成都分院科学家顺心、安心、安居乐业地整体搬迁并不中断地开展科研工作，可以起到"栽下梧桐树，引得凤凰来"的良好广告效果。搬迁进入科学城的科学家，人人都是政府大力实施创新驱动发展的"宣言书""宣传队""播种机"。加强中国（四川）自由贸易试验区建设，优化贸易监管体系，完善贸易服务制度，打造内陆开放型经济高地。

规划建设成德绵协同创新特区,统筹创新资源,高效创新发展。要以更大的气魄、更高的眼界、更长远的角度,规划建设“成德绵创新特区”,作为大成都都市圈的创新核心增长区、增长带。创新特区内形成完全一体化的协同发展格局,减少行政壁垒、减少相互竞争、减少重复布局、减少人为发展限制;创新特区内的创新链、产业链、价值链统筹规划、协同发展,发展利益共享,实现更大范围的发展利益最大化。成立由省委、省政府主要领导挂帅的成德绵协同创新特区领导小组,加强顶层设计、总体布局,打破成德绵三地争夺创新资源的不良竞争局面,实现错位发展,发挥“1+1+1>3”的特区作用。统筹规划成德绵协同创新特区内的科技发展战略、产业发展战略、经济发展战略、金融发展战略等,在盘活成德绵现有各类存量创新资源的同时,统一部署增量资源,充分利用全面创新改革试验区的优惠政策,促进创新资源优化配置,推动实现效益最大化。

加快实施多点多极支撑发展战略,推动五大经济区和县域经济协同发展,打造全国重要的经济增长极。推进成都平原经济区一体化发展,推动川南经济区建成长江上游重要城市群和川渝滇黔接合部区域经济中心,川东北经济区建成川陕革命老区振兴发展示范区和川渝陕甘接合部区域经济中心,攀西经济区建成国家战略资源创新开发试验区和全国阳光康养旅游目的地,川西北生态经济区建成国家生态文明先行示范区和国际知名生态文化旅游目的地。大力发展县域经济,加快建设一批现代农业强县、工业经济强县、生态文化旅游强县。

六、深化人才机制改革,建设创新友好型高端人才政策体系

在科技创新与发展全面竞争的时代,没有创新人才,创新归零;没有高端人才,跨越式创新归零。

要以系统思维的理念,研究高端人才需求,设计系统化的高端人才政策体系。包括:发现猎取性政策,解决“识才问题”(人才在哪里、如何引进等问题);生活支撑性政策,解决“爱才问题”(生活保障、后顾之忧等);研发支持性政策,解决“用才问题”(研发条件、工作基础等);贡献激励性

政策,解决“重才问题”(人才的价值承认、兑现待遇和激励等);人文关怀性政策,解决“敬才问题”(人才的社会地位、尊重、认可等)。要建立整套识才、爱才、用才、重才、敬才的制度体系。

深化人才发展机制改革,构建具有国际竞争力的人才引进机制。将人才工作纳入领导干部考核的核心指标。建立高端人才的分类评价标准,对不同水平的人才给予不同程度的经费支持和保障。对引进的高层次人才及其团队给予特殊化待遇,对高层次人才探索建立协议工资和项目工资等专人专事、特事特办的薪酬制度,吸引国内外符合条件的高端人才来川全职或兼职开展创新发展工作。以柔性引进、项目引进、专项资助引进等方式不拘一格引进人才,放眼全球延揽顶尖人才,集聚一批具有世界水平的高端人才、企业家和创新团队。启动针对企业高层次人才引进行动,取消海外高层次人才引进的附属限制,允许符合条件的外籍人士担任国有企业部分高层管理职务;设立专门的全球高端人才基金,针对四川省的主要发展需求,引进一批国际前沿技术团队落地四川,每个团队补贴一亿元,新兴产业减免五年税收;推进海外人才离岸创新创业基地建设,为海外人才在川创新创业提供便利和服务。建立更便捷的人才引进和人才服务体系,大大简化管理手续,提高服务效率,使人才第一时间享受到承诺的服务。推进社会保障制度改革,完善社会保险关系转移接续办法,促进高端人才自由流动。建立灵活多样的高端人才流动与聘用模式,鼓励高等学校和科研院所互聘互用,鼓励一批高等学校、科研院所设立一定比例的流动岗位,吸引企业人才兼职。推进天府新区、成都国家自主创新示范区建设国际人才试验区。

加强人才政策的人文关怀,建设创新友好型高端人才政策体系。人才政策创新一定要研究创新人才的需求,增加制度的可操作性,解决政策不能落地的问题,削减摆设性政策。要减少政策及其执行的冰冷度,增加政策及其执行的黏度和温度。简化政策执行的环节和审批流程,简化政策条条框框。符合一定标准的高端人才在川购买改善性住房可不受户籍、社保、住房限购等政策的限制,减少政策执行中的障碍性审核措施。高端人才的时间多以分秒计,人性化、体贴化、便捷化的政策才能进一步提升高端人才的价值与效益，为人才省时间就是为创新增效益。要以信息技术等手段，开发人才服务“一站式”应用平台，大大提高人才服务效率，让信息多跑路，让人才不跑路。对顶尖人才、领军人才、高级人才等不同领域、不同标准的高端人才，从其生活保障支撑、事业发展平台、人生价值获得、社会业界影响、政治关怀待遇等不同角度和不同层次的个性化需求出发，建设和完善全面的创新友好型高端人才政策体系，并保障政策的有效落实和具体执行过程的友好性。

组织建设高效的新型人才培养系统。创新主导的新时代是一个“不规则人才”的时代。创新主导的时代，不需要太多工业品式的劳动力，需要的是有创新精神的创造型人才。标准化的、工业品心态的人才培养模式，培养不出真正的创新人才。要顺应新一轮科技革命与产业变革新趋势和新特点，创新人才培养的体制和机制，大力培养“不规则创新人才”。依托在川高校、科研机构，优化学科设置和课程设置、增设跨学科、跨学校的专业和硕博培养点，探索校企联合培养模式，广泛培养四川省创新发展迫切需要但不在现有专业设置培养范畴内的新型人才，提升高校继续教育工作对四川省科技经济社会发展的支撑水平，培育和宣传推荐在国际上有重要影响力的杰出人才。

七、营造和谐环境，凝聚创新要素，建设创新生态系统

决定一个经济体创新能力的一个关键要素是创造性人才，但是，创造性人才发挥创造潜能，还要取决于整个创新生态系统的整体效率。因此，人才问题不仅是人才问题。既要重视创造性人才集聚（创新人才政策），更要重视创新生态系统建设（系统性环境与制度建设）。

要围绕创新发展目标，营造和谐温馨的创新环境，提供方便友好的配套条件，凝聚丰富多元的创新要素，促进“多位一体”的各类创新主体协同发展，建设优质的创新生态系统。

要提高政府公信力建设，要高度注意防止“塔西佗陷阱”事件发生对政府公信力的负面影响。以诚信政府，带领诚信社会建设，发展全社会创新文化，促进创新型社会建设与发展。

完善制度环境，提高创新服务水平。简化行政审批、减少过度和不稳定的规划，以“管”促“放”，深化“多规合一”改革，进一步完善配套监管措施，建立符合创新规律的政府管理制度。不断完善创业扶持政策，鼓励人才、技术和资本进入创业领域，实现创业风险有分担、创业收益有保障。建立现代化商事服务机制，降低创业门槛。优化科技计划布局，梳理整合和动态调整现有各类科技计划。改革科研项目经费管理机制，简化预算编制，改进结余资金管理，下放预算调整审批权，完善间接费用管理，允许安排人员绩效支出。促进重大科技基础设施、大型科研仪器向社会开放共享，建立跨区域科技资源服务平台。完善监管细则，提高政府部门的市场监管质量。根据新兴产业特点，完善企业行业归类规则和经营范围的管理方式。推动公共科技发展对创新型省份建设的支撑作用。

优化商业环境，强化环境刺激效应。提高对中小投资者的保护力度，扩大资本市场的开放程度，尤其是微金融服务体系和中小企业的融资生态和税收优惠等[①]，完善政府采购促进中小企业创新发展的相关措施，加大对创新产品和服务的采购力度，促进创新产品研发和规模化应用。完善相关管理办法，加强对创新产品研制企业和用户方的双向支持，加大支持力度，拓展支持范围，突破创新产品示范应用瓶颈。进一步加大知识产权保护力度，激发企业作为技术创新主体的创新能动性和积极性，为不同类型企业制定相关政策，提高企业的创新意愿，为企业在研发团队建设、境外合作、技术引进等方面保驾护航。优化科技创新环境，让宝贵的智力资源转化为蓬勃迸发的创新力量。

完善资本市场体系，提升系统活力效率。构建以市场为主导的多元化风险投资体系，鼓励民间资本与科技创新有机融合，完善围绕创新链、产业链的资金链建设，引导风险基金、投资基金与科技创新的紧密合作，完善相关的金融配套措施和监管制度，形成创业投资集聚活跃、商业银行信贷支撑有力、社会资本投入多元化的投融资体系，推动金融更好地服务

① 许海云、张娴、张志强等：《从全球创新指数（GII）报告看中国创新崛起态势》，《世界科技研究与发展》2017 年第 5 期。

于创新创业,促进创新资源向企业集聚。

完善科技评价,保障创新良性发展。建立包含企业创新、产业创新、创新实力、创新产出、创新人才、创新服务等指标的分类评价体系,完善科技评价组织机制,将项目评价、成果评价、载体评价制度化、常态化,将评价准则和考核机制公平化、规划化。引导全社会树立和接受“重质量”的科技评价理念,建立和实施“质量导向”的科技评价模式。

第十一章　四川省推进高质量发展的产业形态研究*

第一节　四川省推进高质量产业发展的总体思路与战略目标

一、总体思路

以供给侧结构性改革为主线，以新技术、新业态、新产品、新模式为重点，形成“3+4+5”新型高质量现代化产业发展体系。即：做大做强“3 大优势产业”——通过改革创新、提质增效、融合协同、绿色集约、开放合作，做大做强现代农业、电子信息、现代旅游等优势产业；提升壮大“5 大新兴产业”——清洁能源、装备制造、生物医药、现代金融、特色领域等新兴产业；培植增强“4 大新经济产业”——大数据、人工智能、流量经济、共享经济等新经济产业。着力构建优势产业、新兴产业、新经济产业协同发展的现代化产业体系，推动四川省产业迈向更高水平、更有效率和更可持续发展的道路。

二、主要原则

构建四川省高质量产业体系遵循以下原则。

迎接产业变革，促进产业升级。当今世界正在孕育着新一轮的产业变革，不仅将推动一批新兴产业诞生替代已有产业，还将导致社会生产方

* 本章执笔人为张志强、熊永兰、周飞、王恺乐、杨润丹、韩文艳。

式、制造模式甚至生产组织等方面发生重要变革。历史经验表明，那些抓住和积极应对产业变革带来的机遇和挑战的国家，往往能够成为发达国家或世界强国。因此，四川省要推动产业高质量发展，就要主动顺应全球产业变革的大趋势，瞄准世界产业发展制高点，以提高技术含量、延长产业价值链、增加附加值、增强竞争力为重点，推进产业结构优化升级，构建高质量产业体系。①

发挥自身优势，建设产业强省。推动产业的高质量发展必须充分了解分析目前产业发展的现状和迈向高质量发展的优劣势，挖潜产业发展的资源基础，发挥科技优势，依托创新，从而完成对传统产业的“挖潜开荒”，对新兴产业的“培土施肥”，逐步建设成为产业强省。

扩大改革开放，完善创新政策。四川省的产业创新是全球和全国产业创新体系中不可分割的一部分，因此，四川省的产业创新发展需要开阔视野，扩大开放，积极主动对接全省、全国乃至全球产业创新体系的大循环，在大循环中突出特色、发挥优势，不断完善创新政策，推进科技创新、管理创新、产品创新、市场创新、品牌创新。

创造新兴产业，引领质量发展。新一轮产业变革的方向是培育发展新动能、获取未来竞争新优势的关键领域。新产业蕴藏新动能，新动能推动新发展。因此，要推动四川省产业形态转向高质量发展，就需要瞄准国际科学技术前沿，把握产业变革新方向，大力培育新产业、新动能、新增长极，围绕有机遇的重点技术和产业领域，加大支持力度，进行创造和培育，推动产业形态高端化、现代化。

三、战略目标

（一）总体目标

通过打造十大万亿元级产业集群，构建现代化产业体系，到2035年，实现产业结构由以资源密集型、劳动密集型产业为主向以技术密集型、知

① 李娟、张首魁：《制造业与服务业深度融合的现实路径与政策取向——中央经济工作会议精神学习体会》，《陕西行政学院学报》2019年第1期。

识密集型产业为主转变;产品结构由以低技术含量、低附加值产品为主向高技术含量、高附加值产品为主转变;经济效益由高成本、低效益向低成本、高效益转变;经济模式由高排放、高污染向循环经济和环境友好型经济转变。[①]

(二)具体目标

产业结构持续优化。提升高技术产业和现代装备制造业在工业中的比重,到 2025 年实现战略性新兴产业工业总产值占规模以上工业比重达到 30%(2015 年为 13.9%),到 2030 年达到 35%;大力发展现代服务业,到 2025 年实现服务业的增加值达到 2.5 万亿元(2016 年为 1.48 万亿元),占 GDP 的比重达到 55%(2016 年为 45.4%),到 2030 年达到 50%;到 2025 年年主营业务收入超千亿元的产业园区达到 10 个(2015 年为 3 个)、年主营业务收入超百亿元的企业数量突破 100 家(2018 年为 66 家),到 2030 年分别达到 15 个和 120 家。

产业转型升级取得突破。加速传统产业的改造,到 2025 年,规模工业企业完成技术改造面达 90%以上,技改投资占四川省工业投资的 80%以上(2017 年为 76.12%);到 2030 年,规模工业企业完成技术改造面达 95%以上,技改投资占四川省工业投资的 85%以上。

打造产业高质量发展的创新引擎。以改革创新引领高质量发展,基本形成产业高质量发展的基础支撑,到 2025 年建设国家级企业技术中心 100 家(2018 年为 72 家),国家级制造业创新中心 2 家;激励企业加大研发投入力度,争取到 2025 年企业研发投入占四川省研发投入的比重达到 65%(2017 年为 50%多,发达省份为 80%以上),到 2030 年达到 85%。

坚持产业高质量发展的绿色方向。全面利用绿色技术,大力发展绿色经济和生态经济,到 2025 年单位工业增加值能耗、单位工业增加值二氧化碳排放量、单位工业增加值用水量分别累计下降 20 个、25 个、30 个百分点("十三五"期间分别为 18 个、20 个、23 个百分点),到 2030 年分

① 吴利学、贾中正:《"高质量发展"中"质量"内涵的经济学解读》,《发展研究》2019 年第 2 期。

别累计下降 26 个、30 个、34 个百分点；工业固体废弃物综合利用率到 2025 年累计提高 15 个百分点（“十三五”期间为 8 个百分点），到 2030 年累计提高 20 个百分点。

第二节　四川省建设万亿元级产业集群方向

一、新一代信息技术产业集群

新一代信息技术，“新”在网络互联的移动化和泛在化、信息处理的集中化和大数据化、信息服务的智能化和个性化。新一代信息技术发展的热点不仅是信息领域各个分支技术的纵向升级，更是信息技术横向渗透融合到制造、金融等其他行业。因此，四川省新一代信息技术产业集群应以成都市、绵阳市为主体形成核心发展区，把握信息技术升级换代和产业融合发展机遇，重点围绕集成电路和新型显示产业、大数据产业、高端软件、新兴信息服务业、网络与信息安全产业、人工智能产业，通过突破高端芯片、传感器、新型平板显示、信息安全等一批核心关键技术，做大做强优势产业，培育新型业态，提升基础产品，实现四川省新一代信息技术产业由大到强转变，形成具有较强竞争力的产业集群，抢占信息技术产业发展制高点。

二、生物医药与大健康产业集群

加快发展生物医药和大健康产业，对稳增长、调结构、兴产业、促改革、惠民生和全面建成小康社会具有重要意义。[①] 四川省生物医药与大健康产业的高质量发展，需要以更大的气魄、更开阔的眼界、更宏大的目标，以超常规的举措来发展。依托资源优势，与东中部发达省份错位发展，培育和发展具有市场潜力和拥有技术优势的生物药品；提升新药研

① 王蓓、于国伟：《谋定而后动　知止而有得　乌鲁木齐高新区（新市区）全力发展“3+1”产业集群》，《中国科技产业》2019 年第 4 期。

发、专利药首仿和关键共性技术自主创新能力水平，依靠创新促进产品更新换代和技术升级；瞄准市场重大需求，大力发展优质中药、化学药新品种、生物药、高性能医疗器械，加快各领域新技术的开发和应用，促进产品、技术、质量升级；建设优质中药材和健康产品原料基地，统筹利用生物医药、医疗、生态旅游等优势资源，构建集健康、养老、养生、医疗、康体为一体的大健康产业体系。

三、高端装备制造业产业集群

四川省是我国重大技术装备制造基地、全国三大动力设备制造基地之一。作为四川省重点培育的万亿级产业集群，应以成都市、德阳市、绵阳市为主体形成核心发展区，辐射带动四川省其他区域，紧紧围绕航空航天和燃机、高效发电和核技术应用、高档数控机床和机器人、轨道交通装备、新能源汽车、油气钻采及海洋工程装备等重点领域，强化企业的创新主体地位，加快建设智能制造、绿色制造、服务制造技术体系，着力突破关键技术与核心部件，完善创新环境和条件，畅通产业链、创新链和价值链的相互衔接，全面提升四川省高端装备制造业的核心竞争力。

四、先进材料产业集群

材料是产业发展的基础。四川省钒钛、稀土、锂矿、石墨等战略资源富集，先进材料产业潜力巨大。为加快建设国家重要的新材料产业基地，将围绕钢铁、有色、化工、建材等基础材料中的高端材料，以及新一代信息技术产业、高端装备制造业用关键战略材料和前沿新材料等领域，重点发展石墨烯、玄武岩纤维、复合材料、钒钛稀土、化工新材料 5 个细分行业；在区域布局上，将依托成都市、德阳市、绵阳市、眉山市、乐山市等市已有的高端材料及装备制造产业基础，形成钒钛、稀土、钢铁深加工基地；推进短流程钢铁企业整合重组转型发展；做强做大绵阳江油特殊钢制造基地。

五、旅游休闲产业集群

四川省自然和人文旅游资源相当丰富，气候环境宜人，旅游资源开放潜力巨大,但开发深度还远远不够。要提升旅游开发理念,更新旅游开发方式,将文化要素深入融入旅游价值链,促进文旅融合,打响红色旅游品牌,发展旅游新兴业态。要加大旅游产品升级和品牌创建力度,培育发展春夏秋冬全季旅游产品体系,推动"四川造"旅游商品提挡升级,提升大九寨、大峨眉、大熊猫、大蜀道、茶马古道等旅游品牌,推动旅游业高质量发展,加快旅游经济强省和世界重要旅游目的地的建设。

六、绿色高值生态农业集群

四川省是农业大省,要"擦亮四川农业的金字招牌",就要突出农业绿色化、优质化、特色化、品牌化,全面推进农业高质量发展。重点培育川粮(油)、川猪、川茶、川薯、川药、川桑、川菜、川果、川鱼、川竹十大特色产业,做强现代种业、智能农机装备制造、烘干冷链物流三大先导性支撑产业[①];围绕川茶、川菜、川猪、川果、川药等特色农产品优势区建设,加大品牌创建工作力度,将产业优势转换为品牌优势;推进农业绿色发展,持续用力构建生态循环开发机制;大力发展开放型农业,重点培育优势特色产业和有竞争力的出口农产品,鼓励企业"走出去"、到海外建基地、开辟海外市场;推动一产向一二三产业融合发展转变。依托农业生产基础和优势,不断挖掘农业多种功能,大力发展农产品精深加工、休闲旅游、康体养生等延伸产业,促进全产业链融合发展。

七、现代金融产业集群

金融是现代经济的核心,是实体经济的血液,金融业对经济社会增长发挥着重要作用。四川省拥有的银行业金融机构、证券期货基金经营机构数量均居中西部第一位。四川省要充分继承、发挥和放大历史上金融创新的基因,围绕建设国家金融创新省份和西部金融中心、服务实体经济、做大做强金融产业的目标,着力提升成都的积聚和辐射能力,通过打

① 刘长江:《乡村振兴战略视域下美丽乡村建设对策研究——以四川革命老区 D 市为例》,《四川理工学院学报(社会科学版)》2019 年第 1 期。

造中国西部创投融资中心、面向东南亚的财富管理基地、区域性国际资本市场、中国西部重要的结算中心，将其建成为全国前4位的国家金融中心；深化金融改革与金融创新，积极探索金融服务新领域新模式新业态，以金融创新促进产业创新，以产业创新支撑金融创新；加快构建多元化融资格局，完善科技金融服务体系，探索增强数字普惠金融服务能力，培育绿色金融服务机制，优化金融生态环境，夯实金融基础设施。

八、现代物流产业集群

现代物流业是四川省委、省政府确定的新兴先导型服务业。现代物流业要高质量发展，首先要建立布局科学、层次分明、功能互补的物流园区体系，创建一批全国示范物流园区和现代物流创新发展城市；加快物流基础设施建设步伐，提高物流信息化、智能化水平；加强与"一带一路"和长江经济带沿线国家（地区）及周边省市衔接，扩展面向南亚、东南亚、欧洲和美洲的国际物流服务网络，将四川自贸区建成为西部最大的自由贸易港、现代物流中枢，"一带一路"上的战略物流节点。

九、文化创意产业集群

四川省具备发展文化创意产业的基础。四川省是历史文化大省，有深厚的优质历史文化资源。近两年四川省文化产业持续保持较快增长，呈现出丰富的文化新业态。为进一步发展壮大文化创意产业集群，需要在充分发挥成都市文化产业发展核心区带动作用外，打造成德绵文化创新示范带；提高三国文化、川酒川茶文化等文化资源利用效率，推出一批文旅深度融合的发展品牌，全面推进四川省文化产业发展片区建设。在改造提升演艺娱乐等传统文化产业之外，推进文化创意产业与相关产业融合发展，推动文化创意产业向集约化发展，推动重点文化产业向市场化、国际化、专业化方向转型升级。

十、新型生态环保产业集群

节能环保产业是国家重点培育和发展的七大战略性新兴产业之一，也是四川省重点培育的六大战略性新兴产业之一，现已初步形成跨领域、跨行业、多种经济形式并存的产业发展格局。四川省应以建设国家清洁能源示范省份为契机，围绕节能环保设备制造、新能源汽车、节能环保产品生产、资本循环利用、节能环保服务业等重点发展方向，充分发挥成都金堂、自贡板仓、绵阳游仙、广安武胜等多个环保产业园区的示范和带动作用，大力发展重大节能环保技术，促进四川省节能环保产业健康、高质量发展。

第三节　四川省推进高质量产业发展的政策建议

一、打造高质量发展的巨能引擎

大力发展高等教育和科学技术，将其发展成为高质量发展的引擎，着力将四川省建设成为国家教育强省和全国科技创新中心。

在高等教育方面：一是加强地方政府对四川大学、电子科技大学、西南交通大学、西南财经大学、四川农业大学等大学的政策和资金支持，引进高端科技创新人才、建设世界级科技创新团队，同时，引进国外、省外大学来四川省办学兴业，建设一批国家和省级的双一流大学和一流学科；二是瞄准新一轮科技革命和产业变革的主方向，发展特色学科以支撑产业高质量发展；三是以具有显著区域特色的产业布局、经济发展特色和实际需求为导向，促进区域经济发展和高等学校双向良性互动，形成各具特色的区域产业与大学创新联合体集群。

在科技发展方面：一是加强科技投入力度和强度，以科技投入驱动创新发展，科技投入强度必须高于国家科技投入强度的平均水平，要大胆在经济大省中走在前列；二是围绕世界前沿和重大科技创新方向，积极规划和全力争取部署新的国家重大科技基础设施；三是提高科技对经济发展的贡献率，全面建立现代化经济体系。

二、创造高质量发展的重大新兴产业

四川省大力创造新产业必须适应新形势、立足新要求、满足新需求，关

键在于创新。一是夯实技术根基。强化战略导向、需求导向、问题导向和目标引导，建立战略性新兴产业共性技术平台和服务体系，在关键领域、"卡脖子"的地方下大功夫，搭建产业共性技术转移公共服务网络，构建产业共性技术转移合作联盟。二是打通转化通道。着力打通体制机制梗阻，特别是跨界壁垒，推动信息、技术、市场的无缝对接，使创新成果真正转化为新的产品群、产业群。三是加大对创新基础设施（如研发平台、产业创新平台、物联网基础设施等）的建设力度，同时积极争取国家的支持。

三、建设高质量发展协同创新示范区

一是强化区域协同发展领导小组的领导和决策职能，在省级层面统筹研究决策区域协同发展重大战略，统筹配置重要资源，统筹供给发展政策，实现区域协同发展的资源配置和政策供给适度公平；建立由省委省政府决策咨询委员会、省委省政府政研室、四川新型智库专家参与研讨的咨询机制。二是将成德绵建设成为四川协同创新发展示范区，统筹布局产业和服务功能，建立协同发展机制，实现错位互补、有机融合、一体发展，建设创新驱动、高端引领的现代经济集中发展区，带动其他经济区梯次发展，并促进北向（广元）南向（乐山、西昌）拓展，形成发展辐射效应更大的"巨型创新轴"。三是各地要加强联系，避免内耗性竞争，积极推动组建产业联盟，构建协同创新体系。四是加强产业转移的协同创新。通过转移优化产业集聚，实现共同发展。

四、加快建设国家级和省级产业创新中心

一是抓住国家启动建设一批"国家产业创新中心"的机遇，围绕四川省的战略性新兴产业（如信息产业和新材料产业）的技术创新，积极扶持具有优势的相关企业、科研院所和高校共建国家产业创新中心；二是重点围绕四川省的优势行业领域，瞄准国家拟定的 22 个重点行业领域，吸引和培育关联程度高、带动能力强的龙头品牌和龙头企业，通过优化运作模式和创新融资模式，以及加大省级创新政策支持力度，加快培育和建设一批省级新型制造业创新中心和创新网络，并争创建设国家级制造业创新

中心，为新型现代化产业发展提供共性关键技术。

五、规划建设3—5个万亿元级现代高质量产业增长极

要大胆解放思想、深刻认识发展机遇，超前谋划发展路径，为万亿元级产业的打造画出蓝图。关键是，要跳出四川省五大经济区的传统发展定位，重新审视区域发展优势和潜力，加强高质量产业发展的战略规划。如，川东北区域要跳出传统的“能源化工产业基地”的定位，重新定位为国际、国家级“川东北绿色经济增长极”。依托川东北的生态环境、农业资源、植物资源、旅游资源等特色优势，打造四川省全域旅游、绿色崛起、大健康产业集群发展的川东北区域示范区，区域协同发展的样板区，建设国际国内生态旅游康养有吸引力的目的地、生态旅游绿色经济产业高质量发展的重要增长极。攀西地区要建设世界和国家级战略性新材料产业基地和增长极。攀西地区是我国重要的战略资源富集区，钒钛磁铁矿储量巨大，稀土、碲铋等资源具有独特优势，而且新材料产业发展也具有一定的基础，可通过强化组织领导，提升攀西地区的战略地位，将其打造为国家级新材料战略基地，并发展成为四川省产业高质量发展的增长极。

六、强化高质量发展的创新政策供给

一是进一步融入全球创新网络，大力建设国际科技合作基地、国际科技企业孵化器，对于国家级国际合作基地给予财政补贴。二是出台实质性的激励政策，鼓励大学、科研院所、企业组建新兴的协同创新联合体，增强产业技术创新能力。三是在促进要素市场化配置、科技成果转化服务体系、投资贸易便利化制度、区域协调机制、“放管服”改革等方面，取得更大进展。四是突出“高精尖缺”导向，大力引进海内外创新创业领军人才和高层次人才创业团队，提高对高端人才服务的水平和影响力。大力发展高等教育和科学技术，将其发展成为高质量发展的引擎，着力建设成为教育强省和全国科技创新中心。

第十二章　四川省全面创新改革发展典型案例*

第一节　四川省高新区发展的问题与展望

高新区是四川省创新驱动的核心区和重要载体，在转方式、调结构、促转型、增效益中发挥着支撑、引领和示范作用，高新科技产业园区已成为四川省最具竞争力的创新高地、人才高地、产业高地，成为助推四川省高质量发展的强大引擎。四川省共有高新区21家，其中国家高新区8家，省级高新区13家。国家高新区数量位居全国第六，西部第一。2018年上半年，四川省高新区工业总产值达5637亿元，占四川省工业总产值的比重达到26.4%。但与位居四川省之前的几个经济更发达省份相比，四川省高新区的发展还存在明显差距。因此，必须牢牢把握“高”和“新”的应有特质，对标找差、争先进位，加快高新区创新发展。

一、四川省高新科技产业园区发展特点

据科技部2019年公布的国家高新区统计数据分析，近两年四川省高新区发展主要呈现以下特征。

发展势头持续向好。2018年，四川省高新区营业收入10757亿元，同比增长9.9%；上缴税费437亿元，同比增长1.2%；净利润773亿元，同比增长16.8%；年末资产15406亿元，同比增长15.4%。

---

* 本章执笔人为张志强、熊永兰、刘昊等。

创新要素不断汇聚。2018 年,四川省高新区工商注册企业 167849 家,同比增长 23.0%。在统计的 3654 家企业中有半数以上为高新技术企业,达 1955 家,同比增长 29.6%。研发人员 90476 人,同比增长 10.3%,留学归国人员 3421 人,同比增长 38.3%。科技活动经费内部支出 374.2 亿元,同比增长 44.3%。

开放格局逐渐显现。2018 年,四川省高新区出口总额 2205 亿元,同比增长 14.0%。区内外籍常住人员 1299 人。近年来省内高新区设立了多个境外驻点招商机构,同时也整合在美国波士顿、加拿大多伦多、英国伦敦等城市的海外人才离岸创新创业基地,构建了更加开放的国际经贸和创新合作网络。

二、四川省高新区发展存在的差距与问题

目前四川省高新区发展整体向好,但也面临如何缩短与国内发达省份间的巨大差距,进一步解决省内高新区高质量发展的突出问题,主要表现在以下六个方面。

(一)高新区发展总体规模偏小

从国家高新区的工商注册企业数量来看,广东省、浙江省、江苏省、河南省等省各高新区的工商注册企业数量都在 1000 家以上,而四川省有 3 个高新区的企业数量低于 1000 家,这三个高新区的注册企业总数仅 1528 家,小于浙江省规模最小的嘉兴高新区(1660 家)。从营业收入总和来看,与同样拥有 8 个国家高新区的浙江省相比,四川省的营业收入不到浙江省的 3/4(约 73.6%)。从工业总产值来看,四川省落后于拥有相同高新区数量的湖南省和浙江省,更落后于同样是西部省份且数量小于四川省的陕西省(见图 12-1)。

(二)各高新区特色主导产业不突出,高端产业集聚度不够

从四川省 8 个国家高新区的主导产业来看,特色产业不突出,而且产业布局雷同,有 4 个园区的主导产业都有生物医药产业,成都市和绵阳市都要发展电子信息产业,自贡市和泸州市都强调装备制造业,成都市、自贡市、乐山市都要发展基于大数据的新经济。另外,省内各高新区产业相

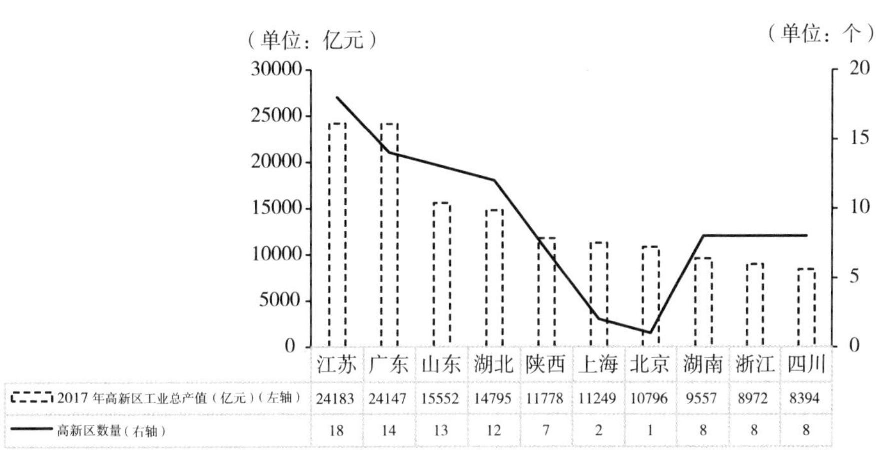

	江苏	广东	山东	湖北	陕西	上海	北京	湖南	浙江	四川
2017 年高新区工业总产值（亿元）（左轴）	24183	24147	15552	14795	11778	11249	10796	9557	8972	8394
高新区数量（右轴）	18	14	13	12	7	2	1	8	8	8

图 12-1　2017 年部分省份高新区工业总产值（按地区分类）

互联系不够紧密，彼此产业发展相对独立，高端产业上下游链条没有形成，产业集群度不高，仅成都市、绵阳市和德阳市形成了有影响力的产业集群。

（三）本土高科技骨干企业较少，尤其缺乏具有核心竞争力和国际影响力的创新型领军企业

2017 年中国“独角兽”企业四川省仅 1 家。从“瞪羚”企业情况来看，仅成都市高新区“瞪羚”企业数量较多，但与发达省份相比还存在总量较少，质量不优等问题。另外，四川省对高新区“瞪羚”企业的培育力度也不够。根据《国家高新区瞪羚企业发展报告 2018》，在四川省的高新区中，无一家“瞪羚”企业成长为“独角兽”企业，而陕西省有 2 家，湖北省有 1 家。截至 2017 年，我国已有中关村、武汉东湖、广州高新区、苏州市、西安高新区等 17 个省、市、高新区出台了针对“瞪羚”企业的扶持政策。而四川省至今未出台专门针对“瞪羚”企业的扶持政策。

（四）科技创新能力不足

一是研发投入不足，投入强度较低。与体量基本相等的江苏省、湖北省、陕西省 3 省比较，2017 年四川省国家高新区 R&D 经费内部支出分别为 210.4 亿元，仅分别是浙江省和湖北省的 27.0%和 50.6%，甚至不到陕

西的 80%(79.9%);尽管 R&D 投入强度(R&D 经费内部支出占营业收入的比重,为 2.15%)高于湖北省和陕西省,但仅为浙江的 36.7%。二是拥有发明专利数量偏少。2017 年四川省国家高新区常驻企业和团队的发明专利数量为 536 个,仅分别为浙江省、湖北省和陕西省的 24.0%、10.5%和 56.1%。三是技术成果收入严重偏低。反映技术转让、承包及中试产品收入等的技术收入不足江苏省的 1/8,在西部地区也落后于陕西省,说明四川省原创性、引领性产业技术研发有待进一步加强;产品收入约为江苏省的 1/3,略低于陕西省;商品收入体量较小,仅有 384 亿元,见图 12-2。

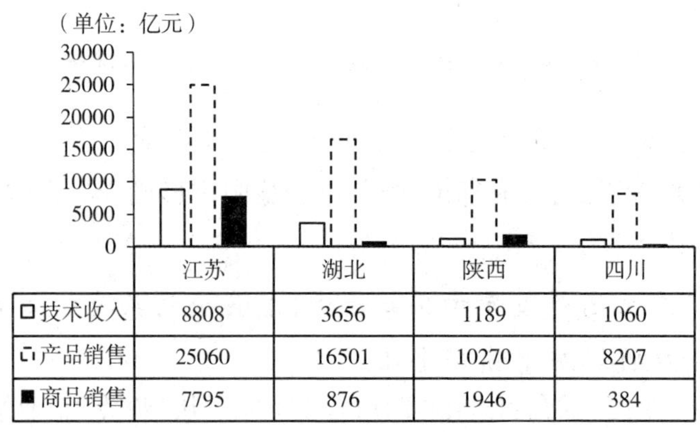

	江苏	湖北	陕西	四川
□技术收入	8808	3656	1189	1060
⊡产品销售	25060	16501	10270	8207
■商品销售	7795	876	1946	384

图 12-2　2017 年四川省与苏陕鄂 3 省高新区营业收入分类对比

(五)人才资源不足,国际化人才短缺

与苏陕鄂 3 省相比,四川省高新区内从事研发工作的人员不足 10 万人,不及江苏省一半,与同处西部的陕西省相差 3 万人(见图 12-3)。海归人才、外籍人才的入住数量也存在较大差距,与四川省高新区要对标国际一流、打造国际化营商环境的目标不相匹配。

(六)高新区布局和发展严重不均衡

四川省高新区主要集中在成都平原经济区和川南经济区,川东北经济区仅有一个省级高新区。从发展水平上看,成都市高新区一家独大,其他高新区有点名不副实。2017 年成都市高新区实现地区工业生产总值 4235 亿元,占四川省高新区工业生产总值的 50.5%,在营业收入、人才集

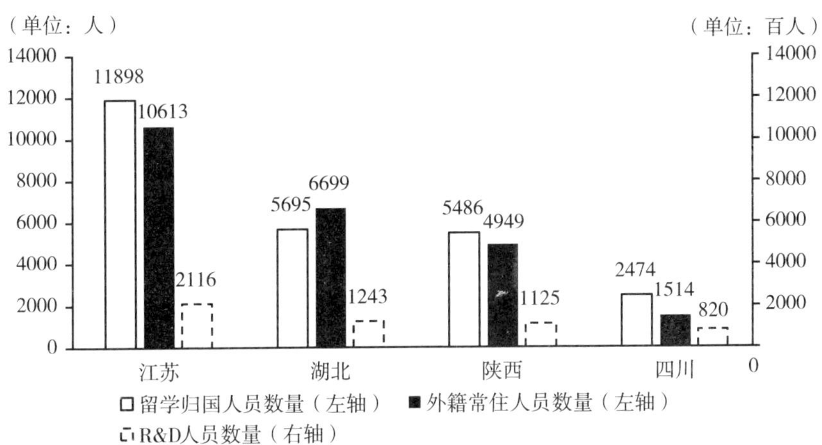

图 12-3　2017 年四川省与苏陕鄂 3 省高新区人才数量分类对比

聚和科技研发投入等方面全面领先于其余 7 个省内高新区(见表 12-1)。其营业收入是排名第二位(绵阳国家高新区)的 4.5 倍,是内江国家高新区的近 35 倍。

表 12-1　2017 年四川省高新区发展主要指标与成都对比

高新区	工业总产值（亿元）	技术收入（亿元）	产品销售（亿元）	商品销售（亿元）
四川	8394	1060	8207	384
成都	4235	1032	4525	290
高新区	**留学归国人数（人）**	**外籍常住人数（人）**	**R&D 人数（人）**	**科技活动经费（亿元）**
四川	2474	1514	81992	259
成都	2318	1402	54038	180

三、加快四川省高新区创新发展的对策建议

针对上述突出问题,要加快四川省高新区创新发展,必须充分发挥国家高新区先行先试特色,“腾笼换鸟”,加速新旧动能转换,实现产能存量变革、增量崛起的高质量发展。为此提出以下对策建议。

强化四川省高新产业园区管理体制，建立创新引领、科学高效的高新区科技产业发展机制。建议成立由政府主要领导挂帅的四川省高新区发展领导小组和战略咨询委员会，联合科技部有关机构、在川科技智库、高校和研究所等单位，制定高新区跨越发展、高质量发展的战略蓝图，引领高新区“高质量”发展，咨询论证省内国家高新区的产业布局和规划，避免各高新区之间出现产业项目的同质化和低水平竞争，实现错位协同发展。倒逼落后产能退出，为新技术、新产业、新动能腾出发展空间。

明确园区高端产业集群定位，着力培育特色鲜明的创新型产业集群，打造“一园区一特色优势产业集群”格局。扩大高新区奖补范围，鼓励四川省各高新区结合自身特点，选择 2—3 个特色产业作为发展重点，推动各类创新资源专业化集聚，形成一批特色优势产业集群。加快推进各高新区创新核心区的建设，支持有条件的高新区争创国家创新型特色园区、知识产权示范园区和生态工业园区。

探索和建立“创业—瞪羚—独角兽”的新经济企业全价值链成长的发展支持体系。① 一是积极制定并落实对初创企业、高成长性企业、科技型中小企业的“一事一议”“一企一策”等政府专项扶持和激励政策机制，对符合园区发展定位和规划的创新型企业给予“扶上马”的有力支持。二是优化创业营商环境，激活创新型企业发展的社会化融资、信用担保等服务，使创新型企业得到“送一程”的有力支持。三是完善知识产权政策体系等建设，加强对企业创新创业的知识产权服务和知识产权支持，特别是基于科技信息和知识产权大数据，以高端知识产权、技术推介与交易服务等为导向，有效激活技术换代升级，为新创企业营造良好的发展环境，促进新创企业上规模、提档次、升水平。

创新四川省高新区高层次人才引进政策。进一步优化四川省高新区高层次人才发展政策，将高端人才优惠政策从“停留在口头上”到“落实到行动中”。同时，允许另外 7 家高新区引进人才按成都高新区相关政策

① 罗利华、陈晓歌、陈红喜等：《南京高新区瞪羚企业发展及对策研究》，《经济师》2018 年第 12 期。

落户成都市，共享成都城市吸引力。成都市作为四川省发展的主引擎，其城市影响力、吸引力是省内其他市（州）无法比拟的，这一局面短时间内无法打破。按照"一干多支"的发展战略，成都平原经济区在未来日益实现同城化、一体化发展是必然趋势。现有的人才引进政策一定程度上抑制了非成都地区的高新区对高层次人才的吸引力。"十三五"以来，平原经济区同城化发展加快推进，未来随着成贵高铁、川南城际铁路的建成运营，也将进一步缩短川南经济区和成都高铁时间至 2 小时内。探索适应交通条件改善的人才引进政策，能够从根本上解决四川省高新区人才引进受阻的局面，为知识密集、技术密集产业的创新发展提供充足的人才资源。

逐步优化四川省高新区布局，积极促进高新区适度均衡协同发展。一方面，推动省级高新区主要地市全覆盖、国家高新区五大经济区域全覆盖行动，以点上突破带动面上创新发展；另一方面，学习借鉴其他发达省份高新区协同发展的经验，推动成都和绵阳国家高新区积极向其他高新区推广园区建设、创新创业、人才集聚、产城融合发展等先进经验，促进高新区之间错位发展、协同发展、关联发展，乃至建立高新区之间的协同发展联盟，共同发展壮大，而不是恶性竞争、低水平重复建设。

进一步提升四川省高新区开放化、国际化发展水平。充分抓住"一带一路"和粤港澳大湾区建设的重大战略机遇，主动"走出去"对接国际优质创新资源、积极"请进来"落户四川省发展。争取国家将四川省列为西部开放发展试点省份，加强境外驻点招商机构全面推介四川省，积极对接"海外中国"人才，链接海外高价值创新发展要素，大力建设海外人才离岸创新创业基地，扩大四川省高新区国际经贸和技术研发合作网络。

第二节　四川省县域经济高质量发展研究

县域经济是以县级行政区划为边界，以县级地方政权为治理和调控主体，以市场机制为导向，优化配置资源，功能和类型较为完备的地方区域经济，它是国民经济的基本单元。县域经济从本质上说主要就是农村农业区域经济,县域经济在我国经济区域上占半壁江山。

四川省县域经济在其国民经济和经济发展格局中占有重要地位。截至 2017 年年底,四川省共有 183 个县级行政单位,其中包括 52 个市辖区,131 个县、县级市和自治县,若将区纳入城市经济范畴,县和县级市纳入县域经济,则县域 GDP 占四川省的 47.67%,第一产业 GDP 占四川省的 70.73%,第二产业 GDP 占四川省的 56.37%,第三产业 GDP 占四川省的 35.54%。县域年末常住人口占四川省的 62%,社会固定资产投资占四川省的 49.11%。但是,从全国来看,四川省的县域经济发展远落后于江苏省、山东省、浙江省等省份。根据中小城市经济发展委员会、中小城市发展战略研究院、中小城市发展指数研究所等机构联合推出的“全国综合实力百强县市”榜单,自 2011 年以来四川省入围的县市不超过两个,2017 年和 2018 年仅西昌市入选,而且排名靠后(90 名以后);而江苏省、山东省、浙江省三省入围的百强县市都超过了 10 个,占全国比重超过一半。振兴四川县域经济,就要充分和深刻认识县域经济发展的国内外宏观环境,厘清县域经济发展的主要障碍与问题,破除县域经济发展的传统路径依赖,充实县域经济发展的内涵,提高县域经济发展的水平和质量,使县域经济发展在党的十九大提出的“乡村振兴战略”中发挥关键作用。

一、四川省县域经济发展的环境与形势

四川省的县域经济发展环境与形势,与全国的县域经济发展环境与形势非常类似,都存在着以下特点。

科技与产业变革造成的产业大落差。随着全球科技和产业变革蓬勃发展和加剧,我国城市发展逐步进入工业化中期和后期阶段,而农村仍停留在工业化前期和初期阶段,由此形成了城市经济与县域经济的产业技术和产业形态的显著代沟。县域的新产业新业态发展严重滞后。以农业为例,中国尽管是农业大国,但远不是农业强国,且随着国家决定开放包括农业在内的 22 个产业领域,国际上的先进农业技术和农业企业进入我国的农业发展领域,对我国农业发展的影响无疑将是颠覆性的,农业生物技术的深度应用将深刻影响农产品质量和安全,并进而将严重影响人口

健康和发展。

经济社会发展阶段大落差。与全球趋势一致，城市化持续加速发展，并且从城市群向大都市圈发展，大城市已经发展到现代社会和后现代社会阶段，城市经济快速“巨人化”发展；而县域经济一直踯躅前行，缺乏发展亮点，特别是农村区域发展从传统的强势农业社会，转变成为农村衰败、农业凋敝、农村空心化的弱势农业社会。

市场配置资源导致的发展资源大落差。从党的十三大报告提出“国家调节市场，市场引导企业”的模式开始，以效率和利益为导向的市场经济体系及其资源配置方式，导致所有的优质资源，包括资金、土地、劳动力等生产型经济资源和优质的医疗卫生、教育、文化等公共资源，基本全部流向城市，农村地区各类发展资源的配置严重不足，发展欠账太多，县域经济发展基本上失去了生产要素支撑，从人口到发展资源的各类要素，县域都缺乏吸引力。

县域（农村）发展政策大落差。在工业化和城市化优先发展战略的主导下，县域经济发展政策供给严重不足。尽管 20 世纪 80 年代中共中央出台的 5 个“中央一号文件”有力推动了县域经济（乡村经济）的发展，特别是农村第一产业的稳定发展，实现了温饱型社会。但随着 20 世纪 90 年代开始国家改革发展的重心转移到城市，近 30 年来城市经济取得大发展，导致县域经济的“经济江湖地位”日益衰弱，20 世纪 80 年代的 5 个“中央一号文件”推动的县域经济发展好势头日益式微。尽管 2004 年以来的 16 个“中央一号文件”不断强调农业农村发展，但在中央文件指导下的进一步的具体化的发展政策以及伴随的发展资源供给明显不足，县域经济（农村经济）和社会的发展相比较呈现出明显的长期衰退趋势。

二、四川省县域经济发展存在的障碍与问题

四川省县域经济发展存在的障碍与问题，其实也是全国县域经济存在的障碍与问题的缩影。

发展区位短板。县域经济发展往往对区域自然资源、区位特点等有较强的依赖性。从县域的地形地貌、自然资源以及区位、民族文化等特征

来看,四川省大部分的县域属于民族县(51 个,占 38.93%)、丘陵县(42 个,占 32.06%)和盆周山区县(26 个,占 19.85%),平原县仅占 9.16%。因此,县域经济本质上是以农村区域经济、农业区域经济、农民为主的经济,也就是以“三农区域”为主的经济。

经济结构短板。多数县存在第一产业传统、第二产业粗放、第三产业滞后的局面,三大产业之间关联度小。2017 年,县域经济 GDP 中,第一、第二、第三产业结构为 17.1 : 45.8 : 37.1,而四川省平均结构水平为 11.6 : 38.7 : 49.7。大部分县域产业集中在种植业和养殖业等传统产业上,产业结构单一、农业产业链条短、产业层次较低,自给自足的小农经济仍然在整个县域经济中占重要地位,二产中占主导地位的仍是能源、矿产等初加工工业,产品技术含量和附加值较低。[①]

人力资源短板。在经济发展大趋势、产业结构递进式演进的大规律下,大量劳动力流出。根据山东大学县域发展研究院课题组对全国 1926 个县域进行的调查,有 1544 个县市存在人口流失的现象,占所有县市的 80.17%。根据四川省的人口统计公报,与 2016 年相比,2018 年常住人口达百万人以上的 7 个县(不包括县级市、区)其常住人口出现了不同幅度的下降,其中内江市资中县下降最多,2 年间减少了 5.4 万人,减少了 4.5%。

人才资源短板。长期以来,人才的引进与培养,一直是制约县域创新发展的短板和症结所在。创新人才难引进、引进人才难留住等问题比较突出。在人口大量外流的大趋势下,具有一定知识和技术能力的人才更加外流,经济发展的人才类型和人才总量严重不足,无法满足县域经济高质量发展对人才的需求。

资本短板和金融服务短板。由于县域经济的活跃度不高、县域市场空间狭小、主力人口流失(主要是劳动力人口)、消费能力不断下降,经济活动规模趋于萎缩,经济的“金融失血”严重等,县域内部存在明显的“资

① 辜胜阻、李华、易善策:《依托县城发展农村城镇化与县域经济》,《人口研究》2008 年第 3 期。

本”和“金融服务”短板。2017 年,四川省各县金融机构存款余额总额为 22295 亿元,仅为江苏省的 57. 2%。从宏观层面看,商业银行逐利性动机、县域分支机构审批权限等问题,导致当地储蓄资源通过金融系统大量外流,而不能有效用于当地生产建设。[①] 同时,即使通过劳务输出等方式返回的收入,如果在相应的县域没有合适的投资渠道和消费渠道,最后还是会再次流出。

基础设施短板。与大城市相比,县域公共基础设施特别是乡村公共基础设施供给欠账较多,各种基础设施投资严重滞后或者缺失。根据第三次全国农业普查结果,到 2016 年,四川省还有 0. 7%的村不通公路,农村内部主要道路路面仍有近 10%为沙石路面;四川省还有 13. 9%的乡镇未实现集中或部分集中供水,攀西经济区和川西北生态经济区集中或部分集中供水的乡镇还不到 60%。

区域不平衡短板。据四川省统计局数据显示,2017 年年末,新津县为四川省人均 GDP 最高(94437 元)的县,是人均 GDP 最低(9023 元)的石渠县的 10. 5 倍。同年,四川省社会消费品零售总额和民营经济增加值最高的分别是西昌市和广汉市,分别约为 280. 78 亿元和 288. 62 亿元;最少的是得荣县和炉霍县,分别只有 1. 49 亿元和 2. 52 亿元,彼此相差分别近 188 倍和 115 倍。这些数据无不表明四川省县域经济发展不平衡不充分的矛盾极为突出,尤其是“三州”地区的县域经济整体偏低,距平均水平还有较大差距。

体制机制短板。在工业经济、服务业经济主导的发展大趋势下,县域经济在国家和省地级发展战略和发展政策上的地位不可同日而语,得到改革发展的政策红利、资金红利等很少,与本质上指向城市经济发展的各类政策相比,国家和地方出台的促进县域经济发展的政策屈指可数。导致县域改革发展严重滞后,乡村治理能力和治理体系明显落后。

① 王伟、朱一鸣:《普惠金融与县域资金外流:减贫还是致贫——基于中国 592 个国家级贫困县的研究》,《经济理论与经济管理》2018 年第 1 期。

三、四川省县域经济高质量发展的建议

县域经济发展,县域无疑是发展的主体和主人翁。但县域经济发展特别是高质量发展,国家和省级政府必须是主推手和最大的动力来源。没有国家和省级政府的重大政策创新,县域经济发展就难以有大的突破。为此,提出以下建议。

(一)促进县域治理能力和治理体系现代化

一是要合理适当扩大县级、地级行政区域范围(合并一些县、地),以起到很好的区域整体经济发展规划、区域间发展规划协同的目的。二是加强县域经济发展的顶层设计,推动跨县域经济合作与利益分享。要跳出县域行政边界,构建合理的跨县域经济合作与利益分享机制,协调组织、规划和促进更大区域的协同化、一体化发展规划和经济发展布局,实现更大区域的协同共赢、多赢发展。三是深入推进"扩权强县"的改革。不仅要赋予县级政府更多发展自主权,更要推动县级政府向"服务型政府"转变,使县级政府合理地运用下放的治理权限,强化基层组织活力和发展地方经济的责任担当,特别是要着重解决好基层组织软弱涣散甚至是缺位的问题。

(二)加强县域经济发展人才队伍建设,解决"谁振兴乡村?"的问题

一是借鉴法国农业人才培养经验,由政府主导人才培养和培训,通过推行农民"持专业证书上岗"、加大"农学"大学生政府补贴、大力支持农业及相关产业培训机构发展等方式建立县域经济发展的技能型人才队伍,建设一支规模宏大的热爱农业农村、具有现代农业知识技能的人才队伍。二是通过人才带动技术引进和应用,提高产业发展、经济结构发展的科技含量,加快产业转型升级,促进县域特色主导产业向绿色化、品牌化、高端化、集群化发展。国家、省级政府要以战略眼光和长远角度,长期有序支持县域经济发展。要向欧盟和法国学习,把对农业的补贴作为重大国策、省策,长期坚持,才能擦亮四川省农业的"金字招牌"。

（三）践行“优势化发展、潜力化发展、协同化发展、差异化发展”理念，实现“一县一策”“一县一规划”

一是分类分区，递进式规划。基于《四川省县域经济考核办法》对于四川省 183 个县的分区，根据 4 大类县的特点，基于发展基础和优势条件，阶段性、连续性、递进式地建设成千上万的“乡村振兴示范区”“产业复兴区”，作为良好的示范，辐射和带动更多的区域发展，从而逐渐补齐“区域发展不平衡不充分短板”。二是在进一步推动农村一二三产业融合进程、丰富融合内容、提升融合质量的同时，着重围绕农民持续增收、农民就业创业、贫困地区精准扶贫等方面聚焦发力，通过上述各种补贴政策，从根本上解决县域适龄劳动力、劳动人才不足的问题。三是依托农业和生态环境资源特色，进一步探索特色农业、绿色产业等的有效组织模式，尤其是借助“互联网+”的东风，不断创新农业产业化组织模式。特别是加强现代农业的标准化高质量建设，推行农业产地标章认证制度，以法律保护农业特产，发展高质量高品质农业。在这方面，要向成功推行农业认证制度的代表性国家法国学习。四是不断创新农村土地流转制度。深入研究微观实践中的典型创新经验并予以总结推广，对于加快形成规范、高效的农村土地流转机制具有重要参考价值。①

（四）强化政府针对性金融融资服务，通过构建完备的创业融资支持和服务体系，增强创业资本的可获得性

一是政府引导和支持，建设各类农业发展基金和融资担保服务体系。比如：政府要鼓励金融机构大力支持农业农村发展；设立由政府支持的民营企业贷款担保基金；由政府出资成立的担保机构要适当放宽准入条件，降低担保收费标准，免除反担保规定；充分发挥政府融资平台作用，搭建政、银、企、保多方合作融资服务平台。二是发展新型的农村金融组织。各县级政府应当紧密结合各县区经济的实际发展情况和发展需要，不断创造条件加快发展县域创业投资、产权交易、融资租赁、拍卖、典当等各类

---

① 路征、李睿：《现阶段农地流转中的关键问题与微观制度创新——四川省安岳县农村土地流转实践考察》，《西部论坛》2017 年第 4 期。

新兴金融业态和组织,有力支持县域经济发展的融资需求。

(五)加快推进基础设施建设,补齐基础设施短板

要分区分类、在发展规划的基础上,递进式、阶段式、连续式,建设和发展各类基础设施,加快推进城市公共基础设施向乡村延伸衔接,加快完善乡村公共基础设施财政倾斜机制,促进城乡基础设施互联互通。当前,推进基础设施建设的重点是交通和网络通信,对县域交通运输网络和信息网络要进行科学规划建设。一方面,所有县域要搭上国省干线“主动脉”,尽快实现所有乡镇通油路,所有建制村通硬化路,根本改善群众出行条件;另一方面,交通功能要与产业规划衔接,产业发展到哪里,交通建设就保障到哪里,缩短产销对接的空间距离,降低物流运输的往来成本;此外,要大力发展信息通信网络,为县域发展创造信息无缝服务环境,为产业融合发展创造条件。

(六)加大县域经济发展的有力有效有为的政策制度供给和保障

恰当的制度是增长的前提,制度发展不足导致技术进步的成果积累和巨大的市场不起作用。在省级层面,四川省出台了促进县域经济发展的“四梁八柱”政策,但还存在配套政策不够、专业化针对性政策少、政策落实不到位等问题。因此,在新的发展环境下,关于县域的政策要防止“大、全、空”,严禁政策“唱高调、喊口号”。政策的含金量要高,政策力度和措施要实,要突出重点,制定细则,执行一段时间后要“回头看”,开展政策实施效果评估,及时调整优化政策,提高政策效益。

第三节 川东北区域建设国家绿色经济增长极的现状分析及建议

川东北区域是四川省自然生态优良、绿色生态农业资源丰富、气候环境条件适宜、红色旅游资源密集、地理交通区位优势突出的区域,是建设区域整体绿色经济,尤其是大健康产业集群、实现绿色生态崛起的理想地区。但目前,对区域整体的自然生态、绿色生态农业、红色资源、健康产业发展、

区位交通优势等没有整体系统化认识，更没有上升到应有的战略发展高度，甚至一些市州的发展战略上特别强调发展的工业产业仍属于传统型工业和污染型工业，既反映了对传统"工业强市"的发展路径依赖，也反映出没有从更高层次和更长远角度看到区域发展的最有潜力的战略产业方向。

川东北区域的常规工业产业（特别是能源化工产业等）的发展已经比较成熟，地方政府要把主要精力放在"富民强市"的未来战略性新兴、潜力产业的培育和发展壮大上，整合区域的资源优势，打造出万亿级大健康产业集群，实现区域的绿色生态崛起。

一、区域发展优势和基础

自然生态优良。川东北地区地处秦岭南麓、大巴山低地，地势东北高（大巴山区）、西南低（盆地丘陵区），属亚热带湿润季风气候类型，热量充足，雨量丰沛，四季分明，雨热同期。① 地形地貌复杂秀美，植被覆盖率高，山川秀丽，资源丰富，景观多样，可观赏价值大。该区已经拥有国家森林公园 13 个，占四川省的 1/3；国家地质公园 4 个，占四川省的 1/4，国家级自然保护区 4 个，占四川省的 1/8。但目前这些资源的重大价值还没有被开发。

生态环境宜居。地处秦岭南坡、大巴山南麓，冬无严寒、夏无酷暑，区域全年气温在 16℃左右。气候湿润，空气非常清新，全年空气优良率在 300 天以上。特别是区域海拔不高，最高在 2000 米左右。因此，此区域非常适宜人类生活、康养健身，是非常适宜发展大健康产业的区域。由于其地理交通区位优势，完全可以成为成都市、重庆市、西安市等大城市的后花园，是大城市躲避冬季雾霾、呼吸新鲜的负氧离子空气的理想之地。但目前当地还没有充分认识到"绿水青山就是金山银山"。

特色农业资源优势突出。该区除出产水稻、玉米、冬麦、红薯、油菜籽、蔬菜、蚕桑等一般的粮经作物外，香菇、竹荪、木耳、核桃、板栗、梨、桃、柑橘、猕猴桃、天麻、杜仲、银花、黄姜等特色农产品，均可找到适宜的区域

---

① 吴梅、邓国芳：《川东北地区天然林资源保护工程实施现状及对策》，《四川林勘设计》2007 年第 4 期。

集中种植而发展规模产业。[①] 目前,该区域生产的“三品一标”特色健康农产品的数量达到1566个,占四川省总量的30.5%。但主要的问题是产品知名度低、产业基本上都谈不上规模化发展。

植物资源丰富。区内森林植被属北亚热带常绿阔叶林。山地植被主要是亚热带常绿针阔叶混交林,垂直分布比较明显,森林树种异常丰富,珍稀动植物种类繁多,从而使该地区形成类型多样的自然景观。除了重要的经济价值和社会价值以外,更具有重要的生态价值和旅游价值。但目前还没有认识到整个区域是植物资源宝库。

红色旅游资源密集。川东北地区红色旅游资源数量多、分布广、层次高、价值大,革命遗址、革命纪念馆、烈士陵园、主题公园等在此区域广泛密集分布。不仅有朱德故里、邓小平故居、张爱萍将军旧址,还有全国红色旅游经典区——华蓥山;全国最大红军烈士陵园,它是川内唯一红军文化4A级景区——川陕革命根据地红军烈士陵园,以及将帅碑林和川陕革命根据地博物馆等。[②] 但目前红色资源都是点状开发和传统开发方式,没有形成区域性的产品线和产品链。

地理交通区位良好。川东北地区位于四川省的东北部,地处川、渝、陕、甘四省接合部,是连接成渝经济区、陕甘等省的重要交通枢纽和通道,地理区位独特,交通便捷,五个城市的交通网络特别是高速公路网络、铁路、机场不断完善,一小时、两小时交通圈和经济圈已经成形,既便于区域内构建快速旅游交通网络,也方便与周边大城市形成生活圈和交通旅游圈。但目前缺乏从整体上发展大健康产业实现整体绿色崛起的发展意识和发展战略。

二、发展存在的问题

(一)各市发展规划各自为政、缺乏协同

没有按照协同发展的战略和思路,在区域发展战略定位、区域性基础

① 詹小军、石至德、王代方等:《关于加快川东北山区现代农业发展的思考》,《四川行政学院学报》2008年第3期。

② 王情香:《川东北经济区战略性旅游资源研究》,《四川文理学院学报》2016年第5期。

设施建设方面没有一体化整体规划和有效协同，区域各城市的各类发展规划缺乏有效衔接与对标整合、相互协调和充分协同。比如，各城市都定位于建成区域性中心城市、规划建成区域交通枢纽和要道，都规划要发展天然气能源化工产业等。这样容易导致在低层次、低水平上的产业同构、重复建设，难以形成区域合力和区域规模经济，不利于川东北区域的整体高质量高效益发展。

（二）发展政策缺乏区内协同

经济区内各城市的发展定位不准，区域发展政策也各自为政，缺乏有效协同，难以形成区域内的发展合力。区内的一些发展政策也缺乏公平性，影响到发展的积极性。比如川东北天然气资源是各城市的优势资源，但只有达州市享受到天然气使用的优惠政策，其他城市没有争取到天然气使用的优惠政策，显然是不公平的。

（三）区域缺乏区域性的支柱产业

区域内有发展潜力的特色优势产业类型不少，比如，绿色有机农业产业、植物医药资源产业、生态与地质旅游、红色旅游等，但各城市都是“各吹各的调”，均没有成为支柱性的产业，全都是碎片化发展，对区域发展的带动性、对区内富民强市的作用都不大。而区域的各种特色优势资源（生态、绿色、红色、康养等）完全可以集成开发、融合开发，打造极具潜力的万亿级的支柱产业。因此，区域内如何培育形成大的龙头和支柱性产业，是区域整体规模化发展，面临的重大问题。

（四）绿色发展没有上升到战略认识高度

区内最大的优势是生态，发展的最大潜力在绿色。但对“绿水青山就是金山银山”没有形成战略性深刻认识和领会，没有形成贯彻绿色发展理念、做好绿色崛起的大文章的区域战略性部署。一些地方生态保护的政策管得严格，但生态补偿政策落实不到位、生态化发展的政策没有迈出实质步伐。如何将“绿水青山”变成“金山银山”其实是区域需要认真做好的大文章。

（五）争取国家支持不力，民营经济活力不足发展太弱

2016 年 8 月，国家发展改革委印发实施《川陕革命老区振兴发展规

划》。广元市、巴中市、南充市、达州市4市均全域纳入川陕革命老区。实施川陕革命老区振兴发展，是国家专门针对原川陕苏区出台的一项重大特惠政策，是补齐四川省区域发展短板的重大政策机遇。但到目前为止，区域并未争取到国家的实质性发展支持。区域对外宣传力度不够，营商环境建设明显滞后，民间投资不足，民营经济发展活力太弱。

（六）协同发展的体制机制不够完善

五大经济区都有协调发展的领导小组、联系的省级领导，但因为不同省级领导级别不同、权威性和分工不同、掌握的发展资源不同，在指导区域发展上明显力度不一、存在效果差异。应加强省级五区协同发展领导小组的职能定位和权威性，五个区域有关发展的重大问题（重大项目布局、重大资源需求与配置、重要政策供给等），提交到省级五区协同发展领导小组研究决定，以统筹决定区域协同发展重大问题，统一供给政策与配置重大发展资源。

三、发展目标与原则

（一）发展目标

贯彻习近平新时代中国特色社会主义思想，大力深化改革开放，全面落实五大发展理念，把大力营造发展环境作为重大基础工程来抓，再改革、再开放、再发展，打造四川省全域旅游、绿色崛起、大健康产业集群发展的川东北区域示范区，区域协同发展的样板区，建设国际国内生态旅游康养有吸引力的目的地、生态旅游绿色经济产业高质量发展的重要增长极。

（二）发展原则

区域协同发展。以全面开放的理念和心态，实施区域协同发展、区内协同发展，区域协同发展与区内协同发展的良好贯通发展。

区域一体化发展。突破行政区域限制，淡化区内各自为政的发展规划，做好区域整体一体化发展规划，促进区域经济协同、融合发展，同频共振，形成区域发展共同体。

生态绿色发展。认识到区域传统工业化发展滞后恰恰留下了区域良好的生态条件和基本没有污染的优良自然环境，为今天将“绿水青山”变成“金山银山”留下了发展的战略机遇。

产业融合发展。特色有机农业产业、植物医药资源产业、生态与地质旅游产业、红色旅游产业、健康养生产业、体育赛事产业、文化创意产业等，是高度关联的产业体系和产业集群，这些产业的发展完全可以融合和集群式发展。

特色高质量发展。不要再走传统制造业发展的旧路，不要再走承接东部转移和淘汰产业的老路；要走产业“换道超车”的新路，要走满足“人民日益增长的美好生活需要”的高质量产业发展的新路，保护好一方青山绿水，适应人们追求高质量生活品质的发展大势，大力提升服务业发展能级和水平，大量培育和发展万亿级生态绿色高质量产业集群，实现生态崛起绿色发展。

四、发展对策建议

（一）强化区域协同发展领导推进机制

省级区域协同发展委员会要加强统一顶层设计、战略规划，集中研究区域协同发展重大问题和发展决策，统筹规划与布局国家和省级重大项目、重要资源和发展政策。实现区域协同发展的资源配置和政策供给的区域适度公平，克服不同领导由于权威性不同、掌握的资源不同，造成在指导区域协同发展上的明显不平衡。

（二）实行区域发展整体一体化规划

做好交通基础设施规划（高铁、高速公路、机场等交通设施），畅通区域内交通网络与区域外联系，以高度的便达性促进物流、人流、信息流、资金流等经济流畅通。做好生活基础设施规划（包括义务教育、高端医疗康养、生活配套设施等），提升服务业发展品质和发展能级。做好生态与地质旅游资源开发规划、特色有机农业发展规划、植物资源与生物医药发展规划、红色旅游发展规划等，形成区域内特色优势资源的集成化、融合化开发，打造融合发展的产业集群。

（三）加强区域产业布局和体系建设，优势互补、优势放大

区域的特色资源优势突出，但缺乏整体规划和集群化发展，各种区域特色产业完全是碎片化、零星化、低层次、低品质发展，根本形不成规模化集约化发展优势，没有形成致富的支柱性产业。比如，川东北是川陕革命根据地，红色旅游资源非常密集，但这些资源的开发方式都是非常碎片化和传统的，讲红色故事完全缺乏创新，没有形成旅游产品线和产品体系。

（四）大力提升服务业发展水平和能级

发展生态与环境地质旅游、体育健身产业、生态康养产业、特色有机农业产业等，必须全面提升服务业发展能级和服务发展水平、升级服务设施等，变“寒酸将就发展”为“优质服务发展”。要全面改善交通条件，重点开通机场、火车站旅游景区直通车，加快景区周边及内部循环道路建设；全面改善景区设施、住宿就餐等的服务能力和服务品质，实现更加便捷化、品质化。要加大发展政策激励，大招商、招大商，打造高端精品住宿餐饮体系等，实现“吃、住、行、游、购、娱、养”同步发展，推动第一产业和第三产业融合发展和集群发展。

（五）深化改革营造良好营商环境，激活民间经济发展活力

生态绿色发展的大健康产业集群是“接地气”的产业，是富民强市的潜力股产业，民间经济应当是发展主力军。要主动破除一切影响和限制发展的体制机制障碍，激活民间经济发展活力。浙江省发展民营经济的成功经验就是“政府一毛不拔，事业兴旺发达”，政府关键是创造民营经济发展的良好营商环境。要引进大企业集团发展集群式产业，实现优势资源的集成开发、集中开发、整体开发，形成规模效益。

（六）统筹区域发展宣传和战略营销

发展健康产业集群、实现绿色崛起，关键是要讲好绿色发展的故事。要整合区域城市力量举办各类发展论坛、投资贸易洽谈会等开放式平台。如“蜀道易（大蜀道）旅游节”“（川陕）红色旅游节”“健康产业发展大会”“特色有机农业博览会”等，各城市轮流举办，集中营销区域发展资源，扩大区域发展影响。

（七）以生态绿色集群产业发展为导向建设人才队伍

创新驱动发展，说到底是人才驱动发展。培养一支产业发展的人才队伍是产业做大做强的关键。产业发展的专门人才队伍建设和引进，一是要有产业发展平台，要以产业发展为导向，为人才创造事业发展平台和用武之地；二是要加强人才能力培训，可以鼓励和支持有关高校与区域加强人才培养的战略合作，定向培养一批产业发展所需的专门人才；三是要积极改善人才待遇和工作生活条件，让人才发展没有后顾之忧。

第十三章　实施成渝双城经济圈建设国家新战略推动四川省全面创新改革发展*

2020年1月3日，中央财经委员会第六次会议决定，推动成渝地区双城经济圈建设，强化成都和重庆的中心城市带动作用，使成渝地区成为具有全国影响力的重要经济中心、科技创新中心、改革开放新高地、高品质生活宜居地（以下简称“两中心两高地”），助推高质量发展。成渝双城经济圈建设上升为国家战略。

成渝地区双城经济圈建设，具体的战略方向是什么？成渝地区双城经济圈在国家总体区域发展战略中的地位和作用如何确定？双城经济圈的空间结构如何确定？“两中心两高地”的具体建设内涵是什么？需要哪些重大政策突破？四川省在成渝地区双城经济圈建设中如何抓住战略机遇、促进全面发展？

党的十八大以来，我国国家区域发展战略发生重大升级和体系化发展，新的国家区域发展格局与战略体系、区域发展制度与政策体系正在不断重塑、形成和完善中，区域发展的资源要素和动力要素显著极化，超特大城市城市群一体化发展及辐射带动形成区域发展的集群化新趋势和新效应。在宏观区域发展成效效应上形成了一些鲜明的特点或趋势：东部沿海地带高度发达，形成了“东部沿海极化发展弧带”；四大城市群（京津冀协同发展、长三角一体化、粤港澳大湾区、成渝双城经济圈）一体化及大城市群化发展，形成了“城市群极化发展核心圈结构”和创新要素资源

---

* 本章执笔人为张志强、熊永兰。

的城市等级配置体系；传统“城乡二元结构”发展为“城乡二元高度极化结构”。相应地，在发展的空间格局上，东西差距、南北差距、城乡差距等在未来还将进一步扩大。

可以说，成渝地区双城经济圈建设，可以发挥成渝两大国家中心城市的带动和辐射作用，不仅可以有效带动我国大西南区域跨越式发展，也可以辐射和带动整个中国西部的发展，是国家统筹区域协调发展、解决我国东西部发展不平衡问题的重大战略，可以形成我国发展的战略纵深和战略大后方，对国家的长治久安具有重大战略意义。四川省作为成渝地区双城经济圈建设的主要承载区域和建设区域，更加应当发挥主要作用。成渝地区双城经济圈建设，是未来四川省全面创新改革发展的新的国家中长期战略，在此国家战略的实施中，四川省必须有重大作为和重大贡献。

因此，以下就成渝地区双城经济圈建设的战略方向、战略定位、空间结构、建设内涵以及四川省在其中发挥的作用等有关方面的重大战略，提出观察与思考建议。

一、成渝双城经济圈的战略方向是区域一体化，必须建立和健全一体化发展的现代治理体制和机制

成渝双城经济圈建设，不能各自为政，不能各搞一套。成渝地区双城经济圈建设，要在四川省、重庆市两个省级行政区良好协调的大框架下，既解决自身发展仍然不充分、带动力不够强劲的问题，更要相互协同、合力发挥作用，带动川渝两省并辐射我国整个大西部区域的跨越发展。因此，成渝双城经济圈一体化发展，成渝地区双城经济圈建设的战略方向，从而不仅是实现川渝协同发展的必然选择，而且成为我国区域协调发展战略的重要组成部分，形成我国西部区域最大的发展策源地、成为带动西部地区发展的战略引擎，成为辐射区域协调发展的重大动力源。这是国家赋予成渝地区双城经济圈建设的战略定位和战略使命。

以双城经济圈一体化发展为战略目标，就需要建立和健全更高层面的跨区域一体化协调发展的体制机制，有效化解发展中的行政阻力和发

展成本。

国家层面。积极推动、争取中央批准成立国家级成渝地区双城经济圈一体化建设领导小组和相应的专业领域协调小组，由国家相关部委和两省领导组成，定期组织召开领导小组会议和协调小组会议，研究决策双城经济圈建设重大事项和政策、工作方案，出台重大推进措施，明确完成时限，加大督查考核。

川渝层面。设立成渝地区双城经济圈建设联席会议制度、一体化办公机构，统筹组织实施双城经济圈建设国家重大项目和任务，研究布局经济圈功能分工和产业分工，构建系统性的政策支撑体系，引导生产要素自由流动和高效配置，让各城市实现合理的分工和协作。

尽快组织制定《成渝双城经济圈建设发展规划》，明确成渝双城经济圈建设指导思想、基本原则、重大任务、体制机制、考核机制、重大政策保障等。尽快启动一批"一体化建设"重大示范项目，特别是在川渝毗邻地区建设"一体化示范区"，先行试验体制机制创新改革，率先打破行政壁垒，打通"断头路"构建跨界快速交通通道，合作共建新兴产业园区；加快推进医疗、教育、社保等公共服务对接，促进基础条件好、发展潜力大、经济联系比较紧密的渝西川东区县组团、广安合川北碚组团、江津永川泸州组团、铜梁潼南资阳组团等省际交界地区融合发展。

二、成渝双城经济圈的空间范围应是"三圈层"结构，必须按照优先次序推动双城经济圈发展

（一）形成包括"核心圈""拓展圈""辐射圈"三圈层的多圈层经济圈空间结构

"核心圈"包括重庆市全域（38 个县区），面积 8.24 万平方公里；四川省除了甘孜、阿坝、凉山三州以及攀枝花市外，其他 17 个地级城市（面积 18.79 万平方公里），合计面积 27 万平方公里。这里，建议将原来不在成渝城市群规划中的重庆市部分区县，四川省广元市、巴中市，都纳入成渝地区双城经济圈的"核心圈"范围，这是在新的发展战略下应该与原来的城市圈规划的区别。

“拓展圈”包括成渝地区双城经济圈的重要卫星城市（四川省西昌、攀枝花等城市），以及云南省（昭通、丽江）、贵州省（遵义、六盘水、贵阳）、陕西省（汉中、安康）等城市。

“辐射圈”是成渝双城经济圈需要在更大范围辐射和带动发展的区域。从国家建设成渝地区双城经济圈的大战略考虑，其“辐射圈”应包括整个西南地区乃至西北地区。

（二）以都市圈的同城化为一体化发展的重要抓手

成渝双城经济圈的一体化需要采取以点带面的方式。首先，依托成都市和重庆市主城区，通过进一步完善交通通道，建设快速立体交通网络，形成1小时交通通勤圈；调整产业、人口合理布局；共建共享基本公共服务，带动成德眉资都市圈和重庆一小时经济圈两个大型都市圈内部的同城化发展。其次，培育次级中心城市都市圈，重点是遂宁—南充—广安都市圈、自贡—宜宾—内江—泸州都市圈和达州—万州都市圈，以打造双城经济圈中的多支点城市群强核。最后，通过都市圈之间的互联互通，实现整个双城经济圈内城市群的全面一体化发展。

三、成渝双城经济圈要规划相向连接科创走廊，必须承载创新要素和先进高端产业

（一）规划建设三条成渝现代高端产业科创走廊

围绕优势产业集群，依托中心城市的创新资源，从北向南，规划建设“成—遂—南—广—渝”科创走廊、沿现有成渝高铁线的“成—内—渝”科创走廊、沿长江沿线的“宜—泸—渝”科创走廊等三条成渝高端产业科创走廊（轴带），形成适合先进制造业、文旅创意创业、绿色生态产业等发展的集聚载体，“以线带面”带动成渝地区先进制造业等高端产业的发展，作为双城经济圈一体化发展增量产业发展的承载平台，更是双城经济圈之间强有力的连接“轴带”，将成渝两大顶级“极核”城市、若干区域中心城市、一系列三级县级城市连在这三条产业轴带上。

（二）以体制机制创新推动创新走廊内创新要素的集聚

要以国家战略需求为导向，以建设国家重要科技创新高地为战略目

标,以体制机制创新为管理抓手和发展激励,依托国家综合性科学中心及其科学城、国家自主创新示范区、国家级高新区、国家级新区等平台,促进一流科研院所、一流高校、一流创新人才队伍等创新资源在科创走廊集聚,构建以领军科技创新企业为核心的关键共性技术、现代工程技术协同创新网络,着力解决成渝地区先进制造业等高端产业领域发展的关键"卡脖子"技术,以及创造未来新兴产业引领性技术。

在创新走廊内,要布局建设跨区域的产业共性技术研发平台、产业技术公共服务平台、产业技术创新战略联盟、科技成果中试熟化与产业化基地,要加强创新网络内信任机制、利益分享机制、激励机制等机制建设,促进协同创新各利益主体实现跨领域、部门和地域的连接、交互与整合。

四、成渝双城经济圈要协同建设国家重要科技创新中心,成为经济圈科技动力策源地

(一)以建立协同创新机制为抓手

没有创新机制的突破,就不可能有科创中心建设的突破。可借鉴长三角区域一体化的有益经验,加快建立区域协同创新的体制机制,推动成渝双城经济圈科技创新资源要素的集聚集群化,以及创新链协调统筹化发挥作用。

(二)明确构建科技创新中心的逻辑架构(独特创新体系)

成渝国家重要科技创新中心的模式应该是"一中心+数科学城+多科创走廊和园区"模式。"一中心"即"成渝国家综合性科学中心";"数科学城"即"成渝国家综合性科学中心"建设的主要承载区域;"多科创走廊和园区"即成渝国家重要科技创新中心的主要科技成果转移转化区域和新产业发展承载区域。

川渝两省市要全力争取国家建设"成渝国家综合性科学中心",成为我国第五个国家综合性科学中心,成为"成渝国家重要科技创新中心"的标杆性工程。"成渝国家综合性科学中心"形成"3+2"的"数科学城"的发展架构。四川省重点建设天府科学城、绵阳科技城、宜宾(+泸州)科学城,重庆市重点建设重庆科学城和两江新区科学城。

"成渝国家综合性科学中心"的"数科学城",以及川渝的多个国家自主创新示范区、国家级高新区、人工智能技术试验区、数字经济示范区等一系列平台等,就形成了"成渝国家重要科技创新中心"的独特创新组织体系,成为"一体化经济圈"的新科技知识创新源,以及新技术、新产业、新业态等的策源地。

(三)以产业发展政策突破激发现代产业体系发展

在区域内建立范围更大、层次更高的产学研创新联盟,包括产业联盟、教育联盟等,支持电子信息、汽车制造、轨道交通、新材料等产业联合建设共性关键技术创新平台,通过协同创新,突破产业技术瓶颈。

(四)推进区域人才服务一体化建设

在户籍政策、福利制度、薪资水平、子女教育、财政税收方面达成"共享人才"协议,破除人才流动的藩篱。打破地域、身份、所有制、人事关系等限制,建立高端人才评价互认机制,促进人才优惠政策联动,促使人才在成渝间顺畅流动。

五、成渝双城经济圈要强化市场和营商服务一体化建设,提高经济圈经济效率

市场秩序和信用体系方面。应推动川渝两地海关、工商、质监、食品药品监管等部门信息共享、资质互认、执法互助,逐步建立社会信用体系信息交流共享和应用联合惩戒机制。

通关及外贸合作方面。应深化成渝海关开展"推进区域通关一体化""创新海关监管模式"等合作,与沿江城市海关全面启动区域通关一体化。在对外贸易中形成一体化的管理服务体系。

市场监管方面。应进一步加强两地工商、质监、税务、劳动和知识产权部门联合执法、信息共享,两地实现企业登记、市场准入等结果互认和执法信息共享,开展工商、食药等商品异地委托检验。

会展合作方面。双城合作策划、联合轮流举办国家级、世界级的发展展会。比如,使现在的西博会、糖酒会、渝洽会、智博会等展会活动提升层级和国内国际影响力。策划出新的国家级发展展会。

此外，应全面推进成渝双城教育、医疗等公共服务一体化建设。

六、成渝双城经济圈要建设“美丽成渝”示范工程，打造高品质生活宜居地，筑牢长江上游生态屏障

（一）打造成渝高品质生活宜居地

成渝地区有良好的自然生态条件、气候环境条件和川陕革命根据地红色旅游资源等独特优势，特别是地处成都市、重庆市、西安市三大城市之间的良好地理区位优势，可以规划建设“成渝毗邻绿色经济增长区”（主要包括四川省遂宁、南充、广安、达州、巴中和重庆市潼南、合川、万州等），着力打造万亿级大健康产业集群，在川陕革命老区崛起新的绿色经济增长极，尤其是打造绿色高品质生活宜居地，完全可以成为成都市、重庆市大都市人民生活的美好大后花园。

（二）全面践行绿色发展理念，把成渝双城经济圈建设成为标杆性“绿色发展经济圈”

践行绿色发展理念，建设成渝双城绿色发展经济圈。深入贯彻落实《重庆市人民政府、四川省人民政府深化川渝合作深入推动长江经济带发展行动计划（2018—2022年）》，科学论证和推动创建跨行政区域的生态文明示范区，完善跨区域生态文明制度。特别是重点建设“宜宾—重庆长江上游绿色发展示范带”。加强跨界河流的联防联治，探索跨区域流域生态补偿模式。建立雨情、汛情、火情、灾情、疫情、林业有害生物、大气污染等方面的信息共享、会商预警、联防联控与联合执法机制。

（三）建设成渝双城绿色发展经济圈的生态文明高地

着力建设“成都国家公园城市”，成为成渝双城绿色发展经济圈的生态文明高地，并推广国家公园城市建设的经验。建立以国家公园为主体的自然保护地体系，加快大熊猫国家公园的建设，增（扩）建自然保护区范围，加强森林公园、地质公园、湿地公园等自然公园的建设和管理，保护生物多样性，提高区域的生态价值，提高基于区域生态价值的可持续长期经济产出。

策划编辑：郑海燕
责任编辑：张　蕾
封面设计：周方亚
责任校对：黎　冉

图书在版编目(CIP)数据

四川省全面创新改革发展研究/张志强 等 著. —北京:人民出版社,2020.11
ISBN 978-7-01-022500-5

Ⅰ.①四… Ⅱ.①张… Ⅲ.①区域经济发展-研究-四川 Ⅳ.①F127.71

中国版本图书馆 CIP 数据核字(2020)第 183000 号

四川省全面创新改革发展研究
SICHUANSHENG QUANMIAN CHUANGXIN GAIGE FAZHAN YANJIU

张志强　熊永兰 等　著

人民出版社 出版发行
(100706　北京市东城区隆福寺街 99 号)

天津文林印务有限公司印刷　新华书店经销

2020 年 11 月第 1 版　2020 年 11 月北京第 1 次印刷
开本:710 毫米×1000 毫米 1/16　印张:21.75
字数:320 千字

ISBN 978-7-01-022500-5　定价:90.00 元

邮购地址 100706　北京市东城区隆福寺街 99 号
人民东方图书销售中心　电话 (010)65250042　65289539